A Revolução Francesa em Questões

COLEÇÃO JUBILEU

Bicentenário da Revolução Francesa

Jacques Solé

A Revolução Francesa em Questões

Tradução:
Alda Porto e
Marcos Santarrita

Jorge Zahar Editor
Rio de Janeiro

Título original:
La Révolution en Questions

Tradução autorizada da primeira edição francesa,
publicada em 1988 por Éditions du Seuil,
de Paris, França

Jorge Zahar Editor Ltda.
rua México 31 sobreloja
20031 Rio de Janeiro, RJ

Edição para o Brasil.

Capa: Gustavo Meyer.
Ilustração: "A elaboração da Constituição".
Caricatura (Biblioteca Nacional, Paris)

Impressão: Tavares e Tristão Ltda.

ISBN: 2-02-009827-X (ed. orig.)
ISBN: 85-7110-070-5 (JZE, RJ)

Sumário

À memória de André Latreille,
em reconhecimento ao seu ensinamento
e à sua amizade.

Aquele que serve à revolução lavra o mar.

Bolivar

As revoluções são a forma bárbara do progresso.

Jaurès

Introdução

Para os historiadores, hoje em dia, a Revolução Francesa não é mais, de modo algum, o que era antes. E no entanto eles dispunham há muito tempo de uma explicação sedutora. Episódio maior da ascensão da burguesia no Ocidente, o acontecimento de 1789 resultou, em primeiro lugar, do lento enfraquecimento da aristocracia feudal sob o peso do desenvolvimento capitalista. O vôo do pensamento do Século das Luzes traduzia, no plano das idéias, essas transformações econômicas e sociais, enquanto a crise da monarquia francesa do Ancien Régime se ligava à sua própria capacidade de se adaptar a elas.

A Revolução de 1789 correspondia assim, após uma imprudente provocação aristocrática, ao sucesso de uma burguesia ajudada pelo povo. A nova ordem disso resultante trazia acima de tudo essa dupla característica. Mas tinha de enfrentar os desenvolvimentos do espírito revolucionário e as conseqüências do seu confronto com a Europa. Uma segunda Revolução Francesa começou, portanto, em 1792, e levou à proclamação da República, à ditadura do Comitê de Salvação Pública e ao Terror. A queda de Robespierre acarretou apenas a incapacidade da burguesia dirigente para fundar um regime político estável até o golpe de Estado de Bonaparte, em 1799.

Mas Napoleão conseguiu erguer estruturas inéditas em cima da obra revolucionária, que destruíra a antiga sociedade corporativista. Num mundo dividido entre a expansão das idéias revolucionárias e reacionárias, a França da liberdade e da igualdade propunha aos povos a imagem do futuro.[1]

Essas opiniões, que sempre se impõem à maioria do grande público, reatavam-se ao conjunto de uma tradição favorável à Revolução. Unidos nesse ponto, liberais e socialistas a têm constantemente considerado ao mesmo tempo necessária e benfazeja. Essa foi a opinião, desde as origens, de Barnave ou Madame de Staël. Sob a Restauração, Mignet, Thiers e Guizot discerniram no acontecimento de 1789 o ato fundador da inevitável dominação burguesa. Os historiadores românticos, como Michelet, apenas acrescentaram a esse julgamento as dimensões populares e nacionais da Revolução. Essa transfiguração épica levou diretamente, quando da fundação da Terceira República, à visão de Aulard identificando a história da Revolução Francesa com a da elaboração das idéias democráticas do século XIX.

Ao lado dessa corrente liberal, depois republicana, crescera a do socialismo, mais admirada pelos jacobinos e mais abrangente em vista das necessidades do Terror. Por volta de 1900, Juarès iria acrescentar ao aspecto político dessas análises a adaptação à Revolução das teses de Marx sobre a importância dos fenômenos econômicos e sociais.

Patrocinada pela Sorbonne e difundida pelos livros didáticos, a história emocionada e detalhada dos acontecimentos revolucionários de 1789 e 1794 realmente dominou nossa consciência histórica na primeira metade do século XX. Quantos leitores de Mathiez não foram conquistados, então, por Saint-Juste ou Robespierre? Depois de 1917, ou mais ainda depois da Segunda Guerra Mundial, quantos não viram na Revolução Russa e seu inelutável triunfo universal a tão esperada realização das promessas proféticas de 1793?

Isso explica o dilaceramento causado nesses hábitos mentais pela revisão historiográfica atualmente em curso.

Antes de tudo, deve-se a pesquisadores anglo-saxônicos, há já uns 20 anos, uma renovação quase completa de nossas perspectivas sobre as origens, o desenvolvimento e os resultados da Revolução. O dinamismo dos departamentos universitários dos Estados Unidos ou da Grã-Bretanha colhe também aqui frutos análogos aos encontrados em outras disciplinas. Seria estúpido lamentar ou melindrar-se com isso por um nacionalismo estreito.[2]

Por muito tempo reduziu-se essa ampliação da problemática à tese que propõe ver na Revolução Francesa um simples episódio de um vasto movimento oceânico que abalou, no final do século XVIII, o conjunto das sociedades aristocráticas nos países de civilização européia. Mais fecundo foi o ataque frontal dirigido por Alfred Cobban, a partir de 1955, contra a interpretação clássica de 1789. Esse historiador inglês recusou-se a chamar de "burguesa" uma Revolução que jamais foi dirigida pelos representantes do capitalismo mercantil ou industrial. E estenderia essa crítica ao considerar que, durante toda a Revolução, a contradição maior não era entre a burguesia e a nobreza ou as classes populares, mas entre o mundo dos campos e o das cidades.[3]

O desenvolvimento das pesquisas ou hipóteses que se seguiram do outro lado da Mancha e do Atlântico, e que já duram uns 20 anos, contribuiu para renovar de cima a baixo nossa compreensão dos acontecimentos na França entre 1787 e 1799. Já não se acredita muito, por exemplo, na imagem de uma nobreza "feudal" decadente e passadista, nem na luta conduzida contra ela, de longa data, por uma burguesia "esclarecida". Aprendemos a relacionar os levantes populares, urbanos e rurais, da época revolucionária com a longa e secular prática, sob o Ancien Régime, da contestação e da revolta. Questionamos a natureza reformista da monarquia francesa do século XVIII e o caráter reacionário da aristocracia da época.[4]

Compreendemos melhor, hoje, o aspecto minoritário dos grupos que foram responsáveis, a partir de 1789, pelos principais episódios revolucionários e a profundidade das oposições que encontraram freqüentemente nas diferentes regiões do país. Radicalizando-se, a Revolução multiplicou os descontentes; acabou por mobilizar as massas tanto contra ela quanto a seu favor e, nessa perspectiva, a contra-revolução parece ter sido, tanto em si mesma como pelas reações que causou, o acontecimento sócio-político maior do período revolucionário.

Os responsáveis por ela aparecem então às voltas com uma crise generalizada, em grande parte provocada por eles, e que só puderam dominar imperfeitamente ao preço de uma violência muitas vezes cega. Sua incapacidade de dar à Revolução uma saída constitucional legal nasceu dessa situação e levou ao estabelecimento da ditadura de Napoleão, produto e herdeiro mais de uma fase de desintegração do poder do que dos princípios de 1789. Sua reconstrução autoritária não esqueceu jamais a luta contra os inimigos internos e externos, iniciada no tempo do Terror.[5]

Assim estudado, sem preconceito nacional, o período revolucionário parece menos a instauração gloriosa da nova ordem do que a mais terrível e confusa das guerras civis. Essa constatação científica já fora estabelecida, de maneira polêmica, pela corrente historiográfica hostil, desde o início, à Revolução Francesa, que a denunciou constante e sucessivamente, como evitável e maléfica. Daí, em relação ao primeiro ponto, a cômoda tese do complô faccioso ou maçônico, apresentado, desde as origens, por Rivarol ou Barruel. Essa hipótese conspiratória, segundo uma mitologia política universalmente difundida, iria ser renovada, no início deste século, por Augustin Cochin, atribuindo à influência mecânica das sociedades intelectuais o conjunto de discursos e práticas revolucionárias que dominaram a França de 1788 a 1794.[6]

Por outro lado, o auge da denúncia da Revolução encontra-se na obra de Taine, publicada entre 1876 e 1893, onde este historiador das *Origines de la France contemporaine* estigmatiza ao mesmo tempo a anarquia popular e a ditadura jacobina e napoleônica. É verdade que este pessimista, ainda mais biólogo que sociólogo, achava que as falhas do Ancien Régime conduziam necessariamente à sua queda e à deplorável construção do Estado moderno.[7] Parte dessa análise só será retomada pelos sucessores aos quais a *Action française* ensinou a venerar a monarquia. Gaxotte, entre eles, se opunha aos sucessos da realeza liquidando o sistema estupidamente "comunista" estabelecido em 1793.[8]

Não é por acaso que o eco desses exageros enchem as colunas dos jornais e programas de televisão. Momentaneamente vitoriosa, em 1981, no plano político, a esquerda não ocupa mais, no mundo intelectual francês, a posição dominante que aí foi por muito tempo sua. A longa idolatria pela Revolução volta-se, logicamente, contra esta. E, no perigoso momento do bicentenário, muitos reencontram contra a obra descristianizadora e terrorista da década de 1790 as prédicas de um Joseph de Maistre contra Satã.

As desilusões geradas pelo destino prosaico e horrível das revoluções do século XX ainda facilitam essa tarefa. No entanto, seria um erro utilizar sem crítica, para tal trabalho, as pesquisas recentes sobre a Revolução de 1789. Ao arranharem a superfície do ícone, elas na verdade só fazem ressaltar sua grandeza e importância, uma vez que, de uma forma ou de outra, boa parte de nossas divisões ideológicas e aspirações políticas nasceu nesse espantoso decênio.

Sem nos demorarmos em confrontos estéreis, talvez seja útil indicar, assim, até que ponto nossos conhecimentos a esse respeito progrediram em pouco tempo. Essa é a agradável lei da pesquisa, e todos os historiadores foram solidários nesse trabalho. O grande público os conhece sobretudo por suas disputas mais ou menos retumbantes. Elas se opuseram, na França, aos defensores da interpretação tradicional, de uma forma ou de outra ligados ao marxismo, François Furet e seus amigos. O autor de *Penser la Révolution Française* jamais se limitou a difundir as teses de Cobban e seus sucessores. Baseado em seu conhecimento da historiografia dos séculos XIX e XX, ele nos pediu que deixássemos de comemorar um patrimônio ou proferir um anátema em relação a 1789.[9]

Esse convite a privilegiar, depois de Tocqueville,[10] a difícil conceituação da Revolução Francesa, ao mesmo tempo continuidade e ruptura, na verdade recolhe a rica safra de interpretações novas trazidas pelos historiadores anglo-saxônicos nos últimos dois decênios. Pouco marcados pelas tradições ideológicas da luta entre o comunismo e seus adversários, eles foram mais sensíveis que nós ao peso das circunstâncias e das variações regionais, à importância da contra-revolução popular e ao grande número de pessoas e grupos decepcionados com a Revolução.

Tal ressurreição, ao mesmo tempo mais concreta, mais individual e mais ligada às múltiplas contradições de uma sociedade que estava longe de voltar ao grande teatro parisiense, parece preferível às nossas habituais discussões sobre a natureza de classe de Revolução ou a origem do "discurso revolucionário". Do mesmo modo, tais pesquisas nada têm a ver com as preocupações atuais de algumas pessoas, apressadas em acabar com a Revolução e enterrá-la o mais depressa possível. Viva como nunca, ela estimula, na verdade, *debates científicos* que testemunham antes a sua fecundidade.

São esses debates que pretendemos resumir nas páginas que se seguem, as quais não têm outra ambição a não ser a preocupação pedagógica de divulgar conhecimentos, experiências ou hipóteses muitas vezes encontradas apenas em trabalhos só acessíveis aos especialistas. A informação objetiva parece-nos mais importante, no momento de comemoração do bicentenário, do que a polêmica estéril. Por outro lado, a reflexão sobre a Revolução não lucra nada em ser afogada na perspectiva ecumênica ou no confronto ideológico. Nossa modesta contribuição à difusão das pesquisas recentes sobre ela pretende mostrar a convergência desses esforços. Retirada de seu pedestal mítico e devolvida às suas realidades complexas, a Revolução Francesa só se torna com isso mais interessante para todos aqueles que desejam melhor apreender uma das fontes maiores da história contemporânea.

I

Causas profundas?

1

Um triunfo das Luzes?

Bastante comum, de Barruel a Mathiez, passando por Tocqueville — historiadores da Revolução Francesa —, a tese das origens intelectuais desse acontecimento foi submetida, desde o livro pioneiro de Daniel Mornet,[1] a importantes revisões, acrescidas recentemente pelos especialistas da história sócio-cultural. Pode-se perguntar com eles se a filosofia das Luzes, assimilada a um modo de pensamento dominante no seio das elites, penetrara no conjunto das mentes nacionais às vésperas de 1789. Podemos ainda interrogar-nos sobre a natureza revolucionária desse pensamento das Luzes. Foi ela a fonte do estremecimento psicológico que caracterizou o fim do Ancien Régime e precipitou sua queda?

O pensamento das Luzes impregnava as mentes francesas às vésperas da Revolução?

Pode-se duvidar disso e achar, com Donald Sutherland,[2] que a influência social desse pensamento no século XVIII permaneceu muito limitada. Mesmo no seio da minoria capaz de se abeberar dele, os temas profissionais, religiosos e históricos continuaram a dominar as preocupações culturais. Os livros pios eram mais consumidos, na província ou em Paris, que os dos filósofos. Quanto aos gostos intelectuais do povo, continuavam ligados ao sobrenatural, ao maravilhoso e ao fantástico. A nobreza esclarecida era o único grupo da população capaz de compreender e patrocinar a filosofia das Luzes. Não lhe faltou com seu apoio, foi a ela que os grandes escritores do século XVIII deveram o essencial do seu sucesso. A *Enciclopédia* foi, em sua origem, uma operação aristocrática. E os nobres parlamentares das províncias encorajam nela, em primeiro lugar, as novas curiosidades da razão.

Essas curiosidades permaneceram estranhas, até as vésperas da Revolução, à massa da população, burguesa ou popular. A maioria dos temas das Luzes pouco tinha a ver com seus problemas concretos. As pessoas simples permaneceram no todo mais sensíveis à influência da religião católica. É certo apenas que revolucionários de 1789 — estreita minoria dirigente — foram os herdeiros, utilitaristas e dessacralizadores, da filosofia do século XVIII. Essa filosofia triunfou, portanto, graças à elite esclarecida, no seio da nova ordem, fundando um regime liberal e representativo. Mas essa vontade do país legal não correspondia muito às preocupações do país real.

Aparentemente paradoxais, essas opiniões parecem confirmadas por inúmeros estudos recentes, que mostram o frágil enraizamento das Luzes, até a primavera de 1789, numa burguesia profundamente conservadora.[3] Elas limitam sua influência social à parte esclarecida da nobreza. É falso, a esse respeito, opor seu conteúdo crítico à manutenção do princípio da dominação dessa classe. Ao lado dos salões, das academias e do conjunto do *establishment* intelectual, conquistados pelos novos filósofos, a maioria da opinião pública continuava-lhes estranha, senão oposta. Obcecados pela fachada "parisiense" da vida francesa, os historiadores por demasiado tempo reconduziram uma cultura nacional que continuava a ser, na província, muito tradicionalista.[4]

Daniel Mornet sentiu isso ao evocar, em 1928,[5] essa resistência passadista de inúmeros meios, aristocráticos, burgueses ou populares, ao esnobismo esclarecido dos mundanos e dos grandes. Pouco preocupados com o pensamento das Luzes, preferiam-no ao catecismo. Pouco curiosos por novidades, repetiam e respeitavam os hábitos familiares e patriarcais.

Como parece fraco no plano social, em relação a esse peso do passado, o de uma filosofia do século XVIII cuja influência se limitou a alguns milhares de leitores! Essa elite minoritária dirigiu logicamente sua luta intelectual contra superstições populares que desprezava, sem alcançá-las. Foram elas que, no folclore rural, por exemplo, e à sombra complacente da religião, constituíram sempre o essencial da cultura nacional. O racionalismo das Luzes ataca antes de mais nada, em suma, as opiniões da maioria dos franceses. E é forçada a constatar, como na *Enciclopédia,* sua incapacidade de mudá-las em profundidade. "Mobilização vigilante" contra elas, o movimento filosófico continuava sendo nesse ponto, às vésperas da Revolução, uma utopia antipopular cujo "otimismo satisfeito e triunfalista" não nos deve fazer esquecer a estreiteza de suas bases sociais.[6]

Os cadernos de 1789 refletirão essa heterogeneidade dos espaços culturais e o lugar irrisório que neles ocupa, em termos quantitativos, o pensamento das Luzes. A imensa maioria da população francesa, em suas paróquias, continuava alheia a ele. Mais que o novo racionalismo, era a tradição institucional que inspirava ainda suas atitudes políticas. Longe de conduzir a uma reconstrução global, essas atitudes levavam-na simplesmente a exigir o restabelecimento de costumes consagrados. Pouco radical, muito conservador, assim se mostra o povo da França no momento em que seus dirigentes vão mergulhá-lo na maior de suas revoluções. Pouco capaz de havê-la preparado ou previsto, foi-lhe mesmo, precisamente por isso, muito difícil aceitá-la. Seus dirigentes, a partir do verão de 1789, tiveram uma consciência constante de seu distanciamento de uma "maioria silenciosa" que não podia compreender ou partilhar nem seu programa nem seus princípios. O desenvolvimento posterior da Revolução não conseguiria jamais fechar esse fosso mental entre o povo francês e seus pretensos representantes.[7]

Na origem desse divórcio estava também o esquecimento da profunda religiosidade do povo. O reinado de Luís XVI deixava a uma tênue película aristocrática os prestígios e as facilidades da incredulidade. Mas nas cidades ou nos campos a fé burguesa e popular permanecia intacta. Menos corrosiva do que se podia temer sob o reinado anterior, a influência das Luzes quase não a arranhara. Sabe-se que pouco atingiu as massas, que têm sempre necessidade de crer e manifestam isso pela regularidade de sua devoção. As cerimônias e procissões continuam sendo para elas as festas mais importantes, que unificam o corpo social sob o cajado do clero. A juventude e o povo a ela acorrem num catolicismo surpreendentemente ativo nessa França cristã de fins do século XVIII. Ali se respeita o culto, e os piedosos fiéis não faltam. Nesse ponto, Voltaire teve portanto menos sucesso do que se acredita. Essa adesão à religião constitui para a maioria dos franceses uma das formas de seu tradicionalismo fundamental. Não se deve exagerar, a esse respeito, os sucessos do chamado trabalho, às vezes clerical, de laicização. Nada compreenderemos da Revolução Francesa se esquecermos que ela vai afetar uma nação decididamente alheia às perspectivas da descristianização contemporânea. O abade Gregoire, futuro convencional e chefe da Igreja constitucional, não era amigo dos filósofos, mas discípulo de São Paulo. Criara em Lorraine uma dessas paróquias nas quais se identificava o essencial da vida popular. Ritmado pelos sacramentos, o conformismo dos humildes encontrava um possante eco no de inúmeros notáveis que, diante da morte, por exemplo, e abandonando a "velha sensibilidade barroca", sabiam ainda redigir pungentes testamentos místicos.[8]

Michel Vovelle descreveu, em certos meios provençais do século das Luzes, um processo de laicização das consciências que se afirma a partir de 1750. Seria um erro generalizar isso estendendo-o a toda a França e suas populações. Marselha não explica Estrasburgo, da mesma forma que uma elite urbana não representa uma massa acima de tudo rural. Antes e depois de 1789, e por muito tempo ainda, a fé popular pesa de maneira decisiva no complexo conjunto das mentes nacionais.[9]

Os historiadores do catolicismo francês descobrem no século XVIII, sem dúvida, contrastes, mas nenhuma crise fundamental. Além do falatório filosófico, percebem uma grande exigência e muita militância. A luta dos devotos contra as Luzes vale menos, nesse ponto, que o surpreendente sucesso da ofensiva apostólica. A prédica dos curas, a ação das religiosas e as missões paroquiais participam de um cristianismo em profundidade. Sempre patéticas e espetaculares, as missões continuam sendo muito apreciadas pelas populações. O grande momento do jubileu será ainda em 1776, na França de Luís XVI, um triunfo da religião. A conversão dos incrédulos e o fortalecimento do espírito religioso também caracterizam, portanto, a época dos filósofos. Atesta isso a situação do mercado do livro, invadido como é, às vésperas de 1789, por uma reedição devota de várias centenas de milhares de exemplares. Essas obras alimentavam uma religiosidade simples e sem afetação, atenta aos deveres da condição e nutrida pelas Sagradas Escrituras, preocupada com a vida interior e secular. Mais que uma laicização da fé, produziu-se no século XVIII uma laicização da santidade.

"À sombra das igrejas novas" florescem capelas. Toda uma geografia e uma sociologia do sagrado imprimem no reino sua marca de fervor. Esses hábitos religiosos serão sacudidos por uma Revolução da qual muitos fiéis se tornarão ferrenhos adversários. Ora, eles eram certamente majoritários na maior parte dos campos e entre as mulheres. Ao lado de uma massa conformista, sem dúvida mais significativa que os não-praticantes e os católicos "esclarecidos", a ponta-de-lança dessa religiosidade nacional era constituída por uma devoção inédita, sobretudo popular, rica e diversa, mas triunfante e cada vez mais dinâmica à medida que nos aproximamos de 1789. Discreta e silenciosa, essa expansão insuspeitada faria da contra-revolução o acontecimento mais importante da Revolução Francesa.[10]

A seu lado, parece bem insignificante, no plano numérico, a influência do pensamento das Luzes.[11] Tanto mais quanto lhe faltam ao mesmo tempo, como se verá, unidade, audácia real e um verdadeiro público às vésperas de 1789, quando o irracionalismo dos ocultistas impressiona mais os espíritos que o racionalismo dos filósofos. O racionalismo desenvolvera apenas os valores aristocráticos de uma cultura contrária às aspirações tradicionalistas da imensa maioria do povo francês, muito alheio, por exemplo, aos encantos da libertinagem.[12] O recrutamento, muitas vezes bastante elitista, das lojas maçônicas confirma esse cisma, típico de nossa história nacional, entre a sociedade esclarecida e a sociedade, simplesmente. Talvez essa divisão jamais tenha sido tão grande quanto às vésperas da Revolução.[13]

Toulouse, sem dúvida, não era na ocasião o único centro beato a meter medo aos estrategistas da difusão de uma literatura suja mas "esclarecida", obstinada em destruir o respeito à monarquia e à religião.[14] E a corporação dos historiadores profissionais para os quais 1789 representará o fim do mundo não era provavelmente a única, entre os grupos intelectuais da época, a se sentir profundamente afastada de tais "Luzes" superficiais, retóricas e sofistas.[15] D'Alembert, que foi em parte o corifeu desses profissionais, teve razão ao aprovar com pesar seu bom amigo Frederico II, quando, em 1776, achava quc "a França, com todos os filósofos, dos quais se gaba, a torto e a direito, ainda é um dos povos mais supersticiosos e menos adiantados da Europa."[16]

O pensamento das Luzes tinha um conteúdo revolucionário?

O Ancien Régime tinha uma ideologia tradicional, complexa e contraditória. Considerava o reino composto, não de súditos individuais, mas de corpos diferentes, cada qual com privilégios particulares. A vontade real, à frente do Estado, era o único elemento de unidade nesse conjunto disparatado. O absolutismo da monarquia emanava dessa situação, e era sancionado pela sua natureza religiosa e o seu caráter sagrado.

Sua estrutura institucional apoiava-se numa pirâmide jurídica que atribuía a cada um sua posição e definia suas pretensões dentro de um sistema hierarquizado. O rei só era absoluto na medida em que reconhecia inúmeros privilégios. Seu poder continuava à mercê da ressurreição das reivindicações dos privilegiados. O recente desenvolvimento da centralização administrativa, se afirmara a força da vontade real, encontrava-se muitas vezes em contradição com as bases corporativistas da sociedade na qual repousava a monarquia.

Foi nesse contexto que as Luzes se introduziram na constelação ideológica da elite francesa. Opunham-se à tradição monárquica num certo número de pontos essenciais: laicização e racionalização da visão do mundo e da ordem social; questionamento de todos os privilégios. Essa contradição foi, no entanto, pouco sentida, uma vez que o pensamento das Luzes era adotado com entusiasmo por toda uma parte da elite do Ancien Régime.

Esses elementos esclarecidos da classe dirigente, presentes em todos os setores dominantes do Estado, o eram particularmente em sua burocracia, sedenta de razão e direito natural capazes de justificar a obra de uniformização e abolição dos privilégios. O sucesso momentâneo de Turgot, no início do reinado de Luís XVI, simbolizou esse encontro. Seus sucessores não foram menos reformadores que ele e só podiam encontrar referência ideológica no pensamento das Luzes. Este já se instalara muito antes da explosão de 1789, no coração da realeza do Ancien Régime. E não tinha menos eco entre os parlamentares, que defendiam seus privilégios em nome de um vocabulário "filosófico" universalmente difundido.

O sistema político via, pois, coexistirem às vésperas da Revolução, e sem contradição aparente, duas ideologias opostas. A das

Luzes dele participava com o mesmo direito e no mesmo plano que a tradição monárquica. Esse contraste entre a inconsistência ideológica e a estabilidade do Estado poderia ter durado muito tempo, como na Inglaterra. A primeira não representava, por si só, um fator de agitação revolucionária.[1]

Essa análise de William Sewell, Jr. parece confirmada pelo estatuto igualmente parodoxal, atribuído pelos melhores especialistas à opinião francesa do Ancien Régime. Eles se recusam a encarar a adesão progressiva às idéias das Luzes, dentro da elite, como um elemento decisivo da crise política que explodiu a partir de 1787. O vôo da crítica esclarecida não abalou de modo algum, até o último momento, a ordem monárquica tradicional. Os grupos que lhe poderiam ser sensíveis, e que estavam mais preocupados com o interesse público, viam-se favorecidos pela administração dirigente, que não podia na verdade identificar como um perigo revolucionário um pensamento esclarecido saudavelmente reformador.[2]

Sobre a questão da tolerância aos protestantes, por exemplo, os parlamentares já haviam aderido, desde 1770, às idéias dos filósofos. Estas, nesse como em outros pontos, haviam conquistado a aristocracia privilegiada muito mais porque não manifestavam contra ela uma hipotética contestação burguesa.[3] Pode-se mesmo acreditar que, diante do acentuado declínio dos juristas franceses como teóricos políticos, o século XVIII os foi substituindo pouco a pouco, nas mais altas esferas do Estado, por Montesquieu e seus discípulos. O prestígio desses, longe de abalar a ordem tradicional, pretendia antes reforçá-la.[4]

Robert Darnton,[5] já em 1971, achava superada a tese clássica que considerava o pensamento das Luzes uma ideologia revolucionária. Destacava entre outras coisas o seu elitismo, que não favorecia de modo algum a subversão social, mas trazia um programa de reformas liberais destinado a preservar a hierarquia, e não a destruí-la. D'Alembert admirava as definidas distinções de classe, e admitia que se devia respeitar a superioridade conferida pelo nascimento. Voltaire, em seu *Dicionário filosófico,* relacionava as Luzes com os "espíritos privilegiados" e as opunha à mentalidade das "famílias burguesas". Plenamente aristocrático, como o viu Denis Richet,[6] o liberalismo do século XVIII não se apresentava como um adversário do regime senhorial e monárquico.

Obcecada pelos ataques à filosofia e seus representantes, toda uma tradição historiográfica colocou-os erradamente numa espécie de partido político que se levantou contra a realeza "feudal". Esse anacronismo, que atribui à Revolução Francesa uma origem intelectual, nasceu ele próprio do acontecimento de 1789 e de sua busca de justificativas teóricas mais ou menos míticas. É difícil distinguir, dentro de uma cultura comum das Luzes, ideologias diversas que oporiam hipotéticos advogados de uma "burguesia crescente" aos defensores de uma "nobreza dominante".[7]

O liberalismo do século XVIII era patrimônio comum de toda a sua elite, que não podia imaginar, antes de 1789, as condições de sua aplicação fora da ordem tradicional. Atribuir ao espírito filosófico uma vocação revolucionária resulta de uma rotina hoje rejeitada pela maioria dos historiadores das idéias e da sociedade. Eles observaram há muito tempo que a melhor maneira de não compreender as Luzes era estudá-las em função da Revolução que se seguiu. Alheias às novas preocupações da segunda, e muito impregnadas de conservadorismo e conformismo monárquico, as primeiras não puderam prepará-la.[8]

Daniel Roche demonstrou isso ao falar das academias da França provinciana.[9] Descreveu uma elite intelectual local impregnada de noções de serviço público, participação cívica e integração social. A nobreza representava seu papel no seio desse concerto urbano, ao lado dos funcionários, dos juristas ou dos médicos, com a exclusão dos negociantes. A mentalidade dessas sociedades não era aristocrática nem burguesa, mas sobretudo administrativa e utilitarista, dentro de uma ordem tradicional que era preciso administrar racionalmente, como a isso se aplicava, aliás, a burocracia real. Essa apresentação nada mais tem a ver com a antiga visão conquistadora, própria dos historiadores das Luzes "burguesas". Associa o pensamento filosófico a um grupo exclusivista, perfeitamente integrado à hierarquia estabelecida, cuja ideologia era de modernização, e não de revolução. Suas opiniões políticas refletiam as normas absolutistas, em vez de contestá-las. Parece, pois, discutível associar a derrocada do Ancien Régime à difusão do discurso das Luzes, que nada tinha em si mesmo de temível para a ordem tradicional. Deve-se buscar em outra parte as origens da ruptura revolucionária.[10]

Como Monnier teve a sabedoria de ensinar já em 1801, nem os filósofos nem seus leitores foram os responsáveis por essa ruptura. Os advogados que, em todos os tribunais do reino, desempenharam um papel destacado quando da crise pré-revolucionária assemelhavam-se, sem dúvida, em sua maioria, aos do Béarn, esclarecidos e reformadores, mas adeptos decididos do "liberalismo conservador de uma sociedade das elites". Foram tanto mais reticentes, em geral, diante da Revolução quanto mais entusiasmo haviam mostrado pela difusão das Luzes.[11] Panckoucke, livreiro esclarecido, grande responsável e beneficiário da edição da *Enciclopédia*, verá na derrocada de 1789 "um desmoronamento dos valores estabelecidos". O novo radicalismo ideológico e cultural desagradou soberanamente a esse reformista. Criador, com outros, do público das Luzes, não adivinhara as conseqüências da máquina infernal que ajudara a estabelecer. Hume, aliás, acreditava, com Montesquieu ou Gibbon, que a monarquia francesa do Ancien Régime era para os homens de letras a sociedade mais favorável que a história já vira aparecer.[12]

A Revolução de 1789, mesmo no plano ideológico, provém mais da experiência política adquirida nos dois anos anteriores que de uma literatura filosófica pouco democrática e muito monárquica. Buscava construir o espírito do homem e não do Estado. Isolado de seu contexto ideológico moderado, o vocabulário das Luzes foi simplesmente utilizado por revolucionários que lhe metamorfosearam o sentido. Era impossível prever as condições e o resultado dessa operação no início da década de 1780, e às vezes até mesmo na primavera de 1789.[13]

Alheio aos fantasmas da utopia, o espírito crítico e racionalista do século XVIII não predispunha muito ao entusiasmo fanático que marcaria seu termo. Produziria ainda, no final do reinado de Luís XV e sob o de Luís XVI, com Linguet, o partidário esclarecido de um Estado forte, inimigo de uma revolução destruidora. Esse filósofo não-conformista, que morreu no cadafalso em 1794, partilhava das opiniões gerais do pensamento das Luzes, utilitarista, humanitário e reformador, que coexistiam nele com uma concepção muito tradicionalista da ordem política.[14]

Os enciclopedistas, ao contrário da opinião de Burke, Taine ou Cochin, não foram de modo algum os precursores do jacobinismo. Sob o Terror, a maioria dos que sobreviveram ao Ancien Régime mostrou-se moderada e bastante hostil ao entusiasmo revolucionário. Muitos sofreram diretamente suas conseqüências ou a ele resistiram com coragem. Naigeon, íntimo de Diderot nos últimos 20 anos de sua vida, desprezava o Comitê de Salvação Pública, e achava Robespierre pior que Nero.[15]

De modo igualmente errôneo, forjou-se o mito de uma facção holbachiana que divulgava o radicalismo filosófico na Paris pré-revolucionária. O barão anticristão teria estado, segundo Barruel, no centro de uma verdadeira conspiração política, em companhia de seus amigos esclarecidos. Essa invenção contra-revolucionária, que mereceu imprecações de Rousseau, foi religiosamente retomada pelos melhores historiadores, de Tocqueville e Naville. Segundo eles, consumados ateus teriam preparado diretamente, com sua influência secreta, a queda da monarquia. Bons especialistas hoje não admitem muito, nesse misterioso complô, a total ausência de projeto político e social dos intelectuais inofensivos que compunham a pretensa seita.[16] A maioria dos que, entre eles, viveram o bastante para conhecer a Revolução que lhes atribuem recuou horrorizada diante das suas conseqüências. Os pensadores materialistas do século XVIII estavam muito bem instalados dentro do Estado tradicional. Não gostavam do "vulgo" e não compreendiam a violência. Robespierre, que os detestava, tinha razão ao achar que a Revolução fora feita sem eles e mesmo apesar deles.[17]

A franco-maçonaria, à qual se atribui às vezes a honra, desde Barruel, de ter causado no plano ideológico a explosão de 1789, teria sido incapaz disso por seu profundo conformismo, devido à sua composição elitista. A mitologia das sociedades secretas, que se apóia nas denúncias tardias que delas fizeram os governos no fim do Ancien Régime, imaginou atribuir-lhes a ruptura revolucionária que ocorreu na França, e que se julgava impossível explicar, a não ser através de um incrível complô. Fenômeno fundamental da sociabilidade, embora dividida e complexa, a instituição maçônica não podia desempenhar bem esse papel político. Gérard Gayot mostrou que a maioria de seus membros ficou "interdita, muda ou hostil" quando da "formidável invasão da democracia em 1789". Pois sua ação e suas palavras correspondiam, antes de mais nada, ao furor de se associar à elite, típico do século XVIII. Não quiseram jamais perturbar o Estado nem a religião. Ambíguos diante das Luzes, muitas vezes pouco sensíveis à idéia de igualdade, os 50 mil franceses pertencentes a lojas maçônicas sob Luís XVI não contribuíram de modo algum para sua queda. Haviam se organizado para prosperar no âmbito da monarquia tradicional. A loja parisiense do Contrato Social denunciava em 1790, as futuras lutas sociais. Dispersos pela Revolução, os irmãos foram menos seus autores que suas vítimas. Haviam sonhado com paz e harmonia, e não com guerra civil. Os da

Provence, por exemplo, se haviam simplesmente superposto a velhas redes das confrarias de penitentes. As formas de laicização e aburguesamento da França do Ancien Régime nada tiveram a ver com seu desmoronamento político. E a ideologia maçônica antecipou muito menos a divisa republicana do que Fénelon em seu *Telêmaco*.[18]

O pensamento de Rousseau oferece um último exemplo do caráter ambíguo e, afinal, inofensivo, no plano sócio-político, da filosofia das Luzes. A influência de Jean-Jacques favorecia sobretudo, a partir da década de 1760, a formação da sensibilidade pré-romântica, virtuosa sem dúvida, mas antes irracionalista e lacrimosa. Longe de levantar os problemas da Revolução, abalando a ordem existente, Rousseau, que não gostava nem da ciência nem da modernidade, não podia propor uma nova. Os aristocratas apoderaram-se com entusiasmo de suas idéias para lutar contra a Revolução, no início da década de 1790. Isso mostra até que ponto o rousseauísmo se havia tornado então uma posição contraditória e incoerente. Inevitavelmente presente na Revolução, Jean-Jacques por isso mesmo não a quis nem preparou. Seu nome foi utilizado alternadamente pelos diferentes partidos, e serviu tão bem aos pequenos nobres da Assembléia Constituinte quanto aos inimigos termidorianos da anarquia. Encontramos hoje essas ambigüidades nas declarações sobre um Rousseau já totalitário ou, ao contrário, ferrenho apóstolo da liberdade. Essas declarações têm em comum o esquecimento do que foi, em sua complexidade e nos limites de sua experiência histórica, o verdadeiro Jean-Jacques, que morreu, felizmente para ele, antes de saber o que *outros* fariam de suas idéias.[19]

Havia uma mentalidade revolucionária às vésperas de 1789?

Parece difícil atribuir isso a uma opinião pública ainda muito pouco politizada, até cerca de 1787, e muito mais voltada para outros motivos de preocupação. Sua insatisfação diante da impotência do governo para modificar o Estado de acordo com a evolução social não desembocava em nenhuma reivindicação precisa, devido a profundas divisões. O próprio modelo inglês, por muito tempo tão prestigioso, estava longe de conseguir então a unanimidade, após o sério revés infligido às instituições britânicas pela Revolução Americana.[1]

Robert Darnton indicou os únicos intelectuais que alimentavam uma mentalidade revolucionária. Eram aqueles "Rousseaus de riachos" que, na França de Luís XVI, substituíram, como agitadores, os filófosos das Luzes, perfeitamente integrados à ordem existente. Essa boêmia literária produzia panfletos que atingiam mais diretamente o público do que os grandes escritores, e abalavam mais suas certezas e seus hábitos.

Ao lado dos que ganhavam pensões e dos protegidos, beneficiários, a títulos diversos, do patronato oficial e de suas esmolas, pululavam na Paris pré-revolucionária homens de letras alheios ao mundo dos cortesãos. Esses "frondistas literários", denunciados por D'Alembert como hostis ao sistema, foram retratados por Mallet du Pan como pessoas que confundiam sua "facilidade com talento" e morriam de fome ou se viam reduzidos à mendicância quando não podiam produzir e vender suas brochuras. Esses "pobres rabiscadores", provincianos ávidos que inundavam Paris, haviam sido colocados por Voltaire num nível inferior ao das prostitutas. Vamos reencontrá-los sob a Convenção Nacional, muitas vezes responsáveis por suas deliberações e atos mais sangrentos.

Antes de conhecerem esses dias de glória, eles tinham vegetado por muito tempo, fervendo de ódio contra o despotismo dos aristocratas que dominavam a república das letras. Marat, Brissot e Cara tornaram-se assim revolucionários e jacobinos em virtude de um ressentimento nascido nas "profundezas dos submundos intelectuais" onde vegetavam. Diante de uma organização da cultura e de uma produção do livro regidas pelo privilégio, esses indivíduos à deriva, autores de libelos e projetos, partilhavam da existência difícil dos marginais e dos desclassificados, nos antípodas do círculo dos belos espíritos que monopolizava os salões. Seu igualitarismo seria o dos fracassados amargos, cuja agressividade queria vingar-se do sistema que os reduzira "à pobreza e à degradação". Antes de ser destruído pela Revolução, o "grande mundo" já fora minado pelos panfletos sujos e as "calúnias enlameadas" produzidos por esse meio, cuja influência sócio-política era bem mais perigosa que a dos filósofos. Graças a 1789, eles chegaram ao poder, no jornalismo e no Estado, e ali puderam saciar parte de seus apetites.[2]

Bissot, futuro chefe dos "girondinos", fora empregado como espião pela polícia de Luís XVI.[3] O mundo clandestino dos liberalistas e panfletários também provera sempre de obras pornográficas um público ávido de conhecer as supostas orgias de Maria Antonieta e seus prelados. No seio dessa literatura da lama, preparou-se uma explosão revolucionária que dela reteve a grosseira propaganda dirigida contra a monarquia e a Igreja. Mestres da difamação, esses autores de uma contracultura apelavam, em face do Ancien Régime, a uma revolução cultural que não tardou a se produzir.[4] Toda uma rede de divulgadores, também marginal e móvel, contribuíra para espalhar sua bomba intelectual de efeito retardado. Nesses livros, distribuídos clandestinamente, e dos quais hoje não se tem nem mais lembrança, mas que solapavam as reputações mais sagradas, lê-se, mais que nos volumes da *Enciclopédia,* a crise mental que assolava a realeza "absoluta" nos últimos 20 anos de sua existência.[5]

Essa empresa de destruição ideológica não foi conduzida pelos corifeus das Luzes, mas pelo heterogêneo mundo da "boêmia literária" abaixo deles. Encontramo-lo, na década de 1770, nos jornalistas "frondistas" que politizaram e radicalizaram a crítica teatral. De Fréron a Grimm ou La Harpe, os intelectuais conservadores e estabelecidos ficavam horrorizados com o tom insolente, vulgar e bárbaro de tais homens incultos, agrupados em torno de Mercier. Este prosseguiria em seu *Tableau de Paris,* ao lado de Linguet e de outros, essa empreitada que oprimiu a França já vergada sob o peso da decadência. Tal preocupação de revelar os vícios dos grandes continuou sendo, a partir de 1789, o princípio do jornalismo revolucionário. Marat, por muito tempo médico sem doentes e escritor sem sucesso, e que se julgava superior a Newton ou Lavoisier, ousou afirmar na época de seus triunfos, em janeiro de 1793, que "esgotara quase todas as combinações do espírito humano sobre a moral, a filosofia e a política, para daí recolher os melhores resultados". O demagogo, em sua megalomania de histrião, bem resumia a vastidão das ambições e aspirações de seus iguais.[6]

Tocqueville, no início dos seus fragmentos inacabados sobre o desenvolvimento da Revolução, falou da "agitação violenta e incerta do espírito humano" que caracterizou a período que a antecedeu. Mostrou toda a Europa esclarecida tomada então, não pela iluminação filosófica, mas por "movimentos irregulares, incoerentes e bizarros". Ele via aí os "sintomas de uma nova extraordinária doença, que teria assustado singularmente os contemporâneos, se tivessem podido compreendê-los". Nessa mistura de otimismo idealista sobre o futuro da humanidade e excessiva denúncia das corrupções da sociedade contemporânea, de desgosto em relação ao presente e vaga aspiração à mudança total lia-se de fato claramente, em muitos intelectuais, a essência da psicologia revolucionária. Presente na França de Luís XVI, como no resto do Ocidente, essa aspiração explica o sucesso das sociedades secretas e o gosto pelo sobrenatural, muito mais poderoso na época do que a herança das Luzes. Teósofos e iluminados satisfaziam melhor que elas, às vésperas de 1789, a demanda epidêmica de regeneração absoluta. O sonho, a quimera, o entusiasmo pelo maravilhoso e inexplicável, o delírio das imaginações místicas explicam mais a Revolução do que o cálculo racional. Segundo o autor de *L'Ancien Régime et la Révolution*, uma perspectiva claramente apocalíptica ("a voz de João clamando do fundo do deserto que novos tempos estavam próximos") explica o mal-estar de tantos espíritos, que julgavam, sem razão, "sua condição insuportável", e buscavam, por um movimento ainda sem meta, escapar a ela. "O ano de 1789" deu a essa paixão "uma meta precisa" e um motivo de ação. Por esse trecho, a Revolução não nasceu do movimento objetivo e secular das idéias, mas da súbita politização de uma imensa inquietude.[7]

Os historiadores subestimam com demasiada freqüência a origem irracional de 1789, demonstrada no entanto há muito tempo. O triunfo obtido, na Paris da década de 1780, pelas sessões de cura pelo "magnetismo animal" do médico austríaco Mesmer é um sinal disso. Esse charlatanismo lucrativo se tornaria um meio de cristalizar e popularizar as aspirações de renovação social. Aplicação de uma ciência da moda ao gosto contemporâneo pelo invisível e o imaginário, o mesmerismo prosperou graças a uma certa Sociedade da Harmonia Universal, apoiada pelo advogado lionês Bergasse e pelo banqueiro estraburguês Kornmann, opondo-se aos profissionais privilegiados das academias, apoiados pelo governo. Nessa nova luta, os escritores radicais, como Brissot, Marat e Cara, desenvolveram uma forma de crítica da sociedade dominante. A crítica não se apoiava na natureza ou na razão, mas nos seus opostos, e levou muitos futuros revolucionários a se entusiasmarem com Mesmer, antes de pensarem em reconstruir seu país numa atmosfera muito pouco lúcida. A queda do Ancien Régime foi preparada por homens que veneravam, com Cagliostro ou Mesmer, as perspectivas de um paraíso terrestre, e não as das Luzes em fim de carreira.[8] Saint-Martin, representante de tendências do ocultismo pré-revolucionário, continuou sendo um admirador convicto da intervenção divina no rompimento ocorrido em 1789. Via nessa manifestação de energia redescoberta um sinal anunciador da "reintegração" que pregava.[9]

Os acontecimentos revolucionários foram vistos por alguns como uma confirmação de suas aspirações religiosas. Na Paris de 1780, o advogado jansenista Lepaige continuava registrando meticulosamente as cerimônias de crucificação de sua seita de convulsionários. Essa antiga forma de profetismo coexistia, assim, com novas definições, dificilmente mais sérias, da felicidade humana. Embora a primeira, simpatizando com o mesmerismo, se limitasse a cultivar, às vésperas de 1789, a rotina do anúncio iminente de imensas desgraças, deu origem em Lyon, em 1792, a um grupo que identificava essas desgraças com o desenrolar da Revolução.[10] Profetizas como Suzette Labrousse ou Catherine Théot viram nela a realização das promessas de regeneração. Testemunhas, com outras, da persistência no século XVIII de um milenarismo francês, essas duas mulheres esperavam até então, calmamente, o inevitável acontecimento. Sabe-se que depois da Revolução Suzette partiu para Roma, a fim de explicá-la ao papa, enquanto Catherine aplicava as tradições da religião popular à celebração do regime de Robespierre.[11]

A elite tinha certamente, para se inflamar, perspectivas menos confusas. Atribuiu-se, por exemplo, à franco-maçonaria pré-revolucionária um sistema de valores já democrático, atestado sobretudo pelos nomes das lojas, onde muitas vezes afloram aspirações ao patriotismo, à liberdade e à igualdade. As opiniões que nelas se defendiam conferiam à sociabilidade de alguns desses irmãos uma orientação claramente "progressista". Keith Baker chegou mesmo a ver, em sua ideologia e estrutura, o antecedente direto dos clubes ou sociedades revolucionárias.[12]

A Revolução Americana trouxe a essa tendência um poderoso reforço. Assinalou-se a extensão de sua repercussão na Europa intelectual da época, e a França não foi exceção. Essa revolução proporcionou, em 1784, um triunfo às *Cartas* de Crèvecoeur, dedicadas a La Fayette e descrevendo o agricultor americano como o arquétipo do novo homem, liberto das cadeias do despotismo e da aristocracia. Essa ideologia ingenuamente subversiva e vagamente tingida de rousseauísmo introduzia-se num reino que havia contribuído para o nascimento de uma nova República. Saudava-se, com Franklin, o advento de um governo livre e virtuoso. Essa onda de simpatia não acarretou, aliás, qualquer influência política realmente decisiva. Mas levou muitos a verem nos Estados Unidos um laboratório de regeneração social, num momento em que essa perspectiva ainda apresentava tanta sedução. O desejo de utopia, caro a um Turgot ou um Condorcet, podia assim abeberar-se em fontes distantes, mas recentes.[13]

Pode-se apenas perguntar se sua presença, dentro das Luzes, correspondia ao nacionalismo ou ao seu contrário. Vinha acompanhada da denúncia desolada de uma espantosa ameaça de morte a pesar sobre toda uma sociedade carcomida por um inevitável declínio demográfico. A Revolução foi, nesse sentido, da parte de alguns dos seus anunciadores, uma reação irracional a um perigo imaginário e, por isso mesmo, tanto mais temido. Essa perspectiva dinâmica animava as páginas acrescentadas por Diderot, na década de 1770, à *História de Raynal*, e onde se opõe à felicidade e à virtude dos selvagens, ameaçados pela expansão européia, a ignomínia dos grandes, dos padres e dos colonizadores. Essa onda de declamações atingiu o auge num programa de reformas dirigido a Luís XVI, e que denunciava, de cambulhada, a avidez dos fazedores de bancarrotas e dos cortesãos. Tais discursos frenéticos, prólogos de um desejo de libertação, dirigiam-se mais às paixões que à razão. Pregação de desrespeito e hostilidade à tirania, dirigiam-se ao entusiasmo e à energia, e não pretendiam brilhar pela moderação ou objetividade.[14]

Diderot, mais do que nunca destruidor e inimigo dos ídolos, morreu plenamente conciliado com toda uma parte do espírito da década de 1780. Seu ódio ao despotismo e à aristocracia, particularmente às suas formas francesas, testemunhava a permanente humilhação de filósofos indignados com uma sociedade à qual censuravam ignorar a legitimidade do poder dos intelectuais. Era o momento em que, no campo da arte, o heroísmo cantado por David fazia eco a essa reivindicação de dignidade, já quase republicana. Os frutos do ensino filosófico encontravam-se aí com o ressentimento dos homens de letras e as aspirações da nova geração. Em todos os campos, da ciência à estética, passando pela crítica da atualidade, preparava-se uma radicalização e uma politização do "público culto". Mas essa conversão a uma religião de virtude cívica, onde o amor à pátria a disputava com o ódio aos grandes e aos seus vícios, prendia-se menos ao sucesso de uma propaganda ideológica do que à metamorfose das paixões intelectuais.[15]

Testemunha isso, por exemplo, nos futuros dirigentes da Revolução, o caso de um Brissot ou de um Robespierre. O primeiro explicava em 1780, a um amigo mais realista, seu absoluto desprezo pelas instituições contemporâneas. Julgava preferíveis a elas as teorias mais monstruosas, que não poderiam jamais ser mais absurdas ou atrozes. Quanto a Robespierre, após ter escrutado seu modesto destino de advogado provinciano, Robert Palmer achou que ele já manifestara as características da psicologia revolucionária, ou seja, o ódio da classe, a intolerância, a certeza de ter razão e o hábito polêmico de descobrir questões de princípios em incidentes sem importância. Os acontecimentos posteriores iriam dar a essas manias um campo de aplicação considerável.[16]

2

Uma derrota do despotismo?

As origens políticas da Revolução Francesa foram por muito tempo subestimadas em proveito de suas causas intelectuais ou sócio-econômicas. Essa tendência caiu há pouco tempo, e os historiadores colocam cada vez mais, no primeiro plano das origens do abalo ocorrido em 1789, a crise sofrida, no século XVIII, pela monarquia do Ancien Régime. Contudo, não se atingiu uma unanimidade sobre sua natureza exata nem sobre o caráter fatal de seu resultado.

A monarquia podia reformar-se antes de 1787?

O governo real impunha a seu chefe, ao poder absoluto, um fardo terrível que Luís XVI, manifestamente, não era capaz de sustentar. Sua falta de autoconfiança condenava-o a não tentar qualquer iniciativa audaciosa. Isolado no mesquinho seio da corte, dela sofreu influência sem jamais sonhar em suprimi-la. Dependente, como os antecessores, da qualidade de seus conselheiros, escolhia-os sempre no âmbito de um círculo bastante estreito, com exceção do banqueiro genovês Necker, que foi logo afastado em virtude da originalidade de suas opiniões políticas. Essa toda-poderosa tradição condenou o sistema monárquico a repousar, ainda uma vez, em ministros do mais decidido conservadorismo. Por definição, os hábitos a eles impostos por suas carreiras levavam-nos a repelir toda inovação importante em relação à ordem estabelecida.

Essa inércia do poder instituído era reforçada pelas condições de seu funcionamento, que repousava inteiramente sobre os favores reais. Havia rivalidades pessoais permanentes, até em pleno Conselho, de responsabilidade coletiva. Os ministros gastavam a maior parte de sua energia tentando convencer o rei ou a rainha de sua superioridade em relação aos colegas. Se Maurepas, de 1774 a 1781, orientou Luís XVI no meio dessas manobras, o espírito de intriga reapareceu depois dele, e o revés de Calonne, por exemplo, era aguardado com impaciência, em 1786, por seus rivais.

Antigos ministros em desgraça constituíam também um partido que tentava mobilizar a opinião pública contra seus sucessores, como o fez, após 1781, Necker contra Calonne. Essa exasperação de inimizades, que agravava as dificuldades, era aumentada ela própria pelas tensões entre os diferentes departamentos ministeriais e o caráter relativamente anárquico de sua representação e participação nos diversos Conselhos do governo. A coluna vertebral e o viveiro deste último eram constituídos pelo ambicioso grupo de jovens referendários, dentre os quais se recrutavam os intendentes que dominavam as províncias.

A autoridade deles sofrera, a partir de Luís XVI, com as hesitações do topo. Faltava-lhes, por outro lado, para enfrentar o grande volume de casos, uma burocracia suficiente, o que os levava a depender cada vez mais dos poderes locais. Governadores, nobres, estados provincianos pouco representativos, organização municipal embolada e sem real liberdade em relação ao Estado vinham complicar a estrutura do Governo.

O de Luís XVI repousava acima de tudo, em última instância, sobre o consentimento tácito de seus súditos. Pois ele dispunha de ainda menos policiais que burocratas. Um corpo de polícia de 4 mil homens bastava-lhe para manter a ordem em todo o reino, e uma ronda de menos de 100 cumpria essa tarefa na cidade de Lyon. A própria Paris oferecia ao seu tenente de polícia apenas um efetivo de pouco mais de 3 mil pessoas.

Se o exército reforçava seus meios de disciplina social, era preciso, evidentemente, da parte do poder, firmeza e determinação para mantê-los em caso de crise. Ora, essas duas qualidades faltavam totalmente ao Governo de Luís XVI, herdeiro de um sistema político fundado sobre a hesitação permanente e a ineficácia absoluta. Essas taras de um Ancien Régime esbaforido, um "despotismo da fraqueza", segundo a expressão de François Bluche,[1] eram observadas em todos os níveis, e não dependiam da personalidade dos dirigentes, prisioneiros da máquina administrativa a que serviam. Pesada e inutilmente burocrática e rotineira, essa máquina era incapaz de mudar ou ativar sua marcha. Essas fraquezas internas eram tanto mais graves quanto tinham de enfrentar a oposição de instituições diminuídas mas não eliminadas por Luís XVI.

Esse quadro severo, recentemente traçado por William Doyle [2] parece contestado pelos importantes sucessos alcançados, contra essa oposição, pela monarquia no século XVIII. Quando Luís XV, em 1771, encarregou seu chanceler Maupeou de chamar à ordem os parlamentares, e se travou violenta batalha ideológica sobre isso no país, foi a propaganda monárquica, apoiada por Voltaire, que venceu, diante das vãs pretensões históricas dos magistrados. A causa deles parecia perdida quando Luís XVI os reconduziu ao poder, ao ascender ao trono.[3]

William Doyle mostrou que, após esse episódio, os parlamentares jamais voltaram a ser, ao contrário da opinião geral, um perigo para o governo. Duramente abalados pelas reformas de Maupeou, não puderam nem quiseram utilizar sua reconvocação para solapar de novo a ação do poder. O primeiro presidente de Aligre felicitou-se junto a Vergennes, em 1782, por esse acordo perfeito a inédito. No ano seguinte, um magistrado provinciano lamentava-se por ver os parlamentares parisienses, "enervados pelos prazeres de uma vida voluptuosa" e "guiados pela ambição", submeterem-se "com cega deferência às vontades do monarca". Um arrematante de impostos régios notou com justeza que, de 1774 até o final de 1786, "o parlamento (. . .) tinha (. . .) sido o mais obsequioso possível a todas as vontades" dos "ministros". Menos sensível na província, essa docilidade nem por isso constituiu menos um apoio sério ao poder durante a maior parte do reinado de Luís XVI, que não precisava temer, até 1787, uma oposição parlamentar irremediavelmente enfraquecida.[4]

Outros estudos confirmaram a força do grupo ministerial entre os membros mais idosos do parlamento de Paris, e o conservadorismo de seu ponto de vista de aristocratas, partidários da manutenção do regime senhorial. Mais tradicionalistas que revolucionários, esses magistrados estavam acima de tudo a serviço da preservação da antiga ordem política e social. Não constituíam de maneira alguma um obstáculo ao governo, e um certo número deles justificava o absolutismo como um meio de contrabalançar a autoridade dos privilegiados. Opuseram-se à generalização das assembléias provinciais recomendada por Necker, nas quais viam a concessão de um favor indevido aos gentil-homens dos campos. Sua concepção do segredo da administração continuava sendo a de Luís XVI, e os mais sérios entre eles achavam, sem dúvida, como aquele que o disse ao jovem Pasquier no fim de 1787, que "a primeira vez que a França tiver os estados gerais terá também uma terrível revolução". A maioria da nobreza togada era certamente muito mais hostil a isso que a de espada; não condenava sempre o despotismo.[5]

O da monarquia francesa tentara sob Turgot, entre 1774 e 1776, modernizar-se e impregnar-se do espírito das Luzes. Ao redigir então, à guisa de projeto "constitucional", destinado a renovar as velhas estruturas do Estado e da sociedade, sua famosa *Memória sobre as municipalidades*, esse ministro via, ao contrário, nas assembléias provincianas colocadas no topo de seu sistema, um meio de reforçar o governo real, e não de enfraquecê-lo. Bem menos favorável que seus amigos fisiocratas ao princípio mesmo do absolutismo político, Turgot nem por isso acreditava menos, como Voltaire, que o poder tradicional era o único capaz de reformar a França. Esse homem de administração jamais imaginou o funcionamento de seu país sem o monopólio legislativo do rei. Não compreendia nem aprovava os contrapesos utilizados pela Constituição inglesa, e que a República americana iria retomar. Escritor por vezes utópico, encarava acima de tudo as realidades políticas sob o ângulo de um Executivo todo-poderoso e, assim, mais bem armado contra os privilegiados. Turgot descobriu apenas nesse recurso o meio de evitar uma revolução de efeitos provavelmente piores que os abusos que ela desejaria suprimir.[6]

O modelo absolutista continuou sendo, portanto, o principal horizonte dos reformadores ou dos conservadores da década de 1770, que dele esperavam igualmente a solução de contradições aparentemente insuperáveis. A carreira de Turgot vai inserir-se nesse esquema tradicional. Se fosse uma crise financeira e de crédito que acabasse por levar a monarquia de Luís XVI, este estaria apenas enfrentando os mais importantes problemas colocados há séculos aos seus antecessores.[7]

O embaixador da Áustria em Paris achava, em 1783, que o rei só podia agravá-la, pelo seu temor aos "homens de gênio", que o levava a empregar no ministério os ineptos, de preferência aos capazes, e a sofrer sua desunião permanente. Ora, em tal sistema, "os iniciadores de reformas só podiam (...) ser os ministros esclarecidos e seus colaboradores, enquanto gozavam do apoio" do soberano. Cercados, desde meados do século XVIII, pela poderosa hostilidade dos interesses particulares, jamais encontraram junto a Luís XVI, sensível à oposição dos cortesãos, o apoio indefectível de que necessitavam. A luta política francesa no fim do Ancien Régime reduzia-se a um conflito insolúvel entre o privilégio e o arbitrário. Incapaz de superá-lo, a realeza não podia ser nem totalmente despótica, o que contrariava seus princípios, nem realmente constitucional, na medida em que a opinião pública, impotente e dividida ao infinito, não lhe oferecia, para resolver a crise de forma pacífica, qualquer socorro real.[8]

Esse pessimismo em relação à única instituição da qual os franceses podiam esperar a luz confirmou-se no estudo mais recente do seu meio de ação nas províncias. Contrariamente às opiniões de Tocqueville, e a julgar ao menos pelo caso provençal, os intendentes de Luís XV e de Luís XVI foram nisso menos os agentes, reformadores e esclarecidos de um governo central penetrado do interesse público do que os porta-vozes de uma elite local decididamente conservadora. A inovação econômico-social não foi obra deles e sua ação não se estendeu muito além do estreito círculo da classe dirigente. Recuando sem cessar diante dela, impotentes e impopulares, esses herdeiros da burocracia de Luís XIV presidiam uma administração real em via de decomposição.[9]

O Estado que ela servia parecia agora incapaz de modelar a sociedade sob um programa preciso. Suas dificuldades financeiras, que lhe acarretaram a queda, testemunham a amplitude e a profundeza dessa "crise orgânica", para falar como Gramsci. Sabe-se que a gravidade do déficit orçamentário fora revelada por Calonne a Luís XVI em agosto de 1786. O fenômeno era normal sob o Ancien Régime, e suas origens não tinham mistério. Mas o governo via-se bruscamente sem recursos e devidamente encurralado. Não eram possíveis nem as economias, nem o acréscimo da pressão fiscal, nem a bancarrota, nem novos empréstimos. Após ter escondido essa situação durante três anos, era preciso agora deliberar sobre ela. Calonne não pensou em mudar a organização financeira da monarquia, que dependia estreitamente da colaboração dos homens de negócios. Em vez disso, propôs ao rei uma modificação do conjunto das instituições que, unificando-as e racionalizando-as, traria enfim ao Estado os meios de que necessitava.[10]

Esse novo apelo a uma reforma sócio-política para resolver, dessa vez, o déficit orçamentário foi saudado por inúmeros historiadores como particularmente lúcido e corajoso. John Bosher, em um estudo capital das finanças francesas entre 1770 e 1795, voltou atrás nesse julgamento, achando que os problemas do fim do Ancien Régime, nesse domínio, eram sobretudo de ordem administrativa, como o mostrou, aliás, a obra da Revolução. No sistema tradicional, o rei era cliente das autoridades financeiras e grande parte dos assuntos financeiros não dependia do Estado. Essas autoridades forneciam, além disso, o essencial de crédito a curto prazo requerido pela multiplicidade dos fundos e o volume de dinheiro oculto. O crédito do rei reduzia-se, portanto, ao de suas próprias autoridades. A verdadeira crise da monarquia, longe de se limitar a um problema de equilíbrio orçamentário, provinha de um tipo de administração que obrigava o soberano a se apoiar em fortunas especulativas, elas próprias solapadas, em 1787, pela crise econômica.

Calonne, segundo John Bosher, jamais teria compreendido o caráter malsão da iniciativa privada nas finanças públicas. Necker, ao contrário, iniciara uma reforma da administração financeira que era um primeiro passo para sua racionalização e nacionalização. Brienne iria continuar, depois de Calonne, esse trabalho, que visava o controle ministerial do orçamento e o esboço da criação de uma burocracia governamental. A legislação revolucionária, como se verá, foi a concretização lógica dessa corrente reformadora, que já visava, antes de 1789, fazer com que as finanças francesas passassem de um sistema de relações contratuais entre o poder e os homens de negócios para o de uma hierarquia de assalariados. Era querer livrar o Estado da dominação dos capitalistas. Os primeiros funcionários das finanças, administradores esclarecidos, prepararam-se assim, sob Luís XVI, o regime moderno, e 3/4 deles puderam ainda servir a Napoleão.[11]

Michel Bruguière acaba de confirmar esse singular modernismo do último reinado do Ancien Régime no plano financeiro. Seus ministros empenhavam-se em conter os favores venais, em racionalizar o Tesouro e em desmantelar o papel das cortes soberanas. Essas reformas de estrutura criavam progressos técnicos fundamentais; instituindo novos processos de decisão, de controle e de apelação, reforçavam o poder central no momento e no lugar mesmo onde ele iria provisoriamente desmoronar. Gaudin e Mollien, ministros das Finanças e do Tesouro, sob Napoleão, encarregavam-se já, sob Luís

XVI, dos impostos diretos e das relações com o erário. Seus colaboradores, assalariados como eles, partilhavam do seu "desprezo do funcionário pelo dinheiro dos outros". Sua tecnocracia sobreviveria à Revolução; impotente para modernizar a França antes de 1789, continuou sendo necessária ao Estado após essa data.[12]

Dentro dessas novas perspectivas, um personagem como Necker assume novo destaque. A reputação de coveiro do Ancien Régime valeu a esse banqueiro suíço muita hostilidade dos historiadores. Parece estabelecido que ele foi um ministro progressista, ao contrário do seu sucessor Calonne, quase sempre estreitamente reacionário. Suas idéias políticas em relação à reforma do Estado pareciam dignas das de Turgot, e seu *Relatório* de 1781, que apresentava, em plena guerra da América, uma visão otimista das finanças reais, é hoje tido como válido. Os empréstimos negociados por Necker, na verdade, nada teriam tido de catastróficos. Além dessa curiosa alternância das reputações ministeriais, a atual reabilitação do pai de Madame de Staël por todo um setor da historiografia tem o interesse de lembrar que a crise pré-revolucionária só em parte se relacionou com o detalhe técnico dos problemas financeiros. O conflito dos interesses, das ambições e das ideologias utilizou-o para seus fins na tormenta que levou o Governo de Luís XVI.[13]

A vitória aristocrática de 1788 foi um sucesso das idéias liberais ou dos privilégios tradicionais?

De fevereiro de 1787 a agosto de 1788, o poder real, sob Calonne e depois Brienne, tentou em vão impor reformas estruturais aos notáveis e depois aos parlamentares. Seu fracasso final, juntamente com uma situação de bancarrota, obrigou-o a convocar os estados gerais para o ano seguinte, e capitular diante da oposição. O sucesso desta, dominada por uma aristocracia liberal preocupada em se vingar do despotismo tentado antes sob Maupeou, foi ambíguo. Os historiadores viram aí, durante muito tempo, o sucesso de uma obstrução reacionária, dirigida pela nobreza togada, e visando os esforços de uma monarquia esclarecida, progressista, mas reduzida à impotência pelos privilégios. Esse acordo unânime só foi rompido por Jean Egret, no fim da vida. Ele via os magistrados das cortes soberanas como educadores políticos da nação pré-revolucionária, defensores da lei e dos direitos dos súditos contra as tendências autoritárias da coroa. O enfraquecimento deles pela ação de Maupeou, longe de ter favorecido as reformas fundamentais, que o governo era incapaz de fazer, constrangeu o governo no momento em que entrava em conflito com os homens de negócios e os capitalistas dos quais dependia e que não tinham mais confiança nele.[1]

A natureza da oposição aristocrática, dirigida contra a realeza absoluta no fim do Ancien Régime, coloca portanto problemas. Na ausência de estados gerais, subitamente exigidos por alguns parlamentos, sob Maupeou, para melhor salvar o Estado do despotismo, e que continuaram depois como uma possível solução para as dificuldades políticas; e diante da incapacidade de outras forças (estados provinciais, municipalidades, rebeliões populares) para representar esse papel, o governo monárquico só podia encontrar obstáculos nas instituições estreitamente integrantes ao funcionamento do próprio Estado. A Igreja, por exemplo, que dele dependia, continuava sendo também um corpo autônomo, sujeito às suas próprias regras de organização e protegido das eventuais usurpações da realeza por sua enorme fortuna territorial. O clero impediu, assim, o controlador geral Machault, em meados do século, de dominá-lo, e renovou essa vitória em 1785. Grupo de pressão de coesão incomparável, a Igreja jamais hesitara em se servir de todos os meios possíveis de agitação contra o poder.

Os parlamentares, donos de seus cargos, também tinham esse hábito quando o poder estava fraco. Chegaram a dominá-lo nas décadas de 1750 e 1760, antes que Maupeou os reduzisse ao silêncio. Ao retornarem, mais que nunca, sua força eventual provinha sobretudo da inércia ou da indecisão dos ministros. Estes, cujas condições difíceis em que exerciam sua autoridade conhecemos, eram sensíveis à pressão da opinião pública. É certo que a década de 1770 viu desenvolver-se nela uma crise de confiança em relação a um governo incapaz de escolher uma política econômica coerente, de manter seus compromissos com os credores ou de aliviar o fardo dos contribuintes. Acusaram-no logo de despotismo quando se desembaraçou, com os parlamentares, dos organismos intermediários que se supunha protegerem a vida política francesa das arbitrariedades. O golpe de Estado de Maupeou, mais simples intriga palaciana que grande projeto de reforma, reduziu eficazmente a oposição ao silêncio. Mas ensinou a opinião pública a se livrar das ilusões de garantias contra o absolutismo; pela primeira vez, desde o início do século, ela voltava a pensar nos estados gerais.

Ao mesmo tempo em que os parlamentares, restaurados, continuavam privados de prestígio, o jovem Luís XVI, pouco seguro de si mesmo e sofrendo o reflexo da impopularidade de sua mulher, não estava muito em condições, de qualquer forma, de exercer a autoridade absoluta de que, em teoria, gozava. Todo o seu reinado foi assim marcado, ao lado da frivolidade da corte e da impotência de poder, por uma discussão apaixonada, entre o público esclarecido, sobre o melhor meio de governar o país de forma mais responsável e mais de acordo com o interesse nacional. Em 1770, em suma, segundo William Doyle, nasceu um partido patriota, contra Maupeou e os jesuítas. Os parlamentos podiam considerar-se, com razão, seus criadores, tanto haviam difundido, com suas críticas, a idéia da superioridade da nação sobre o rei. A oposição às últimas iniciativas de Luís XV contribuíra, tanto quanto os escritos dos filósofos, para fazer avançar a reflexão da elite sobre a questão da soberania.

Donde a importância conferida, desde então, à criação de instituições representativas, exigidas há muito tempo, no plano local, pelos fisiocratas. Alguns parlamentares do início da década de 1770 ampliaram essa reivindicação de funcionamento regular dos estados gerais. Depois de Turgot pensar nisso, Necker instalou em 1778 as primeiras assembléias provinciais, que não podiam satisfazer a opinião pública, uma vez que não eram nem eleitas nem representativas, e pareciam dirigidas sobretudo contra os parlamentares. Não havia, aliás, nenhum acordo, no país ou em sua elite, sobre a forma do governo representativo que se desejava. A crise de 1787 estourou nessa atmosfera febril, mas incerta.[2]

As reformas propostas por Calonne generalizavam o sistema das assembléias provinciais, associando-o a um novo imposto territorial. Unidas a um programa ambicioso de desenvolvimento econômico, que permitia reabsorver o déficit através do empréstimo, não entusiasmaram, porém, os notáveis, escolhidos a dedo, aos quais tinham sido propostas anteriormente. A decidida oposição, em nome de seus privilégios mais estreitos, do clero e dos inúmeros inimigos pessoais ou rivais do ministro, utilizou o pouco de confiança de que gozava entre a opinião pública. Acusado de ocultar o estado exato das contas da nação, o desajeitado reformador foi enviado por alguns a futuros estados gerais. A indignação dos notáveis diante do seu comportamento, e seu crescente isolamento, apesar das manobras em direção ao público, levaram à demissão de Calonne por Luís XVI em abril de 1787.

Seu sucessor, Brienne, trabalhou sob a ameaça da convocação dos estados gerais. Este último salvador potencial da monarquia do Ancien Régime era, como seus antecessores, um reformador decidido. Mas teve de repelir os notáveis que agora falavam num controle financeiro permanente do poder, na ausência de estados gerais que se manifestassem em nome da "nação". As reformas posteriores de Brienne tiveram o sentido de um último esforço da realeza absoluta para resolver seus problemas, na ausência de uma assembléia eleita. Os notáveis haviam acenado com o espectro dessa assembléia porque não acreditavam, com toda a razão, na competência do governo. Privado da confiança dos súditos mais eminentes do rei, e tendo revelado a todos a desordem de suas finanças, o poder encontrava-se no verão de 1787 irremediavelmente comprometido perante a opinião pública.

Seu programa reformador não mudara coisa alguma. Os parlamentares só podiam, na verdade, conformar-se com a promessa genérica segundo a qual novos impostos só poderiam ser consentidos pelos estados gerais. Apoiado pelos antigos notáveis mais influentes, o de Paris retomou a liderança da oposição. Sua luta contra o ministério foi aprovada pela população da capital. Brienne tentou em vão seduzi-la com o anúncio da convocação dos estados gerais para 1792. Isolado e acusado de despotismo, experimentou retornar aos métodos de Maupeou na primavera de 1788. Essas medidas foram acolhidas com indignação geral, em meio a um dilúvio de panfletos que exigiam a reunião dos estados gerais para dar à França uma nova Constituição. Diante da aberta recusa da elite do país a cooperar consigo, Brienne respondeu com um apelo à opinião pública, pedindo-lhe que o ajudasse a preparar os estados gerais. A brusca crise financeira do governo, incapaz de arranjar meios de crédito diante da má vontade dos homens de negócios, preocupados com as dificuldades econômicas e políticas, pôs fim às suas ilusões. Em agosto, em rápida sucessão, convocaram-se os estados gerais para maio de 1789, suspenderam-se os pagamentos, que deviam vir de um Tesouro vazio, e Brienne foi enfim substituído, a seu próprio pedido, por Necker. Sem dinheiro e sem idéias, a velha monarquia perdera a partida.[3]

Essa apresentação da crise pré-revolucionária não permite ver aí a simples vitória de uma aristocracia privilegiada contra um poder esclarecido. Notáveis e parlamentares não agiram então apenas como defensores de seus interesses egoístas. Falavam também de acordo com uma opinião pública nacional descontente com um sistema desgastado e desprestigiado. Notadamente os mais jovens dos seus membros, como Pasquier os defendeu em suas *Memórias*, mostravam-se acima de tudo preocupados, em seu idealismo generoso, com o interesse público comprometido pelo despotismo ministerial. Sua reivindicação revolucionária de estados gerais inseria-se nesse quadro. E o eco que encontrou resultava do fato de que correspondia a uma ofensiva ideológica sensível há várias décadas.[4]

Os historiadores empenham-se, assim, cada vez mais em retraçar as origens distantes do discurso político inédito cujo triunfo assegurou o fim do Ancien Régime. Vêem, com Eberhard Schmitt, desenvolver-se então o conceito moderno de representação nacional, que ligava, desde Fenelon, o rei à idéia do "bem comum", e fazia pouco a pouco dos parlamentares os representantes da nação. Ao lado do clero, que utilizava amplamente, há muito tempo, o sistema representativo, alguns membros dos estados provinciais eram escolhidos por diferentes ordens, e inúmeras comunidades rurais ou urbanas tinham conselhos políticos eleitos segundo um sistema censitário às vezes bem amplo. Jacques Godechot observou que os conselhos municipais revolucionários foram muitas vezes compostos pelos mesmos membros daqueles que os haviam precedido.[5]

Diante de tal difusão da idéia de representação, compreende-se que o conceito de "assembléia nacional" ou "órgão legislativo", associado antecipadamente, a partir de setembro de 1788, aos futuros estados gerais, não tenha surgido de um vácuo institucional ou teórico. Toda a França moderna tinha, ao contrário, desenvolvido, desde o século XVI, a idéia de representação nacional, ao mesmo tempo em que se erguia no país, em sentido inverso, o edifício absolutista. Na época da Liga Católica, a pequena burguesia urbana, revoltada contra a nobreza hereditária ou oficial, apresentava reivindicações pouco compatíveis com o absolutismo. O liberalismo do século XVIII redescobriu, além do parêntese luís-quatorziano, uma tradição "aristo-democrática" ainda bem viva na época de Luís XIII. Essa tradição iria alimentar, sob Luís XV, o constitucionalismo de uma pequena elite nobiliárquica logo reforçada, após 1760, por toda uma corrente filosófica e política. Foi portanto sem ruptura que se chegou, nesse ponto, à agitação que precedeu e preparou diretamente a Revolução.[6]

Keith Baker insistiu, a esse respeito, na hipótese emitida por Mably, no final da década de 1750, segundo a qual um conflito entre o parlamento de Paris e a autoridade real, como o que ocorria então a propósito de problemas eclesiásticos, poderia desembocar numa revolução que libertaria a França do despotismo em que se estagnava. Esse filósofo não via na verdade nenhum regime constitucional digno desse nome sem uma vontade nacional claramente afirmada. Hostil às reformas administrativas supostamente esclarecidas, só de uma crise política, e da "fermentação dos espíritos" que a isso se associaria, esperava o advento dos estados gerais que iniciasse enfim o processo revolucionário desejado. Esse processo culminaria num sistema de representação nacional que garantiria a liberdade. Embora Mably morresse decepcionado, antes de poder contemplar a Terra Prometida, sua linguagem de republicano clássico foi um dos componentes da formação, antes de 1788, do futuro discurso revolucionário.[7]

Analista da crise religiosa e ideológica que deu origem às teses audaciosas de Mably, Dale Van Kley viu formarem-se na França da década de 1760 os partidos conservador e liberal que a dividiriam entre si na primeira metade do século XIX. Ele associa o primeiro aos partidários ultramontinos dos jesuítas e aos adversários do galicanismo jansenizante, enquanto o constitucionalismo dos parlamentares associado a este último prefigurava os trabalhos da Assembléia Constituinte. A abundante literatura *política* nascida desse último conflito teológico do século XVIII viu confrontarem-se, de maneira quase caricatural, a justificativa eclesiástica do absolutismo e a crítica a esse regime em nome do nascente conceito da soberania nacional, tão querido dos "patriotas", revoltados contra a "tirania" e o "despotismo". A essa laicização do direito público correspondia, entre os amigos ou inimigos dos devotos, uma dessacralização da monarquia tão mal-personificada por Luís XV.[8]

Keith Baker reencontrou, de maneira diferente, esse contraste fundamental do pensamento político francês no início do reinado de Luís XVI, que foi sem dúvida coroado solenemente em Reims, em 1775, no entusiasmo geral suscitado pela augusta e tradicional cerimônia de sagração. Se os patriotas ficaram indignados com a supressão da menção ao consentimento do povo à eleição do rei, diferentes panfletos aproveitaram a ocasião para opor às antigas fórmulas de bajulação a nova linguagem do contrato social e dos direitos da nação. No *Amigo das leis* e no *Catecismo do cidadão*, esboçava-se já, contra a lembrança de Maupeou e sua "revolução", o futuro discurso dos inimigos do "despotismo", dedicado às tensões contemporâneas entre o absolutismo tradicional e as novas orientações centralizadoras do governo, entre a antiga justiça e a nova administração, entre o antigo tipo de autoridade real e as novas condições de exercício de poder, entre as exigências da opinião pública à autoridade e sua crítica às suas realizações. Inúmeros publicistas traduziam cada vez mais esses motivos de inquietação. Juntavam-se a um magistrado esclarecido, Malesherbes, que apresentava então, em nome da Corte de Auxílios, suas *Advertências*, visando restaurar o direito de representação em todos os níveis e introduzir a comunicação pública da ação governamental. O antigo diretor da Biblioteca afirmava ao rei nessa obra que o desejo unânime da nação era conseguir estados gerais. Num espírito diferente, também Turgot desejava nesse momento, como se viu, regenerar a França através de uma hierarquia de assembléias representativas. Quanto ao bordelês Saige, autor do *Catecismo*, afirmava o direito da nação no poder legislativo e identificava esse depositário da soberania com o terceiro estado, ao qual se conduzia, de fato, a sociedade francesa. A constelação ideológica da década de 1770 via assim coexistirem, juntamente com o ritual imutável e arcaico do sagrado, novas concepções relativas à natureza da autoridade real. Além da restauração da colaboração com os membros das cortes soberanas, podia-se desejar, ao contrário, a afirmação do caráter esclarecido e nacional do absolutismo dessas cortes ou da soberania nacional, que seria escolhida em 1789. Toda a problemática dos *direitos do homem e do cidadão* fora previamente cobrada, no início do reinado de Luís XVI, pelos reformadores sedentos de justiça administrativa, pelos tradicionalistas, que prefeririam confiá-la aos parlamentares, e pelos teóricos, já revolucionários, que colocavam em primeiro lugar a idéia política da nação.[9]

Herdeiros desses conflitos e dessas aspirações que alimentavam as lutas da pré-revolução francesa, os notáveis convocados por Calonne não podem dirigir-se a uma pura elite de privilegiados, sem outro objetivo que a defesa de seus interesses particulares. Isso explica por que reagiram com indignação quando o ministro tentou acusá-los disso junto à opinião pública. A oposição deles pretendia ser nacional e patriótica, de acordo com as novas aspirações da cultura política da elite. Formada por proprietários ligados à idéia de participação do poder, queria impor sua aprovação e controle dos impostos a uma burocracia da qual desconfiava. Partidária da autonomia provincial, via no desenvolvimento das instituições locais um elemento essencial do tipo de governo com o qual sonhava, em conformidade com a evolução do espírito público.[10]

Contrariamente a uma tese antiga, defendida por Egret ainda em 1962, a revolta aristocrática de 1787-8 não foi, segundo a expressão de Marcel Reinhard, uma "contra-revolução *avant la lettre*", nascida de uma "recusa a sacrifícios da maioria dos privilegiados", que engendrou a Revolução, impedindo a realização das reformas e obrigando o governo a recorrer aos estados gerais. A oposição, que se aproveitou da crise financeira do final do reinado de Luís XVI, manifestava idéias já plenamente formadas no início. Elas haviam nascido diante do golpe de Estado de Maupeou, que rompera em 1771 como equilíbrio tradicional do Ancien Régime. Maupeou revelara a todos, com efeito, a verdadeira natureza do absolutismo, em que o poder real estava acima da lei. O restabelecimento dos parlamentos, em 1774, nada mudara dessa situação, inquietante em primeiro lugar para os credores do soberano, e que só podia ser reforçada, para os adversários do despotismo ministerial, pela última tentativa de Brienne.[11]

A monarquia demitiu-se completamente às vésperas e no início da Revolução?

Admite-se que o desmoronamento do governo, em agosto de 1788, deixou um vazio completo no centro do poder, vazio que iria durar, aliás, cinco anos. Necker limitou sua tarefa à preparação da reunião dos estados gerais, únicos encarregados da solução dos problemas do país. A realeza parecia, de certa forma, ter-lhes passado o controle, deixando-os cuidar da indispensável regeneração nacional. Não se preocupou muito em controlá-los. O imenso poder de Necker junto à opinião pública e seu crédito entre os homens de finanças não foram utilizados a serviço de uma iniciativa política. O ministro parecia partilhar a fé mística dos franceses no futuro trabalho dos estados.

Ele não podia mais ditar as condições da eleição dos estados gerais, sobre as quais se estabeleceu um áspero debate no outono de 1788. Numa atmosfera de grande excitação e de hostilidade sempre acentuada em relação ao que pudesse lembrar o despotismo,

Necker consultou novamente os notáveis sobre essa questão. Contrariando a opinião deles, decidiu no final do ano que haveria nos estados tantos deputados do terceiro estado quantos fossem os das ordens privilegiadas.

A questão de voto por cabeça, no entanto, continuava em aberto, e a monarquia não se decidira entre os partidos que se defrontavam sobre esse ponto. Em março-abril de 1789, não apresentou candidatos próprios aos eleitores. É verdade que lhe teria sido difícil propor-lhes um programa governamental, quando este se resumia à paralisia e ao preguiçoso recurso aos futuros estados. Eleitos largamente com base em considerações locais, os deputados seriam os homens de uma mudança que nada teria a ver com um antigo poder que se tornara neutro porque impotente.

Esse poder havia permitido que as assembléias eleitorais do clero fossem de natureza revolucionária, ao favorecer o clero paroquial, até então sub-representado na Igreja galicana. Quando os estados se reuniram em Versalhes, em maio, o governo ofereceu-lhes apenas promessas religiosas. Parecia deplorar um excessivo espírito de inovação e continuava não se pronunciando a favor do voto por cabeça. Essa timidez e essa reticência, que decepcionaram todo o mundo, constrangeram particularmente os deputados do terceiro estado, obrigando-os, na verdade, a se negar ou se revoltar.

Eles começaram a se queixar, junto a seus constituintes, da inércia e da obstrução de um poder incapaz, ao fim do mês, de fazer funcionar os tão esperados estados. Essa situação comprometia a posiçao de Necker na corte, onde sua reputação cambaleava. Reforçaram-se as tropas em volta de Versalhes, sem que ele o soubesse. O público percebeu aquele fluxo de regimentos estranhos, e começou a circular o rumor de um complô aristocrático que levaria à dissolução dos estados. Numa atmosfera de motins e agitações, o governo foi, como sempre, responsabilizado pelas desordens, ao lado dos privilegiados.

A decisão do terceiro estado visando, no 10 de junho, começar, sem se preocupar com eles, a verificação dos mandatos pôs em questão, pela primeira vez, a legitimidade do poder, pretendendo ditar-lhe as condições de seu exercício. Transformados, no dia 17, em Assembléia Nacional, os deputados revolucionários pretendiam claramente a soberania política, ao mesmo tempo em que continuavam a gritar "viva o rei!".

Este, diante de tal desafio à sua autoridade, decidiu-se enfim a sair de sua inércia e passar à ação. Em vista da urgência e do risco de perder o controle da situação, anunciou para o dia 23 a realização de uma audiência real onde iria propor um programa. A mesquinha tentativa de impedir de antemão que os opositores se reunissem apenas lhes reforçou a unidade e a determinação.

Necker tivera a idéia da audiência do dia 23 a fim de desarmá-los com uma enxurrada de reformas generosas, entre as quais a aceitação do voto em comum sobre as questões importantes, a garantia da manutenção regular dos estados, a aprovação por eles do imposto, o desenvolvimento dos estados provinciais, etc. No último momento, a rainha e os irmãos do rei impuseram tais modificações ao projeto que Necker apresentou sua demissão a Luís XVI.

Este manteve a maioria das opiniões de seu ministro. Mas condenou as resoluções dos dias 10 e 17, e proclamou a natureza sagrada da separação das ordens. Se pudessem deliberar em comum, a nobreza e o clero conservariam o direito de veto sobre toda proposta que os afetasse. O rei concluiu, além disso, com a ameaça implícita de fazer as reformas sozinho, se não contasse com a cooperação de todos.

Os deputados do terceiro estado receberam friamente propostas que deviam ter sido apresentadas desde o início de maio e que se encontravam agora juntas à condenação de tudo que acabavam de fazer. Essa última tentativa da coroa de servir de guia à nação chegava tarde demais, e dependia demasiado das circunstâncias. Quando o rei partiu, ordenando aos deputados que se dispersassem, não foi obedecido. Ele não se preocupou, ocupado como estava em tentar convencer Necker a voltar atrás em sua demissão.

Essa vã manifestação de autoridade dissipou-se ao primeiro sinal de resistência. Diante desse revés os deputados da nobreza e do clero compreenderam que não podiam contar com o apoio de Luís XVI. Além do mais, a multidão que cercava os estados gerais aplaudia Necker e ameaçava os que não se juntassem à Assembléia. A única esperança do rei, para retomar a situação, era uma intervenção do exército. Decidiu-se, no dia 26, dobrar os efetivos estacionados em volta de Paris. Mas seria necessário algum tempo para que se concentrassem e pudessem ser utilizados, tanto mais que as agitações atingiam os regimentos da capital. Diante da ameaça de uma manifestação da massa a favor da união das ordens, e para ganhar tempo a fim de se reforçar, Luís XVI ordenou no dia

27 aos deputados recalcitrantes que procedessem a ela. Foi aplaudido em toda a Versalhes, mas os bons observadores não acreditaram muito na sinceridade dessa capitulação.[1]

O movimento de tropas determinado no dia 26 foi de fato reforçado no início de julho, e ficou claro que o rei continuava decidido a opor a força à Revolução. No dia 8, a Assembléia pediu em vão a Luís XVI que retirasse todas as tropas dos arredores de Paris. Entregues a seus projetos contra-revolucionários, o rei e seus conselheiros aristocratas decidiram no mesmo dia a demissão de Necker, que lhe foi comunicada no dia 11, com a ordem de deixar imediatamente o país. Constituiu-se um ministério conservador, dirigido por Breteuil e pelo marechal de Broglie.

Apesar de suas retumbantes insuficiências políticas, Necker jamais fora tão popular; era visto como o protetor do povo dentro do poder, e o rei devia saber que sua demissão significava o início de um desafio mortal. Sabe-se que isso conduziu ao levante decisivo do povo de Paris, diante do qual, na noite do dia 12, as tropas se retiraram. No dia 16, de Broglie comunicou a Luís XVI que ele não podia contar mais com seu exército. Agora completamente impotente para impor suas vontades, o soberano, após ter anunciado a retirada das tropas e a convocação de Necker, iria confirmar sua capitulação em Paris.

A Revolução foi, portanto, salva, desde o início, contra a monarquia, que continuou a lhe ser, com seus cortesãos, fundamentalmente hostil. A monarquia tentou ainda, em fins de setembro, jogar com a idéia de retomar o controle dos acontecimentos pela força. Sua volta à capital, no início do outubro, serviu apenas para trazer aos inovadores a certeza de que a mudança esperada se concretizara. Obrigada a convocar os estados gerais, e depois incapaz de orientá-los, a realeza jogara todo o seu peso em favor daqueles que se opunham ao progresso, o qual só foi assegurado, em 1789, pela impotência do poder para esmagar a Revolução pela força.[2]

Essa lembrança permite abrandar a afirmação sobre a completa demissão da monarquia no verão de 1788. É certo que as hesitações e a inércia, até meados de junho de 1789, tornaram-na incapaz de ter peso na composição e na primeira orientação dos estados gerais. Essa irreparável perda de tempo desperdiçou uma oportunidade histórica, que não se reproduziria mais, e deixou a boca da cena para os partidos oposicionistas. Mas, quando teve de escolher entre eles, Luís XVI, mesmo mantendo algumas reformas admitidas e propostas por Necker, indicou claramente o seu campo. Era o dos adversários da transformação nacional do Estado e da sociedade proposta pelos patriotas. O soberano tentou mesmo, inutilmente, impedi-la pela força. Suas capitulações posteriores, mal disfarçadas por uma hipocrisia de todos conhecida, jamais impediram que se visse nele um dos chefes da contra-revolução.

Último ato livre do antigo poder, o discurso de 23 de junho optava por uma monarquia constitucional, diferente do absolutismo tradicional. Mas no plano social alinhava-se com a posição das ordens privilegiadas, que preservariam o essencial dos seus direitos e de suas prerrogativas. O golpe de força militar, previsto depois do fracasso da sessão real, tinha por objetivo impedir que eles fossem prejudicados. O golpe viria acompanhado, sem dúvida, segundo os hábitos da antiga monarquia, de medidas contra os adversários. Os 20 mil homens que deveriam concentrar-se em meados de julho na região parisiense permitiriam assegurá-las. Apoiado nesse formidável reforço do dispositivo de segurança, Luís XVI, que por muito tempo se mostrara hesitante e cheio de boa vontade, mas que agora se aliara à camarilha que o cercava, só capitulou diante da Revolução pela incapacidade em que se encontrava de reprimi-la pela força. O desmoronamento de sua autoridade no país era, aliás, geral. Mas em seguida, no verão, o rei persistia em se recusar a promulgar os primeiros textos que reorganizariam a sociedade e o Estado. Agravava assim uma situação política caracterizada por poderosos fenômenos de desintegração. Seu séquito dedicava-se a projetos que visavam protegê-lo de Paris e da Assembléia. Foi necessária uma nova jornada popular, a 6 de outubro, para levá-lo a uma segunda e definitiva capitulação. Mesmo esta, Luís XVI jamais a aceitou sinceramente, e pensava desde então numa fuga que antes julgara desonrosa.[3]

Essa profunda oposição entre a nova nação e o antigo poder era tanto mais grave quanto este último conservava, em 1789, um imenso prestígio. Os cadernos de queixas redigidas em março e abril, em nome de todos os franceses, comprovam isso claramente. De fato eles abundam, da parte de todas as ordens, em "efusões de entusiasmo e de amor" por um monarca do qual se esperava a regeneração do povo e sua reconciliação com o Estado. Num impulso quase religioso, os habitantes das paróquias mais miseráveis viam nele um salvador e um pai que lhes traria enfim a paz e a felicidade. Contavam com sua sabedoria, digna de Henrique IV, para realizar uma transformação social e política que reforçaria a realeza, em vez de enfraquecê-la. Numa atmosfera de esperança milenar, que se refletia tanto sobre Necker quanto sobre seu soberano, os franceses de todas as regiões e condições prestavam a este último suas "homenagens delirantes" de humildes admiradores, convencidos de que ele resolveria todos os problemas dos seus súditos mais ínfimos.[4]

Essa surpreendente popularidade, que contrastava com as acusações de arbitrariedade dirigidas contra a administração ou os privilégios, permite relativizar a continuação dada pela opinião pública aos rumores superficiais e parisienses provocados, por exemplo, pelo caso do colar da rainha. Havia nisso um imenso capital de confiança que o rei não chegaria a dissipar totalmente com sua atitude entre o verão de 1789 e o de 1792. Apesar de tudo, ainda sob a Primeira República e até Bonaparte, a maioria do povo francês continuou sendo monarquista. A infelicidade do país quis que a escolha inicial de Luís XVI tivesse transformado esse sentimento numa das oportunidades da contra-revolução.[5]

3

Uma vitória da burguesia?

Poucos historiadores associam ainda, em primeiro lugar, as origens da Revolução Francesa a uma hipotética luta de classes entre a nobreza e a burguesia. Qualificada de mítica por Alfred Cobban, em 1955, a identificação da virada de 1789 como uma etapa decisiva de transição entre feudalismo e capitalismo chocou-se depois com uma série de objeções insuperáveis. Não é mais possível, por outro lado, continuar a tratar de burguesa ou capitalista uma Revolução desejada por toda a elite esclarecida e apoiada por camponeses ou operários ferrenhamente anticapitalistas. Em todos esses pontos, impõe-se mais que nunca uma difícil reescrita das causas e dos aspectos sociais de 1789.

Havia uma luta de classes entre a nobreza e a burguesia antes de 1789?

O quadro clássico das origens da Revolução Francesa tinha o encanto das sínteses fáceis. Em reação ao absolutismo luís-quatorziano, a aristocracia acabou por solapar a monarquia e provocar a oposição de uma burguesia alienada e frustrada. Esta aproveitou a crise do final da década de 1780 para destituir o Ancien Régime político e social, antes de esbarrar na contra-revolução e enfrentar, no século seguinte, a classe operária.

Presos aos conceitos marxistas tradicionais, os historiadores persistem em retratar o século XVIII sob o ângulo de um conflito de classes entre uma nobreza decadente e uma burguesia ascendente. Igualando o regime senhorial ao "feudalismo", eles colocam toda a sociedade francesa sob o signo desse "feudalismo", dominado pela aristocracia e contestada pelo restante da população. Vêem na burguesia, portadora de uma ideologia nova, a intérprete natural dessa contestação. A Revolução de 1789 lhe teria permitido chegar a uma transformação de acordo com suas opiniões. Jean Nicolas, em sua tese sobre a Savóia, lá encontrou as provas desse desenvolvimento. Mas ainda se precisa fazer demonstrar, em relação à França, que *ela* conheceu uma revolução.[1]

O abalo desse dogmatismo, no que lhe concerne, pode ser datado a partir de dois artigos fundamentais surgidos em 1967 e 1973, e devidos a George Taylor e Colin Lucas. No primeiro, Alfred Cobban via-se confirmado por ter ligado o essencial da fortuna pré-revolucionária a fontes não-capitalistas. A aristocracia agrária e a burguesia imobiliária, que as possuíam, formavam um só grupo sócio-econômico. A Revolução de 1789, nesse sentido, só podia ter causas de outra ordem, ou seja, de ordem política.[2]

Colin Lucas retornou, seis anos depois, à impossibilidade de distinguir claramente, na elite francesa do século XVIII, duas classes antagônicas de nobres e burgueses. Mostrou que elas tinham, ao contrário, interesses comuns frente às classes operárias, e que não havia uma fronteira rígida entre elas no regime dito "feudal". Pouco impregnados do espírito "capitalista", os próprios comerciantes pretendiam integrar-se a esse sistema. Uma elite imobiliária e senhorial, nobre ou não, dominava a sociedade. Nenhuma burguesia provida de consciência de classe adequada se opunha a isso e não podia provocar uma crise revolucionária, que nasceu em primeiro lugar no seio da elite. A nobreza constituía aí a expressão mais pura da superioridade social, e estava muitas vezes asociada a uma grande riqueza. Entrar nela correspondia, pois, à forma normal de promoção e ascenção. Esse era freqüentemente o resultado mais direto e mais desejado do enriquecimento. Essas diferentes formas de competição interna dentro da elite jamais adquiriram um aspecto de crise antes de 1788. O problema político e a luta contra o absolutismo mobilizaram muito mais os espíritos dentro dela. Eles a fizeram sem jamais questionar a noção de privilégio nobiliárquico. A revolta do terceiro estado manifestava apenas uma reivindicação de *status* dos elementos inferiores da elite. Essa burguesia revolucionária, ademais, só com muita prudência combateu a ordem antiga, em 1789. Continuava ligada à concepção sócio-econômica de uma elite de proprietários rurais que não contradizia o Ancien Régime anunciando o novo. Foi a oposição política da maioria da nobreza à Revolução que criou o mito de seu conflito anterior com a burguesia. No novo quadro jurídico trazido por 1789, a elite assumia, no entanto, características inéditas. Nesse sentido, não foi a burguesia que fez a Revolução, mas esta que a criou.[3]

Os "revisionistas" franceses reproduziram nos *Anais*, essa nova visão das coisas. Guy Chaussinand-Nogaret, que chamava nobreza "a burguesia que teve êxito", observou que no século XVIII era a primeira, mais que a segunda, que estava impregnada da ideologia "burguesa". Notou sua preocupação inédita com o mérito e sua contaminação, após 1760, pelos valores da modernidade econômica e cultural, constituindo progressivamente uma nova elite do talento. Esse aburguesamento da nobreza, confirmado em 1789 pelos seus cadernos, tornava-a em inúmeros aspectos mais liberal que o terceiro estado. Nenhuma discordância ideológica fundamental as opunha. Compreende-se isso, pensando-se que a nobreza estava à frente do desenvolvimento capitalista. Unida por uma solidariedade profunda, a elite francesa só podia ter divisões aparentes. Provisoriamente reforçadas pelos acontecimentos revolucionários, essas divisões logo deram lugar à constituição de uma nova ordem social que se assemelharia, em vários aspectos, à antiga.[4]

Essa concepção da nobreza em grande parte progressista e plenamente conquistada pelo espírito "burguês" ganhou muito terreno. Composta muitas vezes por administradores racionais, essa classe não era mais privilegiada que vários outros segmentos da sociedade francesa. Em compensação, estava tão interessada quanto eles nas atividades econômicas, e participava, no topo, de uma elite de riqueza. Seu antagonismo com uma burguesia aliás muito dividida era imaginário, assim como sua constituição em casta fechada. A nobreza, de resto, era totalmente destituída de unidade, e foi apenas a convocação dos estados gerais que lhe restituiu alguma, embora de maneira artificial.

A recente síntese de William Doyle, levando em conta esses elementos, apresenta a ordem nobiliárquica dominando a França em fins do século XVIII. Seus privilégios, pelo menos tão invejáveis quanto os da Igreja, atraíram o desejo dos arrivistas, e também o seu modo de vida. Indispensável ao serviço do rei, a nobreza era uma elite aberta e sem rival. Os que a atacavam, ou a atacariam, sonhavam em participar dela. O governo, naturalmente, respeitava-a, e o maior perigo para ela eram sem dúvida suas divisões internas, que explicam boa parte das medidas de reação aristocrática e com as quais os antigos nobres, muitas vezes empobrecidos, acreditavam proteger-se dos ricos enobrecidos. Ao lado das oposições sociais e financeiras, também um abismo cultural separava a maioria dos fidalgotes provincianos dos grandes senhores liberais que se colocaram normalmente na liderança do movimento revolucionário.[5]

Muito difícil de definir, a burguesia era menos unida ainda e sem consciência de classe precisa. Não se via como um grupo social distinto cujos valores fossem superiores aos outros. Hostil ao povo, aspirava à nobreza. A imensa variedade dessa classe e sua estreiteza de horizontes interditavam-lhe qualquer outra idéia de ascenção. Desprezando os trabalhadores braçais, sonhava em deixar os negócios tão logo pudesse. Compradora de cargos ou de terras, e ávida por respeitabilidade, talvez temesse, na década de 1790, ter mais dificuldade em adquiri-la. Mas sua mentalidade rendeira continuava a ser conservadora, anticapitalista e paranobiliárquica. Inquietava-se somente em ver freada a partir de cima a mobilidade social do Ancien Régime, que conduzia à nobreza pela venalidade dos favores. Seus membros mais tímidos invejavam, pois, os mais ricos, que se serviam de outros meios para se introduzir na aristocracia. Aspirando a entrar nela, a burguesia do escritório ou do tribunal só sentia, no entanto, frustrações nascentes quando os estados gerais se anunciaram. A crise política permitiu-lhe manifestá-las, na medida em que esse grupo era mais culto que antes, mesmo que as Luzes estivessem longe de tê-la conquistado inteiramente. Mas a burguesia esclarecida participava, como os setores correspondentes da nobreza, dessa nova opinião pública desejosa de transformar a sociedade e a nação. Até o verão de 1788, aliou-se inteiramente à oposição aristocrática. Só no âmbito da preparação dos estados gerais foi que começou a tomar consciência de si própria. Tendo alargado seus horizontes, deixou de se considerar um membro passivo da comunidade e de encarar o jogo político como um monopólio dos nobres. Foi necessário, no entanto, todo o conservadorismo da maioria destes para que os burgueses franceses — pela primeira vez em sua história — percebessem que tinham interesses comuns.[6]

Essa nova visão das coisas mostra a aristocracia francesa do século XVIII como uma classe aberta, de origem recente e ligada à riqueza. Só no choque da luta revolucionária foi que se obstinou em se definir e se preservar através do privilégio. Antes disso, é pura imaginação atribuir ao Ancien Régime que acabava uma rigidez insuperável. Seu grupo dirigente enriquecia-se mais que empobrecia. Eram os nobres que cuidavam do curso marítimo e do tráfico negreiro; abasteciam os donos das fundições ou os reis do ferro; dominavam, além das minas e da metalurgia, a indústria têxtil ou as sociedades por ações, e começavam a se interessar pela nova química. Ao lado dessas realidades, a "sociedade da corte", tão cara a Norbert Élias, parece pertencer à ordem dos fantasmas. O mesmo se aplica à imagem clássica da "feudalidade". Devemos a Guy Chaussinand-Nogaret uma visão diversamente estimulante de uma ordem sem dúvida diversa, mas onde os plutocratas contavam mais que os indigentes, e onde cultura e capitalismo se encontravam mais que entre os burgueses. Foi a aristocracia quem formou o verdadeiro projeto de pôr fim ao Ancien Régime.[7]

Essas opiniões deixaram céticos alguns estudiosos que sempre explicam a nobreza de antes da Revolução com a de depois, e censuram essa "concepção de elite" por estar "demasiado marcada pela psicologia americana" e por seu suposto idealismo. Continuam convencidos da oposição irredutível, desde a época pré-revolucionária, "entre os notáveis burgueses e os gentil-homens", e atribuem a constituição da futura "classe de proprietários" apenas à necessária supressão da superioridade aristocrática.[8]

Não se compreende, nessas condições, a adesão maciça dos cadernos nobres de 1789 à ideologia do mérito. Ela correspondia a toda uma corrente contínua e liberal do pensamento da aristocracia francesa no século XVIII. O conde d'Entraigues, futuro apóstolo da contra-revolução, foi primeiro, em 1788, um herdeiro decidido dessas idéias, amigo do povo e inimigo dos déspotas.[9]

William Doyle acaba de mostrar que o declínio do valor venal dos cargos de oficial estava longe de ser generalizado no século XVIII. Aqueles que conduziam à nobreza ou podiam permitir ascender a ela continuaram sendo, ao contrário, objeto de grande atração e forte especulação. Essa tendência prova a permanência, dentro da burguesia francesa, de uma ambição tradicional e não-capitalista por penetrar no grupo dirigente da sociedade. Não foi por suas frustrações, mas em conseqüência de uma súbita derrubada de seus valores, contrária a seus antigos interesses, que os deputados do terceiro estado, na maioria detentores de cargos, aboliram em 1789 um sistema ao qual até então aspiravam integrar-se. O idealismo revolucionário, radicalizando-lhes o ponto de vista, fez com que abandonassem de repente a concepção das coisas próprias à sua classe.[10]

Esse historiador contribuiu para questionar o mito da reação aristocrática característica da França pré-revolucionária. O século XVIII não mudou coisa alguma, a esse respeito, no modo de recrutamento de um poder já constituído por nobres sob Luís XIV. Quanto à famosa ordenação de Ségur, em 1781, que limitava a admissão no corpo de oficiais do exército aos 100% nobres, pretendia defender os nobres menos ricos do nepotismo dos cortesãos e dos enobrecidos. O reforço do regime senhorial às vésperas da Revolução não foi também um fenômeno inédito ou geral, e se referia tanto aos proprietários burgueses quanto aos nobres.[11]

David Bien não viu, sob o reinado de Luís XVI, qualquer ofensiva decidida da nobreza para consolidar a hierarquia tradicional a fim de garantir sua superioridade contra os aventureiros. Essa causa imaginária da Revolução constitui apenas uma projeção retrospectiva sobre o passado, feita a partir dos acontecimentos de 1789. Atribui ao exercício ou à sociedade do Ancien Régime problemas que não existiam para eles, e ignora aqueles que os inquietavam. Foi o caso do empobrecimetno por compra de cargos, julgado rápido demais e fácil demais por Necker e muitos outros. O regulamento de Ségur era uma reação contra a abertura dos empregos militares a essa aristocracia de fresca data, em nome dos velhos gentil-homens. Tal aristocracia, que já dominava tantas cortes soberanas e se encontrava muitas vezes à frente do Estado e da sociedade, era a que mais tinha a se queixar dessa medida. Obra mais de técnicos que de ideólogos, a medida visava preservar o recrutamento profissional dos oficiais do exército nas famílias de tradição militar. A luta contra a burguesia era a menor de suas preocupações, ao lado da luta dirigida contra a corte e o dinheiro, no quadro das divisões nobiliárquicas, que então contavam bem mais que as outras na sociedade francesa.[12]

De modo algum unida pelo privilégio, a elite aristocrática não pensou sequer em formar um bloco contra seus adversários em 1789, tão pouco tinha esse hábito. Os burgueses mais ricos aspiravam há séculos a ascender a seu *status*, que se obtinha agora pela aquisição de cargos onde se via com boa vontade a justificativa da atividade econômica. Nessa cadeia contínua, do mercador e do negociante ao oficial e ao nobre, lia-se uma estratégia de ascenção social em que a maioria das famílias francesas acreditava ainda às vésperas da Revolução.[13]

A revolução política de 1789 deveu-se à burguesia?

Tem-se insistido com razão, desde Alfred Cobban, no fato de que foi a burguesia togada, e não a classe capitalista, que ocupou a boca da cena durante os acontecimentos revolucionários. Esses homens de lei, notários, procuradores, advogados ou juízes dos bailiados e das senescálias, representaram um papel decisivo na campanha eleitoral dos estados gerais, e também constituíram nessa assembléia a maioria dos deputados do terceiro estado. Jamais foram tão unidos, por trás de um programa político local e nacional, quanto nesse momento decisivo. Georges Lefebvre concluiu disso que eles interpretaram e personificaram, a partir de setembro de 1788, a vontade de toda a burguesia de dirigir a Revolução nascente. Elisabeth Eisenstein opôs a esse ponto de vista, em 1965, o caráter maciçamente nobiliárquico dos dirigentes do partido patriota, agrupados na famosa Sociedade dos Trinta, que orquestraram esse movimento, animado, segundo ela, por uma aliança heterogênea de aristocratas e burgueses igualmente esclarecidos. Reduzi-lo a uma pura ação da burguesia era voltar a uma petição de princípio sem prova decisiva; era minimizar em excesso a continuidade liberal da ação aristocrática contra a monarquia do Ancien Régime desde pelo menos o início de 1787. Longe de se limitar às personalidades de Sieyès, Mirabeau ou La Fayette, foi considerável, ao contrário, a participação coletiva de políticos ou intelectuais privilegiados nas origens da Revolução. Isso impede, portanto, que se limitem suas dimensões iniciais às de uma operação burguesa.[1]

Esse desenvolvimento das idéias de Alfred Cobban, se chocou os espíritos mais conservadores, terminou por ter ganho de causa, pelo menos na historiografia anglo-saxônica, mais sensível que a francesa ao caráter abstrato da aplicação dos conceitos de classe ao jogo instável das forças políticas, sobretudo nas fases revolucionárias.

Para sair dessa teologia, nada se compara à observação concreta, como a aplicada por Lynn Hunt à elite das principais cidades champanhesas no final do século XVIII. Ela confirma, apesar de inúmeras fragmentações, o caráter cooperativo desse domínio exercido por um conjunto heterogêneo de capitalistas e proprietários, de nobres ou burgueses. A solidariedade e a força desse grupo reforçaram-se, apesar do progresso da consciência cívica, até o verão de 1789. Mesmo em Reims, seu domínio conseguiu sobreviver aos acontecimentos revolucionários. Composta por uma multiplicidade de situações locais, a vida política e social dos notáveis urbanos demonstrava, em geral, uma espantosa capacidade de integração. Se a Revolução, num momento, deixou-a mal, ela conseguiria sobreviver-lhe.[2]

A declaração do Parlamento de Paris, a 25 de setembro de 1788, visando mandar convocar os estados gerais segundo o modelo dos de 1614, desagradou aos que se inspiravam de preferência no modelo recente de Dauphiné, onde as ordens sentavam-se juntas, sendo os deputados do terceiro estado o dobro dos outros. Sabe-se que a campanha de opinião pública lançada então a seu favor o fora sobretudo não pelos burgueses, mas pelo clube político chamado "Sociedade dos Trinta", formado na sua maioria por nobres que se reuniam na casa de Duport, ele próprio membro do Parlamento de Paris. Esse microcosmo da elite parisiense, ávido de regeneração nacional, desejava normalmente conceder à riqueza e ao talento tudo o que tinham direito na nova ordem. Era necessário, portanto, que os estados gerais fossem mais representativos da melhor parte do país do que o que desejava o parlamento. Mirabeau chamou ademais esse projeto, que lançou em direção à burguesia uma onda de panfletos e agitação, uma "conspiração". Essa conspiração abalou fortemente a consciência política francesa ao fazer circular petições-modelo a serem enviadas ao governo por intermédio das autoridades. Essa ofensiva em direção à opinião pública gerou uma bola de neve. Em dezembro, não era mais controlada por seus autores, e se teve êxito foi somente por despertar o ressentimento contra os privilegiados. Mesmo os mais moderados dentre eles tornaram-se mais intransigentes, e uma estratégia de unidade social alcançou resultados contrários às suas metas. O ideal da fusão, que havia sido o da Assembléia de Vizille em julho, e depois da Sociedade dos Trinta, limitou-se a uma minoria.

A maioria dos notáveis reconvocados por Necker pronunciou-se contra a fusão, assim como cinco dos sete príncipes de sangue real. A massa de panfletos e petições continuava, ao contrário, a recomendá-la, muitas vezes com base em iniciativas locais. O parlamento de Paris acabou aliando-se particularmente a essa opinião, seguido, sabe-se, pelo governo. Esse triunfo da campanha lançada pelos Trinta não deteve a denúncia dos privilegiados, que podiam lançar mão do voto por ordem. Foi nessa atmosfera que apareceu, em janeiro de 1789, o famoso panfleto de Sieyès, negando à nobreza e ao clero o direito de fazer parte da nação se não renunciassem aos seus direitos particulares. Por outro lado, o antagonista entre as ordens fora aumentado pela controvérsia sobre um eventual renascimento dos estados provincianos. Em Rennes, no final do mês, estudantes de direito, partidários de sua reforma, lutavam nas ruas contra lacaios da nobreza conservadora. A questão dos privilégios polarizava cada vez mais a opinião pública. Ora, suas assembléias eleitorais eram marcadas por amargas divisões, e os nobres da Bretanha, por exemplo, recusaram-se a ser representados nos estados gerais. Poucos nobres togados foram eleitos, além daqueles que expressam a maioria silenciosa da ordem, mais pobre e sem experiência política. Mesmo assim, elegeu-se quase 1/3 de liberais, mais jovens e mais próximos da mentalidade urbana.

Os cadernos da ordem, aliás, foram influenciados por suas idéias. A decidida hostilidade ao voto por cabeça só está presente ali em 41% deles; 89% declaravam-se prontos a renunciar aos privilégios fiscais da nobreza. Menos de 10% das reivindicações da ordem visavam um exclusivismo do tipo reacionário. Longe de serem totalmente hostis à futura Revolução, os deputados nobres estavam prontos a lhe fazer importantes concessões. Inúmeros pontos comuns os reaproximavam dos membros do terceiro estado em matéria constitucional. O choque posterior entre eles, ao início da reunião dos estados, deveu-se mais a dificuldades de procedimento e à atmosfera política de conjunto que a um desacordo sobre princípios fundamentais. Quanto às eleições dentro do terceiro estado, bem mais harmoniosas, foram obra de camponeses e artesãos que enviaram como seus representantes a Versalhes os burgueses, sobretudo os homens de lei e detentores de cargos que sempre haviam sido os porta-vozes naturais da classe plebéia. Com a força de sua cultura, em particular jurídica, fizeram-se eleger sem dificuldade. Mas as petições que levavam não exprimiam um ressentimento particular violento, sobretudo em relação à abolição do regime senhorial ou, mais ainda, ao confisco eventual dos bens eclesiásticos. Eram mais reformadores que revolucionários, e a radicalização dos deputados do terceiro estado não resultava de sua experiência do Ancien Régime, mas daquela pela qual haviam passado de maio a julho de 1789. Só a questão do voto por cabeça separava as duas primeiras ordens do restante da nação. Era mais impressionante a concordância dos requerimentos na maioria dos outros pontos. Esse consenso liberal serviria de base ao trabalho da Assembléia Nacional a partir de julho. Mas foram antes necessários a ação dos resultados negativos das suspeitas, ressentimentos e antagonismos, e a intervenção popular, que o idealismo dos requerimentos não previra. Salvando a Revolução, ela obrigou seus chefes, que desconfiavam do povo, a lhes fazer concessões que ultrapassavam em muito as expectativas dos eleitores de 1789.[3]

Os deputados do terceiro estado, habituados, como os do Dauphiné e da Bretanha, a desafiar a autoridade, a trabalhar juntos e a saber o que queriam, impuseram a toda a ordem, na abertura dos estados gerais, sua recusa a formar um corpo particular antes da resposta dos outros dois à sua proposta de verificar os mandatos em comum. Essa exigência foi rejeitada a 7 de maio pela nobreza, cuja minoria liberal esperava, no entanto, conseguir com o tempo uma mudança dessa posição. O clero foi imediatamente muito mais sensível às propostas do terceiro estado, mas as conversações que se estabeleceram entre delegados das ordens permaneceram estéreis diante da oposição da maioria da nobreza. Esse primeiro mês de inação dos estados gerais endureceu as atitudes de ambos os lados. A mudança de espírito levou os representantes da burguesia, a 10 de junho, ao seu ato revolucionário de tomada de poder. Sua firmeza, sabe-se, iria resistir à pressão real, após ter começado a abalar os outros deputados. Constituía-se finalmente uma Assembléia Nacional, votando por cabeça e sem distinção de ordens.[4]

Essa era a grande meta da oposição liberal, *ao mesmo tempo* aristocrática e burguesa, que se afirmara em setembro de 1788. A maioria dos membros da Sociedade dos Trinta, por exemplo, cortesãos e jovens magistrados, pertencia à mais antiga nobreza. O programa reformador desses grandes senhores patriotas, que tiveram os meios de fazer sua propaganda, foi aprovado nas províncias, na maioria das vezes, pelos burgueses, e às vezes, como no Dauphiné, pelos privilegiados. As eleições, ademais, enviaram uma maioria de deputados (oficiais de justiça do terceiro estado, curas de paróquia, nobres liberais) proveniente do meio urbano e culto da França do

Norte na nova geração. Esses elementos de homogeneidade cultural, que transcendiam as ordens e as classes, se revelariam fecundos entre os futuros ativistas da Constituinte. Correspondiam a um amplo e antigo consenso constitucional, antiabsolutista, a serviço de uma nação regenerada. Persistia, no entanto, certa diferença de apreciação das condições de aplicação desses princípios, com a nobreza, por exemplo, sendo bem menos favorável que a burguesia à idéia de igualdade de oportunidades ou mesmo à abolição da venalidade de cargos. A aristocracia representada nos estados gerais estava no fundo dividida entre os que tinham medo de perder seus monopólios institucionais e os que assumiam esse risco, confiando nas bases sociais de seu poder. O terceiro estado, por seu lado, exigia a mudança, e não a subversão, novos direitos individuais, mas não a supressão dos antigos privilégios. Falava muito pouco em soberania nacional, e o conservadorismo nesse campo era sem dúvida ainda maior entre os eleitores de base que entre os deputados.

Veremos que tudo vai mudar com a polarização estéril dos meses de maio e junho, que enfraqueceu os moderados e os desencorajou, radicalizando ao mesmo tempo os militantes. Sua mentalidade impregnou uma Assembléia que se tornara bem mais sensível às idéias defendidas por Sieyès desde janeiro. Salva pelo povo, a Revolução, devido a seus juristas, foi por isso endurecida. Toda a França burguesa acompanhara com paixão os acontecimentos num sentido favorável ao terceiro estado. As cidades da província precederam muitas vezes os levantes parisienses a fim de impor uma nova ordem de coisas. Fizeram-no sobretudo, como na metade setentrional, nos lugares onde os conservadores recusavam aos patriotas a participação no poder. Mas por quase toda parte se constituíram comitês permanentes inéditos, senhores da força armada e deconfiando ao mesmo tempo da contra-revolução aristocrática e dos levantes populares. O poder real tradicional desmoronava diante de uma revolução municipal, dessa vez devida certamente à burguesia.[5]

Ela recolhia com isso, paradoxalmente, os frutos de uma ação iniciada por alguns dos membros mais influentes da nobreza da corte. Eles haviam feito isso muitas vezes por espírito de facção e por hostilidade ao estilo de patrono imposto pelo círculo em torno de Maria Antonieta. Atacavam igualmente a burocracia real dos referendários, que contribuíam para lhes fechar a porta do poder. Duques e pares descontentes, após terem liderado a luta contra Calonne ou Brienne, estimularam a Sociedade dos Trinta. Reencontravam ali, com La Fayette, heróis da guerra da América contrários à política militar da coroa. Vamos reencontrar esses dirigentes aristocráticos do partido patriota à frente das questões até o fim da Constituinte, para não falar da oposição liberal na época da Restauração. A Revolução "burguesa" teve em parte, como chefes e iniciadores, grandes senhores cujos títulos de nobreza remontavam à Idade Média.[6]

A mesma impressão de liberalismo e relativa irresponsabilidade aristocrática ressalta do exame da máquina política do duque de Orléans, que desempenhou grande papel em 1788 e 1789. Esse príncipe plutocrata, dono do equivalente a três ou quatro dos atuais departamentos franceses, que dirigia a franco-maçonaria e dominava Paris a partir de seu Palácio Real, viu nos acontecimentos revolucionários a oportunidade de manifestar seu temperamento frondista. Anglômano, frustrado pela etiqueta, pensava apenas na liberdade e mandou educar seu filho, o futuro rei Luís Felipe, como republicano virtuoso. Membro da oposição, a Maupeou, Calonne e Brienne, assumiu decididamente a chefia da luta reformadora. Nela utilizou sua fortuna, a partir de setembro de 1788, para influenciar a opinião pública. Inúmeros conselheiros, sob Laclos, ajudaram-no nessa tarefa, no âmbito da preparação dos estados gerais. Cem mil exemplares do seu modelo de requerimentos, por exemplo, foram distribuídos. Eleito para os estados gerais pela nobreza da Île-de France, o duque não desempenhou neles qualquer papel importante. Mas sua contribuição anterior à agitação política leva-nos a não restringir essa agitação apenas ao círculo da burguesia.[7]

A burguesia não teve dificuldades para se impor aos camponeses, habituados a serem dominados por oficiais de justiça, às vezes proprietários de senhorias e ardendo por adquirir terras dos nobres.[8] Mas esses burgueses provincianos abandonaram por muito tempo a direção da luta revolucionária à aristocracia mais tradicional, muitas vezes mais extremista do que eles. Parte integrante da elite mais politizada e mais acessível à ideologia, a aristocracia forneceu, no quadro do mundo moderno da cidade e das Luzes, uma contribuição fundamental à Revolução Francesa.[9] Estranha revolução "burguesa", de resto, essa que precisou, para se ilustrar, de um Sieyès, sobre o qual Georges Lefebvre afirmou que, se tivesse conseguido um bispado, certamente não teria sido um revolucionário; de um Mirabeau, fidalgote de província, libertino e revoltado, com pressa de realizar suas ambições; de um La Fayette, que iria tornar-se por um momento, *após* a ruptura de 1789, o homem mais poderoso da França, e simbolizou até sua morte, em 1834, a aspiração a uma síntese entre a Revolução e o conjunto da classe dirigente![10] Essa síntese teria ocorrido sem dúvida, desde os estados gerais, se o terceiro estado tivesse podido trazer para o seu lado, além dos curas esclarecidos, uma nobreza dominada pelos liberais, e não, como o foi, pelos conservadores. Mas a Constituinte foi mesmo a representação do todo-Estado monárquico e exprimiu uma decomposição do absolutismo para a qual os coveiros aristocráticos do Ancien Régime, mais que outros, haviam contribuído. Homens da continuidade, os deputados de 1789 podem ser resumidos na figura de Démeunier, eleito reformador do terceiro estado parisiense depois de ter sido censor real e secretário de Monsieur, e que acabaria — ele, filho de um comerciante analfabeto, mas regenerado pelas Luzes — senador do Império. Ele havia seguido sem dificuldade, no início da crise revolucionária, uma radicalização ideológica que atingiu a maioria da elite sem que ela visse nisso uma traição ou uma fonte de dilaceramento.[11]

A revolução social de 1789 foi uma operação burguesa?

Se a burguesia revolucionária e seus aliados chegaram a dominar e a canalizar o levante popular das cidades durante o verão de 1789, não ocorreu o mesmo com os dos campos. A anarquia que ele gerou, e pela qual burgueses e aristocratas culpavam-se mutuamente, parecia pressagiar-lhes um risco catastrófico para todas as propriedades. A abolição da feudalidade, proclamada a 4 de agosto, teve por finalidade evitar isso. Ela não correspondia de modo algum a um mandato geral dos requerimentos nem a um interesse muito grande do terceiro estado. Seus deputados não pensaram de início em suprimir os direitos senhoriais. Diante do caos geral em que o país parecia a ponto de afundar e da impotência das novas autoridades para remediá-lo, impôs-se a idéia da abolição, contra compensação, dos "direitos feudais", tão importante para os camponeses. Essa radicalização política e social seria, aliás, proposta à Assembléia por uma personalidade da nobreza.

Durante a famosa sessão noturna que a examinou, essa proposta comedida logo se tornou uma bola de neve, e todos os privilégios, os dízimos, a venalidade dos cargos, etc., foram arrebatados pelo movimento. Esse "movimento de embriaguez patriótica" simbolizou mais que tudo a nova unidade da nação. Além de uma manobra que visava acelerar as mudanças desejadas, houve certamente qualquer coisa de "mágico" nessa excitação geral, que resultou, de manhã, na extinção da maior parte das instituições sociais do país, agora pertencentes ao passado.

Esse ato tornou a Revolução irreversível e condenou definitivamente o Ancien Régime, a menos que se fizesse uma guerra civil prolongada, tanto mais que os novos notáveis possuíam agora os meios de garantir a ordem. Seus princípios foram precisados em agosto, pelo decreto do dia 11 sobre a abolição da feudalidade e pela Declaração dos Direitos do Homem e do Cidadão, promulgada no dia 26. Esta sancionava a luta política e constitucional travada *desde o início de 1787* contra o despotismo e o poder arbitrário da antiga monarquia. Correspondia nisso ao consenso liberal que se pudera extrair dos requerimentos, o qual se revelara mais difícil sobretudo no domínio religioso. Mas o texto emanou dos proprietários, *nobres ou burgueses,* que haviam feito a Revolução, não para transformar a sociedade, mas para se proteger de um governo irresponsável.

Diferentemente da Declaração, voltada para as causas de 1789, o decreto de 11 de agosto atacava os seus resultados. Essa codificação das decisões do dia 4, tomadas a fim de apaziguar o campesinato para evitar a generalização da desordem, transformou duradouramente o regime da propriedade na França, instituindo a indenização da maioria dos direitos feudais suprimidos. O mesmo não aconteceu com as rendas eclesiásticas, suprimidas sem compensação. Quanto aos privilégios regionais e locais, sua abolição, corolário lógico da abolição dos outros, estava nos antípodas daquilo que a maioria dos franceses parecera desejar até o fim de 1788.

A supressão da venalidade dos cargos foi outra reforma fundamental, mais desejada pelos requerimentos, por motivos aliás contraditórios: os do terceiro estado condenavam esse sistema como um obstáculo ao talento pobre e os da nobreza viam nele um meio de acesso à pureza de suas fileiras oferecida aos novos-ricos. Mesmo estando prevista uma compensação, tratava-se do desaparecimento da mais importante alavanca de ascensão na antiga sociedade. A nova não devia, pois, jamais assemelhar-se a ela. Em vez de adquirir um cargo para alcançar um título, seria necessário antes possuir o segundo para ocupar o primeiro.

Essa nova classificação seria definida pela propriedade, o que não era inédito. Em compensação, era-o o monopólio político atribuído aos proprietários pela Revolução Francesa, no âmbito de instituições representativas. A criação delas emanava da súbita contestação do antigo monopólio reservado aos privilegiados, e que provinha menos de uma reivindicação dos proprietários burgueses que da decisão sócio-política fundamental tomada pela monarquia ao organizar as eleições. O Ancien Régime que acabava criou assim a elite de notáveis, apenas em parte composta de nobres, que iria dirigir o país durante a maior parte do século XIX.

As lutas de verão de 1789 empenharam-se sobretudo em definir mais precisamente essa elite. A igualdade dos direitos, nesse processo, foi contrabalançada pela inviolabilidade dos proprietários, que garantia aos nobres a manutenção de seus privilégios de fato. Assegurado pela cooptação dos talentos, o recrutamento da nova elite resultaria de um sutil equilíbrio entre riqueza e capacidade. Sabe-se que a nobreza já estava prestes a consentir na igualdade cívica e fiscal. E não demonstrou menos entusiasmo pela abolição da feudalidade. A promoção do mérito não estava de acordo com seus princípios e com toda a sua história? A maioria dos nobres aceitou essas mudanças sem pensar em resistir. Restou apenas em suas fileiras uma minoria irreconciliável que preferia resistir ou emigrar, abrindo com isso uma luta inexpiável entre a Revolução e o que se chamava agora de aristocracia.

Os princípios de 1789 não correspondem, pois, estritamente às aspirações de qualquer dos grupos da sociedade pré-revolucionária. Seu enunciado não era mais claro no momento da reunião dos estados gerais e não dependeu mais do mandato dos requerimentos. Foram formulados, em grande parte, de maneira acidental, de acordo com a natureza das origens da Revolução. O desaparecimento do Ancien Régime era sem dúvida inevitável, em virtude da sua derrocada financeira e da sua incapacidade de se reformar. A convocação dos estados gerais foi-lhe imposta após 18 meses de crise. Seus adversários não sabiam, no início, pelo que substituí-lo, e se contentaram primeiro em definir um consenso constitucional e liberal.

Em seguida tiveram de integrar politicamente a burguesia à nação. O espectador cada vez mais bem informado dos negócios públicos não parecia desejoso de participar deles até 1788. A convocação, a preparação e a composição dos estados gerais, ao contrário, tornaram-no ativo. Sua participação num poder até então reservado aos nobres, pouco contestada pela maioria deles, infelizmente misturou-se à crítica, inédita, da preponderância social, provocando assim suspeita e incompreensão mútuas. Esses antagonismos, acirrados pela redação dos programas, levaram a nobreza e a burguesia a se enfrentar pelo poder nos estados gerais, quando estavam fundamentalmente de acordo sobre as bases de seu exercício. A destruição do privilégio nobiliárquico tornou-se, pois, a condição indispensável para a constituição de uma nova elite que não era apenas burguesa. Foi preciso a intervenção popular para vencer, nesse ponto, a obstrução aristocrática e governamental. A abolição da feudalidade resultou, pouco depois, não de uma clara vontade inicial, mas de uma resposta improvisada à revolta dos campos. Como é normal, os vencedores dessa imensa crise social e política afirmaram que sempre haviam desejado a sua solução disso. Os resultados obtidos, na verdade, não eram previstos por ninguém dois anos antes. Longe de terem criado a Revolução, os revolucionários, suas mentes e suas realizações foram antes produzidos por ela.[1]

Essa colocação de Willam Doyle não pode mais ser questionada a não ser quanto a detalhes. Sua interpretação da noite de 4 de agosto, particularmente, ignora talvez em demasia as preocupações financeiras dos deputados. É igualmente interessante notar que a manobra visando utilizar a violência popular contra os privilegiados foi dirigida aparentemente, com o duque de Aiguillon, por um dos nobres patriotas mais ricos, antigo membro da Sociedade dos Trinta. Suas posses no Sudeste traziam-lhe somas consideráveis em termos de rendas senhoriais, e sua proposta de compensação por elas, que ele estabelecia em 7% de seu valor por um período de 30 anos, era muito elevada. D'Aiguillon, como seu acólito Noailles, era um nobre cortesão que dependia menos da feudalidade do que muitos provincianos. Mas é certo que o idealismo, tanto quanto o interesse, dominou a maioria das disposições tomadas no curso dessa memorável sessão.

Ela talvez tenha tido menos como objetivo responder à crise social do que fazer desaparecer um obstáculo incômodo para a solução do problema constitucional. Desembaraçada de *todos* os privilégios, a Assembléia podia seguir adiante por esse caminho. Por outro lado, os camponeses não eram negligenciáveis. Quanto à abolição do dízimo, conseguida pelo duque de Châtelet em resposta à moção de um bispo que fizera desaparecer os monopólios de caça, ela mostrou que já se pensava em usar os bens eclesiásticos para pagar as dívidas do Estado. Finalmente, a supressão das liberdades provinciais resultava da experiência política recentemente adquirida pela maioria dos deputados, segundo a qual todo privilégio era odiável.

Foi o projeto de La Fayette, em preparação desde janeiro e bastante influenciado pela Revolução Americana, que serviu de base à Declaração de Direitos. Esta tratava de problemas especificamente franceses, ao destruir os privilégios da aristocracia, limitar o poder da monarquia e eliminar os monopólios da Igreja. Além desse abandono do Ancien Régime, o texto esboçava uma nova sociedade dominada pelos proprietários. Emanava de uma Assembléia que acabava de achar normal o enforcamento de camponeses insurgentes, condenados por tribunais de exceção e em favor dos quais nenhuma voz se elevara na imprensa revolucionária. Obra de citadinos, a Revolução desprezou, desde seus primórdios, a gente dos campos. Em compensação, logo depois, teve de compor com a violência de um artesanato urbano pouco convencido de suas idéias de liberdade econômica. A nova autonomia das cidades, que durou até o Terror, levou muitas vezes, num primeiro momento, a uma reunião da elite. Houve mesmo persistência de elementos do Ancien Régime na administração de Aix, Grenoble ou Toulouse. Os nobres e os padres conservaram parte do poder em Berry e em Lyon, enquanto em Marselha a revolução local, anterior à de Paris, sucumbia a um sangrento contragolpe militar que durou até o fim do ano. A nobreza provincial, portanto, raramente foi afastada de pronto dos negócios, como em Rennes ou em Montauban. Mesmo na primeira dessas cidades, aliás, recorria-se a ela para recrutar os oficiais da guarda nacional. O medo aos bandidos tendeu, logo em seguida à Revolução, a reapertar os laços de uma elite que esquecia por algum tempo suas diferenças diante do temor que lhe suscitavam as classes inferiores.[2]

Melhor que vagas considerações gerais sobre o entusiasmo ideológico da época e o caráter radical da obra terminada, a judiciosa apresentação da noite de 4 de agosto por Jean-Pierre Hirsch é uma introdução à sua significação social. É verdade que ela foi vista pelos seus atores como uma regeneração metafísica e institucional do mundo, conduzindo a uma nova concepção deste, que punha fim ao confronto entre os princípios do Ancien Régime e os do novo, pouco a pouco estabelecidos. Mas o marquês de Ferrières, deputado na Constituinte, lembrava cinicamente à sua mulher, um ano depois, que no final das contas jamais se impediria "que cada um fosse filho de seu pai". Diante do duplo risco de bancarrota e subversão, a abolição da feudalidade parecera-lhe, como a seus colegas, aristocratas liberais ou burgueses proprietários, um sacrifício e uma concessão necessários. Ao lado da solidariedade que acabava de se manifestar entre estes últimos e o povo de Paris, havia uma outra, que se formou então, entre a nobreza e uma burguesia da ordem e e da repressão, diante da ameaça camponesa contra os proprietários. A solução, imposta por essa dupla aliança aparentemente contraditória, não foi conter a Revolução, mas, ao contrário, expandi-la à custa de todos os privilégios. Nascido do pavor dos proprietários, esse "uso institucional e verbal do universal" salvava de fato as propriedades. Satisfazendo ao conjunto dos interesses representados na Assembléia, assegurava-lhes a tranqüilidade daqueles que ela não queria ouvir. Completada com a abolição sem indenização dos dízimos, a noite de 4 de agosto foi a grande festa dos proprietários mais ricos, ou seja, os nobres. Tinham mantido nela, num primeiro momento, a existência mesma de sua ordem, de seus direitos honoráveis e de primogenitura. Conservando todos seus bens e o essencial de suas rendas, mais as principais bases estatutárias de sua superioridade, pouca coisa perdiam de imediato, com uma mudança que não afetava nem a sua autoridade social nem o poder real dos detentores de feudos. Só nas ruas e nos campos tinham tido às vezes de curvar a cabeça e assistir ao incêndio de seus castelos. Mas dispunham agora, para lutar contra os camponeses revoltados, dos meios da nova ordem. Apesar da abolição da feudalidade, em breve definitiva, os antigos senhores da terra saberiam por muito tempo conservá-la numa grande parte da França contemporânea, sempre marcada pela propriedade nobiliárquica.[3]

A Assembléia que emitira os decretos de agosto tinha presidentes, em sua maioria, de origem aristocrática. Os nobres assumiram nela, incessantemente, parte importante na elaboração das leis. Derrotados na ausência de indenização de parte dos direitos feudais, triunfaram em compensação, conseguindo, segundo uma de suas reivindicações mais antigas e obstinadas, não mais pagar o dízimo ao clero, Esse presente dado aos proprietários revelou-se totalmente inútil para os simples plantadores, cujo destino se agravou muitas vezes. Não foi portanto sem razão que Sieyès viu, na noite de 4 de agosto, uma iniciativa nobiliárquica destinada a se entender com a burguesia revolucionária em relação à reforma fundiária, em troca de uma moderação que aliás não ocorreu na do Estado. Mas o próprio abade estava tão enraizado na prática social do Ancien Régime que justificava sem crítica a utilização dos bens eclesiásticos. Defendia ele também, com obstinação, uma ordem imobilizada na conservação da riqueza adquirida. Arauto de uma Revolução não-capitalista e puramente política, identificava sua causa com a de *todas* as propriedades. Foi em nome desse princípio que o conde d'Entraigues, nesse momento, lembrou os antigos méritos de feudalidade e sustentou a necessidade da indenização dos direitos senhoriais. Surpreendentemente tímida, a ideologia econômica e social da Revolução foi, desde seus primórdios, menos modernizadora do que conservadora. Obcecada com os riscos de subversão e a preocupação repressiva, não imaginava a verdadeira liberdade sem "a propriedade legítima" que "assegura a independência".[4]

4

Uma Revolução popular?

Admite-se que se deve à intervenção da população das cidades e dos campos, no verão de 1789, a derrota da minoria conservadora dos estados gerais aliada à monarquia, e mais tarde — após a destruição do absolutismo — a da feudalidade e da maioria das instituições do Ancien Régime. Esse fenômeno não fora previsto pelos dirigentes políticos da Revolução, que ainda achavam como Sieyès, no início do ano, que a gentalha tomava sempre o partido da aristocracia. E transformou permanentemente os acontecimentos, obrigando as elites a levar em conta as classes inferiores e impelindo-as a mobilizá-las em seu favor. Mas o povo revelou-se a todos, revolucionários e contra-revolucionários, um elemento indócil. Em 1789, como antes e depois, pensava primeiro em defender seus próprios interesses, que muitas vezes nada tinham a ver com os dos políticos do topo. E a originalidade de seu passado sócio-cultural explica sem dúvida, mais que tudo, o aspecto complexo da ação por ele empreendida durante a Revolução Francesa.[1]

A intervenção popular de 1789 foi uma inédita insurreição da miséria?

Tem-se insistido muito, com Ernest Labrousse, nas causas econômicas da Revolução. Elas haviam escapado, até a primavera de 1789, aos seus dirigentes, que não viam crise social no país além da causada pelo desmoronamento do governo. Suas dificuldades orçamentárias e financeiras tiveram, no entanto, pouco peso, ao lado das conseqüências da má colheita de 1788, que afetou profundamente o rosto coberto pela Revolução.

A agricultura francesa, que devia alimentar agora mais de 26 milhões de habitantes, conseguiu fazê-lo no século XVIII sem grandes dificuldades. O governo via nisso, aliás, uma de suas tarefas prioritárias, principalmente no que se referia ao encaminhamento da produção dos cereais às populações. Essa relativa prosperidade começou a sofrer graves flutuações a partir de 1770; elas conduziram à catástrofe em 1788. A incerteza das colheitas acarretou, em todos os campos, uma baixa importante das rendas. A maioria dos seus habitantes era de fato composta de pequenos agricultores sem margem suficiente de segurança.

A crise econômica afetou também a indústria, particularmente a têxtil, pois a baixa das rendas provocou uma queda da demanda e um importante desemprego urbano que dobrou o empobrecimento rural. Esse desastre generalizado veio a incrementar uma tendência já antiga a baixar o nível de vida, em virtude de uma inflação que depreciava continuamente os salários reais. A alta do preço do pão, em particular, teve conseqüências catastróficas no destino das classes populares, já habituadas a lhe reservar 50% de suas despesas diárias. Essa proporção atingiria cerca de 90% entre os operários parisienses nos piores dias da primavera de 1789. Além do mais, os trabalhadores saíam de um inverno especialmente frio, que apenas agravara a situação.

O único setor próspero do país continuou sendo o comércio marítimo, associado à reexportação dos produtos coloniais para a Europa Setentrional. Bordéus, que concentrava 40% desse comércio em 1789, atingiu seu apogeu, ao lado de Nantes — apogeu esse que só seria afetado, a partir de 1791, pela revolta dos escravos de São Domingos e depois pela guerra com a Inglaterra. Mas esse progresso espetacular era apenas marginal. Todo o resto da economia sofria por ocasião da redação dos cadernos. Essa fonte de descontentamento agravou as dificuldades políticas e a excitação geral contra o governo. Censuravam-lhe o tratado de comércio liberal concluído com Londres de 1786, que prejudicava a indústria francesa. Outra experiência, recomendada pelos fisiocratas e retomada no fim do Ancien Régime, consistiu em liberar o comércio dos cereais. Essa iniciativa, que já causara problemas sob Turgot, foi novamente abandonada por Necker quando este retornou ao poder em 1788.

Malnutrida, empobrecida, descontente com os direitos e impostos que tinha de pagar, a população francesa achava-se, na primavera de 1789, em estado de sublevação latente. Pensava sobretudo, como de hábito, em controlar a circulação dos cereais e fixar o preço do pão. Motins em panificações e celeiros estouraram por todo o país, de janeiro a maio, antes de aparecerem em Paris. Ali, a calma foi contudo mantida por muito tempo, até a imprudência do fabricante Réveillon, que falou a 23 de abril em reduzir os salários. Sua fábrica foi saqueada no dia 28, e houve inúmeros mortos na repressão subseqüente. O problema da manutenção da ordem colocava-se, assim, de maneira aguda, na capital e na província, e o governo não sabia como resolvê-lo. Só podia contar com o exército, cada vez mais desmoralizado pelas atividades em que o empregavam. Foi portanto numa generalizada atmosfera de desordem e ansiedade popular que se reuniram os estados gerais, incapazes, de resto, de encontrar soluções para os problemas que causavam esse estado de espírito. Obcecados com suas próprias preocupações, que nada tinham a ver com as do povo, encaravam a ação deste sob o ângulo da necessária repressão para defender a propriedade dos ricos. Assim, o poder burguês instalou-se em Marselha e depois em outras cidades, a partir de março, para remediar essa situação caótica.[2]

Esse quadro clássico é confirmado por análises que insistem na profundidade da crise da vida quotidiana que afetava então as classes populares, cuja existência continuava a se desenrolar num âmbito extremamente estreito, sem clara consciência da unidade nacional, tornada ilusória pela diversidade dos dialetos. A rotina econômica vinha reforçar esse tradicionalismo social. As mudanças recentes do mundo rural pouco se referiam a partilhar a terra entre campesinato, nobreza, burguesia e clero. Variando muito segundo as regiões, a desigualdade global, que atribuía 50% do solo a 10% da população, era mais acentuada no Norte, e sobretudo no Sul, do que no Oeste. Muito hierarquizadas, as comunidades rurais constituíam uma elite, diversa mas poderosamente dominante, ao lado de uma massa considerável de famílias camponesas de recursos insuficientes, que nem sempre podiam arranjar-se com o trabalho industrial ou a emigração, e 40% da população francesa dependiam, em 1789, da caridade. Essa situação de pauperismo e mendicância há muito alimentava a delinqüência, e bandos de malfeitores mais ou menos organizados saltearam a região parisiense durante toda a segunda metade do século XVIII, antes e depois da Revolução. Do Dauphiné à Bretanha, o bandido passava em toda parte por herói popular, pois o homem do povo era quase sempre um bandido em potencial.

Os pobres, aliás, não desempenharam eles mesmos um papel importante em 1789 ou depois. Tinha-se simplesmente medo deles, e muitos contribuíram para o recrudescimento do banditismo após o desmoronamento econômico de 1794. Continuaram, durante todo o período revolucionário, a se preocupar em primeiro lugar com sua própria sorte. Mas a diminuição geral do padrão de vida dos franceses facilitou o desencadeamento da Revolução, no âmbito de uma economia incapaz de responder a um crescimento demográfico que desequilibrava a sociedade nas cidades e no campo. A população francesa ganhou de fato, no século XVIII, vários milhões de habitantes sem que a produção de subsistência acompanhasse esse movimento. Não houve uma revolução agrícola que correspondesse ao aumento demográfico. A alta dos preços, como se viu, aumentava por outro lado as dificuldades de existência dos trabalhadores, e às vésperas da Revolução seu empobrecimento atingia proporções de crise. Os contemporâneos, por isso, tornaram-se apenas mais sensíveis à sucessão de más colheitas ocorrida na época, assim como às suas conseqüências em relação ao emprego rural e urbano e às condições de vida gerais da população.

Esta não atribuía tal situação, como os historiadores posteriores, aos acidentes da meteorologia, mas à especulação com os cereais à qual replicava, como se sabe, com revoltas espontâneas. Essas centenas de distúrbios, a partir de 1770, revelam nas massas uma aspiração pré-capitalista a uma subsistência comunitária mínima. Quando o governo não a satisfazia mais pelo respeito aos controles tradicionais, era acusado de trair, em nome da liberdade do comércio, seus deveres de pai de família. A crença do povo de Paris em um complô de fome que vinha dos ministros, e talvez até do rei, para resolver o déficit orçamentário com a alta dos preços dos cereais foi reforçada a partir da década de 1760. Esse mito contribuiu, mais que qualquer outra coisa, para solapar na capital a reputação do poder, no fim do reinado de Luís XV. E subsistia em relação aos ministros e à maioria das autoridades às vésperas da Revolução. Nas províncias, a ruína dos viticultores, a alta dos aforamentos para os camponeses e a conjunção entre a crise constitucional e as calamidades da economia só podiam fazer de 1789 um ano terrível, marcado pelo desemprego, a fome e a pobreza. A manutenção da ordem tornava-se assim impossível pelos meios tradicionais, e as milícias burguesas, como se viu, começaram a garanti-la a partir de março, segundo o modelo da futura guarda nacional. Ao mesmo tempo em que desmoronava no topo, o Ancien Régime desaparecia assim, pela base, *antes* da reunião dos estados gerais.

Convocadas a participar deles no momento em que o poder se desintegrava, as classes populares conceberam a inédita esperança de ver seus problemas resolvidos por soluções políticas. Seus sofrimentos, segundo essa perspectiva milenar, iriam ser abolidos por uma milagrosa intervenção do alto. Isso não as levou a se interessar muito pelas eleições, sempre marcadas, no campo, pela dominação da elite rural. De repente, os cadernos urbanos eram mais hostis aos privilégios senhoriais que os outros. Eram aliás muitas vezes redigidos, como em Paris, em meio a uma forte agitação operária. O povo agora misturava à sua velha concepção de um complô de fome a de uma perigosa manipulação aristocrática dos futuros estados. Essa combinação psicológica explosiva não se limitava a Paris e se reforçava com o medo dos bandidos. Cada vez menos controlados, os vagabundos eram normalmente identificados com agentes da conspiração dos nobres contra a regeneração nacional. Não iam seus bandos destruir a colheita, paralelamente a uma invasão estrangeira em favor dos privilégios? Essa mitologia complexa, onde se encontrava o medo da miséria, das maquinações dos grandes, dos criminosos organizados e do estrangeiro, não mais deixaria de caracterizar a mentalidade popular em tempo de crise, até 1815.[3]

Os progressos da pesquisa tendem, sobretudo nos últimos tempos, a integrar essa análise, derivada das de Georges Lefebvre, à perspectiva de longo prazo da história nacional. A Revolução, nesse sentido e nesse campo, não introduziu qualquer corte, pois a intensidade dos movimentos populares, como forma de contestação social da ordem pública e das normas políticas e culturais, constitui uma das leis de evolução da França desde pelo menos o século XVI. Se para os séculos XVII e XVIII, por exemplo, Jean Nicolas pôde estabelecer na Savóia saborosas efemérides em relação a esses levantes, não há dúvida de que a maioria das províncias francesas, abordadas com o mesmo método, traria uma resposta semelhante. Uma insubordinação esporádica mas permanente, feita de emoções diversas, de resmungos e sedições, opunha ali, à autoridade abusiva, a defesa conservadora e restauradora de uma colectividade tradicional, hostil à ruptura dos equilíbrios que asseguravam a sobrevivência do grupo. Longe de serem marginais, esses movimentos testemunham o próprio inconsciente da miséria popular e as formas de sensibilidade que disso decorrem.[4]

Charles Tilly tentou esboçar, a longo prazo, a tipologia dessa revolta secular da França profunda contra o capitalismo e o Estado. Todas as regiões, nas cidades ou no campo, conheceram-na de maneira mais ou menos análoga, e Dijon, por exemplo, teve em 1775, como Paris, sua guerrinha das farinhas, pela manutenção das condições de alimentação dos pobres. Sob a Revolução, a Borgonha limitou-se a prosseguir, num plano evidentemente inédito, sua luta ancestral, rural e urbana, contra as autoridades. A mesma impressão de continuidade, que durou pelo menos até 1848, encontra-se algures e se explica pela necessidade de lutar em toda parte contra a edificação do Estado moderno e a política econômica que com ele viria. Toulouse lutou, assim, como Dijon e Paris, para garantir seus meios de subsistência durante a década de 1770. Em todas as aldeias do Languedoc, recorria-se então ao confisco dos cereais, ao lado de outras formas de tumultos, como as associadas ao regime fundiário. A crise de alimentos, que derrubou o Ancien Régime, não assinala uma ruptura revolucionária. Fez triunfar, contra os avanços do capitalismo e do Estado, a resposta espontânea e *tradicional* da revolta popular, simplesmente associada dessa vez, e por *acaso*, a uma profunda perturbação política. A Revolução, detonada por essa conjuntura acidental, jamais pôde resolver os problemas econômicos e sociais que em parte a causaram.[5]

Nada os revela melhor que a revolta dos cereais, forma maior, embora camuflada, dos conflitos políticos na França de fins do século XIX. Diante dela, a política do governo para os alimentos visava tradicionalmente regulamentar o mercado e controlar o comércio. A insuficiência ou o relaxamento dessas medidas intervencionistas podia apenas descontentar as classes populares, da mesma forma que um mercado nacional insuficientemente desenvolvido deixava os consumidores à mercê das eventualidades das crises. A manutenção do baixo preço do pão, através de impostos se necessário; a busca das reservas de cereais, requisitadas ou vendidas à força se preciso; a interdição, enfim, da saída de cereais das regiões onde as necessidades não eram satisfeitas de maneira aceitável: essas três medidas continuavam sendo, em 1789, o programa econômico e social do povo, e tinham correspondido por muito tempo à orientação da realeza. A progressiva oposição, surgida no século XVIII, entre as opiniões do poder nessa área e as aspirações populares foi então o principal fator de distúrbio, e aparece tanto em 1789 como em 1775. A nova política econômica do Estado, resultante da ampliação do mercado e da centralização administrativa, feriu a consciência das massas, as quais achavam que lutar contra a fome, na hora, através de todos os meios de controle apropriados, continuava a ser o dever primeiro das autoridades. A violência revolucionária nesse ponto apenas se inseriu numa atitude secular.[6]

As classes populares sensíveis sobretudo, no jogo político, aos mecanismos de aprisionamento, revoltaram-se, desde o fim do reinado de Luís XV, contra as medidas adotadas sob a influência de um grupo de pressão liberal, favorecido pela moda fisiocrática; imputaram-lhe a idéia de um pacto de fome e tiveram o apoio, em suas críticas sinistras, dos adversários do liberalismo econômico, muitas vezes próximos dos meios parlamentares. Oscilando entre o paternalismo tradicional e uma ideologia modernista que a dessacralizava, a política de alimentos do poder monárquico prenunciava as hesitações do período revolucionário. Pois este continuou igualmente dilacerado entre as aspirações populares de direito à vida e as novas necessidades do capitalismo e do Estado. Mas fora inaugurado, dentro de uma psicologia de complô que não conseguia compreender como um país que se acreditava rico tivesse tanta miséria, pela obsessão com o pacto de fome. Essa fixação psicológica refletia a tradicional prioridade da questão dos alimentos, e a dificuldade, também tradicional, de resolvê-lo. Vista de baixo como o governo de um rei padeiro, a monarquia do Ancien Régime acabou perecendo dessa incapacidade que já alimentara tantos rumores sobre a especulação de pessoas em altos postos, e justificara tantas revoltas. Esses rumores nos vinham de um conservadorismo visceral, que mandaria à guilhotina, atrás de Luís XVI, o antigo controlador geral Laverdy, acusado em 1768, por um panfletário paranóico e preso muito tempo depois, de ter querido organizar a fome, como seus sucessores de 1789.[7]

Por que Paris se sublevou em 1789?

As agitações populares grassavam, pois, por toda a França, da primavera ao início do verão de 1789. Os membros dos estados gerais davam-se conta desse risco de anarquia generalizada e concordavam quanto à necessidade absoluta do restabelecimento da ordem pública. Esse clima de angústia explica mesmo a amargura de grande número deles durante os recessos de maio e junho. Contudo, não é certo que as tropas não tenham podido garantir a ordem até a colheita, nem que as agitações tivessem conseqüências políticas decisivas, se não se houvessem alastrado pela capital. As cidades da província, que temiam as emoções populares causadas pela miséria, esperavam ainda, em meados de julho, a palavra de ordem de Paris. Essa cidade de mais de 700 mil habitantes, número enorme para a época, dominava de fato, indiscutivelmente, o país. Eram consideráveis ali os contrastes sociais entre a parte mais rica da população francesa, que lá vivia, como os dirigentes do Estado, e uma massa cada vez mais empobrecida e escorraçada para o extremo leste da cidade. Ela só via os senhores quando passavam de carro pelas ruas estreitas, causando acidentes que agravavam o ódio de classe. Uma população flutuante de trabalhadores imigrados buscava emprego ali, e crescia em momentos de crise econômica. Fonte de medicância e delinqüência, eram temidos pelas autoridades e considerados fatores de desordem.

De fato, nada tendo a temer, pouco tinham a defender, e pouco participavam das revoltas. Faltavam a esses criminosos potenciais espírito de organização e grandes interesses comuns, necessários a uma ação coletiva. Essas eram qualidades muito mais encontradas entre os parisienses bem situados, que possuíam algumas propriedades, conheciam seus vizinhos e partilhavam as preocupações deles, habituados a se reunir nas corporações e confrarias. A maioria das empresas artesanais não empregava mais de 20 pessoas e era supervisionada por organizações privilegiadas. As autoridades policiais é que consideravam, indiferentemente, todos os trabalhadores inimigos da ordem, bestas selvagens cujos instintos anárquicos era preciso conter. Esse aumento de controle do mundo trabalhador caracterizou o século XVIII, e culminou em 1781 com a instituição da carteira de trabalho, indispensável para arranjar emprego. Nem por isso a insubordinação deixou de aumentar, marcada por greves cada vez mais freqüentes. Elas respondiam às dificuldades econômicas da hora, mas os operários parisienses pretendiam primeiro responder tais dificuldades com uma pressão sobre o governo para obter uma baixa nos preços dos produtos de primeira necessidade.

O abastecimento regular de pão era o verdadeiro meio de manter a ordem pública. As autoridades sabiam disso, e se preocupavam em assegurar, prioritariamente, os alimentos da capital, a um preço que elas mesmas fixavam. Sua alta, às vezes inevitável, acarretava distúrbios, que ocorriam freqüentemente nos dias de feira, quando os consumidores aguardavam na fila. As mulheres freqüentemente obrigavam os negociantes e padeiros a baixarem seus preços. Havia também um nítido ressentimento contra os impostos de entrada das mercadorias, simbolizados, às portas de Paris, por um muro e barreiras, instituídos pouco tempo atrás e ainda em construção em 1789. Não se acreditava, contudo, no sucesso de uma sublevação popular na capital, uma vez, que, como já vimos, as forças policiais eram raras ali. A manutenção da ordem ficava com o regimento permanente dos guardas franceses, que ainda conteve a revolta até abril de 1789.

As classes populares parisienses haviam tido pouca participação no desmoronamento do governo no ano anterior, vindo sempre atrás, segundo sua tradição, do parlamento. Mas se temia cada vez mais sua repetida intervenção na vida pública num clima de prolongada excitação política e de problemas econômicos consideráveis. Não iria o povo sair de novo às ruas? Alguns dirigentes patrióticos começaram a ter esperanças de que isso os favorecesse. Eram os elementos mais radicais, agrupados nos novos cafés do Palais-Royal. Essa união de escroques, desertores e prostitutas, protegida das intervenções policiais pela proteção do duque de Orléans, tornara-se também um salão de discussões e boatos. Ouviam-se e se aplaudiam ali, no início de junho, violentos discursos contra o governo. O caso Réveillon acabava de lançar a sombra da desordem popular e da ameaça de explosão sobre a política parisiense e nacional. Ora, os guardas franceses, que o tinham resolvido, começavam a se desintegrar sob o efeito dos poucos cuidados com suas condições de disciplina e moral.

Nessa atmosfera tensa, a fantástica alta no preço do pão, que atingiu seu cume, desde 1770, a 14 de julho, provocou um reforço especial das tropas dispostas em torno da capital, a partir de meados de abril. Viu-se nisso a prova de um complô contra os estados gerais. Várias companhias dos guardas franceses anunciaram, em fins de junho, que não reprimiriam mais as manifestações de um povo que os aclamava como heróis. Os dirigentes da revolta foram libertados pela multidão e apoiados pelos patriotas do Palais-Royal. A ordem, no entanto, continuava a ser mantida. Foi o anúncio da demissão de Necker, no domingo, dia 12, que a rompeu. O povo de Paris, que acreditava que queriam matá-lo de fome, considerou-se em estado de legítima defesa, e iniciou a insurreição, que culminou com a queda da Bastilha. Marcada por uma busca febril das armas disponíveis, a revolta desembocou logicamente naquele formidável depósito. Assim, foi uma revolta da fome que incendiou a maioria das novas barreiras alfandegárias. O povo armado queria influenciar com todas as suas forças as condições concretas de seu abastecimento, para ele o problema mais importante. Assim, esse movimento assustou também os proprietários, que, a toque de rebate, convocaram a formação de uma milícia burguesa, a qual, a partir de então, iria controlar Paris. Destinada a conter a violência popular, a milícia começaria a se apoiar nela. Imitada por todo o resto da França, essa conduta dos notáveis locais, que deu origem à guarda nacional, mal ocultava o fato de que a intervenção das classes populares, que salvara a Revolução, continuaria a marcá-la.[1]

Triunfo de uma opinião pública politicamente superexcitada, que soubera abalar as bases militares do poder monárquico com a fraternização dos soldados amotinados e dos civis, essa ação comum, feita às vezes de pilhagem e anarquia, estava cheia de perigos para o futuro. Vira-se a multidão fazer justiça pelas próprias mãos, conduzindo pelas ruas as cabeças de seus inimigos. Recomeçaria a intervir, no início de outubro, sob a pressão dos problemas econômicos e da crise de alimentos. Então, foram milhares de mulheres que marcharam sobre Versalhes, em busca do rei padeiro, e acabaram por reconduzi-lo a Paris. Essa ofensiva era uma etapa suplementar da desintegração da autoridade. Pôs o Estado, durante muito tempo, sob a pressão das massas da capital. Vários meses de uma insurreição permanente que as educara politicamente tinham-lhes dado consciência de sua força dentro da Revolução e de suas instituições, onde muitas vezes elas contaram tanto, senão mais, quanto os burgueses.[2]

Segundo Georges Lefebvre, devem-se a George Rudé as linhas gerais dessa apresentação das multidões revolucionárias levantadas pelos acontecimentos de 1789. Em sua maioria, eram formadas de pequenos artesãos, pequenos lojistas e companheiros de subúrbios operários parisienses, ao contrário da lenda reacionária, que os associava a vagabundos ou elementos criminosos. Suas motivações, alheias à idéia de pilhagem, não eram apenas as palavras de ordem políticas do momento, mas principalmente a reivindicação econômica e social básica do povinho miúdo do Ancien Régime, ou seja, o pão barato. Foi essa reivindicação que permitiu mobilizar aqueles futuros *sans-culottes** para o serviço dos dirigentes revolucionários. Grande fonte da ação popular, ela continuaria a explicar a efervescência popular até 1795. Seu encontro com a crise política ia torná-la, sem dúvida, mais explosiva. Mas foi sempre para defender "direitos tradicionais e fazer respeitar os limites que achavam ameaçados pelos procedimentos inovadores dos ministros, capitalistas" e outros reformadores ou especuladores, que os parisienses se sublevaram durante a Revolução Francesa. A radicalização desta apoiou-se portanto, em primeiro lugar, na tradição de luta dos consumidores contra os novos princípios de mercado. Era o passado mais antigo que revivia nessas insurreições que inauguraram a modernidade.[3]

Conhecemos melhor, desde algum tempo, as condições de vida e a psicologia das classes populares da capital francesa no século XVIII. O exame da vida material delas confirma uma situação de empobrecimento e endividamento de 2/3 dos assalariados. A habitação continuava sendo cara e ruim, e o aumento do consumo, em particular do vestuário, muito relativo. Largamente alfabetizados, mas pouco se aproveitando disso, iam alimentar-se na taberna, a crédito, quando não tinham mais o que comer em suas casas. Controlados e vigiados, tinham mesmo de se preocupar antes de tudo com a subsistêscia.[4]

Todo um subproletariado de marginais, indigentes e delinqüentes exibia, em Paris, uma miséria ainda mais profunda, a dos mendigos e vagabundos. Esses pobres, mais ou menos bem revelados pelas investigações policiais sobre sua mendicância, quase sempre

---

* Nome pelo qual, sob a Convenção, os aristocratas designavam os revolucionários que haviam trocado o culote pela calça. (N. dos TT.).

eram meninos ou rapazes que vinham sobretudo dos campos da região parisiense. Transitavam entre o desemprego e a difícil procura de um novo emprego, e permaneciam naturalmente à margem da escolarização. O grande problema deles era encontrar alojamento. Dormiam ao relento ou se refugiavam em quartos de aluguel, situados no coração da cidade ou, ao contrário, fora dos seus muros. Mendigavam de preferência nos belos bairros do nordeste. Esse meio, que dependia da caridade ou da vigarice, era considerado uma ameaça para a cidade. Encontrava-se o equivalente desse pauperismo nas cidades operárias do reino, onde ele constituía, como em Amiens, uma realidade maciça. Vivendo na promiscuidade, na indigência e na doença, cerca de 1/3 dos habitantes precisava de socorro. Causada pela dimensão das famílias ou pela insuficiência dos salários, essa miséria levava à resignação ou à fuga no exército ou na emigração. Tais eram, por volta de 1789, as conseqüências sociais dos problemas econômicos. Temia-se "a guerra dos pobres contra os ricos", os primeiros clamando por pão e os últimos armando-se para recusá-lo.[5]

Por volta de 1780, um alto administrador como Montyon e um jornalista crítico como Mercier consideravam igualmente a miséria como um fator essencial de criminalidade. Escandalizavam-se e se preocupavam com uma situação que levava tantos necessitados às más paixões despertadas pela fome. Em seu ódio pela desigualdade. o segundo chegava até a escrever que "o infeliz que sobe no cadafalso" lhe parecia "sempre acusar um rico". Mas esses dois observadores estavam de acordo em ver em Paris uma cidade onde a miséria das classes populares multiplicava o número dos criminosos potenciais. Atribuíam esse perigo à invasão da capital por uma população, jovem, instável, sem trabalho e pronta para a violência. Irrequieta, dificilmente controlável e mal-integrada, ela angustiava a opinião pública e era um importante elemento de tensão e medo sociais às vésperas da Revolução.[6] Foi nesse último plano que surgiu o problema da manutenção da ordem. Questão de Estado, em Paris, onde um motim podia degenerar em revolução, ele levou, no século XVIII, as autoridades a ampliarem as atividades de repressão, a pretexto de segurança. Tinham de vigiar a população flutuante do velho centro, composta de classes mais perigosas do que trabalhadoras. A polícia da capital foi se militarizando aos poucos, enquanto os guardas franceses se transformavam em agentes de polícia. As tropas burguesas foram de fato consideradas inaptas para a manutenção da ordem, que ficou confiada à guarda de Paris e ao exército. A primeira, de 1789, tinha apenas cerca de 1.500 homens, sob a autoridade do secretário de Estado para a Casa do Rei. Os guardas franceses, no início simples tropa de intervenção, tornaram-se então responsáveis pela segurança quotidiana. Aliás, foi muitas vezes para lutar contra a indisciplina de seus próprios membros que esse regimento resvalou para a engrenagem policial. Ganhou então, na opinião pública, uma reputação de arbitrariedade e rigor excessivo, sem ter de resto a última palavra sobre a estratégia de conjunto da manutenção da ordem. Os progressos do aquartelamento acarretaram então problemas de recrutamento, acrescidos pela dureza do serviço. Diante desse risco de desarticulação, pensou-se mesmo, em 1788, em abolir o regimento. A confraternização dele com os revoltosos não vinha, portanto, da imaginária proximidade com o povinho, mas das falhas do regulamento e do agrupamento em casernas, onde as reações coletivas eram muito mais fáceis. O Ancien Régime caiu também porque, em Paris, os ministros, obcecados com a segurança, desorganizaram a polícia a pretexto de manter a ordem.[7]

Essa última necessidade impunha-se para eles em virtude de uma violência popular que parecia, ao contrário, em regressão. Admirada em toda a Europa, a polícia parisiense, obra-prima da modernidade, criou ela própria a desordem, com brutalidade e arbitrariedade. Diante dela, a população mostrava-se muitas vezes mais solidária com suas vítimas, pessoas honestas ou vagabundos. Os conflitos que ela tinha de apaziguar ou arbitrar denotavam menos a necessidade de dispersar os operários da capital do que os imigrantes, mal-alojados, malnutridos, muitas vezes desprezados por aqueles que exploravam sua força de trabalho. Esses "selvagens" só conheciam a linguagem da força, que cultuavam. Traziam para a grande cidade, onde desembarcavam, o gosto pela briga e pelo manejo de armas, a tendência à emotividade e a resistência à dor. Ao lado das simples emoções sobre os cereais ou as coalizões operárias, eles já estavam ali, na sombra, para transformar a violência revolucionária. Suas futuras jornadas constituiriam de fato uma intrusão brutal da linguagem da violência cotidiana num terreno sócio-político até então dela protegido.[8]

Arlette Fargé, a quem se deve esse julgamento, acaba de completá-lo com um estudo bastante sutil das relações entre "violência, poderes e solidariedades" na Paris do século XVIII. Observam-se aí, graças aos arquivos policiais, as conseqüências psicológicas de uma instabilidade social e de uma precariedade econômica fundamentais. Elas provaram, nos seis primeiros meses de 1750, umas 15 revoltas contra os raptos de crianças, pelos quais se acusava a polícia. A insegurança e a fragilidade modelavam assim, na capital, um "horizonte mental coletivo" composto, acima de tudo, pelo medo aos perigos e às ameaças mais diversas. Esse nervosismo generalizado, que se encontrava no excesso da paixão, era apenas ligeiramente compensado pelas solidariedades do mundo do trabalho. A violência encontrava-se muitas vezes tanto na oficina como no bairro, e mais ainda no seio da população flutuante de que já falamos, propícia às vezes aos bandos de vigaristas bem-organizados. Pois o mundo dos marginais tinha também suas ramificações. As concentrações populares compuseram-se de todos esses meios. Atraíam-nos regularmente os festejos públicos, como o nascimento do Delfim em 1781. Eles participavam das grandes encenações das execuções capitais, espetáculo familiar e fascinante. No casamento do futuro Luís XVI, em 1770, a festa foi estragada por uma pavorosa confusão que fez várias centenas de vítimas entre artesãos e biscateiros. Atribuiu-se o incidente a negligências policiais. Crédulo e ávido de sensacionalismo, o povo de Paris talvez não o fosse muito mais que seus dirigentes. Ávido por boatos, era certamente propício às súbitas perturbações coletivas. Suas multidões, que eram ao mesmo tempo uma forma necessária da sociedade urbana, um componente do ritual monárquico e uma preocupação do governo, representavam para este último uma permanente fonte de inquietações. As ruas da capital nunca estavam calmas, pois a desordem constituía ali uma reivindicação de ordem diante de um futuro mal-assegurado. Nisso, o povo identificava-se com "as formas tradicionais de existência da população". Incapaz de ler nesse oceano confuso de revoltas e de emoções, a polícia limitava-se a contê-lo sem o compreender. Ora, a Revolução vindoura apenas se assemelharia, ampliando-os aos motins anteriores.[9]

As sublevações rurais de 1789 constituíam uma revolução camponesa original e autônoma?

No momento da Revolução, 80% dos franceses eram camponeses, mas eles não desempenharam papel algum nos acontecimentos que prepararam a queda do Ancien Régime. De fato, na crise pré-revolucionária, e até a primavera de 1789, limitaram-se a observar o que se passava, do mesmo modo que os políticos empenhados nessa luta pensavam muito pouco neles. Os camponeses ganharam importância com a má safra de 1788, que pôs em perigo a ordem pública nos campos e nas cidades. A redação dos cadernos, por outro lado, despertou entre eles grandes esperanças. Sua insatisfação levou-os pouco depois a impor sua maneira de pensar à Assembléia Nacional.

Era considerável a diversidade do mundo rural, onde 4 milhões de camponeses possuíam talvez 1/4 do solo do país. Este era dominado por um pequeno grupo de fazendeiros ricos, donos de vastas propriedades situadas notadamente no Norte e no Nordeste. Depois dessa elite, de menos de 600 mil pessoas, que se aproveitava da ausência de nobres e burgueses, vinha outra minoria de trabalhadores que tinham terras suficientes para se bastarem a si próprios ou que dispunham de um excedente. Invejados e respeitados pelo restante da comunidade, haviam-se beneficiado, como os grandes fazendeiros, de uma conjuntura favorável no século XVIII.

Para sobreviver, a imensa maioria dos camponeses tinha de encontrar outros meios que não a exploração de suas terras, quando as tinha. Essa precária situação econômica oprimia ainda mais a importante categoria dos mais pobres do campo.

Encontravam-se muitos mendigos, vagabundos, pequenos delinqüentes, como também a fonte de mão-de-obra nômade, no campo e na cidade. Esse grupo desenraizado e difícil de controlar atemorizava os camponeses mais sedentários.

Além de uma diversidade regional que vinha complicar esses contrastes sociais, o mundo rural fora fundamentalmente marcado pelo impulso demográfico, acarretando uma relativa superpopulação em vista dos meios de subsistência disponíveis. A necessidade de terra era aumentada pela divisão de heranças e levava a ásperas competições quanto ao gozo dos direitos de uso coletivos. O número dos sem-terra, dos trabalhadores migrantes e dos indigentes crescia naturalmente em caso de crise econômica, como em 1789. Tanto mais que também o campesinato sofria o contragolpe da baixa dos salários reais. A isso acrescentaram-se, depois de 1770, o declínio da viticultura, da indústria têxtil e da migração causada pelos empregos urbanos. Arrasados como produtores, consumidores, e contribuintes, os camponeses o eram, enfim, pelo regime senhorial.

Essa herança medieval continuava bem viva e abundava em direitos e outras obrigações devidas, pelos rurais, a inúmeros senhores. Elas simbolizavam o poder deles, honorífico, judicial ou sobretudo econômico. De peso extremamente variável, eram associadas pelos camponeses à nobreza, à qual traziam de fato grandes lucros, que beneficiavam também a Igreja e muitos burgueses. O crescimento desse fardo, durante o século, resultou normalmente de um cuidadoso investimento dos proprietários fundiários mais ricos, desejosos de uma gestão mais racional dos seus direitos. Os *cahiers* de 1789, no entanto, queixavam-se demasiadamente pouco disso, com exceção das manifestações mais típicas da "feudalidade", quando eram escritos por camponeses; não aconteceu o mesmo nas cidades, sensíveis aos ataques econômicos dirigidos contra o regime senhorial. Essas manifestações seriam dobradas em 1789 pelas que visavam os privilégios da nobreza, que lhes eram tão ligadas. Nem por isso é menos verdade que a luta contra a feudalidade não dominava as consciências, populares e burguesas, às vésperas da Revolução. Foi a crise da primavera de 1789 que a pôs em primeiro plano.

Seus ingredientes, no mundo rural, chamavam-se fome, esperança e medo. Os problemas econômicos explicam a primeira, que provocou os distúrbios de janeiro. Atacavam-se comboios de cereais, moinhos e padarias, ameaçavam-se as autoridades. A campanha eleitoral veio suscitar a esperança de uma melhora iminente e geral. Os camponeses achavam que tudo o que fora pedido, em forma de queixa, seria concedido, e conseqüentemente começaram a não mais pagar o que deviam. Essa greve fiscal nacional estendeu-se ao regime senhorial. Recusaram-se a pagar os direitos, no Dauphiné, em fevereiro. As agitações ampliaram-se logo depois, particularmente na Provença. A impaciência com a má arrancada dos estados gerais agravou-se, nas províncias, com os rumores sobre o "complô aristocrata" para fazer abortar a obra de regeneração nacional. Atribuía-se a realização dessa tarefa nefasta aos vagabundos que circulavam então nos campos. A ansiedade a respeito deles apenas aumentou com as promessas estivais de uma boa colheita. Um pânico, produto de uma credulidade compreensível, abateu-se sobre o mundo rural à idéia de que se poderia frustar essa colheita com manobras criminosas.

A crise política de 23 de junho a 16 de julho exacerbou essas tensões, parecendo dar razão aos piores temores camponeses. O anúncio da sublevação parisiense foi a centelha final, e durante três semanas pareceu que a ordem desaparecera nos campos. Os ataques da primavera anterior generalizaram-se e causaram dessa vez inúmeras destruições de castelos, na busca de títulos feudais. Essa determinação anti-senhorial do mundo rural só fez acirrar-se com a capitulação do rei. Foi interpretada pelos camponeses, numa ação aliás muito pouco sangrenta, como uma autorização para aumentar sua pressão sobre a aristocracia. Esse movimento, de resto, atemorizou todos os proprietários e até mesmo muitos rurais que nada tinham a ver com o caso. Pois se realizou em meio a rumores histéricos, os quais persuadiam o povo de que os incêndios de castelos eram obra de odientos bandidos que tinham vindo para matar, pilhar e destruir as colheitas. No meio de tal caos, os camponeses do Dauphiné, por exemplo, armaram-se primeiro contra esses bandidos imaginários, antes de se voltarem contra os castelos. Já vimos como esse medo universal acabou estendendo-se, por boas razões, aos próprios deputados, incapazes de admitir a autonomia do mundo rural e convencidos de que aquela gigantesca revolta resultava de complôs diabólicos.[1]

Os historiadores, fascinados por ela, por muito tempo explicaram essa revolução camponesa por uma reação senhorial ocorrida no século XVIII. A revisão dos cadastros de bens senhoriais teria culminado no crescimento ou renascimento dos direitos, em particular nas regiões atrasadas do país. O ressentimento rural contra essa evolução teria culminado na sublevação de 1789 e, além disso, numa luta travada até a completa abolição do regime feudal, em 1793. A essa explicação, contestou-se com o fato de que a revisão em questão não fora fenômeno inédito, nem generalizado, nem freqüente. Não terminava sempre, como na Bretanha, num aumento de direitos. Em regiões como a Flandres ou a Borgonha, onde ocorreu, os camponeses sempre puderam recusar-se a pagar. Na Normandia e em Auvergne, impunham-se aos senhores e a seus representantes quando estes iam longe demais. Freqüentemente armados, os rurais amedrontavam os senhores, às vezes, muito antes de 1789. E podia ocorrer a suas comunidades, bem estabelecidas nas regiões ricas, de levarem com sucesso o senhor abusivo perante a justiça.

Se é impossível demonstrar que o regime "feudal" se agravou às vésperas da Revolução, é certo que seu peso podia parecer insuportável, como nas regiões não-alienadas do Berry, da Lorena e sobretudo do Franco-Condado. Esse fardo era muitas vezes mais leve e representava sem dúvida, na maioria das regiões, um recolhimento antecipado de 5 a 10% da produção agrícola. Além disso, recaía principalmente sobre os camponeses ricos, mais integrados ao circuito de comercialização. Eles pagavam pelos vizinhos mais pobres e, no reinado de Luís XVI, o descontentamento anti-senhorial, na Borgonha por exemplo, era em primeiro lugar obra de aldeões abastados. O mesmo ocorria com a pressão fiscal, pois o empobrecimento dos campos fazia recair cada vez mais o peso do imposto sobre os notáveis rurais. Como eles também tinham de que se queixar em relação a um acréscimo do que deviam ao senhor, sua hostilidade só fazia aumentar em vista dos privilegiados.

Estes, sobretudo nas regiões de campos abertos, exploravam de maneira agressiva sua situação de superioridade econômica à custa dos direitos coletivos, e tanto os pobres como os ricos das comunidades sofriam com isso. Uma poderosa coalizão anti-senhorial preparava-se assim nas aldeias, visando a totalidade das atividades tradicionais próprias do grande domínio, fosse ele de nobres ou de burgueses. A crise econômica de 1789 agravou tais problemas, pois esses grandes domínios, leigos ou eclesiásticos, detinham o monopólio dos estoques de cereais a serem encaminhados para as cidades. Era normal considerar seus proprietários inimigos a combater. Fruto de início, a partir da primavera, de uma resistência desesperada, essa luta transformou-se em ofensiva aberta após a vitória do terceiro estado e a capitulação do rei.

Assumindo o controle de seus interesses, os camponeses sublevaram-se então, até o início de agosto, numa série de regiões. Adotaram diferentes formas de ação, apropriadas à diversidade das condições do regime senhorial. Seu movimento de revolta não foi, assim, uma explosão de cólera cega. Acerto de contas secular, buscou em quase toda parte a sanção oficial e foi muitas vezes dirigido por ricos rurais. Medida sumária, se não violenta, de justiça popular, pretendia prosseguir de outro modo os procedimentos tradicionais, às vezes suspensos. No Mâconnais, onde os citadinos deram o sinal, atacando negociantes de cereais a 20 de julho, os camponeses, seguros da impunidade, logo faziam contra os castelos e seus associados uma imensa baderna folclórica, comemoração da esperança recompensada. Após terem saqueado pouco e comido e bebido muito, 26 deles foram condenados à força pelos tribunais burgueses, como agitadores e saqueadores. Os bandos do Dauphiné agiram do mesmo modo contra seus senhores, inimigos do terceiro estado e protetores de bandidos, antes de serem reprimidos pela guarda nacional lionesa. Em meio a uma agitação generalizada, que visava o imposto, o abastecimento e os senhores, os fenômenos do Grande Medo trouxeram somente um elemento de irracionalidade, aliás mesclado aos rumores sobre complôs aristocráticos e do estrangeiro. Envenenando, num primeiro momento, as relações com a aristocracia, essa obsessão acabou por reforçar, particularmente nas cidades em face dos campos, a solidariedade das elites.[2]

Deve-se buscar o segredo desses acontecimentos nas estruturas sociais e mentais do mundo rural do Ancien Régime. Ele tinha, como o meio urbano, seu potencial de delinqüência, que parece ter crescido no século XVIII, onde, no Languedoc por exemplo, uma angústia latente é cada vez mais expressa diante do comportamento dos marginais, vagabundos ou assaltantes de estrada que escapavam à justiça estabelecida. A repressão do parlamento de Toulouse perseguia ali então, segundo Nicole Castan, uma "sociedade criminógena", em virtude de uma expansão demográfica que multiplicava a mendicidade dos sem-terra e a vulnerabilidade das mulheres e dos jovens aos fenômenos de crise. O aparelho judiciário podia apenas visar a eliminação dos mais perigosos pela morte ou às galés. Essa desordem dos campos meridionais, que correspondia à da capital, devia-se, como ela, à miséria dos mais dependentes. Privados de um mínimo de segurança, os camponeses mais pobres, como os meeiros da região de Castres, cujo aviltamento o subdelegado descrevia em 1777, só podiam viver de um dia para o outro, na maioria das vezes sem trabalho e sem terra. Terminavam, como na cidade, na vagabundagem e na mendicância, perseguidos pelas autoridades. Essas classes sofredoras tornavam-se particularmente criminosas no meio do endêmico banditismo rural, dos Pireneus ao Ródano, por volta de 1780. A engrenagem da pobreza era tão responsável por isso quanto pelas revoltas contra a carestia. E culminaria, em 1783, com a Revolta das Máscaras, explosão de desespero dos campos do Vivarais, saqueados pelas máfias de usurários. Os insurgentes anunciavam então para breve o "tempo da vingança". A incapacidade da polícia montada para formar um órgão de polícia de intervenção no meio rural deixava pulularem ali os bandos de ladrões.[3]

A criminalidade camponesa na França do século XVIII, cada vez mais examinada pelos historiadores, não abrange apenas vagabundos, pessoas sem princípios e migrantes levados a mendigar ou roubar. Abrange também as comunidades obstinadas em lutar contra o senhor, que insultavam, desprezavam, atacavam. O governador militar no Languedoc vivia assediado por queixas de ataques dos grupos de jovens às autoridades. A desordem econômica do fim do Ancien Régime multiplicava ali esses fenômenos de violência que se haviam tornado impossíveis de resolver dentro das instituições tradicionais. O Auvergne, em condições ainda mais desfavoráveis, via os aldeões violarem ou ignorarem diretamente a lei e os tribunais. Mesmo no norte do Loire, os rurais preferiam muitas vezes resolver seus conflitos pelo emprego de força bruta. O tribunal prebostal, em todo caso, viu o volume de crimes dos quais se ocupava, e que estavam ligados à vagabundagem, aumentar em 300% na segunda metade do século. Esse fenômeno referia-se sobretudo às áreas de grande cultura da região parisiense, onde os bandos de bandidos reuniam então, às vezes, várias centenas de homens, tornando-se um verdadeiro motivo de terror. Apoiados pela cumplicidade popular, pouco preocupada com suas vítimas e hostil à repressão militar, alguns sobreviveram até o extremo fim da Revolução. A comunidade rural, no fundo, não gostava da jurisdição dos marechais e dela protegia muitas vezes os mendigos inofensivos ou os caçadores ilegais perseguidos pelos senhores. Considerava intrusos os policiais. Mesmo aos padres bretões repugnava servir-lhes de auxiliares. A atitude contrária, ao sul do Loire, passava aliás por trazer infelicidade, destruindo as colheitas. Os aldeões eram capazes, nesse caso, de proibir os curas de colaborar com as autoridades. Achavam-se os únicos executores naturais da lei, e os fenômenos de 1789 (medo dos bandidos e generalização das destruições num contexto de dificuldades econômicas) manifestariam, em primeiro lugar, "uma crise da justiça". A sociedade rural queria-a barata e pensava sempre poder preservar a ordem por si mesma. Não entendia muito uma Revolução que estabeleceria essa justiça desenvolvendo a burocracia.[4]

A inédita hostilidade do mundo camponês ao regime "feudal" pode ser datada, por alguns autores, de meados do século XVIII, e seguida nos processos litigiosos que a opuseram aos senhores. A linguagem mais sofisticada dessa nova forma de resistência coletiva prenunciava muitas vezes a de 1789: após ter fracassado, em geral, no terreno do direito, vingava-se então pela violência. Essa campanha jurídica, às vezes apoiada pelos representantes do poder real, atacava pela primeira vez, o princípio mesmo do sistema senhorial. Foi o caso da Borgonha de após 1750, onde a atitude camponesa, e não a reação feudal, constituiu a novidade revolucionária. Essa estratégia dos rurais testemunhava uma recusa a pagar direitos no entanto tradicionais. Suas comunidades puderam sustentá-la financeiramente e se beneficiaram do apoio de juristas e administradores. Os primeiros forjaram, nesse fogo, alguns elementos do futuro discurso revolucionário, enquanto os segundos continuavam não simpatizando com a feudalidade. Esta enfrentava assim enfraquecida a prova revolucionária, pois parecia aos habitantes dos campos que o Estado não a apoiava mais.[5]

A incontestável moderação das revoltas camponesas no século XVIII não significa de modo algum um desaparecimento da contestação das aldeias. O ano de 1750 vê, ao contrário, expandir-se, e o de 1780 desencadear-se a luta anti-senhorial na França do Centro-Leste. Reivindicação autêntica de um poder camponês por rurais mais bem armados, porque mais cultos e politizados, a luta mostra, nesse meio, um novo desenvolvimento do espírito público, muitas vezes associado à evolução urbana. Nomeiam-se ali procuradores para defender uma causa modernizada no plano ideológico, social e cultural. Combatia-se um capitalismo agrário que se situava no coração da "feudalidade" renovada. Nas regiões mais atrasadas do maciço Central ou da Occitanie, uma ação semelhante seria muito menos acentuada. O Oeste agreste continuou também mais calmo. Mas 1789 foi preparado, em outras partes, por esse conflito entre um domínio senhorial que queria adaptar-se à evolução econômica e camponeses mais instruídos que se recusavam a ser sacrificados à nova ordem. Observou-se igualmente, nos *cahiers* da região de Chartres, o desenvolvimento dessa nova prioridade em relação ao passado.[6]

Jean Nicolas, fazendo recentemente o balanço dos movimentos populares no mundo rural sob a Revolução Francesa, neles reconheceu facilmente uma complexidade sócio-política ou regional que é obra da própria vida. Foram marcados, em 1789, por ações anti-senhoriais e motins por alimentos, ao lado da revolta antifiscal, da caça ilegal coletiva de caráter insurreicional, da reconquista ou partilha das terras comunais, da rejeição da autoridade tradicional dos notáveis locais. Os camponeses do Dauphiné, no tempo do Grande

Medo, anunciavam assim o fim da dominação dos "grandes da terra". Essas diversas motivações reforçaram-se umas às outras e abalaram profundamente o país, no primeiro ano da Revolução, sem por isso, no entanto, desaparecer depois. A interpretação dessas revoltas camponesas tem insistido cada vez mais em seu aspecto passadista, enraizado na longa duração de uma tradição contestatária. Autônomas em relação à ação das elites, diversas e contraditórias, eram sobretudo a manifestação de uma herança hostil à cidade e aos poderes constituídos. Assim, podem ser reencontradas posteriormente, antes da aliança da França rural do século XIX com a democracia, nos movimentos contra-revolucionários surgidos a partir de 1792. Yves-Marie Bercé, historiador das revoltas camponesas do século XVII, viu nos camponeses de 1789, apesar das mudanças ocorridas em suas relações com o senhor ou o Estado, os sucessores dos problemas comunitários de antes. E observou o prolongamento dessa contínua violência anticitadina na insurreição com que os campos ocidentais, após terem contribuído para a queda do Ancien Régime, levantaram-se em 1793 contra a Revolução.[7]

II

Um curso lógico?

5

Uma derrapagem que podia ser evitada?

François Furet e Denis Richet sustentaram, há mais de 20 anos, que a Revolução Francesa havia "derrapado", a partir de 1791, ao não conseguir estabilizar-se nas bases de uma monarquia constitucional e ao se radicalizar numa atmosfera de guerra civil e externa. É difícil dosar, às vésperas de Varennes, os elementos favoráveis ou não a essa tese. Donald Sutherland defende, a esse respeito, posições contraditórias. Destaca, de fato, que o clima criado pelos acontecimentos de 1789 trazia uma dinâmica revolucionária. Foi no final desse ano que os franceses inventaram o sentido moderno da palavra "revolução", não um simples golpe de Estado, como o de Maupeou, mas um levante em massa para transformar a sociedade. Essa tomada de consciência fez-se acompanhar, em muitos, de esperanças milenaristas sobre o estabelecimento de um regime enfim perfeito. Diante das realidades, em particular financeiras, os deputados não puderam satisfazer essa ilusão. Desde fins de 1790 corria sangue em todo o país por motivos agrários ou religiosos; o descontentamento econômico e fiscal persistia. Isso não significou a aliança de uma parte importante do povo com a contra-revolução aristocrática, mas ofereceu oportunidades para as concentrações de emigrados armados nas fronteiras e para os conspiradores internos a eles ligados. Ao mesmo tempo, no entanto, as idéias da Revolução eram apoiadas por instituições como os clubes e a guarda nacional. Os partidários da democratização da nação avançavam ali, e se podia julgar provável, diante de uma situação tão dilacerada, a explosão de uma guerra civil.[1]

Esse historiador minimiza, entretanto, na primavera de 1791, a importância das oposições nas soluções adotadas pela Constituinte.

Observa que a maioria podia contar com a falta de coesão dos adversários. Insiste na lealdade, para com o novo regime, da maior parte do exército e da guarda nacional. Os deputados conservavam o essencial dos ideais comuns de 1789, detestavam a violência popular e aspiravam a uma mudança da ordem parlamentar. Mesmo que a reorganização da Igreja Católica acabasse de romper, parcialmente, esse acordo fundamental, a Assembléia continuava confiando no rei, e só a fuga deste quebrou, no topo, a unidade da elite em sua concepção da Revolução.[2]

Essas ambigüidades impõem o exame da solidez, nessa data, da obra reorganizadora da Constituinte.

Era viável em 1790 uma monarquia constitucional?

* As bases institucionais do novo regime haviam unificado o país no quadro realista dos departamentos. Sua definição criou descontentes entre as cidades, como Marselha, não escolhidas a princípio como prefeituras. Herdeiras das assembléias provinciais de Brienne, suas circunscrições estavam à frente da hierarquia do governo local. Embora este apenas dividisse as responsabilidades com o aparelho central do Estado, na verdade dispunha de considerável liberdade de manobra. Independentes da burocracia real, seus dirigentes podiam desafiá-la com impunidade.

Esse sistema ia funcionar bastante bem, na medida em que caía em mãos de administradores que já tinham adquirido, sob o Ancien Régime, sua divisão, de origem econômica, entre cidadãos passivos, eleitores e elegíveis. Essa violação da Declaração dos Direitos foi aliás limitada, visto que manteve mais de 4 milhões de eleitores. Fundado sobre os impostos do Ancien Régime, o sistema favoreceu as regiões rurais em relação às cidades, onde, em Paris, por exemplo, pelo menos a metade dos adultos masculinos foi privada do direito de voto. Em compensação, os elegíveis, identificados com os mais ricos, eram mais citadinos. Burgueses ou aristocratas, haviam con-

* A qualidade excepcional da obra de Donald Sutherland *France* 1789–1815: *Revolution and Counter-Revolution* (Fontana, 1985), em particular no que se refere ao desenrolar dos acontecimentos entre 1790 e 1799, leva-nos, no interesse mesmo do leitor, a distinguir nos desenvolvimentos da nossa segunda parte:

— um resumo, *impresso em tipos menores,* dessa opinião autorizada que constitui atualmente, em nosso ponto de vista, a melhor síntese dos nossos conhecimentos sobre esse assunto;

— uma exposição mais pessoal das questões levantadas pelos outros historiadores e que trazem um esclarecimento complementar.

seguido eliminar do poder os camponeses e artesãos. Foram naturalmente os burgueses que se aproveitaram disso. O governo local caiu nas mãos dos legisladores de província, habituados à política desde 1787, e muitas vezes bem diferentes dos membros dos comitês permanentes de 1789, julgados demasiado revolucionários. Esses legisladores moderados, preocupados com a ordem, contribuíram no entanto para a radicalização da Revolução quando ela foi ameaçada em 1791 e 1792. A permanência dessa descentralização do poder, que correspondia ao ideal dos primórdios da Revolução, dependeria do destino das outras reformas da Constituinte. [3]

No plano financeiro, que se tornou fundamental e cada vez mais crítico, a solução foi tomar os bens da Igreja, a 2 de novembro de 1789. Pouco exigida na primavera, essa medida decorreu da gravidade da situação, sem melhorá-la, aliás, visto que o déficit anunciado por Necker em março seguinte era de longe superior ao confessado antes por Calonne. Donde a decisão tomada então de vender ao público os bens da Igreja e de emitir "assinados" garantidos por essa operação. O número destas foi dobrado em setembro, autorizando-se, dessa vez, a criação de um papel-moeda.

A massa de assinados em circulação ainda era inferior ao valor dos "bens nacionais". Mas sua aparição coincidiu com uma escassez monetária e um déficit no balanço de pagamentos. A emissão local, para impedir o desabamento econômico, de "notas de confiança" fez com que o Estado perdesse o controle da moeda. E agravou essa situação ao emitir uma massa de cédulas pequenas, resultando numa espiral inflacionária que culminou, em 1791, com o início da depreciação do assinado. Isso acarretou uma queda no nível de vida dos pobres que só podia aumentar as agitações e pôr em perigo a nova ordem política. [4]

O fim do privilégio fiscal não foi mais aliviante para o povo. O novo sistema de impostos continuou fixado sobre os antigos papéis, o que manteve consideráveis disparidades regionais. As rendas de capital foram relativamente subtaxadas, em virtude de um inventário incompleto da riqueza privada. Parece que, no conjunto, os franceses pagaram mais impostos depois da Revolução do que antes, sobretudo a partir de 1792. Os revolucionários afirmaram o contrário, mas o certo é que, em alguns casos, a carga fiscal aumentou em mais de 20%. Como o novo sistema não era progressivo, os ricos beneficiaram-se mais que os pobres. O imposto aumentou assim 80% no Norte, a partir de 1792, em relação ao Ancien Régime; o imposto direto dobrou na alta Bretanha; a maioria dos cantões de Puy-de-Dôme não conheceu, nesse campo, qualquer mudança em relação à situação anterior à Revolução. Como a abolição dos privilégios não aliviara o fardo fiscal, os contribuintes mostravam-se tão recalcitrantes quanto antes. E tanto mais puderam sê-lo quanto os mecanismos de arrecadação eram caóticos, o que prolongou a crise financeira.

Os camponeses sofreram particularmente com a medida tomada pela Assembléia no dia 2 de dezembro de 1790, segundo a qual os proprietários foram autorizados a acrescentar às comissões que lhes eram devidas o equivalente ao antigo dízimo. Em todas as regiões onde o regime senhorial era relativamente leve em relação aos impostos e aos dízimos, isso representou uma perda global de lucro para os agricultores. Os fazendeiros dos domínios do duque de Cossé-Brissac, em Deux-Sèvres, tiveram assim de lhe pagar

25% a mais em 1791. Inúmeros rurais concluíram que a Revolução, nesse ponto, era dirigida contra seus interesses. A venda dos bens nacionais sem dúvida legou ao novo regime milhares de compradores. Mas estes eram recrutados sobretudo no meio da burguesia urbana. Os antigos detentores de cargos, que haviam recebido assinados como compensação, usaram-nos para isso. A Revolução teve como resultado, principalmente nessa área, uma rearrumação das formas de investimento características da antiga burguesia fundiária. Sua reforma agrária, favorecendo-os, ampliou a influência dos citadinos mais ricos sobre os campos.

Os principais beneficiários da obra da Constituinte foram um grande número de proprietários, indo da mais rica burguesia aos pequenos produtores independentes. Certo número de citadinos e a maioria dos pobres ganharam com o desaparecimento de inúmeros impostos indiretos. Mas, juntamente com a Igreja e inúmeros nobres das regiões onde a renda senhorial era importante (Bretanha, Borgonha, Auvergne, alto Languedoc), muitos dependentes rurais não tinham razão alguma para apoiar um regime que agravava seus encargos. Havia aí, para a contra-revolução, uma incontestável oportunidade, sobretudo se conseguisse aliar-se também aos miseráveis, e se o descontentamento das massas fosse aumentado pela pressão religiosa, econômica ou militar. [5]

Essas considerações têm mais peso que as manobras dos políticos, empenhados, como Mirabeau, em se apresentar em segredo como salvadores da monarquia (que aliás não os queria), acumulando ao mesmo tempo discursos demagógicos nas diversas tribunas parisienses.[6] Samuel Scott ridicularizou os historiadores que vêem em 1790 um "ano feliz", caracterizado pela fraternidade universal e pela concórdia nacional, excetuando-se os conflitos parlamentares. Tomou-se como sempre Paris pela França, e a relativa calma da capital fez esquecer as desordens nas províncias. As futuras discórdias da Revolução nasceram de fato em seu segundo ano de existência. Ao lado da violência tradicional associada ao banditismo e à fome, surgiram então novos tipos de confronto. Giravam muitas vezes em torno da questão da legitimidade do poder: a nova fragmentação da autoridade, na verdade, encorajou as disputas ou lutas sobre seu exercício; elas tornaram delicado o problema da manutenção da ordem. O exército e a guarda nacional tinham de assegurá-la e as condições do seu emprego foram furiosamente discutidas. Os dirigentes locais chocaram-se nesse ponto com as autoridades nacionais, enquanto entre os primeiros diferentes grupos entravam em competição. Isso se verificava também entre as duas organizações e no interior de cada uma delas, os soldados opondo-se aos oficiais no exército e diversas facções disputando o controle na guarda nacional. Tal situação teve como resultado paralisar a autoridade e favorecer a desordem, que assumiu duas formas principais. A Revolução reviveu, transformando-os, antigos antagonismos, criando ao mesmo tempo outros, ligados à luta pelo controle do poder. Em todos os casos, eram choques relacionados com os benefícios a extrair do exercício da autoridade legítima. Samuel Scott distingue três fontes essenciais de violência que assinalaram 1790. Dentro do exército, os soldados, descontentes com o regime que anteriormente lhes haviam imposto seus oficiais, aproveitaram a atmosfera revolucionária para romper com a disciplina tradicional. Ao mesmo tempo, ressurgiu a velha hostilidade entre católicos e protestantes. E a animosidade camponesa para com o resto da feudalidade não desapareceu. Essa politização inédita de antigos conflitos acompanhou aqueles engendrados pela Revolução, girando em torno das eleições, do controle da força pública e da extensão da autonomia local. A questão principal para a França reduzir-se à identificação da autoridade legítima e de seus poderes.[7]

Para o exército, 1790 foi uma época de desintegração, ligada a uma insubordinação de nível sem precedentes que assumiu sobretudo a forma de revolta aberta contra a autoridade dos oficiais. Esse movimento atingiu o auge, em fins de agosto, no grande motim de Nancy, que pôs em dúvida a capacidade do governo para defender o país e manter a ordem. A insubordinação militar estava, aliás, ligada às relações entre soldados e civis. Apoiados pelos cidadãos patriotas ou pelos membros da guarda nacional, os regimentos sublevaram-se, como o que foi liderado, em Hesdin, por um oficial renegado, o futuro marechal Davout. Confraternizando com os representantes do novo regime, os soldados recusaram a partir de então a obediência passiva. O movimento em favor da Federação aumentou esse tipo de contatos e a desconfiança mútua entre oficiais e soldados. Os acontecimentos de Nancy ilustraram isso e foram marcados por 23 condenações à morte, centenas de prisões e uma repressão política que assumiu dimensões contra-revolucionárias. A ligação dos soldados com os patriotas deu-lhes uma justificativa ideológica para a revolta contra os oficiais aristocratas. A participação dos civis nas agitações militares só fez aumentar as dificuldades para o restabelecimento da ordem. Nascida de uma revolta comum contra a injustiça e o privilégio, de um desejo de reforma e de contatos diários, era capaz de paralisar as forças da polícia, sobretudo quando apoiada pela guarda nacional. Esses conflitos militares agravaram os dos civis, pondo uns contra os outros os diferentes membros do governo local. Seguiram-se iradas recriminações entre facções radicais e moderadas. Não se conseguia mais situar com precisão uma autoridade dispersa em tantos fragmentos. Como responder a motins que diziam contar com o apoio da Assembléia ou de eleitos locais, a aprovação dos cidadãos e dos princípios da Revolução? A ordem, nessas condições, tornava-se uma realidade difícil de estabelecer ou manter. Ao contrário das ilusões fraternais características da grande festa parisiense de 14 de julho de 1790, inúmeras regiões francesas viveram antes uma alucinada guerra civil.[8]

Como poderia ser de outra forma num exército onde, dos 22 reformadores sobreviventes de 1781, um único escolheu o campo revolucionário, para 15 que emigraram e 5 que o combateram? A politização das antigas queixas dos soldados, favorecida pela Revolução, multiplicaria as deserções e rebeliões. A desagregação militar apenas refletia a crise generalizada do corpo social.[9]

A essa decomposição de uma parte fundamental da força pública veio juntar-se, no Languedoc, o exacerbamento do antigo conflito entre católicos e protestantes. Parte dos primeiros recriminava os segundos por se beneficiarem excessivamente da Revolução. A partir de abril de 1790, explodiu em Uzès uma série de incidentes violentos. O mesmo ocorria em Montauban, onde a guarda nacional se opôs à municipalidade conservadora. Os mais graves acontecimentos desse gênero desenrolaram-se em Nîmes, na primavera. Católicos e calvinistas ali acertaram velhas contas. Negociantes protestantes e camponeses papistas não se entendiam muito na região, e a oligarquia de Nîmes temia perder o poder na Revolução, opondo-se por isso, como em Montauban, à guarda nacional protestante. François Froment, chefe dos católicos locais, reuniu em torno de sua causa uma milícia plebéia. Suas provocações culminaram numa guerra civil regional que fez mais de 300 mortos. A Revolução, com os problemas de autoridade e legitimidade que trazia, exarcebou assim velhos conflitos, e o exército tornara-se incapaz de apaziguá-los. O principal resultado dessas violências foi desenvolver no Sul um movimento contra-revolucionário de tendência popular.[10]

James Hood e Gwynne Lewis têm-se dedicado, há 15 anos, a fazer a anatomia desse movimento. Mostraram as raízes religiosas, sócio-econômicas e políticas do antagonismo em Nîmes, ligado a uma herança de medo e ódio vinda do Ancien Régime. Os hábitos de intolerância haviam-se conservado mais do que acreditavam os dirigentes das duas comunidades, e a Revolução, com as ameaças de desequilíbrio que criou, exacerbou-os. Daí o nascimento de facções que polarizaram os ânimos a favor ou contra a mudança em curso. O entusiasmo do Gard foi assim decuplicado pela Revolução; e agravou ali a luta de classes entre a burguesia protestante e o povinho, muitas vezes conquistado, por ódio a ela, para a causa monárquica. Se essa milícia contra-revolucionária não pôde, como o Oeste conseguiu posteriormente, eliminar os patriotas, nem por isso deixou de mostrar a duplicidade possível, revolucionária *ou* reacionária, do povo francês durante a Revolução. Suas opções políticas, no Languedoc como em outras partes, dependeram muitas vezes da permanência de conflitos tradicionais e de velhas rivalidades locais. A Revolução, que os reinterpretou sem desfazê-los, radicalizou-os por toda parte, e assim foi que em Nîmes, como no século XVI, "entre outubro de 1789 e junho de 1790, a oligarquia católica tentou derrubar a tirania protestante". Os novos nomes dos monarquistas e patriotas constituíam uma simples mutação dessas antigas divisões. Tal continuidade iria prolongar-se até o início do século XIX, quando os massacres de 1815 responderam aos de 1790. A Revolução criou muitas vezes, como no Gard, um universo *político* inédito, composto de animosidades pessoais e vingança permanente. Motivações e rivalidades familiares desempenharam um papel decisivo na atuação dos dirigentes locais.[11]

Desse modo os historiadores interessam-se cada vez mais por uma contra-revolução de origens e contornos ainda bastante vagos. Ela não resultou apenas das conspirações dos emigrados, reunidos, a partir de julho de 1789, em torno do conde d'Artois e seus amigos. Pouco apreciados pela monarquia, que preferia subornar chefes revolucionários ou esperar em vão uma intervenção de outros soberanos europeus, eles não tinham grandes recursos, mesmo quando a nobreza começou a se afastar da Revolução ao abolir desta os títulos hereditários, em junho de 1790. Os plebeus reunidos por Froment mostraram-se mais úteis e conseguiram, como vimos, incendiar o Languedoc naquele ano. Após seu fracasso em Nîmes, 20 mil guardas nacionais católicos reuniram-se em Jalès, em Ardèche, e iniciaram uma campanha de protesto contra a Assembléia. A campanha repercutiu em Lyon, onde se tramou um complô que fracassou; o mesmo ocorreu na Provença, onde três contra-revolucionários presos foram massacrados em dezembro. Essa agitação permitiu a continuação de uma ameaça no sudeste. Esboçou-se ali uma estratégia insurrecional, com vinculações no exterior, que iria persistir. Contava com apoios importantes entre os antigos privilegiados, a burguesia ligada às instituições do Ancien Régime, os artesãos e camponeses católicos ofendidos com as medidas contra a Igreja. Esses mantenedores da sociedade das ordens, dominada pela religião, foram recrutados também no mundo dos trabalhadores braçais. Como em Avignon, logo marcada, em 1791, pelos massacres da Glacière, nos quais morreram 65 contra-revolucionários, os representantes das classes populares, ao contrário da burguesia, encontravam-se nos dois campos. Tudo dependia das situações locais, e as massas muitas vezes tinham metas diferentes das dos dirigentes. Os membros do segundo campo de Jalès, em 1791, aproveitaram a ocasião para se vingar dos pequenos-burgueses patriotas que já os exploravam no Ancien Régime, e por toda parte uma parcela do mundo rural se opunha de maneira um tanto confusa aos beneficiários de uma Revolução que não lhe havia trazido muita coisa.[12]

Fenômenos de violência afetaram constantemente o Sul a partir de 1789. As elites revolucionárias instaladas no poder nesse ano logo tiveram de enfrentar as vítimas da mudança, ou os que dela desconfiavam. Essas tendências, de força e implantação variáveis, exasperaram-se no meio da nobreza a partir de fins de 1790. E apoiaram-se em muitas regiões, como no Oeste, numa "linha política específica adotada pela massa dos camponeses pobres e parte das elites rurais (. . .) que disputavam com a burguesia urbana o poder local nos campos" (Roger Dupuy). Reação em favor do Ancien Régime e simples descontentamento popular com alguns aspectos da Revolução mesclaram-se de maneira inextricável nesse movimento.[13]

Sua origem coincidiu com a continuação dos levantes camponeses contra o pagamento dos direitos feudais. Estes marcaram o ano de 1790, de Quarcy à Bretanha e do Bourbonnais ao Gâtinais. Seu desenvolvimento, associado às ambigüidades da política agrária da Constituinte, atesta o desmoronamento das noções de lei e ordem no início da Revolução. Esse fenômeno verificava-se em inúmeras cidades da Alsácia e do Berry, de Belfort e da Provença, de Marselha e de Lyon. Proclamou-se a lei marcial nessa última cidade em julho de 1790, mas a agitação prosseguiu. O problema da escolha da força pública (exército regular ou guarda nacional) à qual confiar a manutenção da ordem foi então um fator maior de confrontos. O quadro idílico e parisiense de uma Revolução fraternal estava longe de corresponder às realidades do país. O ano de 1789 não apenas introduzira o jogo político moderno e sua luta pelo poder entre facções rivais; também contribuiu para politizar as oposições de interesses locais e mesmo a função das autoridades encarregadas de fazer respeitar a lei. Nessa extraordinária fragmentação, evaporaram-se as noções de consenso e legitimidade, substituídas pelas da competição e força bruta. A violência, nesse clima, tornou-se um fenômeno normal, girando em torno do controle das forças armadas. Divididas como o resto da sociedade, estas não eram mais capazes que ela de apaziguar os conflitos e estabilizar o Estado.[14]

Contra esse pano de fundo é que se deve apreciar a contestação rural ao inaplicável restabelecimento de parte dos direitos senhoriais. A recusa a pagá-los generalizou-se em 1790, tanto mais que os tribunais senhoriais foram definitivamente abolidos em agosto. Dezenas de incidentes, em mais de 1/3 dos departamentos, testemunhavam esse protesto dos campos, que assumiu forma particularmente dramática na alta Bretanha, no baixo Limousin e sobretudo no Périgord, onde as insurreições ligavam-se à secular vontade aldeã de se libertar de um regime odiento. Esses bandos pacíficos de camponeses tinham, aliás, aversão tanto aos burgueses quanto aos nobres. Logo impediram, pelas armas, que as autoridades derrubassem as "árvores de maio", símbolo de seu desejo de regeneração. Quando os nobres resistiram, eles atacaram seus castelos. Esse movimento foi sobretudo ativo nas regiões de fazendas isoladas ou nas florestas do Oeste, onde as novas comunas não constituíam um quadro de luta apropriado contra o moribundo regime feudal.[15]

As agitações antifiscais, o ataque aos guardas florestais, a contestação das manobras dos grandes especuladores com os bens nacionais, a reivindicação do aumento dos salários agrícolas acompanharam essas manifestações, que fizeram desse período uma época de tensão agrária generalizada. O povo continuou organizando-se ali para a revolta após a Revolução da mesma forma que antes. Lutas pelos alimentos nas regiões de grandes culturas e lutas antifeudais em outras partes continuaram lado a lado no período. Essa resistência camponesa dirigia-se tanto contra a Assembléia "burguesa" e seus aliados quanto contra a aristocracia. Ataque frontal ao domínio senhorial e manifestação do poder aldeão, todos visavam os notáveis. Se as esperanças de 1789 e a crise política que elas suscitaram favoreceram esse movimento, ele foi ainda mais acentuado no Périgord, contra os burgueses rurais que contra os senhores. Artesãos e diaristas, em sua maioria jovens, haviam retomado contra esses aproveitadores os ritos tradicionais da revolta. Atacaram na hora, no estreito âmbito de suas paróquias, um inimigo que conheciam bem e contra o qual se podia estabelecer uma solidariedade máxima. A amplitude desse protesto atesta a força, nos campos, de um espírito igualitário que apavorava a burguesia e a nobreza. O espectro da "lei agrária", cujas perspectivas iriam dominar a Revolução, fez-lhe eco. A redistribuição à força das propriedades comunais que haviam sido abocanhadas pelos senhores, foi-lhe associada. Era o momento em que, num completo vácuo de autoridade, os milhares de ouvintes parisienses do abade Fauchet, orador do clube radical chamado Círculo Social, aprendiam com ele que todo homem tinha direito, para viver, à propriedade da terra. Nessa onda, Sylvain Maréchal, futuro colaborador de Babeuf, pedia em *Les Révolutions de Paris,* jornal imensamente lido, que os ricos entregassem parte de seus bens aos camponeses desprovidos, e desejava, nesse espírito, a divisão entre os agricultores do imenso domínio das propriedades comunais.[16]

O movimento revolucionário radicalizou-se antes da fuga para Varennes?

Afirma-se isso com base no exemplo parisiense. Essa tese está ligada à recente afirmação de François Furet em relação à soberania da ideologia no desenvolvimento da Revolução até 1794. No vácuo político deixado pela demissão das autoridades tradicionais, o poder teria sido substituído por um sistema simbólico de representações mentais e de sinais que dominavam a ação quotidiana. Esse dinamismo ideológico, que transcendia as classes e partidos, teria feito esquecer as divisões e os conflitos de interesses da sociedade civil. Tal "despotismo semiótico" esquece, em seu monismo abstrato, digno do prisma do marxista da economia, as realidades e limitações da luta de classes, das relações internacionais, das alianças internas e da construção do Estado. Se houve radicalização da Revolução até o Thermidor, deve-se explicá-la *ao mesmo tempo* com as necessidades da evolução política e a estutura própria da ideologia revolucionária.

Além disso, essa argumentação jamais foi homogênea. Fez coexistirem, antes de Varennes, diferentes conceitos de monarquia constitucional.[1]

Elas coabitavam dentro de instituições revolucionárias cujo otimismo subestimava a importância da oposição às reformas da Constituinte. Podia-se acreditar, em meados de 1791, que os patriotas impediriam graças ao seu alto grau de consciência e organização, os exageros dessa oposição. Menos conhecida que os jacobinos, a guarda nacional representava, a esse respeito, um elemento fundamental de repressão. Suas expedições ao Sul e suas ações no Leste confirmaram ali a dedicação dos militantes locais à causa da Revolução. Recrutados no seio da pequena e média burguesia urbana, continuaram sendo uma ínfima minoria da população. Eram quase sempre membros dos clubes dos jacobinos, que se limitavam então a assistir, como espectadores, aos acontecimentos, mas formavam uma rede de relações bastante cerrada. Se o centro parisiense funcionava sobretudo como um ponto de encontro dos deputados radicais, as sociedades provinciais forneciam aos antigos membros das lojas e das academias um lugar onde discutir. Uma intensa correspondência permitia-lhes aumentar sua influência e enviar suas reivindicações a Paris. Embora a filiação ali fosse menos cara que na capital, o recrutamento era mais elitista que popular. Reuniões freqüentes permitiram a formação de futuros dirigentes. Não se deve, contudo, exagerar sua influência nos trabalhos legislativos e na vida local. Serviram apenas de sede para o movimento radical, particularmente nos departamentos onde a hostilidade dos rurais à Revolução era maior.

Se os jacobinos sempre admitiram artesãos e lojistas, houve também, nas maiores cidades, sociedades populares que surgiram em resposta à propaganda aristocrática e à agitação clerical. Como a filiação era barata, fizeram muito sucesso, e em Lyon, por exemplo, a partir do outono de 1790, havia uma delas em cada uma das 32 seções. Seus delegados a um clube central participavam da agitação revolucionária. Seus 3 mil membros logo desbancavam um Clube dos Jacobinos atrofiado e atraíam a atenção dos políticos mais ambiciosos. Embora Bordéus e outras cidades também tivessem, em escala mais reduzida, sociedades análogas, foi sobretudo em Paris que elas floresceram. Apoiavam-se na rede das 48 assembléias seccionais estabelecidas em julho de 1790, ou na das sociedades fraternais, muitas vezes ligadas a atividades profissionais. Algumas filiaram-se ao famoso Clube dos Franciscanos, fundado na primavera. Junto com jornalistas radicais, como Marat, criticavam a autoridade municipal, o excesso de poder de La Fayette e a distinção entre cidadãos ativos e passivos. No clima então existente de renovação institucional, não haviam tardado os conflitos de jurisdição entre a comuna e as seções ou entre o estado-maior de La Fayette e os batalhões de voluntários, responsáveis em última instância pela autoridade.

Essas lutas opunham, no plano dos princípios, a teoria do governo representativo e a doutrina da democracia direta. Esta foi em parte elaborada e divulgada pelos dirigentes dos franciscanos, que criaram então os principais pontos da futura ideologia do ano II: soberania da seção, convocação dos deputados, solidariedade das seções, direito de insurreição, direito de *referendum*, responsabilidade dos representantes para não usurparem a soberania popular, simbolismo do olho de vigilância dentro do triângulo maçônico. Essas idéias, que certamente fizeram sucesso entre os artistas e operários parisienses porque expressavam as aspirações nascidas de sua experiência quotidiana, não foram obra de homens que pertenciam às classes populares. Ao contrário do *faubourg* Saint-Antoine, a seção da margem esquerda, onde se encontravam os franciscanos, continha elevada proporção de jornalistas, impressores e livreiros. Os dirigentes do clube, que se reuniam no Café Procope, não eram trabalhadores braçais mas homens de lei sem clientes nem negócios e intelectuais que saíam enfim das tristes labutas da literatura clandestina para a nova carreira permitida pela liberdade de imprensa. Danton e Desmoulins entre os primeiros, Hébert, Brissot e Marat entre os segundos, eles partilhavam, juntamente com um incontestável idealismo, um ódio violento e personalizado ao poder, ao privilégio e à autoridade dos ricos e célebres.

Não era diferente a origem dos membros das outras sociedades populares ou dos militantes das seções. Eles juntavam às profissões liberais e à administração artesãos e lojistas mais ou menos qualificados ou abastados. Essas organizações democráticas continham muito poucos operários e pobres, insuficientemente politizados. Os dirigentes revolucionários mais radicais, embora simpatizassem com eles, sempre desconfiavam dos miseráveis, demasiado fáceis de serem corrompidos pelos aristocratas. O cidadão ideal para eles continuava sendo o trabalhador independente e pai de família. Embora sua literatura contivesse, em 1790, propostas generosas em matéria fiscal ou econômica, e uma denúncia dos danos morais e sociais da riqueza, pouco espaço dedicava às questões dessa ordem. A extensão de seu ódio à opressão é que os levaria mais longe. 2

Essa apresentação de Donald Sutherland, fortalecida pelas pesquisas mais recentes, descreve um movimento democrático parisiense amplamente apoiado em membros da pequena e média burguesia artesanal e comerciante, mas cuja direção ficava reservada a intelectuais e homens de lei. A unidade do movimento residia em sua aspiração à democracia direta na capital. Esse ideal fora experimentado em primeiro lugar pelos 60 distritos criados em abril de 1789. Combatido pelos moderados, que viam nisso um princípio de anarquia, foi retomado pelas seções, cujas freqüentes reuniões representaram o equivalente a uma permanência de fato. Ciumentas de sua autonomia, procuraram limitar, em proveito próprio, os poderes da municipalidade, empenhando-se ao mesmo tempo em exercer um papel nacional. Desejosas de liberdade, aceitaram no entanto a desigualdade do censo, enquanto a abstenção maciça dos cidadãos ativos "deixava o campo livre para uma minoria de militantes, verdadeira vanguarda revolucionária", que não teve nem mesmo de vencer para se impor. Associava sua concepção de ordem política a uma sociedade de pequenos proprietários independentes.[3]

Os clubes dos jacobinos, em boa parte herdeiros das lojas maçônicas, das sociedades mesmeristas, das sociedades filantrópicas e das câmaras literárias da época pré-revolucionária, refletiam a politização da França. Não tardaram a adotar um tom agressivo em relação à aristocracia e a se filiar, em todo o país, à sociedade matriz da capital. Em meados de 1790, esse contágio atingira a maioria das grandes cidades, e a rede só fez estender-se em seguida. Embora apresentassem grandes contrastes sociais na formação dos diferentes clubes, sua evolução foi, no todo, no sentido do crescimento numérico e da democratização.[4]

Os clubes jacobinos interessaram-se muito pela difusão da imprensa revolucionária. Esse poderoso meio de propaganda contribuía para colocar mais ainda a nação sob a influência da capital. Apaixonados pela liberdade, os militantes jacobinos nem por isso deixavam de queimar em ritual as infames gazetas aristocratas. Mas não prezavam mais os panfletos da extrema esquerda, e nenhuma de suas sociedades assinava o jornal de Marat. Acusavam o órgão do Círculo Social de querer pregar a lei agrária, e por muito tempo desconfiaram das grosserias de Hébert. Embora o seminário de Desmoulins fizesse mais sucesso, o do abade Cerutti, *La Feuille Villageosse* (A Folha Camponesa), que alcançava, com suas informações, cerca de 300 mil franceses, talvez tenha sido o instrumento de propaganda preferido dos jacobinos a partir de setembro de 1790. Enviavam-se delegados para lê-lo, nos campos, aos camponeses. Meio excepcional de participação política rural, tentava transformar os camponeses em cidadãos. Mas se aplicava a isso sempre no espírito dominador e paternalista da elite urbana, o que só podia justificar a desconfiança dos camponeses em relação ao novo regime. Quanto ao mais, foram os *Annales* (Anais) de Carra que modelaram sobretudo a consciência política dos jacobinos da província. Seu radicalismo em questões externas e internas, que no entanto ignorava os debates sociais, excitava-os e os tranqüilizava ao mesmo tempo.[5]

A imprensa ultra-revolucionária da capital, em boa parte associada aos dirigentes dos franciscanos, trabalhava mais claramente em favor da teoria da soberania popular. Esses partidários da democracia direta, desconfiados por princípio de todo governo, forjaram nos primeiros anos da Revolução a futura ideologia do ano II. Mais original ainda, Marat deu provas de um surpreendente gênio jornalístico e panfletário, e sua personalidade de intelectual frustrado soube adaptar-se maravilhosamente a uma situação inédita, que ele explorou como um artista. Crítico de todas as instituições e denunciador de todos os complôs, apresentava-se como inimigo dos ricos e amigo dos oprimidos. Apóstolo da violência legítima e da ditadura necessária, participaria da luta em favor da democracia direta como preceptor esclarecido de um povo infantil. Desconfiado da força apurada e de seu chefe La Fayette, apelava incessantemente à união das forças populares contra a traição. Apologista da revolta, lamentava que não se tivessem abatido "de 500 a 600 cabeças (. . .) desde o dia da tomada da Bastilha". Certo da virtude dos famintos, mas sensível à miséria deles, sonhava com a proteção social e a difusão da propriedade que acabariam com isso. Senão, anunciava a seus leitores a 27 de outubro de 1790, "o progresso das Luzes" logo levaria "3/4 da nação" a exigir "a divisão das terras".[6]

Sabe-se que Fauchet comentaria logo depois, no mesmo espírito, no Palais-Royal, o pensamento de Rousseau. Isso lhe valeu, aliás, uma péssima reputação. Mas quando La Harpe, seis meses depois, combateu Maréchal e seus projetos de lei agrária em nome da sensatez conservadora, *Les Révolutions de Paris* responderam-lhe que, na marcha inelutável da Revolução, o povo, após ter recuperado seus direitos, recuperaria suas propriedades. Por sua vez, um professor do Colégio de França publicou um plano detalhado para abolir todas as heranças e distribuir a cada cidadão quatro a cinco arpentes * de terra, sendo o resto alugado pelo Estado o que dispensaria o imposto. Nicolas de Bonneville, amigo íntimo de Fauchet e franco-maçom iluminado, defendia também nesse momento a lei agrária, por ele atribuída à sabedoria ancestral da nação francesa. Era o momento em que Babeuf, após ter formado sua doutrina no mundo dos distritos parisienses, se dedicava a aplicá-la nos campos picardos. Os curas de aldeia apoiaram seus esforços patrióticos em favor de um povo esmagado por impostos, e um deles declarou-se sem rodeios em favor do massacre dos cobradores e do linchamento das autoridades recalcitrantes.[7]

O que agravava esses excessos, e aliás os aplicava, era o profundo estado de anarquia em que se encontrava o país. Os habitantes do Périgord insurreto haviam constatado e deplorado ao mesmo tempo esse caos, no início de 1790. Interrupção da justiça em tempo de crise, desaparecimento absoluto da autoridade no intervalo

---

* Medida agrária equivalente a 35–50 acres. (N. dos TT.)

de transição dos poderes, agitações devidas ao atraso da edificação do novo regime, espera vã de uma ordem vinda do alto e, em conseqüência, impotência dos credores ou das vítimas da violência: essas características do período de transição, com as quais se regozijavam os camponeses revoltados, pareciam significar para ele a liberdade, graças ao desaparecimento da lei e da justiça. Substituía-as agora a satisfação de suas queixas, que iria ditar sua conduta ao poder e a seus agentes. Essa vertigem demonstra, em primeiro lugar, a radicalização do movimento revolucionário que se produziu entre 1789 e 1791. Esta ligava-se menos às supostas virtudes do seu discurso ideológico do que a uma situação política excepcional, caracterizada pela crise de todas as autoridades, a vacância do poder legítimo e a violência das disputas para tomar ou dividir o controle.[8]

A reorganização da Igreja Católica pela Revolução criou um risco de guerra civil?

Muitos historiadores admitem que a Constituição civil do clero, votada pela Assembléia em 1790, e que ela começou a impor no ano seguinte, representou uma virada decisiva e um erro fundamental no desenvolvimento da Revolução. Opondo-se à maioria dos bispos e pelo menos à metade dos padres e fiéis, seus dirigentes feriram a consciência de boa parte dos seus compatriotas, prepararam um cisma e favoreceram o nascimento de uma guerra civil. Se é fácil constatar isso, não o é tanto explicá-lo.

Para fazê-lo, pode-se recorrer à cômoda hipótese de um complô anticristão, tramado pelos filósofos do século XVIII e realizado por seus herdeiros de 1789. Essa tese simplista, que pode apoiar-se na luta travada por Voltaire e seus amigos contra a Igreja Católica, ainda é veiculada por obras mais ou menos delirantes, sucessoras distantes de uma literatura clerical outrora farta. Mais seriamente, outras sínteses exageram sem dúvida o peso sobre a opinião pública, mesmo esclarecida, dos ataques anticristãos.[1]

A maioria dos especialistas concorda hoje quanto à relativa boa saúde da Igreja da França às vésperas da Revolução. Pouco antes do seu fim trágico, o modelo dos seminários formava padres impecáveis, enquanto a Igreja era dirigida por "prelados administradores e lavradores de dioceses". Nem se sabe mesmo se os religiosos estavam realmente em decadência ali. Em compensação, fora do meio paroquial criado por seus padres e pregadores, ela ainda desempenhava um papel social eminente no campo da cultura e da assistência. Essa era a organização que iria perder, de um só golpe, toda a autoridade e todo o prestígio em meio à subversão revolucionária. Fica-se admirado com a rapidez dessa mudança quando se considera, por exemplo, a carreira de um certo Talleyrand, encarniçado defensor dos interesses materiais de sua ordem na década de 1780, antes de se tornar o seu coveiro na Constituinte, e depois duvidoso padrinho da nova Igreja constitucional. Muitos outros bispos, mais honestos, seriam afetados por esse divórcio imposto entre sua antiga dedicação às Luzes e às liberdades e a fidelidade a uma fé súbitamente ameaçada pela Revolução.[2]

Para explicar isso, pode-se pensar, no confronto entre o baixo e o alto clero. O primeiro, mais burguês, se não mais plebeu, teria sentido "a ansiedade, a insegurança e a insatisfação" diante da "injustiça da distribuição das riquezas na Igreja". Seu *esprit de corps* e suas reivindicações teriam levado, no fim do Ancien Régime, a "uma revolta dos padres", que pretendiam aliás conservar seu papel dirigente na sociedade e por isso entravam muitas vezes em conflito com os notáveis leigos. Dessa divisão, e da profunda fratura assim instituída entre uma casta episcopal e padres contestadores, nasceria nestes um desejo de reforma igualitária e uma insubordinação que se aproveitavam do triunfo eleitoral de 1789. Majoritários na representação da ordem nos estados, os padres impuseram-lhe pouco a pouco a aliança com o terceiro estado e conquistaram nele uma fabulosa popularidade.[3]

Esse esquema ignora um estudo em profundidade da Igreja francesa do século XVIII em relação à sociedade da qual fazia parte. Sempre onipresente e muito poderosa, estreitamente ligada ao Estado, ela assumiu ali uma nova face, mais de acordo com a reforma católica iniciada em fins do século XVI. Mais bem preparados, os padres provocavam a admiração de todos pelo senso que tinham de seus deveres morais e sociais. Sua pastoral, ao mesmo tempo dinâmica e austera, contribuía para uma cristianização das massas que parecia de acordo com os valores burgueses e populares da época. Sabe-se que fervor foi o que jamais faltou na França das Luzes. Jean Quéniart perguntou-se se esta não vira estabelecer-se, em fim de curso, um certo número de mal-entendidos entre as tendências de sua evolução e o estado da Igreja gálica. O indivíduo tendia muitas vezes a se emancipar de seus ensinamentos, o pensamento a se laicizar, o clero a se isolar perigosamente, pelo menos de uma sociedade urbana de novo tipo. Além disso, os pobres de Paris, no final do século XVIII, continuavam dedicados às antigas formas de sua devoção e de suas crenças. Admiradores por muito tempo dos milagres jansenistas, ainda não se haviam tornado militantes da descristianização.[4]

Bernard Plongeron pôde mesmo sustentar que a consciência religiosa concordou com o espírito da Revolução. Reagindo contra uma historiografia maniqueísta que opunha os bons padres, futuros refratários, aos maus, pervertidos pelas Luzes, mostrou que estas influenciaram os cristãos ligados à reforma do Estado. A fase revolucionária inseriu-se no coração de uma *Aufklärung* católica, em relação com todas as correntes de pensamento importantes, e que impediu de transformar a história da Igreja, nessa ocasião, na de uma simples agressão externa a seus santos e velhos princípios. A questão religiosa, aí, deve ser considerada menos como cenário dos conflitos políticos do que como objeto de um desenvolvimento cultural contínuo. A Revolução pretendeu-se muitas vezes religiosa, nessa época, e a religião, revolucionária. Teologia e política continuaram, se não a se dar bem, pelo menos a manter estreitas relações. Donde o interesse atribuído por esse historiador a uma Igreja constitucional que teve o mérito, em tempos difíceis, de aceitar todas as conseqüências de tal situação. Dezesseis bispos participaram da Convenção, e dez deles morreram continuando padres. Dirigentes eclesiásticos de um novo tipo, referiram-se tanto à fraternidade ensinada por Jesus quanto às idéias dos filósofos. Preferiam a estas a religião, detestavam o teísmo anticristão de Voltaire e às vezes criticavam Rousseau. Só quatro deles foram regicidas, e Audrein, que morreu em 1800, assassinado por monarquistas bretões numa visita episcopal, reafirmara pouco antes sua hostilidade às Luzes privadas da idéia da revelação.[5]

Vê-se a extensão do mal-entendido em que se fechou a política religiosa da Constituinte. Impressionada com a adesão à Revolução dos seus membros pertencentes ao baixo clero, esqueceu o que ainda unia profundamente a Igreja de 1789. Se acreditarmos em seus *cahiers*, de fato queria que o catolicismo continuasse sendo a religião estabelecida e mantivesse o controle do sistema pedagógico. Desconfiava da tolerância em relação aos protestantes e continuava partidária da censura às publicações ímpias. Se estava disposta a abandonar seus privilégios fiscais, seus membros subalternos tinham vindo aos estados gerais movidos sobretudo por reivindicações profissionais relacionadas com a melhora de sua sorte. Não pretendiam questionar o papel central de sua instituição na vida nacional, mas antes reforçá-lo. Por trágica mas compreensível ironia, seus colegas leigos foram incapazes de reconhecer essa ambigüidade. Segundo a fórmula de Louis Trénard, eles julgavam poder absorver a Igreja num Estado dessacralizado e "funcionarizar" os padres. Sua única desculpa era que a essa politização do religioso e transferência do absoluto, não faltavam antecedentes na longa história cristã anterior.[6]

A reorganização da Igreja por eles teve no início origens financeiras. Desprovido de recursos, o clero deveria ser assalariado, e portanto controlado. A 28 de outubro de 1789, suprimiram-se os votos religiosos e se dissolveram as ordens contemplativas. Cinqüenta e duas dioceses logo foram eliminadas. Embora a Declaração dos Direitos, que garantia a liberdade de pensamento, houvesse solapado a existência da Igreja como organização privilegiada, a Constituinte, como Voltaire, não imaginava que o Estado pudesse desinteressar-se de sua organização. A Assembléia pretendia mesmo reforçar essa dependência, no interesse da ordem, da propriedade e da Revolução. Muitos, notadamente entre os padres, sonhavam, além disso, restaurar a Igreja pura dos primeiros séculos. Esse idealismo explica, particularmente, a facilidade com que se aprovou a lucrativa mas discutível nacionalização dos bens do clero.

A Constituição civil foi discutida sobretudo porque confiava a eleição dos novos dirigentes da Igreja a todos os cidadãos ativos, incluindo os não-católicos. Essa inovação disciplinar e doutrinal era inevitável, dadas as teorias da Assembléia e as circunstâncias políticas. As primeiras exigiam que o novo poder tivesse pelo menos tantos direitos sobre a Igreja quanto o antigo. Em resposta a essa invocação de precedente, os adversários do projeto pediram a consulta e o consentimento da Igreja. Ignorando os protestos desta, e querendo substituir os aristocratas por funcionários eleitos, a Assembléia adotou a Constituição civil a 12 de julho de 1790, no momento em que as sublevações contra-revolucionárias, no Sul, ostentavam a bandeira da religião católica. Daí a recusa, pela Constituinte, de convocar um concílio nacional semelhante às reuniões que, num passado recente, tinham ousado desafiar a coroa. O acordo, nessas condições, era muito difícil. Como o papa, muito tardiamente invocado por uma minoria do clero, contemporizasse e os distúrbios se multiplicassem, a Assembléia decidiu, no final do ano, impor um juramento de fidelidade à Constituição a todos os candidatos a um posto no novo sistema eclesiástico.

Esse juramento do clero à Constituição civil marcou data na história da Revolução, dando a seus adversários um grande apoio popular. É preciso distinguir as razões da recusa dos padres e as do apoio que receberam. Havia muitos motivos, de fato, para aprovar um projeto que retomava algumas reivindicações dos *cahiers* a respeito, notadamente a residência dos bispos, a redução das injustiças concernentes ao estatuto deles e os dos padres, etc. Mas o clero sonhara com mais coisas. Muitas vezes não conseguira imaginar a regeneração nacional sem algum tipo de teocracia, e agora ia vê-la ligada à dissolução da Igreja tradicional. Se os constitucionalistas aceitaram essa situação, os refratários viam nela, como em outras medidas adotadas pela Constituinte, uma intenção deliberada de laicizar o Estado e a sociedade.

Em meados de 1791, 60% dos padres e apenas sete bispos haviam prestado o juramento. Essa divisão não teve origens apenas na ideologia ou em atitudes anteriores. As condenações do papa, que vieram no início da primavera, provocaram algumas retratações. Diversas pressões, familiares, de amigos, profissionais, oficiais, oficiosas, foram exercidas sobre os padres. Não houve, pois, explicação simples para a prestação de juramento, embora se pudesse notar, na Bretanha, uma correlação entre a recusa e a existência de vários padres numa mesma paróquia. A pressão dos leigos foi sem dúvida um elemento fundamental. Uma grande zona central, que ia da Picardie ao Berry e do Maine à Borgonha, prestou o juramento. O mesmo se deu no Sudeste. Em compensação, o sul do maciço Central, a Alsácia e o Norte foram regiões de recusa em massa. E também uma outra, ainda mais impressionante, a oeste de uma linha que passa por Caen, Le Mans e Poitiers. Assim se achava definido, *grosso modo*, o mapa das futuras atitudes popopulares frente à Revolução, e também o das futuras eleições sob as Repúblicas dos séculos XIX e XX.

Os revolucionários explicaram o apoio dado aos refratários com a ignorância das populações, e sua legislação repressiva posterior tentou remediar tal hostilidade. Tentou-se depois estabelecer correlações mais sutis entre a prestação do juramento e a situação cultural e religiosa, como se, aliás, os constituintes fossem menos católicos ou fervorosos que os outros. Donald Sutherland não acredita que tenha havido um elemento exatamente religioso na base da discriminação. Ele observa que a Constituição civil não tocou na liturgia, muito mais importante para o povo do que a crença. Os padres constitucionais eram tão capazes quantos os outros de realizar esses ritos de passagem a proteção a que o povo se atinha. Se preferiu para isso, em alguns casos, os refratários, e em outros não, foi porque a Constituição civil representava também um referendo a favor ou contra uma igreja associada à Revolução que ela estava encarregada de promover e servir. Escolher o campo da recusa religiosa significava rejeição do novo regime político e social imposto pelos patriotas de 1790.[7]

A formulação dessa escolha ocorreu no momento preciso em que, na virada de 1790 para 1791, se acumulavam as oposições contra a obra da Constituinte. Embora não estivessem obrigatoriamente ligadas a elas, as agitações religiosas muitas vezes afetavam regiões onde os camponeses estavam descontentes com o pouco que haviam ganho com a Revolução. Eles tentaram, em particular no Nordeste e no Oeste, influenciar nesse sentido a decisão dos padres, e depois infernizaram a vida dos padres constitucionais, que se viram inteiramente desenraizados. Esses infelizes, símbolos de uma Revolução exclusivamente urbana, só podiam apoiar-se agora em meia dúzia de administradores, em jacobinos ou em guardas nacionais vindos da cidade. Em vários lugares, o povo dos campos apoiou os refratários para demonstrar sua hostilidade à Revolução. A presença e os direitos desses padres, aliás, multiplicaram ali os conflitos, que tornavam inaplicável a legislação eclesiástica. A denúncia que faziam do clero constitucional e de seus seguidores como heréticos e cismáticos representou um passo para a guerra civil. Mas a opinião pública, muitas vezes, não precisava deles para se pronunciar em massa, nessa ocasião, contra a Revolução. Depois das mulheres de Aubenas, as de Estrasburgo também se revoltaram por esse motivo, no início de 1791, contra as autoridades. Inúmeros católicos alsacianos defenderam, como elas, sua região contra as municipalidades. Foi sobretudo no Oeste que se manifestou essa resistência popular. Realizavam-se procissõe silenciosas de protestos, ao mesmo tempo em que se espalhavam histórias extraordinárias de aparições e profecias. A câmara municipal de Révellière-Lépeaux, investigando essas agitações em Anjou, mandou destruir uma capela da Virgem, como um primeiro ato de descristianização revolucionária. Violências mais graves explodiram em Vannes a favor de um bispo refratário; em Maulévrier, em defesa da religião contra as autoridades; na Vendéia, onde um cerco opôs camponeses entrincheirados numa igreja a burgueses jacobinos; perto de Nantes, onde mulheres patriotas e seus maridos armados invadiram um convento de carmelitas recalcitrantes, etc. [8]

Um esclarecimento inédito sobre as origens dessa dissidência acaba de ser dado pelas pesquisas de Timothy Tackett. Convencido de que encontraria a chave disso na estrutura eclesiástica e na geografia clerical da França às vésperas da Revolução, observou primeiro, com Claude Langlois, que algumas das futuras regiões refratárias (Oeste, Norte, sul do maciço Central, Sudoeste) tinham uma proporção mais significativa de padres nascidos nelas, notadamente no meio rural. Por outro lado, os padres eram mais numerosos ali do que em outras partes. Enquanto futuros centros da Igreja constitucional, como o Bassin parisiense e o curso médio do Loire, muitas vezes recorriam a um recrutamento pastoral exterior, ali se formara uma sociedade clerical onde os padres, abundantes, eram pessoas da região, profundamente integradas à vida local.[9]

A síntese de Timothy Tackett sobre o juramento de 1791 desenvolveu e aprofundou esses resultados. A sociologia da recusa clerical (muito grande nas cidades, com exceção de Paris) é nela precisada como também sua geografia (que engloba, de fato, uma região suplementar no Sudoeste). Sobretudo, a explicação principal é novamente associada, após uma pesquisa bastante longa, à presença, particularmente no Oeste, de uma sociedade clerical maciça e homogênea, de origem rural (ao contrário do Centro e do Sudeste), envolvendo e vitalizando a religião popular. Timothy Tackett observa ainda que foi muitas vezes nas futuras regiões refratárias que os *cahiers* do terceiro estado, emanação da burguesia urbana, manifestaram um anticlericalismo violento. Assim, já se perfilava no horizonte o conflito entre campos fervorosos e cidades "esclarecidas" que estaria no miolo da crise da Constituição civil, e talvez de toda a Revolução.[10]

Essa reabilitação da importância do fator religioso, ou pelo menos sócio-religioso, na base das discórdias do Oeste durante a Revolução acaba de ser confirmada por Jean-Louis Ormières, dentro de um estudo sobre a situação política em Mayenne e no Maine-e-Loire em 1790 e 1791. Ele vê ali, tanto na cidade como no campo, a gravidade particular das agitações ligadas à aplicação da Constituição civil. Trata-se de um conflito espiritual que transborda, naturalmente, para o terreno político, visto que as autoridades revolucionárias apóiam a Igreja constitucional. O nascimento desta trouxe realmente, no Oeste, um reforço excepcional para a contra-revolução, na medida em que os padres refratários ali viviam, há muito tempo, em simbiose com a comunidade rural.[11]

Intimada a fazê-lo, metade da França acabava de recusar, por intermédio dos padres que apoiava, um juramento cívico, voto público de adesão ao novo contrato social. Esse desastre político, que se transformaria em fonte permanente de desordens, significava claramente a oposição de numerosas regiões, famílias espirituais e categorias sociais do país à ideologia revolucionária.[12]

6

Uma guerra ideológica?

Do verão de 1791 ao de 1793, o movimento da Revolução acelerou-se e pareceu levar tudo por onde passava: em meio às suas discórdias, declarou guerra à Europa, destituiu a monarquia, executou o rei e fomentou a guerra civil. Nesse turbilhão feito de enormes desordens, três aspectos podem ser distinguidos. O primeiro diz respeito às origens e ao significado do conflito que se estabelece, por mais de 20 anos, entre a França e a Europa. O segundo trata da natureza exata da mobilização popular que se observa então e que atua, ao mesmo tempo, a favor e contra a Revolução. Finalmente, a divisão dos dirigentes revolucionários, simbolizada pelo confronto entre girondinos e montanheses, e que acrescenta, na primavera de 1793, uma guerra civil a tantas outras, coloca o problema: trata-se de uma oposição absoluta — por exemplo, de natureza social —, ou de simples rivalidade pelo exercício do poder?

A França revolucionária é a responsável por seu conflito com a Europa?

A fuga do rei, em junho de 1791, e seu lamentável fracasso tiveram conseqüências consideráveis. Partindo para recuperar sua autoridade, Luís XVI rompeu a unidade dos patriotas e levou alguns deles a recorrer ao movimento popular. Outros, como Brissot, pensaram numa guerra como solução para as dificuldades políticas. A desconfiança das autoridades locais em relação às de Paris aumentou e o prestígio da Assembléia constituinte diminuiu. O mesmo ocorreu com o prestígio do rei, na capital e na província.

As divisões do país só fizeram aumentar após essa aventura deplorável. Embora a Assembléia assumisse o controle com calma, Paris apavorou-se, e se falava de um complô a partir das prisões. Os comitês permanentes, nas fronteiras, puseram-se em estado de alerta, com medo de uma invasão. Desencadeou-se a repressão aos refratários, e houve alguns assassinatos de aristocratas. A confiança nas administrações locais, contudo, impediu que esse medo legítimo da contra-revolução degenerasse. Mas em Paris a agitação promovida pelos radicais contra o rei aumentou a oposição entre os democratas e a Assembléia, que não queria depô-lo. Esse conflito era duplicado por uma luta social entre operários e legisladores burgueses. No dia 4 de julho, uma manifestação reuniu 20 mil pessoas. No dia 17, a guarda nacional atirou na multidão de requerentes agrupados no Champs-de-Mars, matando talvez 50 pessoas e ferindo muitas outras. Seguiu-se uma repressão dirigida principalmente contra a extrema esquerda, mas o movimento radical parisiense saiu antes reforçado desses acontecimentos. Mas nem por isso conseguiu no momento impor a República à Assembléia e aos país. Os frades bernardinos, que se separaram nessa ocasião dos menos moderados jacobinos, não conseguiram conquistar nem os patriotas das províncias nem a confiança do rei ou da Assembléia. Sua obra de revisão constitucional fracassou então.

Os novos deputados da Legislativa, que entrara em funcionamento a 1.° de outubro e começaria a guerra com a Europa sete meses depois, eram administradores locais, independentes das facções, mas desejosos de encontrar uma solução para os problemas criados pela contra-revolução, dentro e fora do país. Apenas 1/4 dos cidadãos ativos os havia eleito, e somente 10% em Paris: representavam, pois, a minoria ativa da nação, moderada mas ligada aos resultados conquistados em 1789. O segundo desses sentimentos logo superou o primeiro, do mesmo modo como, nas províncias, as autoridades reforçavam a repressão aos refratários, vistos como em estado latente de insurreição e representando perigo para a segurança do povo e dos cidadãos honestos. Essas afirmações, que punham a defesa da Revolução acima da lei, prenunciavam a mentalidade do terror. Foram ouvidas por alguns, como em Ille-et-Vilaine, onde os patriotas fecharam as igrejas e pilharam as casas dos seus adversários; confusões análogas ocorreram no Norte, em Ardèche, na Sarthe; opunham aos aldeões, partidários de seus padres tradicionais, os guardas nacionais, único apoio da Igreja do regime. A violência popular aumentou, assim como a repressão a essas manobras pelas autoridades. Enquanto as pressões citadinas para impor pastores estranhos eram consideradas um crime pelas populações dos campos, os patriotas das cidades tratavam estas como ignorantes e supersticiosas.

Eles não tardaram a associar ao problema religioso o dos emigrados. Sua concentração armada em torno de Coblence não era muito perigosa, mas a deserção de mais de 6 mil oficiais, após Varennes, assustou. Atribuíam-se também a outros emigrados projetos de vingança que suas conspirações se empenhavam às vezes em finalizar, na esperança de uma próxima guerra vitoriosa. Essas conspirações estavam particularmente avançadas no Sudeste e no Oeste. Em Pillnitz, por outro lado, o imperador e o rei da Prússia haviam anunciado, a 27 de agosto, seu eventual apoio ao restabelecimento, pela força, dos direitos de Luís XVI. Mesmo que isso não signifi-

> casse o lançamento de uma cruzada anti-revolucionária, os patriotas de Paris julgavam-se sob a ameaça de um conflito. Daí a idéia de uma guerra preventiva para solucionar, respondendo a esse desafio, os problemas nacionais. Depois de Varennes, a França temia constantemente um conflito, e um número cada vez maior de franceses começou a ver nisso uma vantagem. Assim, Brissot achava, seguindo o exemplo americano, que um povo livre sempre venceria os déspotas. A ocasião oferecida pelas concentrações de emigrados, que os príncipes alemães recusavam-se a dispensar, permitiria moralizar e purificar os franceses pelas virtudes da luta armada. Essa noção romântica de cruzada revolucionária, igualmente cara a Madame Roland, foi difundida de maneira extravagante por seus amigos, deputados e jornalistas demagogos.
>
> Caminhava-se assim para a guerra pelos erros de julgamento da diplomacia tradicional ou pelos discursos libertários. Até sua morte, em março de 1792, Leopoldo II conteve o movimento, mas algumas de suas iniciativas foram mal-interpretadas. Na França, o casal real, os amigos de La Fayette e outros políticos desejavam uma guerra por motivos, aliás, contraditórios. A pressão dele acarretou um declínio definitivo da influência dos bernardinos. Luís XVI, opondo-se às leis aprovadas contra os emigrados e os refratários, era acusado de solapar os interesses da Revolução, mas não impediu que cerca de 50 departamentos, na primavera de 1792, mandassem para o exílio ou para a prisão, a bem da salvação pública, os padres que não haviam feito o juramento. O movimento radical parisiense reativou-se em meio a essa crise política. Denunciou os refratários e seus cúmplices como agentes da contra-revolução. O desejo de entrar em guerra para defender a Revolução esteve, portanto, ligado, desde o início, à defesa contra seus inimigos internos e à desconfiança em relação ao rei. Clubes e guardas nacionais de província fizeram chegar isso à Assembléia, e se o desencadeamento da guerra foi favorecido pelos interesses financeiros e comerciais ligados aos brissotinos, também, correspondia, no meio revolucionário, à idéia de uma cruzada libertadora. Tratava-se, no entanto, de um novo tipo de conflito, destinado a transformar a situação da Europa. Os raros jacobinos que se lhe opuseram, por desconfiança e pendência, como Marat ou Robespierre, foram pouco ouvidos. A luta deles contra Brissot, contudo, continha o germe da divisão entre *montagnards* e girondinos.* Estes meteram levianamente o país numa guerra que logo seria muito menos popular do que imaginavam.[1]

T. C. W. Blanning acaba de fazer um estudo aprofundado das origens dessa guerra que as reassocia à tradição das relações internacionais na Europa do século XVIII. Observa, em particular, que o belicismo da França revolucionária herdou a austrofobia e a anglo-

---

* Os *montagnards* (montanheses) eram os deputados assim chamados porque se sentavam no alto das arquibancadas da Assembléia, na "Montanha". Os girondinos, que se sentavam à direita, ganharam esse nome porque seus principais líderes vinham da Gironde, departamento (província) da França. (N. dos TT.)

fobia que caracterizavam inúmeros dirigentes do Ancien Régime. Lembra, por outro lado, a profunda incompatibilidade entre os hábitos diplomáticos mantidos por este último, fora da França, à base de segredos e egoísmo, e o novo estilo de política externa revolucionária, fundado nos princípios da soberania nacional e da autodeterminação. Os defensores da reação acreditaram todos, no início, na profunda impotência em que a Revolução havia jogado a França, como atesta sua atitude na crise anglo-espanhola de 1790. A reaproximação austro-prussiana de 1791 ofendeu a Assembléia Legislativa, onde o partido brissotino desenvolveu sua campanha a favor da guerra. Blanning observa o entusiasmo que ela conseguiu desencandear no início de 1792. Sabendo agir ao mesmo tempo sobre os sentimentos, os ideais e os interesses dos deputados, a campanha persuadiu-os de uma vitória fácil, numa atmosfera adequadamente patológica, onde já se desejavam de antemão "grandes traições" para melhor desmascarar e abater os inimigos da Revolução. Essa guerra foi portanto, para os franceses que a desencadearam, um conflito ideológico e total, facilitado pelo lado austro-prussiano, por uma igual e infeliz presunção que logo se exibiu no célebre manifesto, assinado por Brunswick, que pensava fazer desaparecerem as forças revolucionárias ameaçando-as de total destruição.[2]

A França, no início de 1793, rompeu praticamente com toda a Europa, no mesmo clima de nacionalismo exaltado. Senhores da Bélgica e ameaçando as Províncias-Unidas,* seus dirigentes julgaram-se seguros do próximo desmoronamento de Londres diante de uma insurreição geral. Declararam também guerra à Espanha, cumulando-a com seu desprezo. Brissot, que só via a paz para a França num incêndio universal do resto do mundo, dividia então, com seus amigos, o mapa da Europa, parte em aquisições para a França e parte em repúblicas por ela protegidas. É verdade que diante disso a Prússia pensara em despojá-la em 1790, e que em 1793 a estratégia contra-revolucionária visava desmembrá-la e fazer com que voltasse, pelo menos, aos limites de antes de Luís XIV.[3]

A suposta fraqueza da França revolucionária tentava, pois, tanto mais seus adversários que eles não temeram suas tentativas de subversão. A extensão de seu poderio territorial afetou-os mais, em

* Nome dado à parte setentrional dos Países Baixos de 1579 a 1795. (N. dos TT.)

seguida, que a de sua ideologia: a Revolução tornara-a novamente uma grande potência, para grande estupefação deles. Quantos aos revolucionários, a crença ingênua na invencibilidade de sua causa foi o sinal de uma presunção análoga. Esses erros de cálculo, onde os dos conservadores foram iguais aos dos radicais, contribuíram, em primeiro lugar, para o desencadeamento de um conflito que iria devastar a Europa por mais de 20 anos. Nasceu da ilusão dos revolucionários sobre a decadência do inimigo e a certeza de sua vitória, e da de seus rivais sobre a irremediável impotência da nova França.[4]

Empenhada na guerra em abril de 1792, a Revolução absolutamente não pôde ser mais a mesma a partir desse momento. Tal conflito, que a "revolucionou ainda mais, afetou também o sentido de um movimento que iria, a partir de então, expandir-se por grande parte da Europa. Sua face externa foi a partir daí tão importante quanto a outra, e uma das raras fraquezas da recente síntese de Donald Sutherland é ter subestimado o peso das questões internacionais em sua evolução. Criadora do mundo moderno, a Revolução Francesa o foi ao mesmo tempo nela própria e pela sua expansão.[5]

Seus diferentes aspectos foram destacados no livro de Jacques Godechot dedicado à história da *Grande Nação*. Vê-se aí seu enraizamento no poderio ou na influência que tinha a França, em fins do século XVIII, nos países de civilização européia. Após uma primeira declaração de paz ao mundo e uma solene proclamação do direito dos povos a disporem de si mesmos, a guerra tão levianamente desencadeada em 1792 desembocou na idéia mais realista de conquistas territoriais e criação de repúblicas irmãs. Essa mistura de imperialismo e ideologia tinha a seu serviço os simpatizantes refugiados na França e alguns franceses colocados no exterior. Utilizou tanto a propaganda da imprensa e do teatro quanto os meios fornecidos pelo exército e pela diplomacia. A expansão ideológica da França revolucionária atingiu pouco a pouco todos os países de civilização européia, da América à Rússia. Suas forças armadas propagavam ao mesmo tempo, suas idéias e conquistas. Por toda parte, dentro de suas fronteiras, da Holanda à Itália, patriotas responderam aos da França. Fizeram avançar entre eles a conquista da unidade nacional. Seus clubes, jornais políticos, constituições, governos, instituições administrativas e, infelizmente, também seus problemas religiosos refletiam muitas vezes os da Grande Nação. Esta cumulava-os de pedidos de contribuições e recrutamentos diversos em sua obra de exploração econômica de uma Europa francesa, enquanto lhes levava, às vezes, progressos sociais que naturalmente interessavam mais à burguesia do que as classes populares, no caminho das liberdades e da igualdade. A partir das legiões de patriotas, um exército nacional pôde tornar-se, nos países ocupados pela França, o símbolo das novas aspirações. A expansão cultural da Grande Nação aproveitou seus sucessos militares e políticos ao preço de inúmeras espoliações. De repente, descontentamentos e resistências fomentaram, contra a Revolução, tantas insurreições no exterior quanto em seu próprio país. Pois a França, a partir de 1792, tinha na Europa duas faces indissoluvelmente ligadas, a da libertação e a da exploração.[6]

Uma sociedade popular francesa prosperou assim em Charleston, Carolina do Sul, no início de 1792. Pensou em se filiar aos clubes jacobinos franceses e organizou inúmeros espetáculos destinados a combater a aristocracia nas cerimônias públicas. Seus dirigentes tiveram apoio, no ano seguinte, do novo embaixador da República nos Estados Unidos, o jovem girondino Genet, que desde 1789 tentara, numa permanência de três anos na Rússia, promover ali a revolução democrática universal. Comunicara essa esperança à Convenção dois dias antes da execução de Luís XVI. Podemos opor a esses sonhos o isolamento dos revolucionários de Bruxelas diante de tradicionalistas apoiados pelas classes populares, ou o dos jacobinos alemães, incapazes, como seus protetores franceses, de aliar a si os camponeses por uma reforma social suficientemente profunda. Esses intelectuais aclamavam, no exército revolucionário de ocupação, o instrumento mesmo que impedia a libertação de seu país. Para um povo com um nível de vida muitas vezes superior ao da França, a conquista por esta foi uma catástrofe, visto que os pobres tiveram de pagar as contas que foram elevadas, e disso resultou o desmoronamento econômico. Devastada pelos funcionários franceses e indignada com suas profanações religiosas, a Renânia identificou sua luta nacional com a luta pelo catolicismo. Seus dirigentes radicais, kantianos que acreditavam no triunfo da razão e só podiam apoiar-se em soldados estrangeiros, refugiaram-se na desilusão nascida do fracasso. Se não houve ali uma sublevação do tipo da Vendéia, como na Calábria, o banditismo logo veio juntar-se com sucesso à resistência passiva e à sabotagem. Os "missionários de botas" anunciados por Robespierre haviam arruinado a idéia de libertação e desacreditado a do cosmopolitismo. Qual a importância, diante dessas duras realidades do imperialismo revolucionário, do idealismo autêntico de intelectuais aliados como o suíço Frédéric de La Harpe na triste aventura das repúblicas irmãs?[7]

A guerra revolucionária teve sem dúvida como resultado principal, apesar das inúmeras deserções ou reticências diante do serviço militar obrigatório, reconciliar duradouramente a França com seu exército, que se tornou, pela primeira vez, nacional. Jean-Paul Bertaud lembrou há pouco os traços essenciais dessa revolução fundamental. Projetada antes de 1789, ela teve de lutar contra a oposição de militares de carreira preocupados com um exército de qualidade, de notáveis "inquietos por perderem mão-de-obra jovem" e de camponeses hostis a essa pesada contribuição. O entusiasmo patriótico que permitiu os recrutamentos de voluntários de 1791 e 1792 teve por certo seus limites, e sempre houve desertores e insubmissos fomentando graves revoltas. Mas a consciência cívica e a repressão souberam responder a isso com eficácia. A burguesia revolucionária recuperou assim alguns valores aristocráticos. A sociedade por ela criada acabou por ser dominada pelo tema da glória das armas. Os nobres, aliás, conservaram muitos postos nas funções de comando até 1793 e mesmo depois. Os novos homens que os substituíram foram muitas vezes excelentes técnicos, e a hierarquia à frente da qual se colocaram só muito pouco se caracterizou pela ascensão de oficiais de origem popular. A Revolução cuidou particularmente da preparação militar e, herdeira do Ancien Régime, legou a Napoleão um excelente instrumento de combate, apesar das deficiências tradicionais em matéria de logística e serviço de saúde. Essas guerras, que custaram à França até 1799 pouco menos de 500 mil homens, criaram nas fronteiras uma escola de jacobinismo, antiaristocrática e ligada aos princípios de 1789.[8]

Essa conversão da burguesia revolucionária ao ofício das armas pôs o antigo *esprit de corps* a serviço do novo patriotismo e venceu a oposição ao recrutamento. Trouxe uma regeneração militar, sensível desde 1791, que tornou o exército francês, em fins de 1792, muito mais forte que em 1789. Mais representativo da nação, imporia uma guerra de massas à Europa estupefata. Foi também uma guerra ideológica, logo posta a religioso serviço da República e da pátria. Se soube utilizar a organização legada pelo Ancien Régime, também a revolucionou, criando um espírito e um sistema de ofensiva que Napoleão só teve de retomar. Até 1789, 10% dos oficais de infantaria eram "oficiais da fortuna", recrutados das fileiras, mas nunca nos meios mais desprovidos. Massena era sobrinho de um deles, e os generais da Revolução tiveram a mesma origem burguesa. Suas guerras abriram uma ampla carreira aos novos talentos. Seu *esprit de corps*, herdado da tradição militar, acabaria levando-os a tentar impor suas opiniões a um governo que, tornando-se conquistador, transformou-se pouco a pouco em refém de seu próprio exército.[9]

A mobilização popular de 1792-1793 favoreceu a Revolução ou a contra-revolução?

A medíocre safra de 1791 foi seguida de más condições meteorológicas, da interrupção do comércio colonial, da queda do assinado e do desmoronamento da indústria. A importação de cereais, em Marselha, foi fortemente abalada e o preço do produto elevou-se a alturas. Por toda parte, os especuladores aproveitavam-se da situação, enquanto os camponeses se recusavam a trocar suas mercadorias por uma moeda sem valor, reservada aos pobres das cidades. E com isso deteriorou-se o sistema de trocas e produtos. A partir do outono, seguiu-se uma onda de agitações que visava — no Norte — a taxação popular dos preços dos produtos e o confisco dos comboios de cereais. Em Paris, no incio de 1792, multidões de mulheres impuseram um preço baixo à venda do açúcar. O rompimento dos mecanismos de mercado afetou sobretudo as regiões mais pobres e os indivíduos mais marginalizados da sociedade rural. Do fim do inverno ao início da primavera, esses bandos seguiram seus administradores de feira em feira, para que fixassem os preços, detivessem os comboios, buscassem os víveres. Esse movimento afetou também a população das cidades. Muitas vezes dirigido por padres constitucionais, retomou velhas idéias apocalípticas sobre um banho de sangue regenerador que precederia a realização do paraíso na terra. Os membros desse movimento, mais prosaicamente, queriam nos campos retomar as propriedades comunais e assegurar uma justa distribuição de recursos. Donde suas reivindicações igualitárias a favor de um aumento de salários e contra os fazendeiros ricos, que retomavam a tese do complô da fome.

A mobilização popular mostrou-se ainda mais forte no Sul, onde os jacobinos foram estimulados pelos preparativos de contra-revolução. Eles se voltaram para os campos, muito ligados às cidades agrícolas no âmbito de uma vida coletiva muito ativa. O movimento dos clubes formigou ali por todas as cidades — de Ardèche a Gard e de Drôme ao Var. Marselha viu quadruplicar-se, da primavera ao verão de 1792, a assistência às reuniões de seção, e seus patriotas marcharem em março sobre Arles para ali desarmarem os adversários. Como os cidadãos se achavam justificados, pela impotência do governo, para agir por si mesmos, a mobilização rural desencadeou uma insurreição contra os nobres que, em abril-maio, se propagou da Provença a Charente e a Haute-Garonne. Destruíram as casas dos contra-revolucionários, em particular as dos senhores, com os títulos que ali se encontravam. Taxaram-se bem os preços e se recuperaram os bens que julgavam pertencer à comunidade. Essa nova sublevação, ligada à gravidade das dificuldades econômicas, incluiu guardas nacionais e funcionários municipais. Foi dirigida não apenas contra os aristocratas e os padres, mas, contra ricos proprietários, mesmo quando se tratava de administradores locais. Seu igualitarismo dirigia-se também contra uma Revolução que muito pouco fizera pelos camponeses. Estes, no Sul, realizavam uma ação autônoma, que às vezes podia corresponder à das elites, mas jamais abrangia inteiramente suas preocupações.

As agitações do Norte e a sublevações do Sul criaram antes um embaraço em nível nacional. Apesar da simpatia de Robespierre pelos do Norte, os jacobinos calaram sobre suas reivindicações. Permaneceram, no conjunto, hostis à sua orientação e aprovaram uma repressão cujas vítimas só foram libertadas em setembro. A França em guerra via, pois, seus dirigentes políticos em choque com um profundo descontentamento causado pelos problemas agrários e de reabastecimento.[1]

Os amigos de Brissot haviam entrado no governo em abril, e dirigiram uma campanha que pouco correspondeu às suas esperanças. Viu-se nas primeiras derrotas o resultado de uma traição que alarmou os *sans-culottes* parisienses. Em resposta à demissão dos ministros girondinos por Luís XVI, que se recusava a assinar leis populares (contra os refratários, por exemplo), ocorreu uma manifestação armada a 20 de junho. Não impressionou o rei e não resultou em coisa alguma, a não ser no aumento das divisões do país. La Fayette tentou inutilmente aproveitar-se disso contra os jacobinos, enquanto guardas nacionais das províncias, altamente politizados, marchavam sobre a capital para lá defender a Revolução. Declarando a "pátria em perigo", a 11 de junho, e autorizando a permanência das seções no dia 25, a Assembléia aumentou esse mobilização, que refletia o novo papel concedido aos pobres a serviço da nação armada.

Os militantes provincianos, mais atingidos, particularmente no Oeste, pela ameaça contra-revolucionária, contribuíram para essa pressão. Foi o caso das sociedades populares de Lyon, que chamaram o rei de perjuro a 19 de junho; da municipalidade de Marselha, que se pronunciou pouco depois contra a monarquia hereditária; de uma petição angevina que exigiu, a 18 de julho, a deposição de Luís. Esse movimento proveniente dos departamentos ampliava-se, enquanto os federados marselheses chegavam a Paris com a mentalidade de luta inexplicável. No entanto, embora as seções da capital exigissem a 3 de agosto a eliminação da dinastia e a convocação de uma Convenção Nacional, ainda não havia unanimidade em suas fileiras, onde as divisões políticas nem sempre correspondiam às divisões sociais.

O rompimento, ocorrido nesse momento, entre os girondinos e o movimento popular foi tanto mais deplorável para eles quanto coincidiu com a publicação do manifesto de Brunswick, ameaçando Paris de destruição total em caso de resistência. Isso só fez impelir ainda mais as seções mais radicais no sentido de impor à Assembléia, que se recusava, a deposição do rei através de uma insurreição. O comitê que a dirigia, em ligação com os federados, teve de enfrentar as hesitações dos guardas nacionais e dos defensores das Tulherias. A capitulação deles, a 10 de agosto, levou a uma radicalização da Revolução, caracterizada notadamente pela deportação dos padres refratários. Assim, 40% do clero do Ancien Régime viram-se dispersados pela Europa e a América. Seguiu-se a laicização do estado civil, que passou às mãos das comunas. Essas medidas, populares junto às autoridades locais, que já as tinham às vezes antecipado, não impediram que os refratários conservassem uma atividade clandestina.

A hostilidade à laicização, duplicando aquela dirigida contra a defesa revolucionária, provocou no Oeste sublevações realistas em fins de agosto. Bandos de camponeses que se recusavam ao serviço militar tiveram de ser dispersados. Na capital, e logo depois no país, a rivalidade pelo poder entre a Assembléia e a comuna trouxe um novo elemento de paralisia, numa atmosfera de derrota e anarquia. O temor da traição exacerbou o denodo da repressão e explicou, em boa parte, os massacres ocorridos em Paris no início de setembro. A crença num complô a partir das prisões era uma herança psicológica do Ancien Régime. A mentalidade revolucionária acrescentou a esse temor tradicional, análogo ao dos bandidos de 1789, a obsessão com uma conspiração realista da qual os prisioneiros seriam os agentes, preparando-se para massacrar os patriotas. Para muitos, um contramassacre apresentava-se, pois, como um meio de varrer esse complô. Essa medida preventiva, fundada em semelhantes rumores, já havia sido experimentada no verão, na província, contra os padres, os administradores suspeitos, ou contra-revolucionários. O pânico diante da invasão e de seus aliados do interior acusados de atacarem civis indefesos, a paralisia das autoridades e a crença na necessidade de uma reação punitiva explicavam um massacre, tornado pior pelos encorajamentos oficiais dados aos assassinos. A vingança popular liquidou metodicamente na capital, durante uma semana, mais de mil prisioneiros, ou seja, a metade do efetivo total, do qual 3/4 não-políticos. Seus atores consideravam-se, sem dúvida, tão bons patriotas quanto os vencedores das Tulherias e os de Valmy, que a 20 de setembro salvaram a Revolução. No dia seguinte, a Convenção abolia a monarquia e proclamava a República.[2]

Tinha a primeira Revolução, que vinha de acabar, conduzido o país de uma monarquia burguesa à democracia dos *sans-culottes?* O pensamento das duas primeiras Assembléias e das administrações locais era favorável aos ricos. Pretendiam limitar a promoção dos talentos às famílias capazes de financiar a carreira de seus filhos. O 10 de agosto pareceu representar a destituição desse poder até então limitado às elites. Essa jornada confiou-o a democratas radicais, partidários do sufrágio masculino universal e da soberania direta do povo. Apesar de certas limitações na adoção desse princípio, a nova comuna de Paris, por exemplo, ficou composta, em 1/3, de lojistas e artesãos, ao lado de militantes das sociedades populares. Mas esse progresso dos *sans-culottes* foi acompanhado de uma simples radicalização dos grupos sociais que já participavam do sistema político. Os dirigentes das administrações locais, tão hostis aos refratários, dos jacobinos e da guarda nacional continuavam sendo recrutados no seio da burguesia. O radicalismo da segunda Revolução não correspondeu, portanto, a uma substituição dos notáveis pelas classes populares. Chegou a haver certa democratização de seu efetivo militante, sob o efeito da guerra, como se o observa em Estrasburgo, mas o papel dos intelectuais burgueses permaneceu ali preponderante. A crise política, que mobilizava cada vez mais pessoas tanto da direita quanto da esquerda, não modificou sensivelmente o equilíbrio interno do grupo revolucionário, sempre conduzido, desde 1789, por advogados. Os jovens que se engajaram então na guarda nacional conservaram oficiais originários da burguesia; os batalhões de 1791, recrutados no início entre os cidadãos ativos, foram os responsáveis, no ano seguinte, pelas petições, expedições e massacres.

Apesar das aparências, a mobilização não foi generalizada. Não houve, a não ser excepcionalmente, mais de 50% de eleitores nas eleições para a Convenção, e no Oeste, onde essa proporção caiu para 10, foi a causa sagrada da contra-revolução que mobilizou os jovens. O ano de 1792 foi menos de entusiasmo revolucionário que de uma profunda divisão nacional, devida acima de tudo à política religiosa da Revolução. Esta não correspondia mais às reivindicações populares em matéria econômica, pois não pretendia tocar na propriedade. As leis aprovadas em julho e agosto, destinadas a facilitar a abolição do regime senhorial, não mostravam qualquer elo, na Assembléia, entre as divisões políticas e uma oposição de natureza social. Fundamentalmente conservadora, a primeira Revolução não havia reduzido o imposto nem destruído a feudalidade. Em compensação, coincidira com uma pauperização crescente das massas e um inútil cisma religioso. Os grupos que iriam dominar a Convenção, monopolizando ali o poder, enfrentariam, ao lado das exigências da guerra, um descontentamento decorrente das insuficiências da obra realizada desde 1789.[3]

A crise de fevereiro-março de 1793 mostrou a incapacidade dos deputados para administrar uma situação tão crítica. No início desse inverno, porém, a contra-revolução parecia ter desaparecido como ameaça externa ou interna. O país parecia jamais ter estado tão "calmo" em dois anos, e os incidentes religiosos, notadamente, haviam diminuído de modo considerável. Foram os acontecimentos ligados à guerra que resuscitaram a contra-revolução e lhe deram um apoio inédito. Na perspectiva de uma nova campanha, que se abria, e da generalização do conflito, a Convenção decretou, a 24 de fevereiro, o recrutamento de 300 mil homens. Esse primeiro apelo da República a sacrifícios provocou uma onda de sublevações mais sérias que as do ano anterior, e que impeliram as autoridades ao caminho da centralização e da repressão sistemática. Alguns desses distúrbios visaram apenas o recrutamento, mas nos campos do Oeste, em virtude do descontentamento religioso, englobaram comunidades inteiras. Destruíram-se ali as árvores da liberdade, queimaram-se os registros oficiais, molestaram-se guardas nacionais e padres constitucionais, hastearam-se símbolos realistas. Bandos armados, ostentando bandeiras brancas, marchavam sobre as cidades pedindo a abolição dos distritos. Apoderaram-se, na Bretanha, de algumas sedes administrativas e pediram aos nobres locais que assumissem sua liderança. Enquanto a ordem era ali restabelecida no início de abril, no sul do Loire, em quatro departamentos que iriam formar a "Vendéia militar", onde havia menos tropas disponíveis e comunicações mais difíceis, o governo desmoronava. Em fins de março, os rebeldes haviam se apoderado de todas as cidades e massacrado republicanos. Ameaçavam Nantes, Anger e Saumur, e seus chefes anunciavam a formação de um exército católico e real, sob o emblema da cruz e do Sagrado Coração, e mandavam emissários pedir a ajuda inglesa.

Essas sublevações coincidiram, na fronteira do Norte, com a derrota e a traição de Dumouriez. Um exército indisciplinado e mal-treinado hostilizara as populações belgas, já descontentes com a adoção do assinado e das reformas religiosas. A desorganização das autoridades civis e militares contribuiu para dilapidar a vitória. Dumouriez não conseguiu retomar a frente do seu exército derrotado para restaurar a monarquia em Paris e fugiu desonrosamente para o lado inimigo. A crise econômica, no entanto, continuava. O governo estava sem recursos e só podia financiar a guerra com um assinado cada dia mais desvalorizado. Tanto o comércio exterior como a confiança no regime desmoronaram. Os preços continuaram a subir e os problemas de abastecimento tornaram-se agudos.

O movimento popular parisiense recomeçou a se concentrar nas questões dos alimentos. Denunciou, em fevereiro, o princípio da liberdade de comércio, tão caro à Convenção, e exigiu a fixação de um preço máximo nacional para os cereais. Essas reivindicações, que refletem a mentalidade do Ancien Régime, foram proclamadas pelo grupo dos "furiosos", liderado por Roux e Varlet. Eles incitaram motins de pobres, que saquearam as lojas. Os guardas nacionais puseram um fim a isso, mas a comuna partilhava, em parte, das preocupações dos agitadores. Queria, como inúmeros jacobinos, satisfazer os pobres para atraí-los à Revolução.

Os patriotas atribuíam todos os seus problemas a complôs sinistros. Essa tendência sempre existira entre eles, mas a crise de 1793, por suas dimensões excepcionais, impeliu-os para a via da justificação do Terror. Atribuíram assim os motins por alimentos à contra-revolução e as agitações do Oeste a conspirações de emigrados. Associavam-nas à traição de Dumouriez, e se generalizou a hipótese de uma manipulação por Londres. Esses mitos influenciariam a reação do povo à crise. Ele acreditava que os problemas econômicos provinham exclusivamente dos especuladores, enquanto os políticos atribuíam sua agitação a manobras perigosas. A teoria da conspiração também explica as medidas tomadas diante da derrota. A instituição do Tribunal Revolucionário, decidida sob o efeito dos revezes sofridos na Bélgica, teve por objetivo fazer uma justiça sumária nos assuntos que interessavam à segurança do Estado. A crença na onipresença dos traidores provocou igualmente, em março, a criação de comitês revolucionários em cada seção ou comuna. Eles deviam apenas, inicialmente, internar os estrangeiros ou suspeitos sem documentos, mas seus poderes de polícia iriam estender-se durante o verão. Um mesmo sentimento de suspeita conduziu, em abril, ao nascimento do Comitê de Salvação Pública, encarregado de vigiar o executivo, mas que se transformou bem depressa num governo de exceção. A Convenção, em nome da defesa da Revolução, empenhava-se cada vez mais no caminho do extremismo. A 19 de março, em resposta às sublevações do Oeste, decidiu que os rebeldes armados podiam ser executados sumariamente em 24 horas. Diante da extensão da resistência interna e da pouca confiança a conceder aos generais, ela delegou poderes maiores a representantes em missão. Oitenta e dois haviam sido enviados, no início de março, para facilitar o recrutamento dos 300 mil homens. Eles receberam, no mês seguinte, plenos poderes em questões militares e administrativas. Suas iniciativas, aliás, já haviam começado a responder à crise com medidas de coordenação da repressão nas zonas de guerra civil. Essas decisões extraordinárias, que restauraram finalmente a autoridade do governo central, apoiaram-se na noção da primazia da Salvação Pública, que não era nova. Já a haviam utilizado contra os refratários. Mas 1793 acrescentou-lhe a condenação da moderação como o supremo perigo para a República. A radicalização de inúmeros deputados e militantes surgiu dessa atribuição dos fracassos da Convenção à tolerância com o mal.[4]

Essa exposição de Donald M. G. Sutherland parece confirmada pelas pesquisas recentes sobre os movimentos populares de 1792 e 1793. Elas insistem na persistência de uma revolta agrária multiforme que acabaria por se dirigir, de preferência, contra a política religiosa da Revolução e seu recrutamento militar. A rejeição dos jacobinos pelos campos franceses não mais deixaria, desde então, de dar oportunidades à contra-revolução. A Bretanha anti-senhorial se tornaria a dos *chouans*, o Sul vermelho, o Sul branco, e os florestais taxadores de 1792 se transformariam, em Perche, nos fora-da-lei realistas. O descontentamento camponês, profundamente ignorado pelo novo poder urbano, questionara os princípios da economia liberal e da propriedade. Seus motins por alimentos e propostas de impostos abrangiam os do povinho das cidades. Os consumidores do Ancien Régime encontraram, na atmosfera revolucionária, um porta-voz de suas reivindicações na figura de Pierre Dolivier, padre de uma paróquia próxima a Étampes e partidário do controle de preços dos cereais para o bem comum, e que reforçava assim, junto aos dirigentes burgueses, o espectro da lei agrária.[5]

Os burgueses tiveram de compor com um movimento parisiense animado pelas mesmas idéias e responsável pelas jornadas que os tinham levado ao poder. Cada vez mais igualitárias, as seções da capital deram mais atenção às preocupações dos *sans-culottes*, criadores da República, mas também aos pequenos produtores e trabalhadores independentes, hostis aos comerciantes e aos "gordos". Eles haviam ajudado nos massacres de setembro, manifestação da angústia das pessoas honestas perante os "malfeitores de toda cor" (Frédéric Bluche). Sua força não deixaria de pesar, até o estabelecimento da ditadura jacobina, sobre o poder. Ela podia, aliás, ser usada pelos moderados, que se serviam da miséria das massas para dirigi-las para a contra-revolução. Preocupadas, antes de tudo, com seus alimentos, as massas acreditavam, na capital, que a aplicação da democracia direta os traria. Em torno de Robespierre, alguns começavam a questionar o liberalismo econômico. O anticapitalismo dos militantes tinha antes suas raízes na mentalidade do Ancien Régime.

Foi essa mentalidade que abalou Paris no início de 1783; diante dela, a Revolução teve enfim de organizar um governo tão capaz de garantir a ordem como de dirigir a guerra. Longe de constituir um só bloco, o discurso revolucionário jamais foi tão confuso quanto no momento em que, graças ao apoio ambíguo dos *sans-culottes*, os jacobinos conseguiram impor sua ditadura. Marat detestava Jacques Roux e desconfiava dos furiosos. E logo cuidou de conter a liberdade de expressão, pois sabia que, "para precipitar o retorno ao Ancien Régime", bastaria "que algum hábil velhaco (. . .) apresentasse a tarifa comparada das mercadorias sob o despotismo e sob a República".[6]

Os choques provinciais reproduziam essas contradições, mas no Sul o afastamento da ameaça de invasão desfavoreceu os *sans-culottes* perante os notáveis, aproveitadores da Revolução e senhores de suas administrações. O vôo do jacobinismo não foi pois, de modo algum, idêntico em todos os departamentos. Se ele conseguiu em Estrasburgo impor a dominação de uma minoria ativa muitas vezes alheia à cidade, teve conseqüências diferentes no Sudeste, onde sua implantação foi, no entanto, excepcional. A radicalização dos guardas nacionais e dos clubes provocou ali uma séria onda revolucionária em 1792, mas esta foi muito menos nítida no Var e no Gard do que nas Bouches-du-Rhône. Em Marselha mesmo, os moderados retomariam o poder na primavera de 1793, como em todo o resto do Sul. Em Lyon, os *sans-culottes*, agrupados em torno de Chalier, só o tomaram por pouco tempo em março. Os operários da seda, preocupados com seu nível de vida, não queriam derrubar a supremacia dos comerciantes. Sua mobilização, em 1789, trouxera-lhes grandes sucessos, e eles constituíram a ponta de lança do movimento jacobino, hostil aos capitalistas. Mas este, obcecado com seu ódio "aos que têm carros, criados, roupas de seda e freqüentam espetáculos", inquietava muitos pobres, desorganizando a economia e aumentando o desemprego.[7]

Os trabalhadores lioneses, que ajudariam a oligarquia burguesa a derrubar o despotismo dos patriotas, participavam, à sua maneira, de uma formidável contra-revolução popular. A França camponesa do Oeste foi para ela, naturalmente, o teatro privilegiado. Há muito que os historiadores têm observado os aspectos ao mesmo tempo sociais e religiosos do levante da Vendéia, resposta demasiado veemente ao recrutamento de 1793 para ter sido causada apenas por ele. Diversas obras associaram-no a uma oposição fundamental entre os campos, que pouco haviam aproveitado da Revolução, e as cidades dominadoras, onde eles situavam agora a origem de sua exploração. Essa opinião pode ser nuançada, uma vez que houve na Bretanha patriotas rurais e que a agitação agrária visava tanto o regime senhorial quanto a dominação citadina. Mas a composição social dos exércitos vendeanos de Anjou, estudada por Claude Petitfrère, abrange exatamente a da população não-burguesa da região. Esses rurais, em sua maioria incultos, opunham-se a republicanos mais ricos e mais bem instruídos. Nessa luta de classes, como na Itália de 1799, o proletariado levantava-se contra a Revolução. Sua concentração, logo dirigida por gentil-homens, não correspondeu a alguma maquinação destes. Não era tampouco uma sublevação espontânea de uma "sociedade seráfica" em favor de Deus e do rei. Esse povo em armas, dos velhos às crianças, passando pelas mulheres, era o dos camponeses logrados em suas paróquias pelas cidades patriotas. Eles protestavam à sua maneira contra uma Revolução inacabada, e se vingavam ferozmente dos burgueses, aqueles novos senhores que queriam mandá-los morrer por eles. O decreto de 24 de fevereiro isentava os funcionários do serviço militar e concedia aos ricos a possibilidade de serem substituídos. Daí a cólera dos jovens rurais, que, em May-sur-Èvre, queriam "arrasar Cholet, destruir o distrito e degolar todos os patriotas". Acúmulo de frustrações sociais, seu ódio pelas cidades e pelos governantes indentificava-se com o ódio pela Revolução.[8]

Esse sentimento não basta para explicar uma insurreição que não foi isolada, pois houve "Vendéias inacabadas" (Jean-Clément Martin), no Sul e em outros lugares, durante todo o período. O choque cultural que a causou não remonta a antagonismos de classes. O entusiasmo religioso dos soldados vendeanos está ligado a seus laços com os padres refratários, com os quais eles se achavam solidários, dentro de uma comunidade simbolizada pelo campanário. A Revolução e sua Igreja foram vistas por eles como uma violação desse núcleo tradicional e sagrado. Roger Duouy lembra, em relação à Bretanha, essas assembléias de capela ou de lande, "onde se reuniam, desde tempos imemoriais, as populações de diversos cantões limítrofes. Longe dos guardas nacionais e da polícia, nelas (. . .) se explicava toda uma literatura contra-revolucionária, depreciava-se o assinado." Em 1793, elas foram proibidas pelas autoridades. A resistência popular à Revolução, na França do Oeste, resultou de uma divisão ocorrida, por ocasião da aplicação da Constituição civil do clero, entre um elite urbana culta e uma mentalidade rural que lhe continuava sendo estranha. A segunda viu-se mergulhada em ansiedade pela subversão de seus hábitos religiosos e a irrupção de recém-chegados. Sua revolta foi uma reação desesperada a uma profanação política que já durara muito. Ocorreu, antes de tudo, num campesinato caracterizado por forte presença clerical, de estreitos laços com a população local. Nessas regiões, ademais, acabava de surgir uma burguesia crítica para com a organização da Igreja. Esse contraste contribuiu para o desencadeamento de uma trágica guerra civil. A marquesa de La Rochejaquelein mostrou, em suas *Memórias*, os insurgentes, quando da tomada das cidades, correndo para as igrejas e fazendo repicar os sinos antes de correrem a queimar as árvores da liberdade e os documentos das municipalidades.[9]

O antagonismo entre a Gironde e a Montagne era irredutível?

A importância da Convenção não decorre apenas de seu lendário prestígio estabelecido no século XIX, mas do fato de que seus membros praticamente governaram a França de 1792 a 1799. Até 1795, eles tiveram de enfrentar as mais graves crises da época revolucionária, souberam conter a contrarevolução interna e, dividindo a coalizão estrangeira, lançaram as bases da expansão francesa na Europa. Essas realizações tiveram sua contrapartida em métodos violentos, fracasso econômico–financeiro e um rompimento com o movimento popular que legaram todo um conjunto de problemas insolúveis.

Entre os 730 eleitos de setembro de 1792, mais de 600 já haviam tido uma experiência política. Mais jovens que os deputados do terceiro estado na Constituinte (2/3, e não a metade, estavam abaixo dos 44 anos), tinham a mesma origem urbana, 1/4 vindo de cidades com mais de 15 mil habitantes, que representavam então apenas 10% da população. Tinham também quase 50% de homens de lei. Mas não eram mais pacatos funcionários do Ancien Régime. Metade desse novo mundo de ativistas locais continuava vindo de famílias de advogados. Havia ainda 55 eclesiásticos e alguns ex–nobres, dentre os quais o duque de Orléans e outros deputados de esquerda.

A luta entre os girondinos — herdeiros dos brissotinos — e os *montagnards*, reunidos na representação de Paris e sentando–se no alto das arquibancadas da Assembléia, dominou a história da Convenção até 2 de junho de 1793. Não eram partidos disciplinados em torno de um programa. O espírito da época opunha–se a isso, com sua condenação das facções e sua exaltação da independência dos indivíduos. É pois difícil classificar os deputados nos grupos. A fluidez da situação política torna essa operação ainda mais incô–

moda. Os revolucionários parisienses, obstinados contra os girondinos, fizeram listas deles que variavam sem cessar. Eram sempre baseadas no voto a favor de uma convocação popular sobre o destino do rei, critério pouco discriminatório. A evolução de cada deputado era pessoal, os extremistas tornando-se às vezes moderados e vice-versa, com, além disso, mudanças nos intervalos. Girondinos e *montagnards*, que não dispunham de maioria, formavam apenas dois estados-maiores que rivalizavam com o grupo restante, chamado de Planície. Os dirigentes não eram unidos Mesmo entre os *montagnards*, mais coerentes em virtude do seu domínio sobre os jacobinos, havia importantes diferenças de opinião, e nem todos seguiam Robespierre e sobretudo Marat. Os girondinos, que preferiam a discussão à ação combinada, eram ainda menos homogêneos. A maioria dos deputados partilhava um certo número de convicções: política externa agressiva, que se caracterizava pela extensão da guerra destinada a destruir o Ancien Régime na Europa; política econômica favorável à propriedade privada e à liberdade do comércio de cereais, hostil aos motins por alimentos e aos distúrbios agrários. Nenhum convencional, mesmo na extrema esquerda, jamais se identificou, nesse ponto, com as aspirações populares.

Os conflitos, precoces e violentos, originaram-se de profundas desconfianças mútuas. Os *montagnards* achavam que os girondinos favoreciam a realeza e a contra-revolução, enquanto para os girondinos seus opositores estavam prontos a organizar o massacre ou a insurreição a fim de estabelecer sua ditadura ou a hegemonia de Paris sobre as províncias. Inúmeros debates remontavam a estreitas querelas de facções, e é difícil extrair deles ensinamentos sobre a respectiva força dos partidos. Assim se deu com o julgamento do rei, que começou em fins de 1792. Havia quase unanimidade sobre a realidade de sua traição e a necessidade de condená-lo. A proposta de alguns girondinos, visando submeter o veredicto a um referendo, foi rechaçada pelo temor de que um voto popular favorável ao rei trouxesse o caos. O *sursis*, destinado a apaziguar a opinião estrangeira, não teve maior êxito. A execução de Luís a 21 de janeiro de 1793, simbolizando a ruptura definitiva com o Ancien Régime, deixou as facções irreconciliáveis. Representou uma vitória para os *montagnards*, que haviam levado a Assembléia a recusar qualquer compromisso, ganhando com isso uma ascendência que não mais perderiam. Esse processo marcara a divisão dos girondinos, que deixaram cada vez mais os *montagnards* dominarem os comitês da Convenção. Estes consolidaram sua base política em Paris e na província, transformando ali os adversários em cripto-realistas. Mas sua vitória não era total, e dependia de um bloco centrista potencialmente majoritário. As crises posteriores agravariam o caráter perigoso dessa situação e ocasionariam, sob a pressão dos radicais da capital, a expulsão dos girondinos.[1] Crescente a moderação destes, desde o início do ano, enfraquecera sua posição. Às vezes partidários de atitudes de exceção, temiam que elas fossem aplicadas pelos inimigos. Robespierre, por exemplo, exigiu a 14 de abril que Brissot fosse levado perante o Tribunal Revolucionário. A oposição dos girondinos à concessão de maiores poderes aos representantes em missão vinha do fato de se tratar sobretudo de *montagnards*. Essa desconfiança mútua fez da instituição de um governo de salvação pública o objeto da luta partidária. Os girondinos mostraram-se menos favoráveis que seus

adversários a uma política de mobilização popular a serviço da República. Esse recuo em relação ao ano anterior contrastou com a adesão de seus inimigos a concessões econômicas e sociais para salvar a Revolução.
A defesa desta por meios de exceção não foi propriedade exclusiva de qualquer facção, e se desenrolou segundo um processo complexo. Os militantes parisienses obtiveram, a 5 de abril, um imposto obrigatório aos ricos, destinado a financiar o pão dos pobres. A desmonetização do ouro e da prata ocorreu no dia 11. Diante dos problemas de abastecimento, a Convenção estabeleceu a 5 de abril um preço máximo para os cereais, acompanhado de autorizações para requisição. Esse retorno às práticas do Ancien Régime não incomodou muito os especuladores; desencoranjando a produção, corria o risco de desapontar os *sans-culottes*.
O conjunto de medidas tomadas na *primavera de 1793* foi um elemento decisivo do futuro Terror. As medidas surgiram em meio a uma grande desordem onde todos tentavam reagir à crise ocorrida em março. Essas decisões não resultaram, pois, num sistema; foram aplicadas sem entusiasmo fora das zonas de guerra civil. Mas a visão que se tinha delas na província e sua apresentação pelos jacobinos aceleraram o processo de desintegração que se queria remediar.
Até então, a opinião pública nas regiões mantivera-se antes neutra em relação às lutas da Assembléia. Os clubes, que as deploravam, dedicavam-se principalmente à defesa nacional, e suas preocupações raramente abrangiam as da capital. O federalismo, como se denominou a revolta contra a legislação terrorista da Convenção, dependeu das condições políticas locais. Essa rebelião foi marcada por intensas rivalidades, e Paris conservou ali inúmeros pontos de apoio.
O federalismo não foi contra-revolucionário nem descentralizador. Seus manifestos eram republicanos e, embora alguns dos seus dirigentes às vezes fossem realistas, não se comportavam como agentes dos emigrados. Seu programa era o de uma monarquia constitucional, não o do restabelecimento do Ancien Régime, caro ao conde de Provença, que se proclamara regente. Essa revolta traduziu o medo dos jacobinos, partidários do assassinato e pilhagem dos ricos. Tal sentimento imprimiu toda a sua força ao movimento nas grandes cidades do Sul. O preço máximo foi muito mal acolhido ali, devido à dependência de fontes de abastecimento externas e precárias. Ao contrário dos rurais do Norte, muitas vezes sem terra, os do Sul, onde a pequena propriedade camponesa estava mais expandida, opuseram-se à medida, que reduzia uma renda já bastante comprometida. Ela foi ali considerada um complô da capital. O extremismo meridional, enraizado nas longas lutas anteriores, afastou-se de inúmeras categorias sociais. O povinho de Toulon estaria na origem da derrubada da municipalidade jacobina. O mesmo ocorreu em Lyon, onde a política de intimidação e ameaças cara aos amigos de Chalier ocasionou a divisão do movimento popular e deu oportunidades aos moderados, que retomaram o poder através de uma insurreição a 29 de maio. Eles pediram logo a solidariedade das "pessoas de bem" de Bordéus e Marselha, onde ocorrera a mesma evolução. Nessa última cidade, os problemas econômicos e a agitação política haviam causado primeiro uma radicalização cujas formas foram deveras desastrosas. A caça aos ricos e o despotismo irresponsável dos terroristas locais, apoia-

dos, como em Lyon, pelos representantes em missão, levaram em maio a uma sublevação geral contra os "anarquistas". A popularidade do federalismo dependia muito da impopularidade daqueles que derrubava, que muitas vezes apareciam como fanáticos, aumentando o desemprego dos deserdados. Eram, na maioria das vezes, patriotas que se haviam tornado cruéis pela presença da contra-revolução. Sua tragédia anunciava aquela que os jacobinos iriam conhecer um ano depois, em escala nacional, quando uma imensa maioria do país resolveu livrar-se deles.

Os *montagnards* enganaram-se ao identificar seus adversários com a classe privilegiada. Embora em Marselha 3/4 das vítimas dos federalistas pertencessem ao povinho, o mesmo se deu com mais da metade dos seus carrascos. Dirigido pelos ricos, o federalismo beneficiava-se de amplo apoio popular. Em Lyon, mais de 1/3 dos oficiais de seu exército era composto de artesãos. Na verdade, o federalismo provocou um realinhamento da coalizão sócio-política que até então animava a Revolução.

Essa crise causou a depuração dos girondinos pela Assembléia, medida que correspondia à convicção de que eles constituíam o inimigo interno, responsável pela traição. Em março-abril, a opinião jacobina desenvolvia a tese de chamar à ordem os deputados "apeladores", ou deixá-los sem condições de alimentar os conspiradores. Esperava-se a princípio conseguir isso sem uso de força, mas o contra-ataque girondino, visando Marat e depois a comuna de Paris, provocou o levante de 31 de maio e 2 de junho, que culminou com a prisão de 29 deputados e dois ministros. Essa "jornada", que podia levar a um rompimento com a província, não mais era necessária, pois os *montagnards* dominavam a Convenção, salvo por ocasião de votações excepcionais. Desde janeiro, e principalmente quanto às leis de exceção, os girondinos haviam sido ou minoritários ou concordantes. Pagaram sua reviravolta do verão anterior quando se pronunciaram contra a insurreição e criticaram a capital. Seu apoio a um referendo sobre o destino do rei reforçou as suspeitas em relação a eles. Tornaram-se vítimas de uma mentalidade constante desde 1789, e que consistia em explicar os problemas da nação com um complô sinistro. Daí, com as derrotas, as exigências das seções para que se eliminassem os girondinos e se estabelecesse um Tribunal Revolucionário. O aprofundamento da guerra civil levou os jacobinos e a comuna a se juntarem a esse movimento. Os girondinos não representavam os interesses de uma burguesia conservadora contrária a um governo popular, como se vê nas insignificantes conseqüências de sua eliminação. O movimento parisiense obteve somente algumas concessões dos *montagnards*, que as aplicaram sem entusiasmo. Decidiram prender os suspeitos sem defini-los. Aprovaram o princípio de um exército revolucionário sem colocá-lo em prática. Pediram às autoridades locais que vendessem em pequenos lotes os bens dos emigrados, mas elas não fizeram nada disso. A autorização concedida às aldeias para dividir suas propriedades comunais fora discutida, sem oposição, antes do expurgo dos girondinos. Todos concordaram, no interesse da República, com uma extensão máxima de propriedade. A lei de 17 de julho, que aboliu definitivamente a feudalidade, limitou-se a legitimar uma prática existente. Para os jacobinos, os camponeses e os *sans-culottes* vinham depois da rebelião federalista.[2]

Numerosas administrações departamentais há muito manifestavam sua desconfiança em relação a Paris. Haviam-se habituado a ações independentes e medidas de exceção. Os futuros federalistas de Calvados tinham aprovado aquelas tomadas pela Convenção. A crítica cerrada aos *montagnards* antecedeu a queda dos girondinos, que lhe deu dimensões nacionais imprevisíveis. Embora 60 departamentos protestassem contra ela, o movimento deles jamais fora coerente, e freqüentemente se desintegrava nas ruas e nas praças diante da hostilidade e da indiferença. Foi o que aconteceu com o de Caen, em julho, e o de Jura, em agosto. Os dirigentes federalistas do Oeste não desfrutavam de verdadeiro apoio. Sua atitude partidária desagravada a opinião pública. Sua incompetência permitiu à Convenção retomar a iniciativa graças a uma Constituição publicada em junho com o objetivo de desarmar seus adversários. A Assembléia os intimidava também, exigindo que se rendessem e procedendo a uma pacificação racional. A rebelião continuou em Lyon, Marselha e Toulon, onde ocorreram execuções e negociações com o inimigo. Aceleradas pela crise dos alimentos, estas trouxeram a entrada dos anglo-espanhóis, em Toulon, em fins de agosto. A situação caracterizava-se, aliás, por uma deterioração militar generalizada. Os vendeanos alcançaram impressionantes vitórias frente a um estado-maior republicano duramente dilacerado. Uma sublevação realista ocorreu em Ariège, no final de agosto; outra eclodira em Lozère, em maio. Derrotas em todas as fronteiras coincidiram com elas. A expulsão dos girondinos não melhorara o esforço de guerra, que teve de ser aumentado, o que significou a entrada de Robespierre no Comitê de Salvação Pública, a 27 de julho. Robespierre trazia consigo um programa de força nacional, hostilidade aos "burgueses" e repressão decidida. Seria difícil aplicá-lo nas condições de divisão em que se encontrava o país. Medidas policiais já não bastavam para lutar contra os federalistas e os vendeanos. Os jacobinos estavam convencidos agora de que só o "povo" podia salvar a Revolução contra os "ricos". Assim foi selada sua aliança com os *sans-culottes*. Mas muitos elementos das classes populares já haviam aderido à contra-revolução. O assassinato de Marat, a 13 de julho, apenas confirmou a onipresença da traição, a hostilidade à moderação e o valor patriótico da suspeita generalizada. [3]

Essas análises de Donald Sutherland atenuam a interpretação da oposição entre girondinos e *montagnards* em termos antes de tudo sociais. Os primeiros, nesse "divórcio dos burgueses" (Marc Bouloiseau), encarnariam o liberalismo dos proprietários, enquanto os segundos representariam o apoio, trazido pelos democratas conseqüentes, ao intervencionismo econômico tão caro às classes populares. Fica-se menos certo após o desenvolvimento das pesquisas recentes. Jacqueline Chaumié mostrou o vigor das concepções "republicanas" dos girondinos. Alison Patrick, em 1969, trouxe muito progresso ao nosso conhecimento dos primórdios da Convenção, onde mais ou menos três blocos se equilibravam: pouco menos de 200 deputados muito próximos da Gironde, pouco mais de 300 mais ou menos ligados à Montanha e uma Planície dividida, ela própria, numa metade que participava do regime jacobino e outra mais indecisa, cujo momento de glória viria após o 9 Termidor. Alison Patrick indicou a coerência dos *montagnards* frente à incerteza dos outros grupos, incluindo os girondinos, em meio a um crescente abstencionismo. Reunindo mais de 40% dos deputados, a Montanha, sem dispor de maioria, logo representou um peso particularmente forte na Assembléia.[4]

A Gironde foi prejudicada, em 1793, por sua crescente oposição às medidas revolucionárias, cuja necessidades não contestava, mas cuja utilização pelos adversários temia. Essa posição tornou-se cada vez mais insustentável à medida que a crise se aprofundava. Contestou-se essa opinião, que reduz a importância das jornadas de 31 de maio e 2 de junho, observando-se que os deputados sofreram a pressão do movimento popular. Mas este já havia provocado uma séria radicalização da burguesia dirigente e, após esse golpe de Estado, a oposição entre furiosos e *montagnards* só fez acentuar-se. A Convenção teve sua própria lógica, originada das complexas relações entre homens às vezes indecisos e grupos muitas vezes divididos; o centro do poder jamais deixou a sala de suas deliberações, dominadas pelo confronto entre Revolução e contra-revolução.[5]

Patrice Higonnet acaba de restabelecer a oposição entre *montagnards* e girondinos no quadro das descontinuidades próprias da história da Revolução até o Terror. Observa a profunda unidade dos convencionais e explica suas divisões com o estado de "esquizofrenia" de uma burguesia francesa que chegara brutalmente ao poder, sem estar para isso preparada, através de um movimento geral da evolução. Momento de gestação de novas categorias, e de ambigüidade nas relações entre elas, a Revolução teve dirigentes instáveis, espremidos entre a nobreza e o povo, oscilando entre a apologia e a condenação do capitalismo e da violência. A maioria da Assembléia compunha-se apenas, com exceção dos estados maiores, de revolucionários médios, condenados ao desentendimento porque compreendiam mal as origens da deriva política e ideológica ocorrida em 1789 e da qual buscavam desesperadamente os meios de se preservar. Seu ódio partidário, nascido da indignação moral diante de uma situação imprevisível e excepcionalmente perigosa, levou-os a divisões irremediáveis, que alguns lamentavam na hora e muitos se apressaram depois a esquecer. Essas opiniões parecem confirmadas por um estudo recente do Círculo Social, a mais conhecida iniciativa girondina para se dirigir à nação, e cujas origens radicais são incontestáveis. Bonneville e Fauchet começaram ali suas carreiras como agitadores a serviço das seções da capital, antes de se transformarem em intelectuais moderados, em companhia de Brissot e amigos. Isso significava dividir as contradições da época entre o individualismo burguês e o sonho de uma República comunitária. As tensões geradas pela pressão popular e pela pressão da contra-revolução levaram cada vez mais a conquista e o exercício do poder a parecerem uma fuga para a frente, onde se pensava em lutar tanto contra os próximos quanto contra os inimigos.[6]

Os problemas ligados à revolta federalista mostram as complexidades da situação no verão de 1793. Enquanto o movimento paririense insistia em enfrentar um governo revolucionário em gestação, a contestação camponesa prosseguia seu trabalho igualitário. Outros rurais, no Oeste, haviam-se levantado contra a República. O mesmo contraste observava-se numa cidade como Lyon, onde os trabalhadores da indústria têxtil se dividiriam entre partidários e adversários da insurreição burguesa. Mais que uma vontade descentralizadora, o federalismo manifestou as realidades de uma independência local que estava no cerne, há quatro anos, da Revolução. Os rebeldes de Rennes, por exemplo, consideravam-se, frente aos realistas, tão bons republicanos quanto os *montagnards* que combatiam. No meio de uma grande confusão, devida à incoerência do movimento e ao caráter variável do seu apoio popular, ele prolongou a velha busca da autoridade legítima esboçada desde 1789. Três focos renitentes continuaram a contestar a da Convenção, em Marselha até agosto, em Lyon até outubro e em Toulon até dezembro. Nada tiveram a ver com qualquer ação da alta burguesia ou conspiração da contra-revolução. Essa revolta expressava um descontentamento provincial que explodiu onde as autoridades moderadas não mais podiam contê-lo. A violência dos conflitos sociais permitiu explorar ali o ódio e o medo de inúmeros segmentos da população contra uma ditadura jacobina apoiada pelos *montagnards*. Houve, pois, um federalismo popular espontâneo, diferente da reação e do particularismo. A queda dos girondinos oferecia-lhe uma justificativa *a posteriori* e sua virulência confirmou uma profunda instabilidade política. Escaparam disso apenas os departamentos capazes de prolongar a via segura da expectativa.[7]

7

Uma lógica do Terror?

É difícil atribuir o regime de 1793 apenas ao peso das circunstâncias externas ou ao simples desenvolvimento do discurso revolucionário. Para Augustin Cochin, a lógica do individualismo burguês teria inevitavelmente conduzido ao reinado igualitário de uma virtude imposta pelas denúncias, pelos processos fabricados e pela institucionalização da inveja. Esse sociólogo explicou com isso um sistema de exclusão progressiva, onde os puros teriam incessantemente expurgado os impuros, e que radicalizou os moderados, pela moral, em terroristas. Sua barbárie viria das Luzes.

Patrice Higonnet contesta essa apresentação habitual da democracia totalitária. Prefere atribuir à instabilidade ideológica da burguesia dirigente, devida à sua situação política e às suas relações com o movimento popular, uma fuga para a frente observada desde 1791. O Terror, nesse sistema, quis unir a burguesia e o povo em torno da Revolução. Foi obra, não de personalidades excepcionais, mas de advogados comuns. Quis fundir as aspirações ao mesmo tempo individualistas e comunitárias presentes na herança das Luzes e mal dominadas por uma classe que fazia seu aprendizado político. A burguesia francesa, ao mesmo tempo particularista e universal, só encontrou seu liberalismo intrínseco após uma experiência terrorista que a tinha momentaneamente traído. Foi levada a isso em virtude do abismo entre a imensidão de seus objetivos e a pobreza de seus meios, e aprendeu então que a liberdade dos Antigos nada tinha a ver com o mundo moderno.[1]

Não se pode esquecer a extensão da crise que transtornou a França da época. Seus habitantes não foram máquinas a pronunciar discursos. Tinham preocupações mais terra a terra. O jacobinismo criou a violência ideológica contemporânea, como o observou John Talmon, em uma "improvisação". A apreciação desses tateamentos torna-se ainda mais necessária dado que os *sans-culottes* e os *montagnards*, que então agiram em comum, não tinham a mesma concepção do "complô aristocrático" nem das soluções a serem adotadas para enfrentá-lo.[2]

Quem foram os terroristas, qual o seu programa e como foi aplicado?

Os *sans–culottes,* entre os quais se recrutou parte importante do pessoal terrorista, acreditavam mais na prática direta da soberania popular do que no valor das instituições representativas. Os militantes das seções haviam–se oposto a seus princípios de iniciativa popular, de referendo, de censura aos deputados e de direito de portar armas. As petições e manifestações que faziam tinham por objetivo impor seus desejos a seus representantes, e sua concepção da justiça popular, e as punições que lhe eram pertinentes, motivavam–se apenas pela necessidade. A experiência ensinara os *sans–culottes* a desconfiar de todos seus chefes e a usar a insurreição contra os traidores. Sabiam que podiam enganá–los, conheciam a necessidade da instrução. Seu anticlericalismo provinha da convicção de que os padres, durante séculos, haviam pregado a obediência aos aristocratas e aos ricos. Sua luta contra a opressão originava–se da consciência dos seus direitos e da vontade de exercê–los. Sua idéia de Revolução era antes moral. Mas seu igualitarismo era o de homens ligados a uma sociedade de pequenos proprietários. Eles combatiam a dependência econômica e aspiravam a uma vida decente. Esse ideal podia ocasionar as requisições a força de víveres destinados às cidades, impostos revolucionários sobre os ricos, a organização de um sistema de assistência pública, a redução das desigualdades e a instituição de um sistema de segurança social. Tudo isso só poderia realizar–se na perspectiva de uma luta permanente.

Essa orientação não vinha sempre dos trabalhadores braçais. Os redatores de um manifesto *sans–culotte* lionês, considerado típico por Albert Soboul, eram sobretudo intelectuais, advogados, ex–eclesiásticos e administradores. Quando eram, em sua maioria, artesãos, como em Toulouse, tratava–se, antes de tudo, de pequenos patrões. Esses proprietários eram às vezes, como 3/4 dos dirigentes jacobinos locais, pessoas remediadas. Os terroristas de Montbrison pertenciam às classes médias e eram comandados pelos mais ricos entre eles. Os jacobinos de após 1792 continuaram a pagar mais impostos que o restante da população, e essa proporção aumentava à medida que se elevavam em sua hierarquia. Embora os *sans–culottes* fos–

sem muitas vezes trabalhadores urbanos, como em Paris, onde formavam 2/3 dos comitês revolucionários, seu movimento era socialmente variado e freqüentemente burguês. Seu índice de alfabetização era mais elevado que o da média da população. Esse grupo heterogêneo constituía uma elite, nos bairros e nas profissões. Continuou sendo recrutada, mesmo em Paris, entre os cidadãos ativos de 1791. A província ampliou esse duplo fenômeno de recrutamento mais plebeu mas de uma direção sempre confiada a pessoas bem estabelecidas. Os terroristas do ano II foram ali políticos ativos desde muitos anos.

Essa minoria distribuía-se muito desigualmente entre as comunas, na proporção de cerca de um clube para cada dez deles. Eram muito mais numerosos no Sudeste, nas planícies e no litoral do que nas regiões montanhosas ou devotas. Raramente se contavam em seu meio, mesmo nas grandes cidades, mais de 100 membros por clube. Mais de 3/4 dos parisienses não se mexeram para aprovar a Constituição de 1793; em junho, só 9 mil, contra 6 mil oposicionistas, confirmaram a situação do revolucionário Henriot na direção da guarda nacional. A eliminação dos moderados diminuiu mais ainda a participação na vida das seções, que raramente ultrapassava os 10%.

Os militantes dedicavam boa parte de seu tempo a tentar mobilizar os outros. Suas insurreições dependeram de um punhado de dirigentes, recrutados, como no *faubourg* Saint-Antoine, no seio dos mestres artesãos de média fortuna, idade madura, estabelecidos na capital há muito tempo, e que ali mantinham estreitas relações com os outros trabalhadores do bairro. Seu ódio visceral aos "grandes" ligava-se a idéias igualitárias que se restringiam à limitação da riqueza "excessiva" e às ações contra os especuladores. Tinham um horizonte político tão estreito quanto suas perspectivas sociais. Seu poder, devido às hierarquias tradicionais da vizinhança profissional, limitava-se ao âmbito de sua seção. Esse poder não levou apoio de massa a Jacques Roux. Os *sans-culottes* parisienses não dispunham de qualquer organismo de coordenação fora da comuna, e a Convenção conservou sempre sua autoridade sobre eles. [3]

Devemos a Richard Cobb e a seus alunos esse útil corretivo às idéias de Albert Soboul. Eles insistiram no caráter minoritário do movimento popular e o relacionaram a uma atitude moral às vezes perigosa para a Revolução. Opondo-se a uma aplicação integral do programa dos *sans-culottes*, a burguesia dirigente, gerente de um país rural e em guerra, obedeceu à necessidade. A mentalidade do terrorista "médio", segundo Richard Cobb, caracteriza-se por fraco senso de humor e imensa credulidade política, nascida da ignorância das realidades. Fazendo da denúncia a primeira das virtudes cívicas, os *sans-culottes* divinizaram a repressão, pela preocupação com a regeneração nacional. Esses patriotas, sedentos de unidade e naturalmente xenófobos, sentiam-se antes de mais nada orgulhosos de serem franceses. Continuavam esperando, ingenuamente, a conversão à Revolução dos povos escravos, de Madri a São Petersburgo, e o desaparecimento desse sonho causava muitas vezes, entre eles, enfado e indiferença. Esses artesãos que adoravam a pequena propriedade identificaram sua ideologia revolucionária com um entusiasmo muito "nacionalista". Seu temperamento generoso, nascido no seio de uma atmosfera de luta e crise, precisava, para durar, da manutenção dessa tensão. Desapareceu com ela. Sua militância, momentânea e excepcional, não resistira à usura e recaiu na banalidade.[4]

Richard Cobb retomou esse quadro, em 1970, a propósito dos protestos populares na época da Revolução. Se eles deram origem à vitória terrorista do espírito de ortodoxia e inquisição, exprimiam-se sobretudo a serviço de uma minoria cuja chegada ao poder fora puramente acidental, a desesperada violência de um povinho urbano presa da ameaça de invasão e daquela, ainda, mais próxima, da falta do "pão em casa". Sua estratégia e suas instituições foram dominadas pelo problema dos alimentos e o "medo do amanhã" que isso acarretava. A conjuntura do ano II resultou do encontro entre essa obsessão tradicional e a miséria, as devastações, já antigas mas agravadas, da guera civil e as necessidades repentinas causadas pela mobilização de 1 milhão de homens. A exigência de igualdade e o mito do complô de fome aumentaram com isso. O mesmo se deu com o abismo entre as cidades e os campos, ao qual veio juntar-se a descristianização, e que transformou os confiscos de víveres e o abastecimento do exército num ataque frontal ao mundo rural. Seu imobilismo e sua ausência de *sans-culottes* reduziram o Terror às dimensões de um fantasma urbano. Era o fantasma de uma austeridade nascida do racionamento, e seu horizonte limitava-se às perspectivas do abastecimento quotidiano. Essa tirania psicológica do problema dos alimentos inseriu-se num conjunto de medos e remédios herdados do Ancien Régime.[5]

Tal foi o pano de fundo da atividade dos militantes jacobinos. Poucos, como observou Marie-Thérèse Lagasquié sobre o caso toulousiano, preocupavam-se com as "classes realmente deserdadas da sociedade", cuja luta contra a fome os havia, entretanto, levado ao poder. Dos 293 "bebedores de sangue" registrados em Toulouse, 55 eram grandes burgueses, 21 dos quais negociantes, cercados sem dúvida por 133 artesãos, mas não havia nenhum pobre entre eles. Esses terroristas meridionais foram comandados por ricos notáveis, muitas vezes preocupados em se enriquecer ainda no meio da Revolução. A militância de uns e outros limitou-se, nessa antiga cidade de parlamento, a uma mentalidade de acerto de contas que culminaria em mais de 80 execuções (em Toulouse ou em Paris) e 800 prisões. Martyn Lyons, procurando para essa repressão um fio condutor na personalidade de seus atores, encontrou-a num desejo de ascensão social de homens muitas vezes estranhos à cidade que se tornara o lugar de seus feitos. A subversão política melhorara sua situação material. Puderam assim vingar-se de humilhações que às vezes remontavam ao Ancien Régime. O Terror encontra sua explicação, no plano local, na vingança de grupos ou indivíduos anteriormente excluídos, soldados em Lille, domésticos em Versalhes, comerciantes em Bordéus.

Por toda parte, esses militantes raciocinavam e agiam como ex ou futuros burgueses, grandes ou pequenos, e não como proletários. Em Lyon, os mestres-operários da seda, pequenos patrões a caminho da proletarização, muito haviam esperado da retomada da cidade pelo governo revolucionário. Não tinham eles fornecido boa parte das vítimas do levante federalista? Foram amargamente decepcionados pelo novo regime, cujos representantes desconfiavam de suas aspirações à autonomia; trataram-nos com desprezo, como colonizados, e se recusaram a aplicar seu programa de confisco dos bens dos ricos e ajuda aos pobres. Os jacobinos lioneses, excepcionalmente compostos de artesãos, tentaram achar um emprego na administração revolucionária. Mas esta não pôde pôr em prática um plano para reativar a indústria da seda. Um dos chefes do movimento operário lionês foi, aliás, executado sob o Terror. Atingidos pela repressão, tanto quanto dela se beneficiavam, sempre vítimas do desemprego, esses *sans-culottes* tiveram de se rebaixar aos trabalhos de demolição da cidade caída ou à guarda das casas dos suspeitos. Sua participação na gestão do Terror trouxe-lhes apenas uma reputação odiosa. Vítimas da crise econômica, não encontraram solução para seus problemas nos sobressaltos da Revolução.[6]

Esse mal-entendido encontra-se na aplicação da economia dirigida, que não correspondeu bem aos desejos dos militantes e foi limitada pelo caráter fundamentalmente rural da sociedade. Apesar de o primeiro preço máximo ter sido uma medida temporária, as circunstâncias levaram a Convenção para a via do controle econômico. Essa lei fora mal aplicada, pondo os departamentos uns contra os outros e descontentando os campos, dos quais dependia tudo. A guerra civil, que então ocorreu, não consertou coisa alguma. Tomaram-se então medidas oficiais contra os especuladores, a 26 de julho, estabelecendo-se "comissários de açambarcamento". Mas elas se revelaram de imediato inaplicáveis e mesmo desastrosas, aumentando a penúria. As cidades começaram antes do Estado, como aconteceu em Toulouse em agosto de 1792, a preencher esse vazio, criando os "departamentos de alimentos" para atender às necessidades mais urgentes. O mesmo ocorreu em Bordéus, onde federalistas e depois *montagnards* instituíram confiscos e controles. Por toda parte, como em Marselha, as municipalidades desnorteadas acolheram com favor o preço máximo de setembro de 1793, que punha fim a seus problemas de abastecimento.

Essa decisão surgiu de uma profunda hostilidade popular à lógica do mercado, em nome da igualdade e da República. Além dos consumidores urbanos, os rurais mais pobres pensavam do mesmo modo, contra os interesses dos fazendeiros. Mas seguiu-se um federalismo econômico tão perigoso quanto o político. A pressão das ruas parisienses levou igualmente o governo à via do controle. Uma campanha de manifestações culminou na apresentação por Roux na Convenção, a 25 de junho, de reivindicações contra os açambarcadores. Os problemas de abastecimento e a inflação que sofria a economia provocaram distúrbios nessa cidade. Embora Roux fosse repelido pela maioria dos dirigentes, o problema que ele havia apresentado persistia. Começaram a distribuir cartões de racionamento, tanto mais quanto a colheita se revelava ruim. Os militantes das seções e dos clubes multiplicavam as propostas de controle de preços e confisco. Isso era uma resposta concreta a uma reivindicação apresentada, sabe-se, desde pelo menos 1790. A Convenção só cedeu contrariada e forçada. Os representantes do movimento popular insistiam mais na luta contra a especulação do que no preço máximo. Foram as necessidades da guerra que causaram a estatização da economia. A multiplicação das derrotas trouxe uma nova radicalização em meados do verão: medidas contra os girondinos e os federalistas, os vendeanos e os realistas. A Assembléia, de resto, não acedeu a todas as demandas que lhe eram feitas contra os deputados de direita, os nobres, os padres e os ricos. Em compensação, acolheu a famosa medida do recrutamento em massa, sempre popular entre os *sans-culottes*. Exigido pelas seções parisienses a 16 de agosto, sob a forma de um extermínio geral dos inimigos, foi canalizado pelo Comitê de Salvação Pública segundo o modelo, igualmente enérgico, porém mais militar, de uma "guerra das massas"; Carnot, que se tornou responsável pelas operações no dia 14, fez aprovar esse princípio no dia 23. Essa mobilização universal decuplicou a autoridade do governo encarregado de aprontá-la e o condenou ao estabelecimento do preço máximo. Os representantes em missão queixavam-se, de fato, dos problemas de abastecimento causados pelas relutâncias camponesas diante do controle dos preços e dos confiscos. O retorno ao livre mercado em meio a uma inflação galopante teria comprometido irremediavelmente a Revolução, se ela quisesse alimentar as cidades e os exércitos. Preferiu-se aumentar os controles, para evitar a bancarrota e ganhar a guerra, satisfazendo ao mesmo tempo os *sans-culottes*. Essa foi a lógica de uma Convenção, que chegou ao preço máximo geral no dia 29 de setembro. Tal limitação autoritária do preço de 39 produtos essenciais foi seguida de medida análoga para os salários, que aliás só seria aplicada na capital dez meses depois.

Essa tentativa de redução do custo de vida dependeu menos das pressões da base do que das necessidades militares. Tratava-se de operação extremamente ambiciosa numa economia muito descentralizada e na ausência de qualquer meio administrativo adequado. Uma multidão de autoridades teve de participar disso, o que tornou os conflitos inevitáveis. A Comissão dos Alimentos, criada em 22 de outubro e dotada de uma burocracia com mais de 500 pessoas, apaziguou-os, coordenando a distribuição, fazendo pesquisas sobre a produção e estimulando a produtividade. Esse aperfeiçoamento do Ancien Régime teve em primeiro lugar objetivos militares. Todos queixavam-se dele, mas funcionou bastante bem, apesar de certa deterioração dos produtos e de muitas fraudes que descontentaram o povo. Isso provocou um aumento do controle, por temor à escassez. A maioria das cidades adotou racionamento e padarias públicas. Os militantes acompanharam essas medidas com ameaças aos especuladores. Mas as populações urbanas foram alimentadas. Os campos pagaram o preço, mesmo fora das zonas de guerra. Os preços agrícolas haviam sido fixados abaixo do preço de produção, e o papel-moeda recomeçou a perder o valor em janeiro. Isso prejudicou a aplicação do preço máximo por fornecedores mal pagos. Os recrutamentos militares diminuíram a mão-de-obra rural, o que ocasionou muitas vezes aumentos dos salários, apesar da lei. Isso era, para os representantes em missão, um novo crime econômico, inutilmente, perseguido pelo governo, que teve de rever os preços para cima em favor dos produtores, em fevereiro. Os *sans-culottes* teriam preferido "grandes medidas" contra os campos, mas era impossível praticá-las. A estrutura da sociedade francesa deixava as autoridades à mercê dos camponeses ricos, donos das colheitas e indispensáveis à sobrevivência do regime. Eles forneciam muitas vezes conselheiros municipais, coletores, controladores e distribuidores, associados a sua mecânica. O próprio funcionamento de sua política igualitária levou os dirigentes do Terror, que não queriam atacar a propriedade privada, a transigirem com os rurais mais opulentos. Essa forma concreta de "poder camponês" refletia a primazia do problema da escassez aos olhos do povinho das cidades. 7

Não foi pois a questão dos alimentos, mas a campanha de descristianização, que provocou o primeiro conflito entre os políticos e o movimento popular. Esse fenômeno é difícil de explicar. Começou, no mais baixo nível, por espoliar, no plano material e econômico, as igrejas em benefício da máquina de guerra. Esse processo, iniciado em 1792, ressurgiu com força no outono de 1793. Complicou-se dessa vez com iconoclasmo e anticlericalismo. Embora as igrejas tivessem sido transformadas em casernas e arsenais, a destruição, em ritual, dos objetos de culto foi além das preocupações militares. O auge do movimento veio com a demissão, forçada ou não, do padre, sua eventual abjuração e seu casamento. Essa supressão da antiga ordem religiosa foi acompanhada por tentativas de se criar uma nova ordem, sob a forma de diversos cultos revolucionários e de uma dessacralização radical da vida quotidiana. Os nomes das ruas e das cidades, os primeiros nomes, o calendário perderam toda referência ao passado cristão. Os domingos e dias de festas foram substituídos por *décadis** que acabaram com um ou dois dias de repouso por mês.

* Décimo e último dia da década no calendário republicano. (N. dos TT.)

Como foi possível uma tal situação, apenas três anos depois de uma das mais estreitas ligações entre a Igreja e o novo regime? A constituição civil do clero, assim como várias missas patrióticas, a tinham simbolizado. Uma antiga tradição católica associa a descristianização às Luzes, mas estas não pretendiam um processo tão devastador. Já vimos que nenhuma "descristianização" anterior constituiu, sob o Ancien Régime, um prelúdio à do ano II.

Um cesto avanço do indiferentismo não apagou a marca da religiosidade católica presente nos cultos revolucionários. Os autores, materialmente abastados, de testamentos laicizados nada têm a ver com os bons praticantes das classe populares que se transformaram, sob a Revolução, em descristianizadores. É apenas provável que sua misoginia tivesse raízes num velho ressentimento machista contra a influência dos padres sobre as mulheres. Por outro lado, é certo que a Revolução apresentou, desde os seus primórdios, abundantes características religiosas, no vocabulário místico, nos símbolos, no zelo de seus missionários. Tudo isso continuou sendo compatível com a Igreja constitucional. Até 1793, freqüentá-la ainda era prova de sentimentos revolucionários. Pois ela continuou sendo cristã e católica, apesar de sua oposição ao papa. A descristianização, que rompeu com ela, resultou em primeiro lugar de seu fracasso. Associada ao regime, deveria servi-lo, o que muitos padres fizeram com entusiasmo. As autoridades apoiaram-nos em sua luta com a contra-revolução popular. Mas esta, que parecia a ponto de triunfar, particularmente no Oeste, durante o verão de 1793, condenou com seus sucessos a Igreja constitucional. Joseph Fouché, descristianizador-em-chefe, falara em 1792 da "necessidade" dos sentimentos religiosos. Sua missão em Nantes, em março seguinte, contra os vendeanos levou-o a denunciar todo o clero, pregador da ignorância e do fanatismo para melhor ajudar a luta da aristocracia contra as cidades; o deputado da Loire-Inferior falava agora em desenvolver os ensinamentos do espírito revolucionário, que dissipariam "a odiosa influência da religião". O rousseauísta Couthon, apesar de seu teísmo anticlerical, só se tornou descristianizador depois de ter observado a participação de inúmeros padres constitucionais na rebelião lionesa. A atribuição à religião da manipulação da credulidade popular pelos aristocratas condenava à descristianização. Fator de distúrbios contra-revolucionários, o catolicismo, *sob todas as formas,* seria aniquilado. A descristianização retomou para isso, na estratégia política, a perseguição e a deportação dos refratários. Foi também associada ao igualitarismo. Fouché, por exemplo, aplicou em Nièvre e Allier os princípios de ambos. Outros deputados fizeram o mesmo, sem chegar, naturalmente, até a lei agrária. Mas associavam seu trabalho de descristianização à construção de um novo homem republicano, livre de seus vícios e perfeitamente virtuosos. Esses representantes em missão arrastaram o movimento, que foi muito menos apoiado após sua partida, através das autoridades locais. Mas os diferentes setores da coalizão revolucionária envolveram-se de maneira freqüentemente muito diversa, na descristianização. Quando o sinal foi dado de Paris no início de novembro, os ativistas, em torno dos deputados, levaram inúmeros padres a se demitir. Alguns deles tornaram-se de repente violentos adversários da Igreja à qual haviam servido tanto tempo. Após terem acreditado que a religião e a Revolução eram inseparáveis, transferiram seu entusiasmo da primeira para a segunda, à qual serviram às vezes como bons burocratas. O exército revolucionário de Paris desempenhou também em grande papel, na rota de Lyon, na destruição das igrejas. O mesmo ocorreu com outros exércitos departamentais, com os conscritos do recrutamento em massa e, na Vendéia, com soldados do exército regular. A presença dos clubes e a organização, com esse objetivo, de festas cívicas comprovam finalmente a popularidade da descristianização. Se Paris não a inaugurou e foi a ela arrastada, as seções souberam animá-la. O bispo Gobel demitiu-se a 7 de novembro, e três dias depois Notre-Dame, transformada num templo da Razão, viu uma cantora de ópera oficiar personificando a Liberdade. O entusiasmo cercou sem dúvida essa renúncia geral ao catolicismo, e a descristianização foi obra da maioria dos terroristas. Encorajou em algumas aldeias os ateus a se revelarem. Permitiu aos ativistas mais ou menos excêntricos expedições espetaculares. As abdicações de padres deram-se sobretudo nas zonas de guerra civil, onde os representantes em missão as favoreciam. Foi o que ocorreu nos departamentos em torno de Lyon e da Normandia logo após a invasão vendeana. A descristianização foi, pois, bastante representativa do Terror, e dependeu, como ele, do medo à contra-revolução. [8]

A descristianização na França foi sempre um setor privilegiado da pesquisa histórica, e os recentes trabalhos parecem confirmar essas conclusões de Donald Sutherland. Insistem na extensão da participação dos militantes revolucionários (elite burguesa e classes populares confundidas) na época. Em Puy-de-Dôme e no distrito de Compiègne, o patriotismo afirmou-se muito cedo por oposição à Igreja e mesmo ao cristianismo. Os departamentos do Oeste enviaram 375 mensagens descritianizadoras à Convenção, de setembro de 1793 ao prairial do ano II. Ocupados na caça aos padres, os jacobinos de Toulouse desencadearam verdadeiras devastações nas aldeias vizinhas. Os padres vermelhos realizaram abdicações entusiastas, que Michel Vovelle calcula em 10% do total. Encontravam-nos em todos os escalões das administrações departamentais, perfeitamente integrados às sociedades populares e exortando à perseguição a seus irmãos.[9]

E no entanto essa descristianização foi, ao mesmo tempo, um fenômeno superficial. Os cultos substitutos que criou e as práticas que trouxe duraram muito pouco, apesar de alguns êxitos momentâneos. Causou sobretudo a ruína da Igreja constitucional. Embora a maioria das abdicações fosse então forçada, 1/10 de seus padres casaram-se a partir do final de 1792. Três quartos deles não retornaram mais, passada a tormenta. Os refratários, ao contrário, foram salvos pela emigração ou pela vida clandestina, e a descristianização obteve assim resultados exatamente opostos aos que buscava. Contribuiu para um declínio certo do clero francês, dramático às vezes no plano numérico. Desde 1791, e freqüentemente por mais de 15 anos, inúmeras regiões do país viveram sem padres.

Mas a descristianização também encontrou resistências que ampliaram a luta contra a Constituição civil. Nos campos da região parisiense, homens e mulheres opuseram-se ao fim dos sinos e exigiram a reabertura das igrejas, segundo os termos da lei de 16 de dezembro, que aliás permaneceu letra morta. Reencontramos essa atitude do povo rural em Nièvre, epicentro da descristianização e futuro berço de uma *chouannerie.* * Reencontramo-la no vale do Loire, na Manche, onde assembléias noturnas de fiéis participavam, em junho de 1794, de missas milagrosas; na Bretanha, onde aparições maravilhosas anunciavam nessa época o fim do mundo e a vingança de Deus. Caminhava-se muito tempo para ir aos santuários locais; exigia-se, como em Herault, em maio, a religião de antes. Leigos faziam às vezes as funções de padres, inclusive em regiões pouco devotas. Essa fonte de agitações foi acompanhada pela manutenção, em pleno Terror, da atividade dos refratários, alguns dos quais conheceram o martírio.

Foi sobretudo a massa dos franceses quem se viu afetada, nessa época, pela descristianização. Muitos, na verdade, não conheceram nem os efeitos da repressão nem os do controle econômico, nem mesmo os do alistamento. Mas todos tiveram choques com a descristianização, e muitos sofreram com ela. A religião popular tinha por objetivo a manipulação de um mundo sobrenatural onipresente e perigoso, e seu desaparecimento constituía um perigo. Os camponeses da Borgonha atribuíam o desastre ocorrido em suas cidades ao desaparecimento de seus padres e das estátuas de seus santos. [10]

Essas observações de Donald Sutherland têm eco na discussão atual, entre historiadores franceses, sobre a descristianização revolucionária. Insere-se no debate, sempre difícil, de um conceito ambíguo que traduz menos um estado que um movimento, e liga-se mais a um conjunto de mentalidades que a uma série de comportamentos. A falência da Igreja antes protegida pelo Estado revolucionário desenrolou-se num clima de violência e paixão persecutórias que emanava da base e que não pode ser relacionado apenas às ameaças vindas da contra-revolução. Seus incitadores desejavam substituir a antiga religião por um novo conceito de sociedade e de cultura. Gérard Cholvy observou, no entanto, que os narradores dos atos dessas pessoas exageraram o sentido desses atos por subestimarem a ligação popular com a fé tradicional. Revelou inúmeros sinais dessa resistência em meio à tormenta desencadeada pelo Terror. Esses testemunhos que vêm de simples fiéis equivalem bastante aos dos padres Opõem-se também à tese da descristianização contínua desde as Lu-

---

* Nome derivado de Jean Chouan, que em 1793 influenciou a insurreição ocorrida no Maine, conquistando a Normandia e a Bretanha. Passou a designar todos os levantes no Oeste da França durante a Revolução. (N. dos TT.)

zes. Já vimos, ao contrário, a profunda solidez da França religiosa em fins do século XVIII. A Revolução atacou-a de maneira conjuntural e por motivos políticos. Sua descristianização foi uma operação ocasional, conduzida por uma parte dos militantes contra as intenções do governo. Merece os qualificativos de "ilegal" e de "frágil" que lhe atribuiu Richard Cobb em 1964.[11] Seus infelizes incitadores assemelhavam-se em toda parte a esse Pierre Vastey, agente nacional no Sena-Inferior do ano II, que Philippe Goujard vem de estudar. Pretendendo agir e falar em nome das massas, delas estavam, na realidade, isolados. O desprezo cultural pelo povinho rural causou sua perda.[12]

A descristianização contribuiu, como a economia dirigida, para enfraquecer o regime terrorista, que só pôde sair dessa crise com o recrudescimento da repressão. Esta, longe de trazê-las, foi precedida pelas vitórias militares. O federalismo foi o primeiro a ser liquidado, no verão de 1793, com exceção, por pouco tempo, de Lyon e Toulouse. A fronteira do Norte foi desligada em setembro-outubro e a do Leste, no final do ano. Os vendeanos, fracassando em Granville em meados de novembro, desintegraram-se em Savenay a 23 de dezembro. O Terror, que começava então a se desenvolver plenamente, nada tinha de novo na história da Revolução, uma vez que os reflexos de medo e de vontade punitiva diante dos seus adversários a tinham sempre acompanhado. Suas conseqüências persistiram aliás, de maneira mais ou menos episódica, até o início do Consulado. Eram jurisdições excepcionais que regulamentavam a repressão espontânea. Os tribunais revolucionários do ano II ficaram muito próximos, em seu funcionamento, das cortes regulares até 10 de junho de 1794. As comissões militares e civis confiaram somente a seus juízes o papel de jurados, segundo o procedimento do Ancien Régime. Quanto à maioria das execuções, principalmente de milhares de vendeanos, foi causada pela lei de 19 de março de 1793, que visava os contra-revolucionários agrupados e armados, e que fora proposta pelo girondino Lanjuinais, mais tarde feito par de França por Luís XVIII.

Os poderes legais dos tribunais revolucionários não bastavam, é claro, para lhes definir a atividade. Tinham como objetivo aterrorizar o inimigo, e estavam a serviço de uma justiça política encarregada de impressionar a opinião pública em favor do poder. Célebres ou não, todas as suas vítimas eram, pois, designadas de antemão. Os magistrados, em sua interpretação das leis da exceção, pouco se importavam então com provas. Houve exceções, mesmo nas zonas de guerra civil como o Loire ou Marselha, onde juízes profissionais frearam o movimento. Isso explica, sem dúvida, por que só 13 departamentos foram responsáveis por 90% das condenações à morte. Situavam-se no Oeste, no Sul e em Paris. As duas primeiras dessas regiões conheceram também as maiores atrocidades da repressão oficial, como a marcha das "colunas infernais" de Turreau através da Vendéia e as execuções sem julgamento perto de Angers ou em Toulon. A análise do caso de Lyon ou de Nantes confirma, enfim, que o Terror do ano II se inseriu num ciclo contínuo de repressão e contra-repressão. O período do governo revolucionário deu-lhe apenas nova amplitude.

Dois tribunais especiais condenaram à morte, em Lyon, mais de 200 pessoas antes de 1.º de dezembro. Os dirigentes parisienses exigiam mais contra esse foco da contra-revolução que seria em parte destruído e trocaria de nome. Collot d'Herbois e Foucher, enviados ao local, realizaram primeiro uma cerimônia de descristianização, caracterizada por uma encenação blasfematória. Depois, em nome do poder do povo, uma "comissão temporária", exclusivamente composta de não-lioneses, procedeu, durante 130 dias, à execução de cerca de 2 mil pessoas. Essa justiça revolucionária, acompanhada de medidas sociais pouco eficazes, gerou sobretudo um intenso foco de contra-revolução, sem nada trazer aos militantes locais. Essa foi uma das inúmeras desilusões que a ditadura jacobina iria causar, um pouco por toda parte, aos *sans-culottes*. Em Nantes, atribuiu-se ao representante Carrier os afogamentos organizados, onde pereceram 2 mil pessoas, ao lado dos fuzilamentos ainda mais assassinos. Esse deputado parece ter identificado os primeiros a serem executados entre os prisioneiros vendeanos já condenados, mas seus auxiliares misturaram a eles outros detidos, padres e criminosos de direito comum. A cidade estava sob o impacto das atrocidades vendeanas e as prisões, cheias de soldados prisioneiros, dos quais se tinha medo. A ameaça de Charette e dos ingleses continuava existindo. O medo do complô, que explicara o massacre de 1792 em Paris, ainda agia ali. Carrier foi destituído, em fevereiro de 1794, porque os extremistas locais o achavam muito mole, e os jacobinos da capital receberam-no como herói. Os terroristas foram assim muitas vezes ultrapassados por suas próprias instituições. O próprio governo, durante o inverno, pareceu perder o controle da repressão. Falava do Terror como se este se destinasse a purificar a sociedade, quando era dirigido antes de tudo à contra-revolução. Embora tenha atingido mais proporcionalmente os membros do clero e da nobreza, um estudo regional de sua repartição mostra que na Vendéia, por exemplo, suas vítimas corresponderam exatamente à composição social da rebelião. O Terror não foi, pois, uma guerra de classes, mas uma operação dirigida contra indivíduos. No Oeste, caracterizou o apogeu de uma luta permanente desde os primórdios da Revolução até 1832. Em Lyon, enquanto metade das vítimas da repressão pertencia aos antigos grupos dirigentes da cidade, os trabalhadores alheios à indústria da seda também lhe forneceram bom contingente, ao contrário dos operários desse ramo. Essa seletividade do Terror lionês fez disso a simples ampliação de uma luta social bastante particular, iniciada em meados do século XVIII.

Embora o papel dos representantes em missão e dos tribunais de exceção tenha sido sobretudo contido, não teria sido possível sem o trabalho mais modesto dos comitês e dos exércitos revolucionários. Os primeiros foram de longe os mais eficazes. Organizados na primavera de 1793, recaíram no torpor durante o verão. Foi a lei dos suspeitos, aprovada a 17 de setembro, que lhes restituiu a atividade. Ela estipulava que os partidários da tirania e do federalismo e os inimigos da liberdade deviam ser presos ou detidos sob a vigilância dos comitês. Esse terrível poder insuflou-lhes vida nova, sob o impulso de enérgicos representantes em missão. Os comitês trataram também de depurar a administração, coletar fundos, caçar desertores, cen-

> surar o correio, liberar passaportes, aplicar o preço máximo, liberar os "certificados de civismo" indispensáveis para se ocupar um posto oficial, fechar as igrejas e impor o respeito ao *décadi*, aplicar os regulamentos das polícias locais. Encarregaram-se dos órgãos regulares do governo ou substituíram-nos. Suas relações com os clubes encheram-nos de militantes zelosos, indispensáveis ao funcionamento do sistema. Esses comitês foram, no entanto, relativamente pouco numerosos, a não ser em alguns centros mais ou menos importantes. Foram pouco ativos nos campos e muito desiguais nas cidades. Seu zelo dependeu muito do zelo dos diferentes representantes em missão, e as inúmeras liberações de suspeitos, durante todo o período, tornam muito difícil avaliar o seu número. A estimativa mais provável é da ordem de 70 mil pessoas, ou seja, menos de 0,5% da população. A arbitrariedade dos comitês e a falta de recursos contra ela foram as principais causas de sua eficácia. Ela se estendia às vezes a 85% das comunas de um distrito, a partir da sede. Instrumento privilegiado da ditadura jacobina e do controle urbano sobre os campos, os comitês descristianizaram e aplicaram o preço máximo. Representaram assim, como a guarda nacional anteriormente, uma solução para o difícil problema da vigilância dos camponeses. Mas suas preocupações continuaram a ser sobretudo locais. Não tiveram alguns a idéia de pedir um confessor para os soldados ou de solicitar a expulsão dos judeus? Pensavam antes de tudo em prender os representantes *locais* da contra-revolução. Os suspeitos, provenientes do clero e da nobreza, foram em número exagerado em Toulouse e Dijon. No Oeste, eram de preferência artesãos e camponeses. Longe das zonas de guerra civil, a cumplicidade com os refratários foi causa essencial de suspeita. Os comitês foram pois menos instrumentos de uma guerra de classes do que instituições que prolongaram a luta local em face da contra-revolução. Nesse aspecto, os inimigos da Constituição civil do clero continuaram a ser, durante toda a Revolução, um alvo privilegiado. Os *sans-culottes* tinham uma imagem legendária dos exércitos revolucionários, quintessência de suas mais puras aspirações. A realidade foi muito diferente entre as 60 pequenas formações que atraíram por interesse, muitos jovens recrutas. A maioria de seus membros citadinos de origem humilde, estava longe de ser composta de militantes zelosos. Contentavam-se em apoiar as autoridades nas pequenas tarefas de caça aos suspeitos. O exército de Paris cuidava de assegurar o abastecimento da capital, agindo, em sua região, contra os interesses e aspirações de inúmeros revoltados rurais de 1792. Os comissários civis desses exércitos, raramente de origem plebéia, não difundiram muito mais um autêntico igualitarismo. Quanto à maioria de seus oficiais, via apenas nesse episódio uma etapa de sua carreira militar. [13]

Recentes trabalhos, muitas vezes de procedência anglo-saxônica, permitiram precisar a diversidade regional da repressão terrorista. Se seus efeitos mais sangrentos pouparam a maior parte da França, nem por isso ela deixou de ser, em toda parte, uma das armas essenciais do governo revolucionário. Seus artesãos, de alto a baixo, queriam ao mesmo tempo reagir à contra-revolução e preparar o advento do reinado da Virtude. Seria preciso, para isso, divinizar a guilhotina e generalizar o procedimento sumário de pô-la à margem da lei? Michel Pertué mostrou que esta, apesar dos aparentes antecedentes sob o Ancien Régime, correspondeu, sob a Revolução, a uma situação de exceção: com os tribunais e as colunas infernais, permitiu atingir a grande meta, "matar (. . .) todos os inimigos". A aplicação do sonho de unidade excomungou-os da República moderna, tal como o tinham sido, em circunstâncias semelhantes, da cidade antiga, esse grande modelo da ditadura jacobina. Nossa época talvez seja menos sensível a essa nobre ambição do que ao destino individual de suas infelizes vítimas: ao lado dos conspiradores e dos especuladores, encontravam-se camponeses católicos, santas freiras e simples oposicionistas, esmagados por um mecanismo mais absurdo que racional. Se salvou a Revolução, o que ainda se precisa demonstrar, podemos duvidar de que lhe tenha conquistado muitos adeptos.[14]

Por que o Terror se burocratizou?

As relações entre dirigentes jacobinos e *sans-culottes* foram constantemente conflituosas, pois os primeiros, para governar, tinham de fazer acordos com outros grupos sociais de interesses opostos aos dos segundos. As jornadas de 4 e 5 de setembro de 1793, que puseram o Terror na ordem do dia, ilustram essa divergência entre as forças revolucionárias. Os manifestantes refletiam então uma ansiedade já antiga em Paris, causada pela demora da instituição da justiça revolucionária, a lentidão da aplicação da luta antiaristocrática, o problema dos alimentos e a exigência de criação de um exército revolucionário. O anúncio da queda de Toulon, após a de Mayence, estimulou esse zelo. A iniciativa veio dos jacobinos, muitos dos quais partilhavam esses sentimentos. Eles pediram às seções que aderissem ao seu movimento, o que 29 delas fizeram, segundo a petição coletiva do dia 5. A comuna deu a essa jornada um apoio de última hora. No dia 4, na verdade, manifestantes que pediam pão e aumento salarial invadiram o Hôtel de Ville. Ali mandaram que fossem à Convenção no dia seguinte. Isso permitiu aumentar a vaga dos partidários da petição jacobina, que conduziu à proclamação, pela Convenção, de um exército revolucionário, à prisão dos suspeitos e ao Terror.

Este foi, pois, lançado sob a pressão de uma manifestação pacífica preparada durante muito tempo. Mas se deveu à iniciativa dos jacobinos, e não do movimento popular. Se os primeiros partilhavam as inquietações e reivindicações do segundo, não tinham a intenção de ser governados por ele. Nessa ocasião Billaud-Varenne e Collot d'Herbois foram cooptados pelo Comitê de Salvação Pública, mas não se decidiu, como se exigia, prender todos os nobres ou eliminá-los do exército. A tarefa do exército revolucionário foi limitada à questão dos alimentos, enquanto os militantes ouviam como uma corte para aterrorizar os açambarcadores dos campos e exercer uma justiça sumária sobre os inimigos internos. Os comitês revolucionários, por outro lado, continuaram sob o controle das autoridades, em vez de serem pura emanação das seções. Esse foi um ponto de partida para a burocratização do movimento popular. Antes do fim do ano, por exemplo, os comitês estavam inteiramente sujeitados ao Comitê de Segurança Geral da Convenção. Não parece, aliás, que os deputados tenham sido surpreendidos por uma manifestação da qual se falava havia mais de duas semanas. Danton aproveitou-se dessa canalização necessária da energia revolucionária para limitar a duas por semana as reuniões de seção, indenizando ao mesmo tempo os que delas participassem. Isso era uma tentativa de sufocar a influência dos militantes entre os mais pobres. Barère denunciou então os contra-revolucionários que incitavam as mulheres a fazerem manifestações sobre a questão dos alimentos e Jacques Roux foi preso na mesma noite. Varlet seguiu-o 15 dias depois, e Leclerc, sentindo a ameaça, desapareceu. Essa jornada assinalou, pois, o início do fim para um movimento popular que, escolhendo os jacobinos e a comuna como porta-vozes, criara senhores para si. A vaga comum da retórica revolucionária mal ocultava o profundo fosso entre a vontade de controle da Convenção e os conceitos dos *sans-culottes*, favoráveis à democracia direta. Percebeu-se isso em relação à campanha de descristianização e essa divisão acrescentou um problema suplementar para os dirigentes.[1]

Eles podiam achar, no fim do ano, que tinham salvo a República, mesmo que a guerra, a contra-revolução e as dificuldades econômicas não houvessem acabado. Alguns pensaram, de repente, num relaxamento do Terror. Como se tratava, muitas vezes, de personagens duvidosos, o debate que se seguiu apenas contribuiu para o reforço da ditadura, que resultou também da necessidade de racionalizar um regime que se dispersava numa multiplicidade de iniciativas locais. Elas eram combatidas por um processo burocrático presente, no movimento revolucionário, desde o recrutamento em massa. Essa tendência retirara dos comitês de vigilância o controle da polícia, e foi ampliada pelas resistências contrárias à política do governo. O Terror, tornando-se mais sistemático, arriscou-se a se tornar mais repressivo, o que só podia aumentar as divisões entre *montagnards*.

Foi relativamente fácil, no final do inverno de 1794, reformar politicamente a economia dirigida, flexibilizando o controle dos preços e tentando associar mais os interesses privados aos do Estado. Essa concessão aos produtores e aos vendedores, à custa dos consumidores, embora descontentasse muita gente em Paris, quase não provocou problemas na Convenção. O tratamento da questão da descristianização foi mais difícil. Relacionava-se com denúncias mútuas de amigos de Danton, sobre práticas de corrupção na liquidação da Companhia das Índias. Envolveram no caso revolucionários cosmopolitas e o contra-revolucionário barão de Batz para criar o complô externo, vasta conspiração internacional destinada a liquidar a Revolução. Mistura de ficção e realidade, isso proporcionou a Robespierre um novo meio de combater o extremismo, uma vez que inúmeros descristianizadores eram denunciados como conspiradores. Robespierre opunha-se ao ateísmo desse movimento, no qual via um perigo ao mesmo tempo social, moral e político. O complô externo forneceu-lhe a oportunidade de enfrentá-lo, a 21 de novembro, atribuindo a descristianização a uma iniciativa contra-revolucionária. A confirmação, pela Convenção, da liberdade religiosa no dia 8 de dezembro não desfez tudo que a campanha anticaótica já havia realizado; não a deteve, aliás. Era uma arma em favor do governo, mas sem significação para os fiéis. Referia-se, de resto, a uma religião cívica de substituição, de tipo teísta, como o mostrou a Festa do Ser Supremo de 8 de junho seguinte, cerimônia que iria inaugurar uma série de outras, em honra da Razão e da Virtude. A primeira teve bastante sucesso, pelo menos em Paris, mas não junto aos deputados, que viram nisso uma prova das aspirações de Robespierre à ditadura pessoal.

Essa suspeita decorreu também do duplo debate que acabava de se realizar sobre a repressão e a corrupção. É difícil tirar a limpo o segundo, e a moralidade duvidosa de Danton, por exemplo, não compromete em nada a coerência de sua exigência de relaxamento do Terror, no outono de 1793. O terror jamais fora para ele mais que um expediente. Mas a discussão sobre se se devia ou não prosseguir uma luta implacável até o desaparecimento do último inimigo da Revolução complicou-se com a habitual intervenção dos capitalistas privados no financiamento da guerra, e suas conseqüências corruptoras, igualmente clássicas, no meio político. Envolveram-se nisso deputados, em particular no Comitê de Segurança Geral; foram perseguidos e Robespierre, informado. Como seus colegas, ele hesitou muito tempo em agir, principalmente em virtude do risco que havia em perseguir um homem como Hébert, tão influente entre os *sans-culottes*. Enquanto isso, essas acusações todas envenenavam ainda mais uma atmosfera sempre dominada, entre os *montagnards*, por uma tendência à desconfiança generalizada.

Os indulgentes* apressaram o desfecho lançando, a 10 de novembro, uma campanha contra a tirania dos comitês e a incompetência dos generais *sans-culottes*. O extremismo viu-se assim na berlinda, e a 15 de dezembro Desmoulins, em seu *Vieux Cordelier*, comparou a situação atual ao terror dos imperadores romanos. Seus adversários, reunidos em torno de Collot e Hébert, fizeram frente, e no dia 25 Robespierre tentou elevar-se acima das facções, comparando a luta do governo revolucionário com a da Virtude contra o Vício, o que, evidentemente, seus iniciadores não haviam previsto. Esse discurso não impediu o prosseguimento da agitação interna, e os hebertistas, ávidos de revanche, apelaram à insurreição. Os problemas econômicos da capital e a mentalidade de seus militantes tornavam perigosa essa situação. O Comitê de Salvação Pública teve de agir contra "conspiradores", aliás sem apoio militar. As declarações imprudentes destes últimos permitiram que o acusassem de um terrível complô, o que levou à sua execução a 24 de março. Essa queda dos hebertistas logo provocou a dos dantonistas, que continuavam seus ataques ao go-

---

* Partidários do relaxamento do terror. (N. dos TT.)

verno. Embora seu chefe permanecesse calado, o Comitê via nele um ponto de convergência para os indulgentes. Ele foi executado junto com seus amigos, após uma paródia de julgamento, a 5 de abril.

Mas ainda havia inúmeros políticos mais ou menos ligados às facções extintas. Sua existência continuou sendo um motivo de hostilidade à ditadura dos comitês. Esses processos, sobretudo, tiveram um efeito decisivo sobre o movimento popular. Os hebertistas haviam errado ao acusar de moderado um governo revolucionário sempre preocupado, à imagem de Carnot, com a direção quotidiana da guerra. Essa preocupação de organização burocrática manifestara-se na lei de 4 de dezembro de 1793, que assinalou uma mudança fundamental ao subordinar todas as atividades locais à Convenção. A soberania nacional foi, assim, reconduzida, para sempre, ao centro do poder. Todas as outras autoridades viram sua liberdade de ação estreitamente limitada. Essa burocratização do Terror transformou-se em ditadura dos comitês com as leis do Ventoso* (fevereiro-março de 1794). Essa proposta de seqüestrar os bens dos suspeitos, destinados a indenizar os patriotas pobres, foi interpretada como uma manobra na direção dos *sans-culottes,* quando da luta contra os hebertistas, ou como uma tentativa, bastante inábil, de resolver os problemas sociais no campo. Os discursos de Saint-Juste, que defendeu o projeto, mostram que ele visava antes de tudo o inimigo interno. Foi, aliás, aplicado, em Puy-de-Dôme por exemplo, num espírito de política partidária, e não de justiça econômica. Essas leis tiveram sobretudo como resultado transformar um governo de exceção em ditadura permanente. Se o primeiro fora declarado, a 10 de outubro anterior, revolucionário até a paz, a expropriação e o banimento perpétuo dos suspeitos davam-lhe agora um significado totalmente distinto. Já não se tratava mais, daí em diante, de um regime de transição, mas da introdução de um sistema administrativo de detenções e punições. O Comitê de Segurança Geral, encarregado da revisão das listas de suspeitos, já recebera, no início de maio, dossiês sobre a metade deles, o que prova a eficácia a que chegara a burocracia terrorista.

A ditadura jacobina, a partir do topo, eliminou pouco a pouco toda resistência, e o movimento popular foi sua principal vítima. A força das seções, com isso, enfraqueceu-se progressivamente. O recrutamento em massa absorveu 23 mil parisienses, enquanto muitos militantes, mais velhos, entravam na nova burocracia, cada vez mais pletórica. Os próprios comitês revolucionários integraram-se à burocracia policial. O *sans-culottisme* inseriu-se na burocracia jacobina ou perdeu toda a vitalidade. As sociedades populares, que animavam as seções, haviam sido encaradas com desconfiança pelo governo depois da denúncia do complô externo. Seguiu-se uma série de depurações que puseram os militantes uns contra os outros e os separaram ainda mais do povo, do qual, aliás, já se haviam desligado pouco a pouco, pois a comuna de Paris, por exemplo, agora cooptava seus membros ou não mais preenchia os postos vagos. Ela arrogou-se igualmente o direito de controlar os efetivos dos comitês das

* Sexto mês do calendário republicano francês. (N. dos TT.)

seções. Às reuniões destas passaram a ter cada vez menos interesse, e se limitaram a atividades paramilitares. Antes mesmo da queda dos hebertistas, a vida política na base perdera pois sua espontaneidade, e inúmeros militantes haviam-se transformado em simples agentes da autoridade, a comuna dependendo do governo e os comitês revolucionários, do Comitê de Segurança Geral. Essa situação explica, sem dúvida, o fracasso do projeto de insurreição "hebertista". A liquidação das facções aumentou a confusão dos militantes e sua desconfiança em relação aos políticos populares, mesmo quando estes conservaram sua confiança na Convenção. O governo aproveitou-se disso, em Paris e na província, para atacar o prestígio da *sans-culotterie*. A queda dos hebertistas assinalou a primeira ocasião, desde 1791, de um recuo do extremismo. A esse reforço da situação governamental juntaram-se a dissolução do exército revolucionário na capital, a supressão dos comissários para os açambarcamentos, o desmantelamento do ministério da guerra, repleto de *sans-culottes*, sua dispersão pela administração e a nomeação de jacobinos lealistas para a direção da comuna. Sob tal pressão, as sociedades populares começaram a proceder à sua dissolução: amplamente avançada desde o fim de maio, ela significou a morte do movimento *sans-culotte* enquanto força autônoma. [2]

Com base em Michelet, Albert Mathiez ou Daniel Guérin, Albert Soboul desmontou admiravelmente os mecanismos dessa luta desigual entre a ditadura burocrática dos comitês e a espontaneidade dos militares. Esse aspecto interessa mais, hoje, do que os meandros da corrupção parlamentar no interior de uma Montagne onde claramente, e apesar das aparências, as acusações morais eram menos importantes do que o confronto entre os partiditários do governo revolucionário e seus opositores. Desde o verão de 1793, Robespierre, Marat e seus amigos tudo haviam feito para arruinar a influência de Jacques Roux no meio do povinho parisiense; foi a calúnia que abateu e conduziu à morte esse apóstolo dos pobres e defensor das massas, teólogo de uma Revolução cujos dirigentes o fizeram perecer. Jean Varlet e Théophile Leclerc foram, de seu lado, os advogados desse conceito de democracia direta da qual desconfiavam os "homens de Estado", artesãos da ditadura jacobina. Acaba-se de ressaltar a diferença entre esses dois tipos de discurso, a qual se manifestou, em particular, quando da instituição do Terror na ordem do dia durante as jornadas de setembro. Onde os *sans-culottes* se preocupavam com o recrutamento em massa e a prisão de todos os suspeitos, em nome do quotidiano de sua revolução, simbolizado pela sua reivindicação de um exército revolucionário, os *montagnards* souberam impor uma institucionalização jurídica da pressão popular sobre a continuidade das leis" e a serviço apenas da preocupação com a salvação pública.[3]

Todo o final de 1793 foi consagrado, pelo governo revolucionário, a abater o espírito de independência e autonomia das sociedades populares provinciais, que no entanto haviam contribuído para salvá-lo na crise federalista do verão. Os dirigentes terroristas desconfiavam na verdade, por princípio, da espontaneidade democrática dos *sans-culottes* locais e a eles preferiam sua hierarquia burocrática de agentes nacionais, sem dúvida enraizados regionalmente, mas pouco representativos da dinâmica da Revolução popular.[4]

O apogeu dessa evolução teve lugar, na primavera seguinte, na capital, onde em menos de dois meses 77% das sociedade populares foram liquidadas pelos Comitês de Salvação Pública e de Segurança Geral.[5]

Por que a ditadura jacobina suicidou-se a 9 do Termidor?

Não foi o divórcio de Robespierre com os *sans-culottes* que provocou a sua queda. A ditadura jacobina tornara-se largamente independente do movimento popular que contribuíra para o seu estabelecimento. A Comissão dos Alimentos dispensava os exércitos revolucionários; os agentes nacionais, representantes do governo nos departamentos, dispensavam os comitês revolucionários, etc. O processo de burocratização, ainda inacabado, poderia ter se tornado mais sólido com o tempo. Se não se deu essa evolução, isso não resulta da desafeição popular, mas das querelas internas dos *montagnards*. O Comitê de Salvação Pública impusera suas soluções à Convenção, mas não havia consenso. Muitos indulgentes tinham um herói para vingar, e alguns deputados extremistas, razões particulares para temer. Carrier, que se comprometera com os hebertistas, fora criticado por um agente de Robespierre por ter oprimido os "patriotas", ou seja, os assassinos de Nantes e Morbihan. Inúmeros jacobinos lioneses continuavam denunciando, em Paris, os abusos de poder de Fouché. Barras e Fréron também os haviam cometido no Sul, onde acharam, como dizia Collot dos operários lioneses, trabalhadores do porto de Toulon tão contra-revolucionários quanto os comerciantes. Esses representantes haviam igualmente deixado para trás os jacobinos marselheses, por eles julgados excessivamente moderados. Não se tratava, aliás, de uma luta entre um Comitê desejoso de relaxar o Terror e deputados que a isso se opunham, mas antes de um conflito entre estes e jacobinos locais, ferrenhamente autonomistas, mas apoiados por Robespierre. O agente deste,

Julien, condenou Tallien, em Bordéus, por não seguir uma política suficientemente igualitária. A convocação desses deputados multiplicou, em Paris, as disputas mortais sobre as dimensões e a orientação do terror, mas não sobre seus princípios.

Convencemo-nos disso examinando a política vendeana do Comitê. Ele aprovou o plano de destruição geral que Turreau começou a executar em janeiro de 1794, mandando deputados para coordenar essas medidas de extermínio. Turreau decidiu em fevereiro que, após a evacuação dos patriotas da região, podia-se matar todos os habitantes que ali permanecessem. Só foi destituído do seu comando, em maio, porque a selvageria de suas tropas, bastante conhecida pelo governo, levava as populações à resistência. Alguns de seus subordinados nem por isso deixaram de prosseguir, sem controle nem reprimenda, com suas expedições de saque. Julien denunciou-os, aliás, a Robespierre como realistas, pois não eram capazes de ganhar a guerra. Essa fase destrutiva da repressão na Vendéia só teve um fim apenas porque foi preciso retirar dali parte das tropas para a campanha de verão. O Comitê nem por isso concedeu uma anistia, e continuou a acusar rebeldes não-armados perante as comissões militares. Essa estúpida política de subjugação do inimigo interno exterminara às vezes 1/3 da população das comunas, e constituiu para a região uma verdadeira catástrofe econômica.

O governo preocupava-se sobretudo com o controle do aparelho repressivo, que preferia muitas vezes confiar antes a extremistas locais do que a representantes. Isso não correspondia, naturalmente, a uma política de moderação. A 8 de maio, os tribunais revolucionários provinciais foram suprimidos em favor do de Paris. A 10 de junho, a lei de 22 do Prairial privou os acusados de qualquer meio de defesa e permitiu ao júri pronunciar-se com base em provas morais. Ao lado da criação dessa máquina de matar, visava-se enviar boa parte dos acusados às seis comissões especiais encarregadas, pelas leis do Ventoso, de examinar os dossiês dos suspeitos. Estes, agora, arriscavam-se cada vez mais à morte, nesse universo de repressão administrativa. Foi o que aconteceu, em junho e julho, em Paris, com as vítimas de complôs imaginários. A lei que as imolou devia-se aos atentados contra Robespierre e Collot. A escolha de tal réplica, preferida, por exemplo, ao reforço da proteção dos membros do Comitê, é significativa da atmosfera política da época, que impedia todo deputado de se sentir em segurança, sobretudo após a morte de Danton. Muitos convencionais começaram a se armar e mudar de endereço.

Esse descontentamento parlamentar poderia ter sido dominado se o governo não estivesse dividido. O Comitê de Segurança Geral considerou uma usurpação a criação, pelo de Salvação Pública, de um departamento de polícia posto, dizia-se, sob o controle de Robespierre. Os dirigentes do mesmo Comitê sentiram na Festa do Ser Supremo o prenúncio de um apaziguamento com os católicos. Apoiados pelos descristianizadores e anticlericais do Sul e do Oeste, reaproximaram Robespierre da religião, e portanto da contra-revolução. Não reinava mais entendimento no outro Comitê. Os administrativos, Lindet, Carnot e Prieur de la Côte-D'Or, toleravam cada vez menos, ali, os ideólogos, Robespierre, Couthon e Saint-

Just. Billaud e Collot aproximavam-se cada vez mais do Comitê de Segurança Geral. Tanto Robespierre como Saint-Just ressentiam-se fortemente dessa situação.

A posição deles fora solapada pela vitória de Fleurus, a 26 de junho, que tornava o Terror menos indispensável como meio governamental de exceção. Mas Robespierre, a 5 de fevereiro, atribuíra à República um objetivo de regeneração moral que ia muito além das finalidades militares da legislação da primavera de 1793. Ele próprio deixou de assistir aos trabalhos de seus colegas, a partir de meados de junho, porque não se entendia mais com eles. Como continuou a examinar os dossiês em sua casa, isso só fez aumentar as suspeitas contra ele. Certamente pensava em expurgar alguns deputados, entre os quais Fouché, a quem mandou expulsar dos jacobinos e que começava a conspirar contra ele. Uma volta ao entendimento dentro do governo continuou possível, no entanto, até o fim, e a 4 e a 5 do Termidor (22 e 23 de julho) os dois Comitês entraram em acordo para reduzir os poderes do departamento de polícia, acelerando ao mesmo tempo as listas de suspeitos. Robespierre rompeu essa trégua, pois não acreditava na sinceridade de seus colegas. Ameaçou-os no dia 8, num longo discurso que atacava os indulgentes, denunciava uma "coalizão criminosa" dentro da Convenção e exigia a depuração do governo. Billaud e Collot foram expulsos, à noite, dos jacobinos, aos gritos de "Para a guilhotina". No dia seguinte, na Convenção, Billaud atacou Robespierre, que o impediu de falar e o prendeu com seus amigos.

A comuna tomou a defesa deles, mas não teve muito apoio das seções. Isso se deveu a sua proclamação do teto máximo para os salários, ocorrida quatro dias antes. Essa medida era certamente impopular e vinha acompanhada, desde abril, de uma repressão oficial às greves. Mas os *sans-culottes* não eram assalariados. Os que aplicaram essa política social, e que apoiavam Robespierre, eram artesãos, pequenos patrões, funcionários e intelectuais. O destino dessa jornada não dependeu de considerações econômicas, mas da capacidade de direção e organização. A Convenção agiu rapidamente, advertindo as seções, 19 das quais, não especialmente moderadas, recusaram-se a seguir a comuna. Esta, por instigação do Comitê de Segurança Geral, não foi muito mais apoiada pelos comitês revolucionários. As forças policiais continuaram, pois, leais ao poder, e o mesmo se deu, através delas, com a maioria dos *sans-culottes*. Quatro dos seis comandantes da guarda nacional usaram-nas igualmente. Com meios tão fracos, e numa crise tão inesperada, a comuna foi incapaz de agir com eficácia e rapidez. Foi o que aconteceu também com os jacobinos. Muitos militantes, nas seções, compreenderam mal o que se passava ou se dividiram. Com a libertação dos deputados prisioneiros a Convenção os colocou fora da lei, e também a comuna. Essa medida, antes reclamada por Saint-Just contra os girondinos, levou as forças armadas, reunidas diante do Hôtel de Ville, a se dispersarem. A Convenção triunfara porque seu prestígio coletivo permanecia, como sempre, mais forte que o desse ou daquele de seus membros. Esse prestígio exercia-se, agora, pela tendenciosidade de uma hierarquia de instituições que controlavam o movimento popular com muito mais segurança do que podiam

> fazê-lo os jacobinos e a comuna. Nesse sentido, o dia 9 do Termidor, derrubando alguns de seus militantes mais decididos, fora uma vitória do poder revolucionário. Foram grupos das seções que liquidaram a lastimável tentativa de insurreição robespierrista, antes que seus chefes fossem executados na tarde do dia 10. E ninguém imaginava ainda que a morte deles assinalava o fim do Terror. [1]

Martin Lyons observou com justeza que a queda de Robespierre e seus amigos deveu-se antes de mais nada aos membros do Comitê de Segurança Geral, que haviam desempenhado até então um papel essencial na máquina policial do governo. A ação deles, nessa jornada, teve motivações ao mesmo tempo políticas e pessoais, e não foi sem razão que julgaram tê-la combatido a serviço da Revolução. Seu golpe de Estado foi uma operação ao mesmo tempo burocrática e parlamentar, à imagem do que se havia tornado o regime *montagnard.* Como o viu Albert Mathiez, ele permaneceu suspenso no vazio, entre a apatia ou o surdo descontentamento das massas e a unanimidade de fachada da Convenção. Os sucessos militares, no entanto, tornavam a ditadura cada vez menos necessária, enquanto os robespierristas pareciam recomendá-la. Muitos deputados os temiam, e essa tensão antecedeu e preparou o 9 do Termidor. Ela explica as maquinações secretas e as medidas de precaução e vigilância que se tramavam, às escondidas, entre os dirigentes do Terror, por sua vez aterrorizados. A crise explodiu, enfim, para dissipar uma atmosfera intolerável, onde a ameaça de morte parecia pairar sobre tantas cabeças. O ódio e a autodefesa de parlamentares acuados são, pois, *do lado da Montagne*, a primeira causa do 9 do Termidor. De fato, eles interpretavam a lei de 22 do Prairial como uma tentativa de justificar sua própria alimentação futura. Esses rumores de proscrição não eram, aliás, destituídos de fundamento, em particular no que se refere a antigos representantes em missão.

Também esses figuraram entre os artífices da queda de Robespierre, mas somente ao lado dos dantonistas e sobretudo dos membros dos dois Comitês governamentais. Com exceção do centro e da direita da Assembléia, tratou-se, pois, de uma mistura de *deputados de esquerda,* indulgentes ou extremistas. Entre os segundos, encontravam-se sobretudo, fora os membros dos comitês, vítimas da centralização do Terror e descristianizadores. Para Robespierre, havia aí dois motivos para odiá-los, mas eles foram, em compensação, protegidos pelos dirigentes do Comitê de Segurança Geral. Por trás de Vadier, Amar e Voulland, eles se opuseram cada vez mais ao exercício do poder comum dos robespierristas. Condenavam-lhes a tendência do Comitê de Salvação Pública a se apoderar da ditadura policial. Viram no estabelecimento de um departamento particular sob um agente de Robespierre um instrumento de influência pessoal e um gesto desafio. No centro dessas disputas estava notadamente o controle da rede de informantes a serviço do governo. As disputas duplicaram-se com a oposição da maioria do Comitê de Segurança Geral, violentamente anticlerical, à política religiosa de Robespierre, de quem suspeitava que favorecesse o catolicismo. Vadier conseguiu, nesse plano, ridicularizar seriamente o Incorruptível, envolvendo-o, a propósito do caso Catherine Théot, em complôs contra-revolucionários. Com ele, inúmeros *montagnards* viram em Robespierre um amigo da superstição e do fanatismo.

Sabe-se enfim que, dentro do próprio Comitê de Salvação Pública, Billaud, Collot e Carnot desligavam-se cada vez mais dos robespierristas. Seu chefe desencadeou, no entanto, a luta final ao romper um acordo que ainda julgava sólido no 9 do Termidor. O discurso pronunciado nesse dia por Robespierre significou claramente a acusação do governo revolucionário por uma parte dos seus membros. De repente ele pôs contra si a quase totalidade da esquerda da Convenção. O 9 do Termidor foi sua vitória, a dos terroristas mais extremados, contra um grupo taxado, erroneamente, de moderantismo. Eles não imaginavam que a Planície fosse exigir-lhes, em troca de seu apoio, o fim da política de repressão. Seu erro de cálculo foi duplicado por uma subestimação das conseqüências da burocratização da Revolução, para a qual eles próprios haviam contribuído. Mas foram acuados à ação pelas ameaças de Robespierre, e acreditaram sinceramente, cada qual a seu modo, que o imolando salvariam a República.[2]

Alheio a todo o debate sobre a orientação social do poder e à preocupação de relaxar o Terror, esse golpe de Estado resultou, antes de mais nada, das divisões ocorridas dentro da equipe dirigente. Essa luta política opôs, por exemplo, Carnot aos robespierristas, cuja queda ele organizou com tanta arte quanto preparara as vitórias. Seu *Soirée du Camp*, jornal destinado aos exércitos cujo primeiro número surgira a 2 do Termidor, anunciou-lhes passo a passo a iminência do acontecimento e sua significação. Os historiadores têm voltado também à lei do 22 do Prairial, que Henri Calvet, em 1949, já havia inscrito "na evolução lógica do Terror". Georges Lefebvre associava-a mais às circunstâncias externas que haviam feito os membros dos comitês perderem a calma. Michel Eude observou há pouco que esse agravamento da repressão estava no plano de ação do governo revolucionário. Se o texto da lei, apresentado por Couthon e defendido por Robespierre, não fora elaborado em colaboração com o Comitê de Segurança Geral, seus dirigentes sem dúvida aprovavam-lhe o espírito. A rivalidade entre esses terroristas não se referia, pois, ao princípio do Terror. Responsáveis, a diferentes títulos, pela polícia política do regime, eles sabiam que ela era a alma deste, e a organização burocrática dessa máquina mortífera, realizada metodicamente a partir de setembro de 1793, era ao mesmo tempo seu mais belo motivo de glória e sua obra comum. O conflito fundamental que acabou por opô-los não resultou de divergências administrativas, mas da cisão ocorrida, no seio de todo o governo, entre os robespierristas e os outros. Pode-se apenas perguntar se Michel Eude está certo ao atribuí-lo sobretudo, diversamente de Martyn Lyons, às incompatibilidades pessoais. Pode-se também duvidar do caráter inevitável do desaparecimento de um Terror que os dois campos, que se chocaram a 9 do Termidor, queriam paralelamente intensificar. Será verdade que a tensão sangrenta imposta por um regime de ferro não seria prolongada se este não se houvesse suicidado?[3]

Vadier, que foi um dos mais ferrenhos defensores de Robespierre, ao mesmo tempo que um responsável fundamental por sua queda, é bem mais conhecido por suas selvagens vinganças contra os velhos rivais de Ariège, que ele mandou para a guilhotina por fanatismo e contra-revolução. Era naquele departamento, e havia muito tempo, um grande proprietário e notável influente que aproveitou seu novo poder revolucionário para liquidar os inimigos íntimos. Martyn Lyons ligou-se a esse curioso espécime da mentalidade jacobina que já tinha 53 anos em 1789. Mais voltairiano que rousseauísta, provinha de uma região caracterizada pela violência e, para ele, pelo "fanatismo". Ele próprio reagira contra o clericalismo ambiente, que no entanto havia garantido a ascensão de sua família e sua própria formação. Eu seu meio, viam aquele burguês bem-provido e com pretensões à senhoria como um arrivista; ele não esqueceu esses insultos, que enviaram seus autores à guilhotina. Ao se tornar magistrado provincial, aproveitou-se da Revolução para se vingar de suas frustrações e acertar contas políticas locais. Tal preocupação ditou sua conduta na época da Constituição, onde ele cuidou de se opor aos rivais em sua terra. Uma *vendetta* familiar caracterizou, assim, a vida em Ariège até a época do Diretório. Vadier serviu-se ali, como oportunista, de seu mandato de deputado e de sua orientação jacobina, que lhe permitia tratar como "aristocratas" seus adversários tradicionais. Enraizados nesses preocupações, seu anticlericalismo e seu radicalismo nem por isso foram menos sinceros, e o segundo teve suas hesitações. Plenamente conquistado pela Montagne e se tornando uma importante personalidade do governo, Vadier não omitiu por isso o acerto de contas pessoais e a liquidação dos rivais. Utilizou para esse fim suas responsabilidades dentro do Comitê de Segurança Geral. A vingança pessoal estava no centro da conduta pública desse artesão do Terror, do mesmo modo como ele privilegiava, em sua ação política, os métodos do clientelismo e do clã familiar. Foi também por ódio pessoal que ele se opôs a Danton e, em parte, a Robespierre. Mas reprovava principalmente ao último, como já se viu, as concepções religiosas. Apesar da reação termidoriana, com a qual sofreu, Vadier jamais se arrependeu de ter eliminado o Incorruptível. Continuou sendo, até o final de sua vida, em 1828, jacobino, republicano e terrorista. Como muitos dirigentes revolucionários, passara da violência verbal do provinciano frustrado à utilização pessoal do poder burocrático e policial. Sua velha hostilidade para com os nobres e a Igreja foi a única mas poderosa justificativa ideológica de sua atitude.[4]

Na verdade, não é mais possível estudar o Terror separadamente dessa tentação da força permanente entre seus manipuladores. Fez-se deles durante demasiado tempo, com Albert Mathiez, e sob o pretexto de responder a uma lenda negra, santos dignos de uma lenda dourada. Foram certamente, como disse Georges Lefebvre sobre Robespierre, homens da resistência revolucionária, e este último, quanto a isso, jamais foi tão grande quanto na segunda metade de 1793. Mas esses idealistas, muitas vezes mal preparados para compreender o seu tempo no plano econômico e científico, foram incapazes de se desprender de seu sonho utópico e sangrento de ressurreição moderna de uma República à antiga. Original e penetrante, a biografia de Robespierre escrita por Norman Hampson mostra-o em seus últimos meses como Michelet sempre o descreveu: *ao mesmo tempo* trágico e ridículo, patético e grotesco. Enredado nos fios de sua paranóia, ficou cada vez mais obcecado pela morte, a sua e a dos outros. Seu desaparecimento foi, para todos, uma libertação. Um lirismo absurdo transfigurou demasiadas vezes em seres sobre-humanos esses políticos incapazes de dominar uma situação que, em grande parte, haviam contribuído para criar. Saint-Just, por exemplo, foi transformado por muitos numa espécie de arcanjo da guilhotina, quando sua personalidade era fraca, suas idéias, pouco originais e sua ação, prosaicamente maquiavélica.[5]

A auréola sagrada que circunda esses apóstolos do Terror provém ela própria das origens religiosas evidentes em relação a esse conceito, pelo qual a Revolução politizava antigas angústias existenciais ou metafísicas. Ele caracterizava a arbitrariedade despótica para os liberais do Ancien Régime: sua virada apologética, pelos dirigentes jacobinos, em nome da legítima violência da vingança popular, não os arrancava do universo fascinante do qual gostariam de se separar. Como o vocabulário religioso, sua política da morte retornava à ideologia e à prática do passado absolutista. Sua aliança estética com o impossível, corretamente observada por Tocqueville e Quinet, levou-os a racionalizar e disciplinar as reações revolucionárias pelo contágio moral do medo. Mas, ao fazerem isso, encerravam sua ação numa lógica delirante onde o Terror — que cessaria apenas com o desaparecimento do último inimigo — estava fadado não somente à manutenção, mas ao constante recrudescimento. Quatro dias antes da queda de Robespierre, Carnot falava ainda em "entregar ao gládio vingador" os "bandidos" e os "monstros" da Vendéia; suplicava aos representantes que fizessem a "justiça revolucionária" retomar então o "seu curso". Não encontraria, dois meses mais tarde, solução para essa guerra civil a não ser na destruição do arvoredo. Os historiadores concordam hoje em numerar a conta dessas loucuras em 10 mil vítimas, além da total ruína econômica da região. Sem entrarmos, a esse respeito, em querelas excessivas, somos obrigados a constatar que esse desastre resulta, em primeiro lugar, da paranóia terrorista que reinou sem distinção em Paris e na província, de 1793 a 1794.[6]

8

Uma ditadura inevitável?

Muitos historiadores, desde Michelet, têm interrompido a narrativa da Revolução na queda de Robespierre, como se esta caracterizasse o seu fim. O período que transcorre entre 9 do Termidor e 18 do Brumário coloca na realidade uma série de questões fundamentais sobre o sentido do que aconteceu em 1789. Antes de mais nada, a reação termidoriana representa o fim da Revolução ou se insere na sua continuidade? Por que, por outro lado, o regime por ela criado foi incapaz de se firmar? Finalmente, era inevitável que essa primeira República "burguesa" se suicidasse?[1]

A reação termidoriana assinala o fim da Revolução?

A tradição historiográfica, encarnada por Alberto Mathiez e Georges Lefebvre, via de boa vontade na época termidoriana a inauguração de um sistema de reação burguesa que desembocou logicamente na aventura de Bonaparte. A sucessão de catástrofes que oprimiu a França entre 1794 e 1801 não deita, no entanto, todas as suas raízes no abandono de um sistema que a maioria dos próprios *montagnards* não mais queria. O desaparecimento de sua ditadura foi saudado por um entusiasmo geral que só foi substituído ao cabo de seis meses pela instauração de um acerto de contas contra os militantes que o tinham apoiado. Os novos dirigentes da Convenção, privados dos meios de ação de seus antecessores, iriam enfrentar os problemas legados pelo Terror e as novas circunstâncias que os agravavam. Os sacrifícios exigidos para vencer a contra-revolução foram julgados pesados demais. O descontentamento e os ressentimentos foram explorados por uma oposição realista que não se desarmara. Para vencê-la completamente, seria necessário evitar o prolongamento da guerra, o desmoronamento econômico e a derrocada financeira. O novo governo foi incapaz disso, pois não tinha apoio político suficiente. Daí resultou a paralisia da autoridade e da administração.

Os terroristas renegados, indulgentes ou moderados que substituíram Robespierre e seus amigos queriam antes de tudo impedir a volta de seu despotismo. O subseqüente desmantelamento dos comitês e do aparelho revolucionário não atingiu, aliás, a maior parte das bases legais da repressão. Tratou-se apenas de uma restauração da colegialidade governamental dentro da Convenção. Mas foi acompanhada de um repentino desaparecimento dos efeitos mais sangrentos do Terror e de uma progressiva libertação dos suspeitos. Os comitês revolucionários que subsistiam foram encurralados pela opinião pública. Suas antigas vítimas constituíram um poderoso grupo de pressão contra os terroristas, enquanto aumentava nos campos a resistência à descristianização. As conseqüências do 9 de Termidor assinalaram um recrudescimento certo da contra-revolução popular, cuja base religiosa era o essencial.

Esse fator de oposição foi agravado pela política econômica da Convenção. A herança do governo revolucionário nesse campo era relativamente saudável, mas foi comprometida pela má colheita de 1794. Seus efeitos foram agravados, no plano dos transportes e abastecimento, por um inverno extremamente frio. A economia dirigida não agüentou essas pressões, às quais se misturava a má vontade habitual dos camponeses em efetuarem suas entregas. A especulação recomeçou e os mercados esvaziaram-se. A Convenção aboliu o controle dos preços a 24 de dezembro, acreditando muito levianamente que a supressão da burocracia econômica resolveria tudo. Mas isso apenas precipitou o desabamento do assinado, a alta dos preços e a miséria, que jamais fora tão grande desde o início da Revolução. O número de mortos duplicou em algumas cidades, como Rouen. Esse desaparecimento anormal das pessoas idosas, dos jovens e dos operários assinalou a volta da França a uma situação que ela não conhecera desde o início do século. Isso foi acompanhado pelo aumento da criminalidade, devido aos bandos de vagabundos que circulavam nos campos. Diante da inflação galopante, a miséria e a impunidade dos bandidos, o governo estava à beira da falência.[2]

A contra-revolução revigorou-se com isso, em particular nos campos, onde as medidas de confisco e o racionamento levantaram todas as comunidades contra as autoridades. Em Gers, o descontentamento rural, já manifestado sob o Terror, agravou-se com o apoio trazido pela Convenção aos interesses dos proprietários. Essa região só se mostrou mais favorável à causa dos refratários, dos desertores e, em breve dos realistas. Esses rendeiros do Sul eram, no entanto, equilibrados por inúmeros pequenos proprietários, mais favoráveis ao novo regime. No Oeste, ao contrário, a maioria dos camponeses, descontentes com a contribuição a uma Revolução cuja legitimidade não admitiam, deu um apoio de escol ao movimento insurrecional dos *chouans.** Essa manifestação armada da comunidade rural traduzia sua revolta diante das reviravoltas ocorridas desde 1790 e sua nostalgia de um Ancien Régime mais favorável que o novo à autonomia local. A população dos campos, desde a Constituição Civil, sonhava com uma volta a essa ordem de coisas tradicional e com a derrubada de uma República ilegítima. Aceitou por isso unir-se aos emigrados, mas teve de se limitar a uma tática de guerrilha e emboscadas. Obrigou o governo, a partir de setembro de 1794, a se manter na defensiva numa dezena de departamentos ao norte do Loire. A política terrorista em relação à Vendéia já havia revigorado ali a resistência. Encurralados, os termidorianos não tiveram outro recurso senão conceder a anistia, e depois a liberdade religiosa, a 21 de fevereiro. Por mais provisória que tenha sido, a pacificação que se seguiu permitiu ao menos um início de restauração da autoridade, comprometido, no entanto, pelas divisões que levantaram a Convenção.

Esta não quisera, a princípio, debruçar-se sobre o passado terrorista. A execução de Carrier, a 16 de dezembro de 1794, assinalou uma mudança de rumo, na medida em que esse personagem passou com isso a simbolizar todo o período precedente. Inúmeros democratas, como Babeuf, exigiram sua condenação. Os inimigos dos jacobinos aproveitaram-se disso para eliminar os clubes da vida política. Presa da paixão das recriminações retrospectivas, principalmente em relação ao golpe de 31 de maio, a Assembléia aprovou, antes do final do ano, o julgamento de Barère, Billaud, Collot e Vadier. Ela convocaria, a 9 de março de 1795, todos os deputados girondinos sobreviventes. Essa volta dos proscritos alterou definitivamente o equilíbrio das forças na Convenção: sem estarem sedentos de vingança eles iriam mostrar, em Paris e na Província, a extensão do seu antiterrorismo. As sublevações da capital na primavera deram-lhes a oportunidade de fazer isso. Elas foram, aliás, apenas um episódio do mais importante movimento de distúrbios populares registrados em três anos, em particular no Nordeste, em virtude da escassez de cereais. As mulheres, sobretudo, protestavam contra os problemas de abastecimento. Os *slogans* políticos que proferiram, realistas ou republicanos, visavam descontentar as autoridades. Em Paris, onde a direção das seções passara para os moderados, os *sans-culottes* haviam perdido o controle da rua em proveito dos bandos da juventude dourada, cheios de pequenos funcionários e de desertores. Desde o outono anterior, sua pressão antijacobina fazia-se sentir na Convenção e nos locais públicos. As jornadas do Germinal e do Prairial, do ano III (1.º de abril e 20 de maio de 1795) não foram, pois, dirigidas contra elas, e revelaram uma profunda despolitização da população da capital. Em primeiro lugar, esta exigia pão, não se importava mais com especuladores, sentia tanta nostalgia do rei quanto da guilhotina, e só reclamava às vezes da Constituição de 1793 em virtude de um desejo de democracia direta e de autonomia municipal. A manifestação pacífica do Germinal, análoga à de setembro de 1793, degenerou apenas em virtude da confusa invasão da Convenção por mais de 10 mil pessoas. Permitiu à maioria eliminar inúmeros *montagnards*, declarar Paris em estado de sítio e começar a desarmar os terroristas.

---

* Ver nota da p. 148. (N. dos TT.)

A jornada do Prairial, iniciada pelos administradores dos bairros orientais, foi em primeiro lugar um motim da fome. Complicou-se com uma tentativa real de subversão armada e de golpe de força política, análogo aos de 10 de agosto e 2 de junho. Um deputado foi morto durante o ataque à Convenção, que se reuniu de novo, durante horas, num tumulto, antes de ser suspensa por guardas nacionais e legalistas. Outra manifestação ameaçadora, no dia seguinte, foi seguida de dispersão. A contra-ofensiva governamental possibilitou, com a ajuda do exército regular, a sujeição do bairro de Saint-Antoine, definitivamente desarmado. Houve inúmeras prisões e condenações, inclusive entre os deputados (40 *montagnards* detidos, seis dos quais condenados à morte). Era o fim do movimento *sans-culotte,* cujos militantes se limitaram daí por diante a uma carreira de conspiradores, sempre estreitamente vigiada pela polícia. A repressão termidoriana punha assim um fim ao ciclo de insurreições parisienses, iniciado com a Revolução. Acabou na fraqueza e desorganização da ação pupular. Mas o regime dependia mais que nunca da força armada. A deterioração das condições econômicas, que iria agravar-se ainda mais em seguida, não trouxe mais nenhum novo levante, pois a esperança das massas estava morta.[3]

Os militantes provinciais sofreram inúmeros vexames a partir de abril de 1795. Além de seu desarmamento, as regiões antes devastadas pelo Terror antifederalista sofreram uma repressão severa, muitas vezes estimuladas pelos representantes em missão. Foi o que aconteceu particularmente no Sul. Massacres de prisioneiros jacobinos ocorreram ali, assim como na região lionesa, segundo o esquema anterior de 1792-1793. Incitados a matar e beneficiando-se de inúmeras cumplicidades e facilidades, os agentes desse "Terror Branco" gozaram praticamente de impunidades para se vingar dos antigos carrascos, massacrando-os. Os reflexos do medo e da reação punitiva também tiveram seu papel, mesmo limitando-se como em Lyon, por exemplo, em maio, a uma centena de assassinatos. Houve 30 deles em Marselha, enquanto os patriotas de Toulon marchavam sobre a cidade. Rechaçados, 52 deles foram condenados à morte. Uma centena de jacobinos foi ainda liquidada em Marselha, em junho, bem como 23 em Tarascon. A violência popular antiterrorista, que precedera esses massacres mais ou menos organizados, continuou, por outro lado, a acompanhá-los e a prolongá-los. Visava, no Sul em particular, os antigos membros dos tribunais revolucionários. Os representantes em missão favoreceram muitas vezes esses bandos de assassinos, compostos de jovens desejosos de escapar ao exército e que se aproveitavam da fraqueza das autoridades locais. Reprovava-se aos jacobinos o fato de terem abalado a ordem tradicional, tentando confiar responsabilidades a pessoas que não deviam tê-las. Se a motivação realista desses assassinatos é duvidosa, sua premeditação o é bem menos. A tranqüila realização dessas atrocidades anônimas testemunha, em Lyon, por exemplo, a completa falência da administração municipal. As escoltas oficiais não impediam os assassinatos, e os culpados, embora perfeitamente conhecidos, nada arriscavam com testemunhas aterrorizadas. Antes ostentavam, com soberba, seus assassinatos, e se recrutavam no meio social heterogêneo que apoiara o federalismo em 1793. Não faltavam os artesãos, e também os ricos, os desertores e os antigos suspeitos. Suas vítimas, ao lado dos terroristas, podiam ser trabalhadores, padres constitucionais, protestantes e judeus. Esses bandos operavam ainda, no início do outono, em umas 30 cidades de dez departamentos do Sudeste. Haviam causado ali muito menos mortes do que o Terror do ano II, mas conseguiram paralisar o governo.

Esse vôo do "realismo" e a destruição do jacobinismo militante forneceram a base de um acordo político dentro das elites. Poderia ter tomado a forma de uma monarquia constitucional restaurada, reagrupando monarquistas, fayettistas e termidorianos conservadores. Mas essa solução, que exigia também o fim da violência contra-revolucionária, foi impedida pela morte do filho de Luís XVI, em junho. Com sua estúpida declaração de Vérome, o conde de Provence, que se tornara "Luís XVIII", anunciou um retorno ao Ancien Régime, totalmente afastado da realidade Ele reforçou a posição da Convenção e obrigou os realistas à guerra civil, arruinando ao mesmo tempo a idéia de uma aliança conservadora. É verdade que muitos pensavam que a República, vitoriosa no exterior, estava às vésperas de um desmoronamento interno. Os ingleses tentaram facilitá-lo, abrindo uma nova frente na Bretanha. Isso só deu no desastre de Quiberon, em julho, ao fim do qual mais de 600 emigrados desembarcados foram fuzilados. A *chouannerie*, estranha ao espírito aristocrático deles, nem por isso foi destruída. Continuou com seus assassinatos e emboscadas, que opunham, na França do Oeste, os campos às cidades e a transformavam, do ponto de vista de Paris, em região ocupada.

Enfim tranqüilizados, os políticos puderam consagrar-se à redação da Constituição do ano II. Essa revisão da Carta de 1793 deu num projeto inteiramente novo. Criando mais cidadãos ativos que em 1791, limitava o corpo eleitoral possível dos deputados a 30 mil pessoas. Era excluir dele os grupos sociais que haviam dirigido a Revolução desde o início, confiar-lhe os destinos aos setores mais ricos da burguesia, do campesinato e da antiga nobreza, que permanecia elegível se não houvesse emigrado. Eram, em sua maioria, homens que se opunham à República, como se verá sob o Diretório. Esse regime teve outro elemento de instabilidade em sua estrutura interna complicada, que vinha do medo termidoriano à ditadura. Separou os poderes, dividiu o legislativo em duas câmaras, confiou o executivo a um Diretório de cinco membros, munido de importantes poderes e senhor do governo e da administração. Seus comissários, em particular, prosseguiram a obra de centralização, à custa das autoridades eleitas nos departamentos e cantões. Como se tratasse muitas vezes de antigos jacobinos, prolongou-se o princípio da cooptação dos patriotas. O Diretório, assim armado, teria podido sobreviver a um sistema de eleições freqüentes, construindo para si uma clientela nacional. Sem dinheiro e sem meios de influenciar a opinião pública, arriscava-se ao choque com um legislativo cheio de oposicionistas e impaciente com um executivo muito mais lentamente renovado do que ele. Sabendo-se impopular, a Convenção decidiu, em agosto, que 2/3 dos novos deputados seriam escolhidos em seu interior. Tal medida, igualmente submetida a referendo, foi aprovada por muito menos votos. A enormidade das abstenções e o domínio de inúmeras assembléias primárias pelos contra-revolucionários eram de mau agouro para o futuro de um governo representativo na França. O eleitorado, que desejava uma volta à paz, à ordem e à prosperidade, votou maciçamente nos moderados, antigos convencionais e homens novos, por desgosto com a política anterior. O protesto contra o decreto dos 2/3 causou, por outro lado, o levante parisiense do dia 13 do Vendemiário (5 de outubro de 1795). Esse curioso movimento, obra de monarquistas constitucionais, adotou o discurso da soberania popular, e o grosso de suas tropas foi composto de artesãos. Nascido das condições malsãs em que se efetuara o referendo em Paris, foi ligado à persistente agitação mantida pela juventude dourada e pela imprensa antiterrorista. Sete seções, pronunciaram-se, a 3 de outubro, a favor da dissolução da Convenção, que decidiu rearmar os terroristas. As forças que ela finalmente confiou a Barras conseguiram dispersar as das seções. A repressão foi muito leve, e visou sobretudo empregados e desertores. Permitiu colocar a guarda nacional sob o controle do novo general do exército interno, Bonaparte.

A ofensiva realista do ano III terminou, assim, com um fracasso. Havia mostrado, no entanto, a ilusão dos termidorianos quanto a uma reconciliação nacional nas costas dos terroristas. Os defensores da obra da Constituinte tinham tido de enfrentar os levantes do Oeste, os massacres do Sul e o despertar católico. Viram nisso a mão de um pretendente que prometia a morte aos regicidas e a volta do Ancien Régime. Assim, a Convenção terminou sua carreira renovando as disposições contra os refratários e emigrados. Majoritários na nova legislação, seus membros escolheram, a título de garantia, cinco diretores regicidas. A Primeira República continuou sendo, pois, apesar do 9 de Termidor e da aplicação de uma nova Constituição, um regime revolucionário, uma vez que a contra-revolução não se desarmara.[4]

Essas análises de Donald Sutherland atenuam a habitual interpretação do período termidoriano como sendo uma reação burguesa. Vêem muito mais a afirmação de uma ameaça contra-revolucionária que impediu a Revolução de se concluir realmente. Os aspectos populares internos desse perigo foram os mais importantes. Diante deles, conta pouco o estudo pessoal, psicológico ou anedótico dos membros da Convenção. François Gendron acaba de renovar o da juventude dourada, bando de 2 mil a 3 mil pequenos-burgueses que dominou as ruas da capital, e de sua vida política do Termidor ao Vendemiário. Ela ajudou o poder dos republicanos moderados a esmagar, no Germinal e no Prairial, os motins da fome, antes de se voltar inutilmente contra ele, em outubro de 1795. Não se pode, no entanto, transformar o que antes fora uma simples milícia oficiosa do regime numa causa fundamental do "dinamismo reacionário" e do "fenômeno termidoriano". Eles tiveram muitas outras fontes, se se pensa que Babeuf começou por apoiá-los, antes de ser encarcerado como Varlet. Quanto ao monarquista La Harpe, não hesitou, no extremo fim da Convenção, em transformar seus dirigentes em herdeiros de Robespierre.[5]

A complexidade dos termidorianos tinha seu equivalente entre seus adversários, os últimos *montagnards*. Françoise Brunel estima-os em uma centena de deputados, que se juntariam no início de 1795, após tomarem consciência da extensão da "reação" que sucedeu, para eles, a Revolução. Contra essa marcha-à-ré, pregam o valor global de uma herança revolucionária que comparam à proclamação da igualdade. Mas demoram, como se vê, a perceber a estratégia e a tática termidorianas, aliás lentamente aperfeiçoadas. Elas resultaram de uma aliança ainda frágil entre uma fração da burguesia revolucionária e pessoas honestas da elite dos notáveis. A técnica política colocada a serviço desse novo poder revelou-se muito hábil na retomada do controle dos quadros e na manipulação da opinião pública. Culminou, além de uma simples reação, na criação de uma ordem censitária, em via de estabilização. Marcou uma ruptura abrupta com a ideologia moral e austera inspirada, até então, por Rousseau. Proclamando a necessidade das desigualdades, abria enfim o caminho para o capitalismo do futuro. Esse liberalismo, conservando certas aspirações da época precedente, faz do ano III um marco decisivo da história política francesa. Separando-se do jacobinismo e de suas aspirações à "felicidade de todos", os amigos de Daunou faziam da "sociedade nacional" uma simples "empresa de comércio", segundo o modelo mercantil proposto por Adam Smith. Substituíam a sacralização do político, que caracterizara os anos anteriores, pela da economia. Isso reconduzia a seu *status* de pura utopia o sonho da formação oficial de um homem novo e lhe opunha a primazia da competência. Com Sieyès, a Convenção termidoriana anunciava que a República não seria uma "Re-total", ou seja, ao mesmo tempo despótica e niveladora, como todas as que se inspirariam, daí em diante, na experiência do ano II.[6]

Clive Church preferiu situar o esforço dos constituintes do ano III em relação ao problema espinhoso de uma burocracia pletórica criada pela Revolução da qual suspeitavam, mas não puderam desembaraçar-se. Daí sua vontade de diluir os poderes do Estado. Essa vontade reuniu num dado momento republicanos moderados e realistas, mas esse "bloco" teve dificuldade em lidar com um equilíbrio instável entre a ameaça da subversão social e a de uma volta ao Ancien Régime. Esta manifestava-se através de uma imprensa de direita feita por homens transformados em contra-revolucionários à medida que se decepcionavam com a Revolução. Esses jornalistas e seus leitores tinham, mais ou menos, o mesmo nível social que os do outro campo, o que mostra a dificuldade de se estabelecer uma relação estreita entre o fato de pertencer a uma classe e o comportamento político. Os termidorianos, por outro lado, enganavam-se pensando que um eleitorado censitário manteria necessariamente a sua obra. Não tiveram tampouco mais visão, no final de seu mandato, identificando a burocracia que haviam herdado com a contra-revolução que temiam. A primeira, na verdade, como mostra Clive Church com base em Max Weber, afirmou-se durante todo o período revolucionário como uma força superior a peripécias que não cortaram o seu vôo. A nova administração, reforçada pelo governo revolucionário, assustou seus sucessores, que aboliram por esse motivo o preço máximo, mas não chegaram a criar a República sem funcionários de seus sonhos. Vencedores da economia dirigida, não puderam controlar a burocracia que criticavam, e tiveram de se contentar em tentar expurgá-la, por motivos aliás imaginários. Livre da desconfiança de ter fomentado o golpe do Vendemiário, essa administração oriunda da Revolução era antes favorável à República. Seu impulso não visava a política, mas as necessidades inéditas do funcionamento do Estado. Este fazia então trabalhar, em Paris, cerca de 12 mil pessoas a serviço do governo enquanto só nos únicos ministérios centrais o pessoal havia passado, entre 1788 e 1795, de 420 a cinco mil. Vê-se que, apesar de Tocqueville, a centralização revolucionária assinalou uma mudança de dimensões em relação à da monarquia. Os beneficiários dessa expansão se haviam curvado aos sobressaltos do novo regime, transformando-se em simples grupo de interesses profissionais.[7]

O povo, por essa época, morria de fome. Richard Cobb insistiu nas conseqüências dessa miséria que acentuava, ao contrário, as tendências à descentralização: nesses tempos de penúria, quando se disputava o abastecimento, os egoísmos locais e sociais reinaram soberanos. Foi também uma época de vingança contra os antigos terroristas, isolados, enquanto burocratas revolucionários. Temeu-se por muito tempo a volta ao poder desses sátrapas. Após cinco anos de reviravoltas, em meio à crise agrícola e à ruína dos asilos, a desigualdade alimentar veio agravar as epidemias. A França, mais que nunca, dividiu-se entre os que comiam e os que não comiam quando tinham fome. Seguiu-se uma alta de mortalidade que durou mais de dois anos e se abateu sobre os pobres das cidades e dos campos. Os anos III e IV foram antes de tudo, para a maioria dos franceses, um período de penúria, em que os operários percorriam o campo, de fazenda em fazenda, e as moças, que afluíam a Paris, acabavam freqüentemente na prostituição. Mulheres entregavam-se por pão ou presunto, enquanto os suicídios se multiplicavam. Apático e desencorajado, o povinho foi tão arrasado pela fome e a vergonha quanto pela repressão. Os "sugadores de sangue" foram tratados no Sul, onde reinou a caça ao homem, como "bestas selvagens". Os *sans-culottes* aldeões foram muitas vezes linchados na praça principal, com a família, em presença de toda a população. O Terror Branco, no campo, permitiu o acerto das querelas pessoais, onde a ferocidade feminina teve livre curso. A legalidade termidoriana foi, pois, caracterizada pela violência ou a anarquia diante da impotência das autoridades. Foi o tempo das paixões particulares e da miséria comum. Fim da utopia revolucionária, 1795 revelou o egoísmo da República burguesa.[8]

A oposição ao novo regime só fez aumentar, ao mesmo tempo em que o efetivo de seus militantes desaparecia em meio à radicalização dos confrontos tribais e à politização do assassinato. Restou apenas ao povinho tentar não morrer de fome, recorrendo à prostituição, à mendicância e às migrações. A onipresença dos problemas de abastecimento pesou assim sobre uma Revolução que não trouxera qualquer inovação em relação às práticas e às mentalidades do Ancien Régime: irregularidade da produção e do consumo, contradições da política governamental, inquietações e credulidade populares, desigualdades sociais, antagonismos regionais, oposição entre cidades e campos.[9]

A abolição do preço máximo inseriu-se nesse contexto, que ela agravou de maneira irrefletida. Essa restauração da economia liberal desencadeou forças desfavoráveis a um abastecimento normal. Inflação, empobrecimento e motins de carestia e miséria resultaram dessa suspensão imprudente de controles necessários. Foi o que aconteceu no Norte, onde a deterioração do nível de vida, em relação a 1790, foi catastrófica. A Convenção termidoriana multiplicou os indigentes, que não eram mais assistidos pelo antigo paternalismo ou pelo recente igualitarismo. Sua política liberal assinalou um retrocesso em relação à situação anterior a 1789.[10]

A reação política que acompanhava essa regressão social foi menos importante do que ela. Suas formas mais sangrentas pouparam, aliás, como o Terror, cuja lembrança combatia, a maior parte do país. Embora Toulouse tenha sofrido, como Paris e outros departamentos, a caça aos jacobinos e a ofensiva realista, Michèle

Schlumberger observou que esses sobressaltos afetaram apenas uma ínfima minoria, e que, no ano III como no ano II, a grande massa das pessoas só se interessava realmente por duas coisas: saciar a fome e recuperar seus padres. Quanto ao resto, a apatia e a indiferença dominavam a vida da República, com 75% de abstenção no final do período. A violência foi maior em outras regiões em que os ódios locais estavam mais enraizados. Colin Lucas propôs, em relação a Forez, uma explicação para essa violência. Os assassinatos políticos seriam, nessa zona, a partir da primavera de 1795, uma característica da reação. Os degoladores e matadores eram ali jovens da boa burguesia, ricos proprietários cujas famílias haviam sofrido com o Terror. Vingavam-se de suas desgraças passadas em bandos de organização paramilitar. Refletiam a persistência de elementos da sociedade tradicional. Esses grupos de jovens em armas eram uma característica da sociedade meridional do Ancien Régime. Retomavam, nos desfiles quase rituais, nas batidas e visitas domiciliares, antigas formas das expedições de fanfarras de seus antecessores. Sua solidariedade de desertores levava-os a conceber a adesão ao grupo como uma espécie de regulação da comunidade. As humilhações infligidas aos jacobinos ocorriam em virtude de regras tácitas que visavam comportamentos precisos. Antes de tudo, censuravam os terroristas por terem inovado, e o assassinato deles correspondia a um rito de exclusão. Odiavam em primeiro lugar, entre eles, o delator. Devida a uma juventude logo municipalizada, a violência termidoriana exprimia antes de tudo o rancor de um meio tradicional contra aqueles que o haviam perturbado.[11]

A experiência liberal do Diretório era viável?

Ela teve origem na convicção de seus fundadores de que a preponderância social se traduziria necessariamente no terreno político. O regime teria o apoio de todos os proprietários e não seria contestado pelos outros. Na verdade, teve muito poucos partidários entre os notáveis e muitos oposicionistas na massa popular. Para funcionar, teria de se beneficiar de uma participação e de um apoio do eleitorado que não existiram. O governo da França dava então a impressão de um bando dirigente para o qual o golpe de Estado era a única arma. Seus sucessos contra os vendeanos e os austríacos tiveram pouca ressonância porque não foram definitivos. O caos financeiro que persistia ameaçava, por outro lado, as bases do domínio dos ricos. Restava apenas ao Diretório afastar de si a maior parte da classe política, incluindo o exército, a fim de abrir o caminho para Bonaparte.

Esse pessimismo recentemente manifestado por Donald Sutherland parece justificado por uma impotência, devida em boa parte à herança religiosa da Convenção, que havia, como já se viu, concedido a liberdade de consciência mas cerceado a de expressão religiosa. A fraqueza financeira da Igreja foi acompanhada de inúmeras restrições à prática do culto, que provinham das tradições iconoclastas do ano II. Boa parte da atividade religiosa continuou, portanto, clandestina, beneficiando-se ao mesmo tempo do apoio popular. Os leigos continuaram, a esse respeito, desafiando a lei, principalmente nas zonas isoladas e montanhosas onde o governo era fraco. Foi o que ocorreu nas inúmeras regiões do Maciço central, onde os partidários dos refratários ignoravam o aparelho de Estado e desprezavam o clero constitucional. As cerimônias proibidas tinham ali muito mais sucesso do que os cultos oficiais. No Languedoc e na Alsácia, procissões antijacobinas e ardentes pedidos de missa desafiavam as autoridades. No Norte, camponeses armados protegiam as atividades dos missionários belgas. Um pouco por toda parte, simples fiéis, notadamente mulheres, suplicavam, no serviço pelos padres que faltavam. Havia na população um desejo do sagrado que forma a base do que se chama o "despertar" religioso sob o Diretório. As mulheres desempenhavam então um papel decisivo, fazendo com que se reabrissem igrejas, fugissem os refratários e recuassem os policiais. A restauração do poder do padre associava-se, para elas, à de sua própria autoridade como mães de família. O fenômeno assinala, por outro lado, uma grande continuidade geográfica em relação à oposição à Constituição civil surgida em 1791. E também agravou o declínio da Igreja constitucional. Obrigado a se refugiar, no Oeste, nas cidades, o clero constitucional praticamente não tinha mais ali, como no Norte e no Centro, existência paroquial. Em outras partes, mesmo, a desmoralização se apoderava dele, diante da indiferença e da hostilidade dos fiéis. Apesar dos esforços de Grégoire * para organizá-lo, havia 28 sedes episcopais vagas em 1801, enquanto só 32 bispos dos eleitos dez anos antes ainda ocupavam seus lugares. Esse fracasso resultou do vergonhoso abandono da Igreja constitucional por uma Revolução que no início a utilizara. Depois do Termidor, inúmeros padres, ao contrário, fizeram as pazes com o clero refratário, responsável pelo despertar religioso do período e que reconstruía lentamente, com a colaboração dos devotos, sua organização paroquial. Vigários gerais enviados pelos bispos emigrados apoderaram-se de inúmeras dioceses. Essa atividade dos refratários, diferentemente da de outros católicos parisienses, era de orientação inteiramente realista. A República, de fato, era ilegítima para eles, e lhes sucedia aconselhar os insurgentes monarquistas do Oeste e do Sul. Mas seu trabalho pastoral era ainda mais subversivo, pois muitas vezes se dirigia contra os ímpios que haviam abolido os direitos senhoriais e a propriedade eclesiás-

* Henri Grégoire (1750-1831). Membro da Convenção e bispo constitucional de Blois, levou à votação a abolição da escravatura e se opôs ao regime napoleônico. (N. dos TT.)

tica. Acusavam os refratários na Bretanha de prometer o céu aos que matassem os patriotas; em outras partes, de recomendar a recusa do imposto e do serviço militar, de fugir, como da peste, do contato com os republicanos. Parecia impossível a harmonia entre esses homens e um Estado sem Deus.

A República estava, ademais, sem controle real sobre o país, o que lhe aumentava a falta de apoio na população. A guerra diminuía as forças armadas que ela podia usar na repressão aos bandos realistas. Os departamentos, entregues a si próprios, recorriam para isso à guarda nacional e à polícia. A primeira era cada vez menos certa ou confiável. A segunda não era nem mais numerosa nem mais eficaz do que a antiga jurisdição dos marechais. Os meios financeiros de que dispunha eram irrisórios e não estimulava muito ao zelo. Os comissários do Diretório tinham dificuldade em preencher os cargos da administração. Às vezes eram necessários meses para se conseguir isso. A apatia tornara-se, de fato, a palavra de ordem da França republicana. A decepção e as desilusões com a política explicavam-na em grande parte, e desligar-se dela parecia a grande preocupação dos cidadãos. O poder local caía nas mãos dos fracos ou dos hostis, que desobedeciam ou encorajavam os inimigos do Estado. O despertar religioso nos campos foi muito facilitado por isso, como o foram a impunidade dos assassinos, a evasão fiscal e as manobras dos emigrados.

Uma das conseqüências desse desmoronamento administrativo foi a expansão do banditismo. O da Revolução assemelhou-se a seu antecessor do Ancien Régime: nascido da miséria, foi apenas agravado pela terrível crise econômica de 1795–1796. Ela desesperou os desempregados e os esfomeados, privados de tudo e que já haviam participado dos motins por alimentos: trabalhadores agrícolas e artesãos empobrecidos alimentaram esses bandos de "incendiários" que devastaram os campos entre Rouen e Grand. Os aldeões muitas vezes os apoiavam, como aos padres refratários, contra os agentes da repressão. Esse "realismo" popular transformava em ato de oposição o saque puro e simples dos bens do governo transportados em diligências. Os *chouans* haviam feito escola, contra os comerciantes republicanos ou os proprietários de bens nacionais, até na distante Provença, onde os bandidos dormiam tranqüilos porque se julgavam protegidos por Cristo. Boa parte da bandidagem da época pertenceu assim à contra-revolução e foi dirigida, no Sul rural, contra os jacobinos, os protestantes, a Igreja constitucional e os antigos terroristas. Suas ações exprimiam a revolta da comunidade tradicional contra aqueles que haviam perturbado a ordem imemorial pela força bruta ou por medidas ilegítimas vindas da cidade.

O realismo popular do Sul foi, pois, amplamente apoiado pela massa dos habitantes, hostis às árvores da liberdade ou humilhando os jacobinos locais e lamentando — as mulheres em particular — o Estado antigo e idealizado pela Revolução. Esses aldeões pensavam, em suma, que a felicidade na França era uma velha idéia. Em nome deles, os jovens, em vez de irem servir a República nos exércitos, perseguiam e matavam sem defensores em praça pública. Os "bandidos reais" alimentaram-se de considerável proporção de desertores, contra os quais o regime era tão impotente quanto em relação aos refratários. A única opção era largar de mão ou desencadear uma insurreição. Daí a impunidade de que gozaram durante muito tempo os bandos de assassinos bascos. A ideologia deles santificava suas pilhagens aos olhos das populações. Os emigrados logo trataram de aumentar com isso suas redes, e inúmeras regiões do Languedoc viram prolongar-se, sob o Diretório, uma antiga tendência à guerrilha anti-revolucionária, que se apoiou no cisma religioso e em alguns casos durou até 1801.

É difícil conhecer a atividade conspiradora desses bandos clandestinos, bem como os apoios que lhe podiam ser dados. Mas ela se estendia do vale do Ródano aos Pireneus e aos Alpes Marítimos. Sua composição social, com exceção de alguns emigrados, não diferia muito da dos comitês revolucionários do ano II. Os tribunais especiais do Sudeste, a esse respeito, condenaram sobretudo camponeses e artesãos. Os bandidos reais correspondiam ali a toda a população, e esse movimento só será dirigido por padres e nobres. Ao contrário dos bandidos do Norte, nascidos da miséria, os do Sul tinham fortes raízes nas regiões onde operavam, e se ligavam visivelmente à recusa ao recrutamento. O Diretório pouco ligou para essa recusa, pois ela não o comprometia militarmente. O Oeste era mais perigoso, em virtude da proximidade com a Inglaterra, que podia ali armar os camponeses. Por isso o governo colocou-o, em fins de 1795, sob o controle do general Hoche, logo à testa de 100 mil homens. Sua tática de contraguerrilha obteve pleno êxito contra Stofflet e Charette. Os *chouans* não souberam aproveitar essa luta vendeana e seus chefes renderam-se por sua vez. Mas essa pacificação era apenas parcial, de vez que não vinha acompanhada de satisfações religiosas ou econômicas. As tropas republicanas, por outro lado, não estavam ainda completamente disciplinadas, e continuavam tendo de se abastecer à custa da região.[1] A vitória de Hoche estabilizou, contudo, a República, que ainda precisava de sucesso contra a Áustria e a Inglaterra. Sabe-se que os primeiros lhe foram trazidos, na Itália, por Bonaparte, que dispunha de apenas 30 mil homens muito precariamente equipados e parecendo mais uma horda de saqueadores do que um exército regular. Essa horda conseguiu apoderar-se, para se satisfazer, da rica Lombardia, e depois da Itália central, que se revelou extremamente lucrativa para o governo e para os generais. Vitoriosamente terminada em 1797, essa campanha deu origem à lenda de Bonaparte, que ele próprio ajudou a forjar. Dava a impressão de ser, enfim, aquele herói que poria fim à guerra. Sua vitória também fazia dele um parceiro fundamental do jogo político francês. A vontade estabilizadora do Diretório condenava-o a se opor à reconstrução progressiva do movimento jacobino. E conseguiu isso facilmente graças ao caso da "conspiração dos iguais", de Babeuf, que lhe permitiu golpear toda a oposição de esquerda. Babeuf, revolucionário marginal, fora agitador rural antes de se tornar, em 1795, adversário do princípio da propriedade privada. Inimigo dos monopólios, chegou a propor a eliminação do mercado e sua substituição, em uma geração, por um sistema comunista de produção e distribuição que faria desaparecer a miséria. Democrata sincero, contentava-se assim com uma utopia autoritarista e burocrática. Mas sua tática política, evoluindo, o fez adotar a doutrina do papel dirigente de uma minoria revolucionária de vanguarda. Isso proveio, em boa parte, da atitude do Diretório para com os clubes. A reaproximação entre Diretório e clubes, depois do Vendemiário, durou pouco, pois o primeiro precisava mostrar aos bons burgueses que se opunha à desordem. O Diretório interpretou nesse sentido as tendências democráticas de um movimento neojacobino que no entanto, era legalista a seu respeito. No início de 1796, o governo mandou fechar os clubes em Paris e na província, e expurgar a administração. Babeuf preparou então uma insurreição de objetivos muito complexos e que resultou apenas em sua prisão, a 10 de maio. Esse caso permitiu ao Diretório prender centenas de jacobinos, a fim de impressionar a opinião pública. A repressão, aliás, conduziu apenas à execução de Babeuf e de um comparsa, um ano depois. E reforçou, desencadeando a indignação de uma parte da imprensa, a corrente que queria atingir.

A miséria operária explica em parte esse apoio ao movimento democrático. Ela foi agravada por uma política monetária desastrosa e que afastou de si tanto os ricos como os pobres. A herança financeira recebida pelo Diretório foi sem dúvida deplorável, em virtude do desmoronamento do assinado e da alta dos preços. Essa situação multiplicou a pauperização das massas e uma mortalidade que quase dobrou, nas grandes cidades, entre 1793 e 1796, em relação à situação de antes da Revolução. Esta teve, pois, como principal resultado no meio urbano, o despovoamento. O governo tentou remediar essa catástrofe com um empréstimo forçado dos ricos, que teve de ser abandonado no verão de 1796, e a substituição dos assinados por mandatos territoriais que se desvalorizavam ainda mais depressa do que eles, e cuja desmonetarização ocorreu no início de 1797. O Diretório, encurralado, parecia constituir presa fácil para a contra-revolução.

Assim esta se orientou cada vez mais para uma estratégia de subversão interna, dirigida desde 1794, a partir de Berna, pelo espião inglês Wickham. De início não conseguiu mais que o financiamento dos bandos assassinos do Terror Branco ou a compra, no outono de 1795, da consciência do tímido general Pichegru, destituído do comando seis meses depois. Esses esforços foram reorientados para a conquista de uma vitória realista nas próximas eleições legislativas. Os monarquistas moderados dos institutos filantrópicos, que tinham no Sudeste uma organização militar clandestina e podiam entrar em contato com os bandidos reais, os refratários e a opinião pública, receberam de Wickham mais dinheiro do que aquele de que então dispunha para a campanha eleitoral. Eles acabaram por ser representados nuns 60 departamentos. Os deputados conservadores do clube de Clichy compreendiam ao mesmo tempo republicanos e toda uma gama, bastante variada, de monarquistas. Foi difícil conciliá-los, principalmente em vista da obstinação reacionária do pretendente. Daí o caráter vago da campanha da direita, ajudada sobretudo pela fraqueza do Diretório.

O eleitorado rejeitou, na verdade, os convencionais em fim de mandato, em 1797 como em 1795. De 216, só 11 foram reeleitos, e a legislatura depois dessas eleições de março ficou apenas com 1/5 de regicidas. Os realistas ganharam a maioria das cadeiras e se tornaram bastante fortes para dominar os Conselhos. Seu sucesso não resultou de modo algum de uma grande corrente, pois que houve enormes abstenções: a opinião dos ricos, única a se manifestar, foi sobretudo hostil aos políticos revolucionários já conhecidos, preferindo escolher recém-chegados. O Norte e, em geral, as regiões mais povoadas e desenvolvidas votaram mais na direita. Haviam sido as mais progressistas em 1789, o que significava que o regime perdera o apoio das elites. Ainda podia, contudo, combater os adversários divididos, mesmo depois de Barthélemy, recém-eleito, e Carnot terem formado uma minoria conservadora no Diretório. Os realistas dos Conselhos, à espera de 1798, fizeram com que se tomassem medidas em favor dos emigrados e dos refratários, e praticaram a obstrução em questões financeiras. Diante da extensão da subversão interna, Barras, Reubell e La Réveillerie (que continuariam senhores do poder até a primavera de 1799) decidiram agir contra seus colegas e os deputados. Chamaram as tropas a Paris, violando a Constituição, e modificaram o ministério de acordo com suas conveniências. Seus adversários haviam desastradamente atacado os exércitos e os generais (que se tornaram um baluarte da República) sem se entenderem quanto às precauções a serem tomadas para sua segurança.

O golpe de Estado de 18 do Frutidor (4 de setembro de 1797) foi o preço de suas divisões e inaugurou uma reviravolta à esquerda que durou seis meses. As tropas leais permitiram expurgar dois diretores, deportar 53 deputados, anular as eleições em 49 departamentos, prender 32 jornalistas e interditar 42 jornais. O expurgo estendeu-se à administração provincial, que se revelara impotente para impedir as manifestações contra-revolucionárias. Essa depuração foi muito mais sistemática do que a do ano II. O Terror do ano VI reconduziu muitas vezes aos assuntos locais jacobinos possuidores de longa experiência política. Foi da parte do Diretório, uma tentativa de burocratização das autoridades locais que seria seguida por Bonaparte. O novo regime visou também os emigrados e os refratários, mas uma lei que privava os antigos nobres de sua cidadania praticamente não foi aplicada. Embora houvesse apenas, no todo, algumas centenas de execuções, a administração, revigorada, teve mais condições de pacificar o país. Essa restauração da ordem, contra os "bandidos", foi naturalmente relativa, no Sul e no Oeste em particular. Mas o governo aproveitou-se disso para consolidar suas finanças à custa dos rendeiros. Organizou, em 1798, o recrutamento por sorteio. Entretanto, a guerra prosseguia com a Inglaterra, e corria o risco de se reavivar no Continente, apesar do tratado de Campoformio, assinado com a Áustria em outubro de 1797. Como um regime tão desprovido de apoio na nação poderia exigir dela novos sacrifícios? Esse vazio do Diretório, ao mesmo tempo social e político, foi a principal causa de sua queda.[2]

Essa opinião de Donald Sutherland retoma uma tradição historiográfica sempre combatida por tentativas de reabilitar uma República constitucional destinada a uma lamentável falência. Na verdade, quis-se fazer justiça a um Diretório caluniado por Bonaparte, cuja obra ele havia em parte preparado. Mas, no momento em que esse regime sobrevivia apenas graças às ilegalidades, antes de desaparecer de maneira pouco gloriosa, os Estados Unidos criavam, ao saírem de sua Revolução, uma República determinada a se prolongar sem interrupção até hoje. Ora, não faltaram durante a década de 1790 confrontos violentos e lutas acirradas, e sérias decisões, em particular por ocasião das eleições nacionais, foram tomadas por uma maioria muito estreita. Jacques Godechot explicou esse contraste com o peso das circunstâncias e, notadamente, da guerra externa. Ver-se-á também que os historiadores anglo-saxões insistem na incapacidade francesa de institucionalizar um regime de partidos, necessário à vida democrática mas condenado por mitos de unidade sempre dominantes desde 1789. Pode-se aliás perguntar, com Jean-René Suratteau, se a experiência do Diretório não abortou simplesmente porque a maioria dos franceses permanecia, sobretudo por motivos religiosos, ligada à monarquia. Donald Sutherland não diz outra coisa. A contribuição essencial da Primeira República, segundo Clive Church, situa-se no terreno administrativo. Este não conhecera reformas reais até 1792, apesar dos esforços de Necker e porque os primórdios da Revolução, avolumando o pessoal e suprimindo a venalidade dos cargos, não haviam criado nem a uniformização das carreiras, nem a regularização dos salários, nem o controle parlamentar dos empregados do Estado. O governo revolucionário rompeu com esse estado de coisas multiplicando a burocracia ou o controle do poder central e esboçando uma primeira definição das carreiras. O Diretório reforçou essas tendências, racionalizando e tornando mais formal e profissional, mais bem hierarquizado, organizado e ligado ao serviço do Estado, um trabalho administrativo controlado de maneira mais eficaz. A grande novidade política da Primeira República reside no nascimento dessa burocratização do aparelho dirigente; invenção de regimes de exceção, ela sobreviveu-lhes, apesar da oposição de inúmeros setores da sociedade, como uma parte constitutiva da nova elite.[3]

O Diretório não conseguiu, por isso, estabilizar o país no âmbito de um regime constitucional. Proclamando o novo reinado da lei e da ordem, declarou-se seu gerente e protetor perante os grupos que dividiam entre si a opinião pública. Mas lhe foi difícil conciliar, nessa questão, liberalismo e eficácia. Herdeiro de uma época de distúrbios e violências, não consegiu fazê-los desaparecer. Os campos, repletos de refratários e desertores, escapavam-lhe ao controle. O governo, por falta de meios e agentes seguros, não era ali nem escutado nem obedecido. A impotência de sua administração local paralisou um primeiro Diretório contestado por camponeses realistas insurgidos contra cidades jacobinas. A França revolucionária oferecia o curioso espetáculo de um Estado em via de conquistar parte da Europa e que não conseguia, internamente, conter a anarquia e a oposição. A maioria do país não desejava o retorno dos emigrados nem dos terroristas, mas simplesmente da ordem e da tranqüilidade. O Diretório não lhes pôde oferecer isso, pois expressava apenas, como os regimes anteriores, a opinião da nação política, alheia à massa do povo. Essa opinião fragmentava-se, ademais, numa infinidade de situações locais que o governo não conseguiu dominar. A incapacidade para impor uma consciência dos interesses comuns decidiu sua sorte, apesar dos progressos administrativos realizados depois do Frutidor. Coube apenas a Bonaparte provar que era ao mesmo tempo produto da Revolução e superior a ela.[4]

As resistências que ela encontrou no Oeste ligavam-se ainda mais a uma civilização rural que continuava alheia ao espírito das Luzes. As vitórias que Hoche ali obteve transformaram a República numa potência ocupante e colonial, tida pela população local como responsável por suas infelicidades. Nem por isso os camponeses desejavam a volta da monarquia, para grande desespero dos emigrados, que não os compreendiam melhor que os revolucionários, e os achavam tão igualitários quanto os jacobinos. A insurreição espontânea dos camponeses fora a de um povo hostil a todas as elites. Recusaram, na Revolução, um processo urbano e burocrático de modernização e centralização. Ela era, para eles, a causa angustiante da invasão do anormal na vida tradicional de suas comunidades. Donde terem mandado para os infernos o padre constitucional, aquele intruso, e sua ligação, no agreste, com os curas, inseparáveis de sua concepção da ordem e do real.[5]

Vê-se a profundeza das origens sociais de um movimento que levou então tantos franceses a se revoltarem contra a República. O despertar religioso registrado sob o Diretório foi a sua tradução cultural. Ela se situa muito menos no nível de um clero muitas vezes ultrapassado que no de um povo católico animando a resistência à descristianização. As mulheres estavam à frente, ávidas por sacramentos e defendendo os ritos ancestrais. Na ausência de padres, o culto tornou-se familiar e os batismos clandestinos foram às vezes celebrados por leigos. As missas eram rezadas em grutas e cavernas, enquanto os peregrinos continuavam a freqüentar as capelas. A luta aberta recomeçou a fazer florescerem as cruzes, ao mesmo tempo em que apoiava a ação dos refratários. Durante todo o Diretório, uma enorme pressão popular, de Marselha a Lille, se exerceu sobre as autoridades para que restabelecessem o culto público. Rurais ou urbanas, imensas procissões dirigiam-se, do Oeste ao Leste, a uma Virgem que a Revolução não destronara. Os fiéis mantinham sua fé apesar das perseguições oficiais. Pressionavam os curas para que voltassem ou fundavam congregações. Uma fonte milagrosa podia, em Moselle, atraí-los aos milhares. Em muitas regiões, a Revolução deixaria sobretudo na memória coletiva, a lembrança dos mártires que havia causado. Havia, aliás, nessa época a convicção de que os descristianizadores mais culpados sofreriam uma punição sobrenatural. A aspiração religiosa das massas talvez tenha sido, sob o Diretório, o mais forte dos sentimentos nacionais.[6]

O jogo político oficial desenrolava-se, assim, apenas na superfície das coisas. A imprensa refletia isso em sua clientela restrita e sua ideologia abstrata, mesmo quando visava os militares. Exprimia também o que restara do militantismo republicano, *sobretudo anticlerical*. Isser Woloch evocou essa persistência, sob o Diretório, do movimento jacobino no meio patriota da pequena burguesia urbana. Ele acompanhou a ação de propaganda de seus clubes e sobretudo de seus jornais, que não conseguiram fazer o regime pender para o lado democrático. Tinham, sem dúvida, pouco a ver com Babeuf e representavam a atitude política de uma minoria, firmemente antirealista. Seus inúteis sucessos eleitorais de 1798 e 1799 mostram que essa minoria se beneficiou de um certo eco da opinião pública. Não fora o caso da conjuração dos iguais, transformada depois numa prefiguração do comunismo do século XX. Richard Andrews mostrou seu enraizamento na Paris dos primórdios do Diretório, onde policiais e conspiradores eram os herdeiros comuns da época terrorista. A lembrança dessa surda cumplicidade passada pesou na elaboração e na repressão de um movimento clandestino, produto de uma burocracia jacobina chamada, como já se viu, a se perpetuar no poder por outros meios e em nome de outro espírito. Os babouvistas refletiram menos a aspiração a um mundo novo que o estreitamento do militantismo revolucionário parisiense após as decepções do ano III. Eles não conseguiram, notadamente, atrair os antigos potentados revolucionários do subúrbio de Sant-Antoine, agora totalmente afastados dos assuntos políticos. Suas exigências de sobrevivência não compreendiam mais, após o tempo da luta e da glória, esse apelo a uma epopéia inútil. A conjuração, privada de bases sociais e solapada pela sede policial, caiu como uma fruta madura em suas malhas. Foi objeto, por sua vez, de um amálgama entre anarquia, realismo e traição. Obra de desenraizados, cuja ideologia não era mais que uma sobrevivência insólita, nada teve a ver com o socialismo do futuro. Gerada pelo desespero diante da falência da Revolução, teve dela toda a impotência, como o reconheceu, em 1797, Bounarroti, antes de transfigurar, 30 anos depois, esse acontecimento num mito fundador.[7]

O golpe de Estado do Brumário era inevitável?

A República só pôde sobreviver violando a Constituição. Depois do Frutidor, as instituições representativas não podiam funcionar normalmente, pois os eleitores se haviam mostrado favoráveis à contra-revolução. Restou pois ao Diretório resolver sozinho os problemas da nação, o que em parte conseguiu, como já vimos, no plano da ordem interna e da paz externa. Mas não conseguiu nem se estabilizar nem se entender com a opinião pública. Esta afastava-se cada vez mais do regime, que foi obrigado em 1799, diante do reinício da guerra, a exigir novos sacrifícios do país. Este recusou-se a fazê-los, enquanto reapareciam a subversão e a instabilidade. Senhor de sua administração, o governo não o foi do seu exército, que, após ter salvo os termidorianos inúmeras vezes, contribuiu para a queda de um regime que ninguém defendia.

Essas dificuldades haviam surgido desde as eleições de 1798, que, em virtude do expurgo realizado no Frutidor, levaram mais de 400 deputados. Como se temia um novo sucesso realista, decidiu-se que os legisladores que saíam legitimariam os novos. O espectro de uma vitória jacobina veio a complicar a situação, apesar dos esforços do Diretório para se assegurar eleições favoráveis. Pôs inutilmente em guarda os eleitores contra o duplo perigo da direita e da esquerda, suprimiu 11 jornais jacobinos, fechou uns 30 clubes e colocou em estado de sítio várias cidades e departamentos. Essa repressão foi incompleta, e os jacobinos mantiveram em muitos casos um importante papel local. Em Paris, seus jornais continuaram a exigir uma democratização do regime, enquanto na província seus clubes desconfiavam da contra-revolução. Nessa ação de defesa republicana, eles diferiam do Diretório, ao qual censuravam as tendências oligárquicas. A composição social desses jacobinos lembrava a das antigas irmandades e de seu meio artesanal. Abrigavam veteranos de todo o movimento revolucionário. As eleições foram marcadas por abstenções muito grandes e a freqüente cisão das assembléias eleitorais em grupos antagônicos. Os jacobinos, apesar de seu ímpeto, não conseguiram reunir mais de 1/3 dos deputados. O Diretório, ademais, anulou a eleição dos que, entre os contestados, lhes pareciam desfavoráveis. Exagerou a importância do número de terroristas eleitos para anular uma centena de resultados. Essa curiosa adoção do sistema parlamentar tinha por única finalidade consolidar o poder. O governo achou de seu dever interditar à oposição toda possibilidade de sucesso. A opinião pública interpretou essa manobra como uma incitação ao relaxamento do anticlericalismo instituído no Frutidor. Mas o Diretório estava determinado a derrubar todos os seus adversários, jacobinos ou conservadores. Encorajou as cerimônias de seu culto decadário, metamorfose da descristianização, como um antídoto ao catolicismo. Seus sucessos foram reduzidos e sua base social continuou estreita.

O regime cometeu o erro de ceder à tentação de explorar suas conquistas, para a qual o empurravam os fornecedores, tão influentes nos círculos oficiais. Isso acarretou um desastroso reinício da guerra, e com ela um retorno à instabilidade e uma paralisia institucional. Iniciado, como já se viu, de maneira deveras irresponsável, o conflito entre a França revolucionária e a Europa revelou-se interminável. Campoformio não lhe pôs um fim, pois o Diretório, como seus antecessores, queria exigir dos povos "libertados" contribuições e requisições para a manutenção, notadamente, do exército de ocupação. Provavelmente inevitável, essa política era acompanhada de uma tentativa de estabelecer a hegemonia econômica francesa. Ela estendeu-se com as vitórias militares e a expansão territorial. A Holanda, a Bélgica, a Renânia se arruinaram com isso e a Itália transformou-se em mercado protegido. Essa pilhagem, pouco fraternal, criou inúmeras rebeliões, pois o Diretório era incapaz de controlar seu próprio pessoal. A ocupação da Suíça e de Roma, na primeira metade de 1798, ilustrou essa mistura de estratégia e avidez. Tratava-se, no primeiro caso, de pressionar os austríacos e apoderar-se de importantes tesouros. Em conseqüência, enviaram-se tropas para apoiar os levantes de patriotas helvéticos. Seguiram-se uma sublevação dos cantões católicos e uma exploração generalizada no âmbito das contribuições de guerra. Fenômenos semelhantes ocorreram quando da proclamação da República romana. Durante essa época, Bonaparte foi combater a Inglaterra no Egito, onde a destruição de sua frota o deixou preso com seu exército. Disso resultou a segunda coalizão, e com ela a ruína do Diretório. Após a Turquia e os napolitanos, que tomaram Roma em novembro, a Rússia declarou guerra à França em dezembro. As hostilidades com a Áustria recomeçaram no início de 1799. O Diretório aproveitou-se disso primeiro para retomar Roma e depois para fundar uma nova República em Nápoles. O Piemonte foi por sua vez ocupado (e anexado), antes da Toscana, enquanto o Papa, feito prisioneiro, ia morrer na França. Nessas condições, tornou-se cada vez mais difícil para o governo controlar seus generais e financistas. Seus comissários, que tentaram fazer isso, entraram em choque com um exército que queria lucrar com a guerra e cujos chefes entraram em conflito com o Diretório pelo controle das Repúblicas irmãs.[1] Essas lutas impediram Paris de se apoiar nos generais, no momento em que se agravava a crise nacional. Jacobinos e reacionários mais ou menos camuflados representavam uma poderosa oposição. O Diretório não podia contar com maioria automática numa legislatura composta de funcionários que temiam sobretudo o retorno do Ancien Régime. Eles deploravam as más nomeações e a extensão da corrupção, aconselhavam a justiça fiscal. As eleições da primavera de 1799, menos marcadas pela intervenção governamental, o foram ainda mais que de hábito pela abstenção. Elas continuaram a rejeitar os candidatos oficiais ou políticos com mandato e significaram sobretudo a recusa ao regime. Sieyès substituiu então Reubell, enquanto as questões pressionavam os mecanismos financeiros do Diretório. Seu novo membro era partidário, como outros, da revisão da Constituição e do reforço do executivo. A influência que ele adquiriu, com seus amigos, comprova simplesmente a perda de prestígio do governo.

Essa perda acentuou-se com os revezes militares na Itália, onde uma sublevação explodiu no Norte. O Delfinado e a Provença achavam-se ameaçados por uma campanha cujos meios não haviam correspondido aos objetivos, e onde os generais se conduziam sem disciplina. As querelas entre os Aliados salvaram a França, enquanto a luta de facções se desdobrava em Paris. As derrotas aumentaram ali a condenação da corrupção oficial, à qual as atribuíam, como de hábito. Essa ofensiva jacobina, nos Conselhos e na imprensa, resultou no expulgo parcial do Diretório, com o apoio dos amigos de Sieyès. Isso correspondeu a uma crescente influência do exército na política interna. Os jacobinos obtiveram em julho a aprovação de uma lei de reféns, pela qual os parentes de suspeitos poderiam ser deportados ou considerados financeiramente responsáveis em caso de distúrbios em certos departamentos. Essa medida fora precedida de um empréstimo forçado sobre os ricos, destinado a financiar a convocação simultânea de cinco classes de recrutas. Houve, de fato, quase 40% de desertores, o que reforçou os bandos de malfeitores encorajados pelos realistas. Essa resistência dos jovens era facilitada pela cumplicidade ou impotência das autoridades locais. Tal situação anulou os efeitos da lei dos reféns e do empréstimo forçado, que só conseguiram aumentar a impopularidade do governo. Como de 1791 a 1793, suas medidas de repressão causaram, nos departamentos do Oeste mais atingidos, uma sangrenta resposta. Os adversários parisienses dos jacobinos impuseram-lhes silêncio em agosto, fechando seu clube e repelindo o julgamento, por eles, dos diretores. Estes nem por isso se reabilitaram perante a opinião pública.

O perigo contra-revolucionário ameaçava dar nova oportunidade à ofensiva jacobina. Em 1799, apresentava-se sob a forma habitual da combinação entre a subversão interna e a invasão externa. Os institutos filantrópicos tinham-se reorganizado, no ano anterior, sob uma direção lionesa, mas eram muito estreitamente vigiados. O vasto movimento realista, por todo o Sul, era incontrolável nos seus bandos alimentados pela deserção. Os dirigentes tinham dificuldade em lhe garantir a união, o armamento e a coordenação. O levante ocorrido na região de Toulouse, no verão, foi prematuro. Envolveu mais de 30 mil rebeldes, mas fracassou diante do contra-ataque republicano, que matou 4 mil deles. Tratava-se, muitas vezes, de pequenos camponeses do vale da Garonne, hostis ao protestantismo e frustrados por uma Revolução burguesa.

O avanço aliado dera-lhes muita esperança, mas os austro-russos foram vencidos, perto de Zurique, a 25 de setembro, enquanto o desembarque anglo-russo na Holanda terminava em lastimável retirada. Apesar dessas vitórias, a vida política francesa continuava deteriorando-se. Enquanto o Diretório atacava os jornais de oposição, os jacobinos propuseram inutilmente que se declarasse a pátria em perigo, como em 1792. O fracasso não os impediu de continuar constituindo uma ameaça. Comemoraram a volta pessoal de Bonaparte, a 9 de outubro, como a de um republicano.

Os moderados também o glorificavam, e ninguém imaginava que ele fosse intervir abertamente no jogo político. Seu prestígio, como chefe vitorioso, era imenso, e ele personificava a popularidade que ainda se associava, em alguns setores da opinião pública, à expansão, pela força armada, das idéias da Revolução. Naturalmente, era amado pelos militares, que se consideravam o último baluarte da democracia e a garantia da regeneração nacional. Mas Bonaparte tinha muitos contatos com a elite política e intelectual. Seus colegas do Instituto, em particular, sonhavam com um governo ao mesmo tempo esclarecido e eficiente. O general estabeleceu, através deles e de seus irmãos, ligações com a facção de Sieyès. Essa coalizão apoiava-se nos deputados moderados ou recém-eleitos contra os jacobinos. Animava-a a vontade de revisar a Constituição num sentido favorável ao poder executivo, e eles pensavam poder fazê-lo numa semilegalidade. O Conselho dos Antigos foi avisado a 18 do Brumário (9 de novembro) sobre um horrível complô jacobino, e se tomaram as primeiras medidas indispensáveis ao golpe que se preparava. Mas no dia seguinte, em Saint-Cloud, onde os deputados haviam sido convocados, o outro Conselho cismou de defender a Constituição e chamou Bonaparte de tirano. Felizmente para ele, seu irmão Lucien, que presidia a sessão, ordenou que a guarda dispersasse os deputados, sob a "proteção" dos soldados de Murat. Um parlamento acovardado nomeou, à noite, um Consulado provisório de três membros, entre eles Bonaparte e Sieyès, e duas comissões legislativas encarregadas de estabelecer uma nova Constituição.

A do ano II desmoronava, segundo Donald Sutherland, porque o grupo dirigente que ela tinha favorecido, e que a havia criado, jamais fora aceito pelo país. Compunha-se de convencionais que sempre se haviam recusado a deixar o poder, desde 1792, mesmo quando os eleitores queriam tirá-los de lá. Punham sempre seu conceito de salvação da República acima das considerações de legalidade. Essa elite política não dispunha de qualquer apoio no país legal, que só deixou nos cargos, em 1799, 12% dos convencionais e 5% dos regicidas. Composta pelos franceses mais ricos, neles recusava governantes muito chegados a aventuras e exigências. O abstencionismo dos eleitores resultava de seu desgosto pelas manobras políticas. Isso tornara-se visível desde o ano III, e se agravara sem parar em seguida. Os jovens preferiam a deserção do exército ao serviço cívico. Os recém-eleitos, em compensação, eram realmente, no plano nacional, homens novos, que vinham da política local, mas independentes do governo. Mesmo tendo substituído os convencionais, pertenciam ao mesmo meio social e partilhavam suas convicções. Sua experiência administrativa, que muitas vezes remontava a 1790, levara-os a seguir todas as reviravoltas da Revolução, com exceção talvez da do ano II. Antigos militantes do terceiro estado ou principais dirigentes dos departamentos, acabariam servindo a Bonaparte, que corresponderia ao que havia justificado a carreira deles, ou seja, à aspiração a um governo de ordem, mas que respeitasse os princípios de 1789. Sua rejeição provisória a uma monarquia constitucional prendia-se às ligações que ainda se faziam entre a idéia realista e da contra-revolução. Mas desconfiavam igualmente de um jacobinismo agressivo e hostil aos ricos. Donde sua escolha, no Brumário.[2]

Os recentes trabalhos sobre as oriegns desse golpe de Estado giram em torno de três temas: sua proximidade com o exterior, a importância do perigo revolucionário e as contradições do jogo político oficial.

Com relação ao primeiro ponto, T. C. W. Blanning associou o reinício da guerra, em 1798, às limitações do acordo de Campofirmio, considerado em Paris e Viena uma simples trégua. O expansionismo francês confirmou isso e arruinou mais que tudo, uma frágil paz. O Diretório repetiu nesse aspecto os erros dos brissotinos, e a expedição do Egito se enquadra nisso. A Rússia acabou sentindo-se ameaçada e entrou realmente, pela primeira vez, na guerra contra a Revolução. Esse apoio determinou a volta da Áustria ao conflito. A República iria mantê-lo após ter, sem motivo, multipicado seus inimigos e dispersado suas forças. Mas a guerra se tornara para ela uma condição normal de existência. O Diretório precisava dela para ocupar e manter seu exército, justificando sua sobrevivência. Reubell felicitava-se no início de 1799 por chefiar uma nação marcial, cujo elemento natural eram os conflitos. Foi pois normal que ela se entregasse, antes do fim do ano, a um general. Assim, o expressionismo revolucionário continuava a ser, ao cabo de dez anos, o principal fator de instabilidade política na Europa. Levava os sucessores dos girondinos a quererem chegar até a Índia ou a Rússia. No exterior, esse despertar da força francesa era o principal resultado da Revolução, a qual dera a seus defensores um senso de invencibilidade que, por sua vez, se prendia à convicção na superioridade absoluta dos seus princípios. Essa vertigem levou-os muitas vezes a subestimarem os adversários.[3]

A princípio a estratégia militar do Diretório durante a campanha de 1799 acumulou erros, recomendando a seus generais ataques simultâneos ao longo de uma fronteira imensa e contra inimigos superiores em número. Disso resultaram sérias derrotas. Esse desastre, que ameaçava a França de uma invasão, não pôde ser imediatamente compensado, devido a erros táticos dos generais. Só se conseguiu uma vitória decisiva contra a coalização no início do outono, quando os planos de contra-ofensiva do novo ministro da Guerra, Bernadotte, foram corretamente aplicados por Masséna na Suíça e por Brune na Holanda. Essa reviravolta na situação, mesmo que tardia, testemunha uma competência estratégica do Diretório que nem sempre se lhe reconhece.[4]

Jacques Godechot descreveu, em 1961, esse "grande ataque contra-revolucionário" de 1799. E acaba de retomar o estudo, nele, do elemento toulousiano, onde um levante realista, que explorou a existência de inúmeros *maquis* * de desertores, por pouco não se apodera da cidade no início de agosto. Não foi, nesse ano, o único levante popular que a República teve de enfrentar. Das ilhas jônicas à Bretanha, camponeses sublevaram-se então, em massa, contra a Revolução. Na Calábria, a hostilidade deles à burguesia napolitana, posta no poder por um exército estrangeiro, nasceu da que já alimentavam contra uma feudalidade que o novo regime não abolira tão depressa. Esse descontentamento foi atiçado pelo hábil cardeal Ruffo, que lhes prometeu terras e a pilhagem dos bens dos jacobinos. Esse movimento sanfedista ** foi assim dirigido, em nome da contra-revolução, contra os ricos, como se viu na tomada de Nápoles, em junho. Provocou, durante muitos anos, uma verdadeira anarquia agrária, e o início de uma bandidagem secular. Propagou-se também na Itália central, onde os camponeses se sublevaram em maio e queimaram judeus em Siena, em junho. Seus irmãos das ilhas jônicas iriam causar massacres análogos, em outubro, para ajudar os russos e os turcos a expulsarem os franceses. Insurreições recomeçaram igualmente na Suíça contra as tropas francesas, notadamente em Grisons e Valais; foram reprimidas de modo brutal. A Renânia e a Holanda também se agitavam. Mesmo na França, ao lado do levante do Sudoeste, o Oeste mexeu-se ainda mais seriamente. Em outubro, os *chouans* tomaram por algum tempo Le Mans, Nantes e Saint-Brieuc.[5]

Vê-se aí a extensão de uma revolta que, no território nacional, significou a rejeição do regime republicano por inúmeras regiões de fé católica. Na Itália, terra eleita da contra-revolução popular, o movimento sanfedista, segundo John Davis, foi talvez menos uma guerra social do que uma guerra civil, onde inúmeras rivalidades entre comunidades, categorias, regiões e facções se reavivaram com a intervenção francesa e o movimento revolucionário que ela desencadeou. Conflitos de interesse, ligados a toda a evolução anterior, ex-

---

* Matagal, mato; por extensão, quem se refugia nele, no campo, em bandos. (N. dos TT.)

** Sanfedismo: sociedade secreta italiana do início do século XIX que desejava a unificação da Itália e por isso simpatizava com a política austríaca de Metternich de organizar a península itálica de modo semelhante à Alemanha. (N. dos TT.)

plodiram violentamente nessa ocasião, e inscrevem a contra-revolução napolitana no conjunto da crise secular do Mezzogiorno. Nos campos franceses, mesmo onde, como na região de Caux, não houve levante anti-republicano, Guy Lemarchand observou o profundo incivismo dos camponeses em relação à defesa nacional e à ideologia oficial. Eles davam as costas em massa ao regime, como o demonstram seu abstencionismo eleitoral, sua indiferença política e seu apego ao catolicismo. Alan Forrest generalizou, no Oeste, essa hostilidade do mundo rural, berrante no que se refere aos jovens rebeldes e aos padres refratários, contra um Estado centralizador e intervencionista que perturbava os hábitos dos aldeões feria as sensibilidades. O espírito de autarcia desconfiava de um poder alheio a suas tradições e mentalidade.[6]

O fracasso da República liberal sobreposta pela burguesia revolucionária a essa França profunda não tem, certamente, outra causa. Lynn Hunt, com David Lansky e Paul Hamson, dedicou-se a precisá-la, tentando esclarecer o significado do 18 do Brumário. Esses autores observaram que Bonaparte só tomou o poder quando a maioria dos deputados renunciou ao governo parlamentar. Sua ditadura usou em seguida boa parte das estruturas burocráticas e do pessoal administrativo que herdara. Longe de se instituir num vazio político, foi provocada por uma incitação à intervenção, vinda de revisionistas que preferiam as incertezas do autoritarismo às ambigüidades do regime. Este não emitiu qualquer resposta a essa ação, classicamente explicada com o medo social dos notáveis diante do recrudescimento do jacobinismo. Mas este, como já se viu, fora derrotado antes do Brumário. A apatia política, por outro lado, não poderia ter permitido justamente um prolongamento da história da República? Lynn Hunt e seus colaboradores associam mais a sua queda à contradição fundamental de seu funcionamento. Na verdade, esse sistema representativo, associado a freqüentes eleições, recusou-se a admitir a existência de partidos organizados, indispensáveis à sua sobrevivência. Os republicanos que o dirigiam opunham-se com isso ao próprio princípio do liberalismo político. Hostis ao reconhecimento de uma oposição organizada, não foram capazes de erguer um partido ao mesmo tempo antiaristocrático e antipopular que lhes servisse. Nesse ponto, continuavam com o mito revolucionário original de uma comunidade cívica fraternal, alheia às facções. Essa ideologia perpetuara-se depois de 1789, apesar da existência de partidos nos quais não se reconhecia o direito de cidade. Eram acusados de se oporem aos interesses superiores da nação, como fatores egoístas de mobilização de tal ou qual classe. Contudo, sob o Diretório, existiram uma esquerda, um centro e uma direita em relação aos problemas que se apresentavam. Mas eles nunca conseguiram organizar-se de maneira clara e legalmente reconhecida. A Constituição do ano III parecia impedir isso. O estudo dos deputados do Diretório conduz à definição dos contornos desses agrupamentos. Faltavam-lhes, sem dúvida, coerência interna e apoio dentro da nação. Os jacobinos de 1799 começavam, no entanto, a se apresentar para a opinião pública como partido organizado. Propunham uma República que admitisse a legitimidade das divisões oficialmente reconhecidas e a legalidade de uma oposição lealista. Seus inimigos, que venceram no Brumário, rejeitavam tal sistema, que comparavam a um espírito de facção. O Diretório desmoronou, assim, não porque fosse demasiado fraco, isolado ou dividido, mas porque seus dirigentes acabaram preferindo a instituição de uma ditadura autoritária à criação, como nos Estados Unidos, de um sistema de partidos. Suas manipulações eleitorais e parlamentares, nascidas dessa preocupação, minaram o regime, propagando a indiferença e a abstenção, favoreceram o acesso ao poder de administradores locais, revolucionários convictos, mas pouco dedicados aos princípios republicanos, e que iriam satisfazer-se de boa vontade, como toda a elite francesa, com a orientação tecnocrata e apolítica devida a Bonaparte.[7]

Durante esse tempo, os últimos *sans-culottes* parisienses, artesãos e comerciantes, continuavam uma luta sem esperança. Reymond Monnier estudou sua democrática resistência à República burguesa, apesar da lassidão e da repressão do ano III. Esses militantes revolucionários apoiaram, no início do Diretório, a agitação babouvista, e depois conseguiram manter um espírito de conspiração, renovando-se um pouco. Após o Frutidor, apoiaram a reorganização neojacobina, que serviu de espantalho para os moderados. Forçado a ir para a clandestinidade sob o Consulado, esse pequeno grupo simboliza o estreitamento de um grande movimento, agora ele próprio isolado do meio popular.[8]

III

Mudanças decisivas?

9

Um novo Estado?

A Revolução, em vez do regime liberal sonhado por seus precursores, culminou na instauração da ditadura de Bonaparte. Os historiadores têm procurado dosar, nesse resultado decepcionante, a parte das responsabilidades, quer se tratasse da mentalidade dos brumarianos e seu medo social, do peso das circunstâncias e das oposições ou o da própria ambição do futuro Napoleão I. Eles concordam em registrar o reforço por ele trazido à centralização administrativa que herdou, mas se dividem sobre a continuidade mais ou menos significativa que a liga ao Ancien Régime. Quanto ao novo, terá ele conseguido enfim, como o desejavam os autores do Brumário, pôr termo às diversas oposições que se enfrentavam dentro da nação?

Por que a Revolução francesa culminou no estabelecimento de uma ditadura pessoal?

Louis Bergeron, em sua apresentação da obra política interna de Bonaparte, observou sua ambigüidade fundamental: último dos déspotas esclarecidos, foi ao mesmo tempo o fundador do sistema racional e unificado que continua a governar a França. Do ponto de vista nacional, trouxe à França a ordem e a estabilidade que lhe faltavam desde 1789. A soberania, de repente, transferiu-se inteiramente para ele, e o preço a pagar pelo fim da anarquia foi o das liberdades. Seu regime desprezou os conselhos da opinião pública esclarecida, preferindo-lhe a ação onipresente da sua polícia. Sem fundar uma ditadura militar nem uma monarquia clássica, estabeleceu um novo tipo de poder que concentrava a autoridade nas mãos de um homem ligado à modernização do Estado e da sociedade. Esse fruto imprevisto da Revolução cercou-se de um número muito grande de colaborações indispensáveis, devidas a administradores competentes. Mas esse executivo não tinha nem sentido nem valor sem o seu senhor. A elevação do regime a monarquia, devida à necessidade de vencer o perigo realista tomando-lhe emprestadas as seduções, nada mudou de essencial num sistema cujos formas artificiais repousavam antes de tudo sobre o assentimento das elites.[1]

Donald Sutherland acaba de retomar o problema das origens dessa construção política ambígua, associando-a às condições em que aparecera. Os brumarianos, que anunciavam sua vontade de criar um governo forte, permaneceram na verdade muito tempo à frente de um Estado fraco. A restauração, por eles, da ordem interna dependeu sempre de uma vitória militar. Tiveram de aceitar também um compromisso com a contra-revolução popular representada pela Igreja Católica. Donde a transformação de um poder, que os autores do golpe de Estado queriam acima de tudo independente e senhor absoluto da administração e da justiça, numa ditadura pessoal. A ambição própria de Bonaparte, que visava mais a posteridade do que o trono, teria pois desempenhado um papel secundário nesse processo. Ele foi, durante toda sua existência, um consumado oportunista e manipulador nato dos sentimentos dos outros. Cético, serviu-se da religião; homem das Luzes, reintroduziu a arbitrariedade, pois precisou dela. Só recorreu à violência em virtude de sua utilidade. O desprezo que sentia pela humanidade provinha tanto de sua arte de usá-la quanto da consciência da imensidão de seus próprios dons.

Ele quis assentar a autoridade do seu governo em oposição às facções. A primeira visada foi a dos jacobinos, cujas medidas foram anuladas, enquanto Bonaparte prometia ordem e paz social aos banqueiros. Impediu que Sieyès deportasse muitos homens de esquerda e começou a atenuar o destino dos parentes de emigrados. Essa intenção conciliadora foi acompanhada de um autoritarismo muito forte, refletido na Constituição do ano VIII. Embora a Carta tenha conservado as idéias de Sieyès, a diminuição do papel das eleições, impedia qualquer paralisia do executivo. Bonaparte, novo Primeiro Cônsul designado por 10 anos, dele tornou-se senhor absoluto, livre de qualquer controle e ajudado por peritos administrativos do Conselho de Estado. A reservada acolhida da nação a esse projeto, que foi submetido à sua aprovação, mostrou a extensão da despolitização surgida a partir de 1793: houve 400 mil abstenções a mais que naquela época, e apenas 20% de eleitores em Paris e Toulouse. O regime, para ocultar isso, falsificou os resultados, dobrando de forma fraudulenta os votos positivos.

Apesar disso, começou por organizar relações harmoniosas entre executivo e legislativo. Os políticos queriam cooperar no esforço de reconstrução e sentiam a necessidade de união, oriunda dos perigos que a República sempre correra. Mas o desejo de estabilidade e de autoridade podia provocar facilmente a acusação de arbitrariedade a respeito de um governo que se queria forte. Após deixar passar as comissões militares anti-realistas e a deportação sem julgamento dos jacobinos, a oposição manifestou-se no início de 1801 — por ocasião da lei que estabelecia os tribunais especiais contra o banditismo. Bonaparte, que se considerava o único representante da nação, viu somente subversão nos discursos críticos dos membros do Tribunato. Atribuía sua atitude apenas a sobrevivências partidárias do espírito de facção e reduziu, em conseqüência, o número dos jornais autorizados. Como muitos de seus contemporâneos, era incapaz de imaginar as condições de funcionamento de um regime liberal ou de conceber a política como a elaboração de um compromisso permanente. Seguindo os *montagnards* e os membros do Diretório, a única solução que tinha para os problemas de sua época era a eliminação dos adversários em nome da unidade. Esperava em primeiro lugar dos legisladores, chamados a se pronunciar sobre suas propostas ou sua obra, aplausos e não objeções.

Na falta da Concordata com a Igreja, a crise ressurgiu, no fim do ano, com referência a alusões ao absolutismo e à rejeição de disposições do Código Civil. A renovação da legislatura logo ofereceu a Bonaparte a possibilidade de expulsar dela seus principais opositores. Isso lhe permitiu, em 1802, fazer aprovar a Concordata, conceder a anistia aos emigrados (sempre vigiados), ganhar a Legião de Honra e logo depois o Consulado perpétuo, aprovado sem mais liberdade mas com maior entusiasmo, talvez, do que a Constituição. Os eleitores pagavam de fato, agora, menos impostos e sobretudo forneciam menos recrutas que sob o Diretório. Tinham agora liberdade religiosa, que era o que a maioria dos franceses mais queria. Para muitos deles, em particular no Oeste, a instituição da ditadura significou sobretudo a diminuição das pressões governamentais.

A Constituição do ano X, que organizou os novos poderes de Bonaparte, confiou-lhe a escolha de seu sucessor e o controle absoluto dos legisladores e dos colégios eleitorais. A participação da nação e de seus representantes na vida política e em suas decisões acabou por constituir uma ilusão. O Senado recebeu verbas suficientes para que seus membros, novos "feudais", se mantivessem dóceis. Bonaparte considerava todo texto constitucional um pedaço de papel. Achava que a Revolução havia mostrado a submissão das leis aos homens e às circunstâncias, e a subordinação destes ao governo e aos meios de força dos quais ele dispunha. Nem por isso sua ditadura foi um regime militar. Embora dependesse, interna e externamente, das vitórias do exército, este jamais exerceu o poder. Seu pessoal não foi integrado nas instituições civis e seus chefes mantiveram durante muito tempo uma hostilidade do tipo jacobino à "tirania". Bonaparte afirmava a justo título que não governava a França como general, mas como homem de Estado.

Embora dispusesse de certa popularidade numa nação cansada da desordem, seu poder não repousava sobre o plebiscito. Ligava-se mais à apatia política do povo, cuja indiferença, cada vez mais acentuada desde o ano II, impedia todos os setores da opinião pública de influenciarem na marcha dos acontecimentos. A volta dos padres teve o mesmo efeito entre católicos e realistas. O duplo princípio da repressão e cooptação substituiu de repente as antigas formas da intervenção e da ação popular, e deu, pela primeira vez desde o início da Revolução, eficácia ao governo.

Este teve muito pouca necessidade de usar seu direito constitucional de intervenção sobre o poder legislativo. O expurgo de 1802 bastara para suprimir ali as manifestações de oposição. Bonaparte não foi um usurpador e sua força lhe foi conferida por uma estreita classe política que, para falar a verdade, não representava ninguém, uma vez que ela própria se nomeara. Como o Diretório e todos os dirigentes da Revolução desde 1792, os brumarianos desconfiavam acima de tudo do sistema eleitoral e do regime parlamentar. Thibaudeau foi o único, no Conselho de Estado, a defendê-lo. O mesmo aconteceu, no Senado, com Lanjuinais. Combacérès achava que toda assembléia era, em si, um impedimento à administração. Essa atitude provinha de uma tomada de consciência da fragilidade dos resultados obtidos pelo Consulado. Ele ainda não sedimentara suas instituições e os contemporâneos davam-se conta do grau em que tudo ali dependia sobretudo de Bonaparte. Num país que mal acabava de ser pacificado, podia parecer necessário entregar todos os poderes a um homem cujas capacidades eram conhecidas, e também a eventual brutalidade. O Conselho de Estado manifestou esse sentimento, na proclamação do Consulado Perpétuo, exaltando as vantagens da estabilidade.[2]

Essas análises talvez cometam o erro de ignorar as dimensões pessoais da aventura de Bonaparte. Elas foram destacadas por Harold Parker, num ensaio dedicado à formação psicológica do futuro ditador. O ambiente familiar, que começou a determiná-la, era favorável, na casa do jovem Napoleão, ao desenvolvimento de uma grande agressividade, destinada a valorizá-lo junto à mãe. O pai, hábil intrigante pró-francês, iniciou-o nas manobras políticas. A experiência do Colégio de Brienne, em meio a inimigos e conquistadores do seu país, levou-o a se recolher em si mesmo e desenvolver mecanismos de defesa que lhe seriam úteis depois. Aprendeu ali a controlar os impulsos e se fortaleceu em sua identidade corsa. Os êxitos escolares reduziram-lhe a ansiedade, e ele já se via como o libertador de sua nação. Os consolos da religião e da sexualidade não o atraíam. Sua agressividade voltava-se agora para o trabalho, o sonho e o projeto. Continuou sendo assim na Escola Militar de Paris. De 1785 a 1793, levou vida dupla. Oficial francês bem-visto e até mesmo agradável, era ao mesmo tempo, na imaginação, o redator rousseauísta de miríficos planos de libertação da Córsega. Voltou para lá ao fim de oito anos, em 1786, e começou a revolucioná-la três anos depois. Mas se opôs ao chefe nacionalista Paoli, até então objeto de sua admiração. O egoísmo e a ambição levaram-no a se voltar cada vez mais para a França revolucionária. A morte do sonho de adolescente libertou-o dos preconceitos e sentimentos que se opunham ao desenvolvimento de sua personalidade.

Seu êxito foi sobretudo militar. Ajudado por Barras, casou-se com a amante dele, a imoral Josefina, pela qual decidiu conquistar a Itália, mas que não o amava e tinha medo dele. Essa desilusão acabou por voltá-lo para a realização na onipotência. A campanha da Itália dera-lhe oportunidade disso, e de revelar sua nova maneira, imperial, de comandar. Ele a demonstrou aos generais franceses e aos patriotas italianos. Era adequada a uma tradição familiar e política autoritária, e ele a usou para se impor aos outros. Isso acabou de transformá-lo, e o homem público devorou o homem particular. A política invadiu cada vez mais sua existência e o transformou num ser de puro cálculo. Nesse domínio, revelou-se um improvisador genial e um mestre na estratégia da manipulação de pessoas e grupos. Sua experiência italiana transformou-o em herói na França e deu-lhe a idéia de dominá-la. Os indivíduos, para ele, eram agora apenas os meios de realizar essa ambição. Madame de Stäel surpreendeu-se então de ver nele ao mesmo tempo menos e mais que um homem. Ele perdera todo o senso de humanidade e se transformara num simples jogador de xadrez que a utilizava. Via nela apenas a presa de seu apetite de poder. Seu desejo de vencer, sedimentado na infância, mas exarcebado pelas dificuldades, não seria, na verdade, jamais satisfeito. A formação da sua personalidade fora, além disso, determinada pelas circunstâncias da Revolução, que o levaram a rejeitar, após as dolorosas experiências da infância, e depois da adolescência, o sonho corso e o da intimidade sexual. Nada mais lhe restara senão a perseguição enérgica de uma carreira de desprezo por todos os outros seres. Nisso, foi ajudado por sua confiança fundamental em si mesmo, fixada havia muito tempo e confirmada depois. Incapaz de relações sinceras com outras pessoas ou de ser amado por elas, vingava-se pela dominação no trabalho e na política. Sua carreira não se compreende fora dessa psicologia para a qual o poder e as satisfações que proporciona se haviam tornado uma necessidade.[3]

A centralização administrativa desenvolvida pela Revolução e por Napoleão inscreve-se na continuidade do Ancien Régime?

Louis Bergeron, que estudou a tutela administrativa de Bonaparte sobre a França, associou-a, mais nitidamente que à sua obra política, à herança, monárquica ou republicana, de uma centralização muitas vezes servida pelos mesmos homens, principalmente os prefeitos, que dependiam inteiramente do todo-poderoso Ministério do Interior. Esses agentes executivos encarnavam a autoridade nos departamentos. Impunham a ordem, aplicavam as medidas do poder e nomeavam aqueles chamados a servi-lo. Tinham ainda um papel de incentivo econômico e de vigilância dos alimentos que tocava de perto os problemas de segurança. A correspondência deles com Paris informava utilmente o governo sobre a situação do país. Mas pouco contavam perante a administração central. Criados em 1803, os auditores do Conselho de Estado representariam um viveiro para a sua formação.

A sociedade, por outro lado, era controlada por uma justiça reorganizada em base revolucionária, mas desenvolvendo o aparelho repressivo: a reconstituição de um corpo docente a serviço do Estado caminhava no mesmo sentido, sob a forma de uma Universidade com *status* de monopólio. A Igreja concordatária também iria servir ao restabelecimento da coesão nacional, o que fez de maneira miuto equivocada. O domínio das finanças, enfim, foi o da criação de um bom instrumento administrativo no âmbito da herança fiscal revolucionária. Bonaparte, nesse ponto, aplicou-se sobretudo a multiplicar os impostos indiretos de consumo. Hostil ao empréstimo, ateve-se com obstinação a um sistema monetário metálico. Mas teve de resolver os problemas de crédito, que herdara, pondo em prática uma política disfarçada de emissão de papel-moeda. Seu rigor administrativo na gestão financeira burocratizou-a, sem ampliar com isso a concepção do conjunto.[1]

Seguindo Jean Tulard, que lembrou esse caráter relativamente "reacionário" das instituições consulares, Michel Bruguière acaba de analisá-lo em profundidade, no que toca ao problema financeiro. As imprudências da Constituinte haviam primeiro desmantelado, nesse campo, as estruturas do Ancien Régime, ao mesmo tempo em que se retirava um grande número de seus agentes. Mas uma dúzia de burocratas sobreviveu às reformas e se adaptou às novidades. A permanência desses especialistas assegurou a de sua tradição administrativa através de todos os regimes. Sua tarefa foi extremamente difícil, mas favorecida pela criação de repartições inéditas. A gestão da "nuvem de papel" desencadeada pela Revolução justificou-a e serviu de berço a futuras dinastias burguesas. No verão de 1791, foi sobretudo a instituição da Tesouraria Nacional que deu origem a um "coração desconhecido do poder". Através dela, retomou-se como nunca a osmose entre os interesses do Estado e os da especulação privada. Embora os dirigentes da Tesouraria se envolvessem nas lutas políticas, seus colaboradores continuaram a trabalhar ali como sob o Ancien Régime. Assemelhava-se, "como uma irmã, ao Tesouro de Loménie de Brienne", e estabeleceu uma tradição administrativa que prosseguiu até a Restauração. A Revolução, revolta dos contribuintes em potencial, afetou apenas os impostos. Fora isso, transmitiu à República dos *sans-culottes*, e integralmente, o espírito e os homens do antigo sistema financeiro.[2]

Ao contrário do que diz uma lenda cara aos historiadores do jacobinismo, favoráveis ou contra, as atividades financeiras da Convenção mostraram uma interesse muito grande, porque era necessário, pela banca e pelos negócios. Joseph Cambon, deputado do Hérault e senhor das finanças da República, era o homem da indústria têxtil de Montpellier. O controle da economia pelo Estado, que ele presidia, não era de modo algum hostil à propriedade privada, da qual não deixava de ser um bom representante. Como Clavière e Ramel, outros especialistas na fabricação e comércio de tecidos indianos, ele personificava a presença dessa indústria de ponta no âmago da Revolução. Esta não pôs fim ao poder das repartições, que passaram a depender, a partir de 1794, de uma Comissão das Rendas Nacionais, cujos dirigentes vinham dos serviços do Ancien Régime. Devidamente munidos de certificados de civismo, esses administradores tradicionais participaram dos novos tempos com seu espírito de antigamente. Ao lado deles, especialistas provenientes das instituições suprimidas levavam a melhor, de longe, sobre os patriotas. Esses agentes agaloados saberiam manter-se no poder sob o Diretório. A complexa transferência de fortunas, instaurada pela Revolução, foi pois garantida por especialistas burgueses, íntimos dos negócios coloniais e antigos colaboradores dos intendentes de Luís XVI. Símbolo dessa situação foi Barrême, ilustração de uma tradição hereditária, encarregado de estabelecer o ativo dos emigrados. Além disso, a gestão dos bens nacionais foi muitas vezes confiada a homens do Norte, chave do conflito externo desde 1792, zona de acerto das compras de milho e de madeira e campo entregue, pela conquista da Bélgica, à especulação. Esta não deixou de acompanhar, com suas negociatas diversas, a Revolução dirigida. A Comissão de Alimentos, por exemplo, estava em poder de homens estreitamente ligados aos grandes negócios. Eles eram igualmente senhores, através de seus representantes qualificados, do comércio exterior. O antigo caixa de um grande assistente de Luís XV reapareceu investido de toda a confiança do Comitê de Segurança Geral, pelo tanto que havia de semelhança entre a lógica da política econômica do Ancien Régime, na época da penúria, e na do preço máximo instituído pelos *montagnards*.[3]

Estes subcontrataram uma minoria de grandes especuladores a fim de destruir os cálculos dispersos dos outros. Quanto à Tesouraria Nacional, continuou imperturbável a trabalhar *segundo os poderes recebidos de Luís XVI,* de 10 de agosto a 18 do Brumário. Beneficiou-se, sob a Convenção, da ajuda decisiva de Cambon, que lhe deu carta branca para abastecer os exércitos e as populações. Quando Robespierre, em sua paranóia virtuosa, enfureceu-se, a 8 do Termidor, contra essas operações, isso foi, como salienta Michel Bruguière, "demasiado cedo ou demasiado tarde". O sucesso da Revolução acabava, na verdade, de ser garantido pela estreita colaboração entre uma administração independente das alas políticas e dos fornecedores, que conseguiram dissimular suas contas sob o manto da salvação pública.

Os segredos de uma e dos outros continuaram em família, e não foram transmitidos à posteridade. O Terror tinha assim, como controlador da Caixa Geral, um homem envolvido, desde 1785, com as operações do Tesouro Real. Poucos indivíduos novos surgiram então na Tesouraria, onde as lembranças da aristocracia eram mais importantes do que as mudanças trazidas pela democracia. A massa de novos burocratas que ela empregava limitou-se a encobrir escabrosas operações de negócios e de provisões. Pois a maioria dos responsáveis por negociatas escapou, é lógico, da guilhotina, beneficiando-se da indulgência dos burocratas. Nas profundezas de seu domínio, estes prolongaram, sob a República, a tradição administrativa da monarquia. Esses especialistas do Ancien Régime sobreviveram sem dificuldade, das janelas de seus escritórios, aos sobressaltos do Terror. Haviam descoberto a grande lei do serviço público na França contemporânea: associar, não ligando muito para a ideologia, "o bem de um Estado que não morre à preocupação com sua própria segurança".[4]

De Saint-Juste a Sebastian Mercier, inúmeros foram os observadores desse todo-poderosismo de uma burocracia pletórica, invulnerável em meio às agitações. Viram nisso, com bons olhos, o principal resultado de 1789. Era na verdade, como observa Michel Bruguière, o de uma guerra sem misericórdia, que naturalmente fazia o sistema administrativo retomar, ampliando-os, os hábitos do Ancien Régime. Depois de ter acreditado no enfraquecimento do Estado, a França, diante de uma Europa hostil, teve de reforçá-lo para melhor acomodar suas finanças. Nisso a Revolução concluiu a obra da monarquia. A Convenção apenas legou ao Diretório o angustiante problema do lugar a ser reservado à fortuna privada dentro desse sistema. Mas a realeza, antes da República, já tivera de negociar um acordo semelhante com os manipuladores de dinheiro. A Revolução criara, com as especulações que havia gerado, um novo tipo de aproveitadores, convidados a entrar na partilha tradicional do poder econômico entre os detentores da riqueza e os do poder político.

Este, sob o Diretório, teve muita dificuldade em administrar suas finanças. Seu ministro Ramel, tão bem-visto pelos capitalistas quanto pelos termidorianos, provinha de importante família de negociantes de tecidos do Languedoc e se iniciara nos interesses do comércio marítimo e da banca estrangeira. Tentou concentrar seus serviços, sempre povoados pelo mesmo pessoal, e constituir um secretariado-geral destinado a representar uma verdadeira célula de documentação técnica e comando. Entre os diversos colaboradores, observava-se um especialista experiente cuja folha de serviços remontava a Luís XV. O desgoverno monetário e a crise de tesouraria foram combatidos graças à colaboração dos banqueiros estrangeiros e ao saque das conquistas. Fornecedores milionários tornaram-se, nesse marasmo, os rendeiros do Tesouro Público, enquanto os políticos, na Tesouraria, passavam à frente dos técnicos tradicionais. Mas estes, espectros do Ancien Régime, continuaram a controlar a reorganização fiscal, também marcada pela volta a procedimentos brutais de cobrança e pelo restabelecimento das contribuições indiretas. Isso culminou numa verdadeira bancarrota e no recurso constante aos fornecedores militares. Estes, de 1798 a 1806, seriam os senhores das finanças públicas e principalmente do soldo dos funcionários. Os banqueiros dos estabelecimentos de crédito eram, eles mesmos, estreitamente associados ao setor estatal. Esses especuladores recebiam suas rendas através de correspondentes locais e tinham o cuidado de se assegurar a anistia das contas atrasadas. Houve a esse respeito uma perfeita continuidade entre os fornecedores do ano II e os contratantes do Diretório.[5]

Essa continuidade observa-se ainda entre o Diretório e o Consulado, do ponto de vista administrativo e financeiro. Bonaparte trouxe-lhe, ademais, uma mistura entre fortuna pessoal e fundos públicos que continuou sendo sua regra até o final do Império. A nomeação de Gaudin para o Ministério representou ao mesmo tempo a volta em peso dos homens do Ancien Régime e o compromisso necessário com banqueiros e fornecedores. As novas instituições, no que diz respeito ao Tesouro e ao sistema fiscal, responderiam a essa dupla influência. Essa restauração fez com que a França voltasse a adotar inúmeras práticas da monarquia, integrando e conservando ao mesmo tempo os melhores especialistas dos anos revolucionários. Tratava-se de um compromisso, mais político do que técnico, entre os servidores da realeza e os da República. Pois o Consulado prolongava os procedimentos financeiros acrobáticos que herdara. Em compensação, reorganizou, centralizando-a, a cobrança das contribuições diretas, amortizando ao mesmo tempo a volta aos impostos diretos do Ancien Régime. Depois da Revolução, os franceses teriam, pois, um fisco acrescido de 20%, colocado sob os mesmos diretores administrativos, inamovíveis mas flanqueados, a partir de então, de efetivos 30 vezes mais numerosos do que aquilo que previra a Constituinte. A paralisação das verificações contábeis prosseguiu e, se houve um domínio onde a aplicação dos princípios de 1789 foi realmente uma palavra inútil, esse foi certamente o das finanças públicas.[6]

Elas permaneceram, durante a tormenta, nas mãos dos mesmos homens e dos mesmos grupos, que se adaptavam incessantemente às mudanças das instituições e às reviravoltas políticas. A burocracia colocada à frente desse sistema preocupava-se agora menos com triunfos mundanos do que com a perpetuação de seu estado pelo acordo com o poder. Aprendera com a Revolução e seus sobressaltos essa dura lição de realismo que mostra que, na política, a sabedoria é muda e o silêncio cúmplice constitui o fator das permanências mais seguras. As da administração financeira francesa uniram a época de Luís XV à de Napoleão, ao preço dos compromissos mais frutíferos para os que souberam subscrevê-los. O imperialismo do aparelho de Estado atingiu desse modo sua penhora da nação, iniciada sob o Ancien Régime. Com a queda deste, o despotismo das repartições viu-se livre de qualquer controle. Soube adaptar sua linguagem às novas condições da vida política, mas reencontrou com alegria, em 1799, os princípios da centralização real, singularmente endurecidos. Livres do obstáculo da monarquia e das cortes soberanas, os funcionários haviam-se tornado afinal, na França, uma força autônoma. A chegada de Bonaparte ao poder significaria o início de sua era dourada, a da gestão anônima pelos agentes da nação, que ocultariam ainda mais que antes o segredo de suas operações. A Revolução criou nisso um autoritarismo administrativo incrivelmente mais forte que o antigo, ao mesmo tempo, aliás, que "a maioria dos vícios deplorados antes de 1789 continuava presente". Mollien remediou isso em parte, em 1808, com a instituição da conta corrente recíproca entre o Tesouro e os coletores gerais dos departamentos, criação genial que, se ocorresse mais cedo, teria sem dúvida evitado ao Governo de Luís XVI a crise de tesouraria na qual soçobrou. Embora essas invenções técnicas salvaguardassem as aparências de uma nova regularidade, o fracasso financeiro da Revolução nem por isso foi menos completo. Abrira o caminho à solução do futuro, caracterizada pelo todo-poderosismo automático da administração. A França completara essa lenta marcha para a eficácia e a coerência com grande atraso em relação a inúmeros Estados contemporâneos. Não teria podido fazê-lo sem estreitas ligações com as práticas do capitalismo internacional. A Revolução conduzia, afinal, a uma reconciliação dos proprietários, onde os homens das grandes negociatas, que ela encorajava, não esqueceram de levar sua parte. Michel Bruguière saudou a união conseguida então, em torno deles, entre gestionários e beneficiários, a serviço do Estado imóvel, ou seja, da unidade da nação e da coesão social.[7]

Os historiadores anglo-saxões têm sido menos sensíveis a esses fenômenos de continuidade do Ancien Régime. Têm destacado mais a criatividade administrativa devida à Revolução. Harold Parker e Clive Church, notadamente, fixaram-se na época do Diretório, que constituiu um retorno decisivo nesse processo. O estudo de duas repartições do Ministério do Interiror permitiu ao primeiro dosar a parte herdada e aquela que se deveu às novidades na definição da política econômica oficial. Fez suas pesquisas nesse domínio onde ciência, indústria e administração interpenetraram-se de modos difrerentes de 1780 a 1800. Clive Church estudou de preferência o casamento, na época dos termidorianos, entre as instituições do Ancien Régime e as do Terror; vê aí, com razão, o momento em que se prepararam as estruturas napoleônicas. Sua sociologia do pessoal burocrático do Diretório mostra funcionários experientes, dos quais cerca de 1/3 já trabalhava sob o Ancien Régime e vivera a Revolução, a maior parte dela dentro das administrações. Seu respeitável nível social já os fizera ser aceitos pelo Estado antes de 1789, e os postos continuavam a corresponder aos nascimentos. A nova classe dirigente não favoreceu, mais que a antiga, nesse aspecto, o movimento de ascensão através dos degraus da burocracia. Esta, estabilizada no topo, era extremamente móvel no nível subalterno. Mas era muito raro um funcionário que deixasse uma administração não ingressar em outra. A burocratização trazida pela Revolução não foi um ponto de chegada, mas de partida. Criou a organização nacional e formal de um corpo profissional até então sem equivalente. As necessidades da guerra e do Terror acarretaram essa transformação fundamental que terminou de se definir sob o Diretório, época de nascimento, na França, de uma função pública realmente regular e controlada, hierárquica e qualificada, assalariada e impessoal. Bonaparte serviu-se com cuidado dessa arma absoluta no interesse de seu Estado despolitizado. Longe do paternalismo do Ancien Régime, uma administração moderna, graças ao impulso da Revolução, se havia consolidado com sua própria estratégia. Não faltou nem mesmo a esse processo o surgimento de um dos mitos nacionais mais queridos, ou seja, as relações psicológicas mistas, feitas de amor e de ódio, entre os franceses e sua burocracia.[8]

Edward Whitcomb retomou há pouco o exame da instituição da prefeitura e de seu pessoal na época de Napoleão. Essa criação administrativa fundamental iria melhorar regularmente. De seus membros, 30% vinham de alguma assembléia revolucionária, e a proporção no início era de cerca da metade. O número dos nobres, inicialmente 1/4 do efetivo, ultrapassou depois os 40%. A fusão social bonapartista foi, nesse ponto, particularmente bem-sucedida. Mas os prefeitos saíram sobretudo, profissionalmente falando, do mundo da administração e, em seguida, dos homens de lei. Essa última origem, após ter representado por muito tempo perto de 1/3 do total, passou a 20% depois de 1810, quando a primeira já era duas vezes mais representada, o que significou uma profissionalização do órgão. Esses homens na força da idade haviam escolhido ali uma carreira que foi um refúgio para inúmeros políticos antigos. A deterioração progressiva do seu rendimento não passa de um mito, segundo Edward Whitcomb, que os vê, ao contrário, corresponder aos critérios que definem, segundo Max Weber, a excelência burocrática, ou seja, experiência, estabilidade, hierarquização, promoção interna e formação específica, que foram então, sem cessar, crescentes. Os prefeitos de Napoleão, elemento essencial da herança administrativa da Revolução, confirmam a importância de sua contribuição à modernização e à racionalização das instituições.[9]

Em sua apresentação do fenômeno, Donald Sutherland associou os dois tipos de interpretação. Ligou o esforço da centralização do governo consular à sua preocupação de melhor controlar as autoridades locais. A multiplicação das agitações e problemas na aplicação das leis nesse ponto também o levou a isso. A criação dos prefeitos, em 1800, substituiu a participação dos cidadãos sonhada em 1790. Foi concluída com a colocação sob tutela dos conselhos municipais e abandono das eleições, substituídas pela consulta a notáveis cooptados. Era um sistema radicalmente novo, em relação a toda a experiência revolucionária. A volta de inúmeros nobres às chefias administrativas e do serviço diplomático acabou por confirmá-lo. O conjunto dessas medidas indicava a que ponto Bonaparte privilegiava a dupla noção de competência e superioridade social. Já se viu sua aplicação na área fiscal, onde, sob a autoridade de Gaudin, a burocracia moderna se reconciliou com inúmeros traços herdados do Ancien Régime. Isso não impedia que o sistema funcionasse corretamente pela primeira vez desde o início da Revolução. A organização do Banco de França, em 1800, misturou do mesmo modo interesses privados e serviço público. Apesar das medidas oficiais, aliás, os franceses médios continuaram por muito tempo a ignorar o sistema monetário que lhes era proposto. Mas o novo regime conseguira, no plano do pessoal administrativo, a fusão de homens que se haviam combatido em 1789. Eles se viram, esquecidas todas as desavenças, no seio do Conselho de Estado, onde, como acontecia com os prefeitos, se preferiam aos políticos experientes os burocratas que haviam demonstrado seu talento sob a realeza e a República. Foi sobretudo no meio dos legisladores consulares que se refugiaram os vencedores do Brumário. Também ali, no entanto, o talento reconhecido ou o prestígio social se revelariam uma recomendação superior ao passado político, principalmente se ele fosse jacobino.[10]

O regime napoleônico pôs fim à existência das oposições?

Louis Bergeron lembrou a permanência das oposições em meio à aparente extinção da vida política. Situou-as, em primeiro lugar, no coração mesmo das instituições, visto que os liberais cercavam as Assembléias e que o Tribunato explorava, nesse aspecto, todos os campos de luta. Ora, esses "ideólogos" estavam ligados aos intelectuais do Instituto, aos redatores da *Décade* e a alguns senadores. Essa conspiração em peso exprimia uma autêntica corrente de pensamento filosófico, que anunciava o futuro ao mesmo tempo em que o herdava das Luzes. Esses senhores da organização da cultura foram apenas incapazes de solucionar em proveito próprio os problemas de organização política legados pela Revolução. Partidários do progresso e do estabelecimento duradouro do bem-estar público, através da difusão da propriedade, tinham visto na ditadura a imagem mesma da contra-revolução, e se haviam alinhado com a idéia de uma República conservadora. Bonaparte usou tais aspirações imprudentes para um Estado forte, e nenhum deles se lembrou de sua nostalgia de um regime representativo. Mas o ditador teve de eliminar esses refratários, que mantiveram em seu retiro toda a sua influência intelectual, a qual se juntava à de Benjamin Constant e de Madame de Staël, mais distantes dos filósofos do século XVIII e mais sensíveis à conciliação entre religião e liberdade. Esses educadores políticos e sociais da nação e da opinião pública opuseram ao poder pessoal e seu autoritarismo o elogio do sistema parlamentar e da liberdade moral. Preferiram decididamente o exílio no exterior ou interno.

Ao lado deles, houve contra Napoleão toda uma gama de agitadores e conspiradores. A inexistência de participação militar séria em suas tentativas tirou-lhes um significado real. Entre republicanos e realistas, foram os segundos que chegaram mais longe nos planos de atentados. Colhiam nisso o benefício de dez anos de lutas revolucionárias. Embora suas organizações logo tivessem sido desmanteladas, o Oeste jamais esteve garantido até perto de 1810. A apatia das massas, contudo, continuava a ser útil ao poder e assinalou bem o fim da Revolução. O que não impediu, além da indiferença, a volta às formas de protesto popular nascidas das dificuldades econômicas. Em 1801, como em 1811, o ressurgimento de distúrbios por alimentos provocou imediatamente confrontos sociais. As cidades, mais bem abastecidas graças a uma retomada da política do ano II, tiveram-nos menos que os campos, sempre vítimas dos exércitos de vagabundos. A crise, em particular no Noroeste, superou então a vigilância dos bandos de desempregados, que continuavam a alimentar uma desordem endêmica ou crônica, na qual se preferia agora o banditismo ao recrutamento. Em algumas regiões, como o Var, estudado por Maurice Agulhon, Bonaparte herdou um país onde a insegurança trazida pelo banditismo dominava os campos. Essas revoltas aldeãs foram substituídas pela desobediência militar, enquanto o fisco indireto aumentava a impopularidade de um regime opressivo e repressivo. Este se apoiou sobretudo na expectativa da opinião pública e na reconciliação dos proprietários, ambas ligadas ao desejo de acabar com a Revolução. Mas o regime não se enraizou na nação, e jamais se beneficiou de um poder seguro. Sua decomposição final devida à guerra já estava prescrita nessa recusa latente do organismo social.[1]

Donald Sutherland, que censurou nesse quadro um endeusamento da oposição, insistiu, contudo, na profunda desintegração da França quando do advento do Consulado. Este passou por todos os inícios de um regime frágil, com a insubordinação das administrações locais e a continuação da sabotagem e do banditismo políticos, em particular no Sudeste e no Oeste. Os autores do 18 do Brumário apoderaram-se de um país onde a autoridade e a ordem eram apenas palavras. Bonaparte restabeleceu-as rapidamente contra os *chouans,* que se haviam sublevado em outubro de 1799. Dedicou-se depois a desarmar o realismo popular, fazendo concessões à religião. Mas precisou de um ano para restabelecer a situação. Suas primeiras medidas de reconciliação poderiam não ter tido mais êxito que as do ano III. Os campos acolheram-nas com alegria, como manifestação de um próximo retorno do catolicismo e portanto da destruição da República. Em muitas regiões, a população rural aspirava a isso, arrebanhada em torno de seus padres refratários. Quanto aos emigrados, seu regresso em massa constituía um risco político.[2]

A própria coalizão vitoriosa do Diretório era composta de facções divergentes, unidas pela necessidade de acabar com a subversão interna e externa. Constantemente sensível às ligações existentes entre elas, Bonaparte, antes de reiniciar a guerra em 1800, empenhou-se acima de tudo no restabelecimento da segurança no Sul e no Oeste. A aplicação da lei marcial nessa última zona pôs fim rapidamente aos bandos de *chouans,* e com eles a cerca de oito anos de contra-revolução popular. As vitórias sobre a Áustria, seguidas da paz, tiveram enormes conseqüências no âmbito interno, onde fizeram cessar as intrigas parisienses contra Bonaparte e lhe reforçaram o prestígio. Além disso, as tropas e os policiais puderam concluir a repressão com a ajuda do novo sistema administrativo.

Dispersos ou presos, os bandidos foram julgados por comissões especiais que condenaram à morte várias centenas deles. Essa demonstração de força, em colaboração com as populações, ajudou a estabelecer a ordem no Sul.

O êxito da repressão obrigou os adversários do governo a conspirar, e as organizações realistas por pouco não mataram Bonaparte. Essa tentativa de assassinato reforçou a evolução do regime para a ditadura, aumentando a autoridade de seu chefe contra os opositores. Seus associados cerraram fileiras em torno dele, aplicando aos jacobinos inocentes medidas completamente ilegais. A volta à paz geral em 1802 acabou de consolidar o prestígio de Bonaparte, já restaurador do catolicismo, através da Concordata. Ele não hesitou, no ano seguinte, em recomeçar a guerra com a Inglaterra, o que o levou a se transformar em monarca. Para esse conflito, pôde apoiar-se na opinião pública e no descrédito em que lançou novos conspiradores, presos no início de 1804. O fracasso destes provocou o assassinato jurídico do duque d'Enghien, entre outros processos de intimidação próprios ao regime. Se os ingleses fizeram desde então da restauração dos Bourbons e da supressão das conquistas francesas suas principais metas de guerra, Bonaparte aproveitou-se disso para se fazer proclamar imperador, com o assentimento geral do seu séquito, já habituado a tantas violações dos princípios da Revolução. Carnot foi a única exceção. O governo viu-se, de repente, ainda mais reforçado em sua arbitrariedade. Donald Sutherland não está errado ao opor essa conclusão pouco brilhante do período revolucionário às esperanças que o haviam inaugurado. Ela criou na verdade um despotismo incomparavelmente mais forte que o da monarquia. Toda a elite política e intelectual do país conspirou para essa perversão, no interesse da estabilidade nacional. Assumia com isso o mais sério dos riscos, confiando, em plena guerra, um poder ilimitado a um ditador irresponsável.[3]

Seu regime, estabelecido pela força, não se apoiou na elite para governar. O delicado problema do recrutamento, por exemplo. foi resolvido através da intimidação e de outros processos. Tratava-se de uma questão fundamental, visto que a resistência ao serviço militar unira poderosamente, durante toda a Revolução, realismo popular, banditismo e simples desobediência. O Consulado começou por empregar as medidas de força habituais para controlar os desertores. Mas associou-as eficazmente ao sistema de direção das comunas e à diversificação das demandas segundo as regiões. As do Oeste foram muito favorecidas em relação ao Leste. Os progressos da centralização e da coordenação asseguraram também os da obediência, junto com a aplicação da Concordata. Bonaparte, sobretudo, exigia menos homens que seus antecessores. Suas vitórias permitiram-lhe isso, e o acordo entre o Estado e a nação, que tanta falta fizera à Revolução, saiu ganhando. O recrutamento nem por isso despertou o entusiasmo, mas atingiu apenas, sob Napoleão, 7% da população, ou seja, três vezes menos que na Primeira Guerra Mundial. O recrutamento continuou sendo um problema para o Império nas regiões montanhosas, mas o Sul e o Oeste se curvaram a ele muito mais que antes de 1799, pelo menos até as derrotas finais. O novo poder deveu esse sucesso às suas práticas ilegais, geográficas e sociais. De 5% a 10% dos convocados fizeram-se assim substituir, por um preço muito elevado. Essa política de discriminação repetia-se no sistema fiscal, que castigava de preferência os consumidores e os pobres. O Império agravou, nisso, as práticas do Diretório, favoráveis aos impostos indiretos. Isso lhe valeu a impopularidade, mas também os favores dos proprietários, se não o êxito econômico. De resto, Napoleão sabia que podia reprimir as agitações graças a seus soldados, seus prefeitos e seus padres.[4]

Seu governo teve, pois, por princípio a repressão, ao lado da fusão das elites, da burocratização da administração, dos favores concedidos aos amigos e aos ricos, da hierarquização das instituições e da militarização da juventude. O aumento das demandas resultantes da guerra tornou de fato o regime mais ditatorial. Nada mais conservava de representativo, e suprimiu à oposição todo meio de expressão. A manipulação da opinião pública completava-se com a prisão sem julgamento. Os 640 detidos de 1814, metade deles políticos, eram muito mais numerosos que as vítimas, em 1789, de uma ordem de prisão com o selo real. Donald Sutherland, que assinala isso, não acha que a oposição a Napoleão — realista, popular ou militar — tenha aumentado muito sob o seu reinado. Ele suportou, por exemplo, muito bem seu rompimento com o papa em 1809. Os católicos franceses continuaram sendo, em peso, leais listas, por medo ou gratidão. Os realistas, que jamais desapareceram, organizaram novos grupos clandestinos, muito pouco perigosos para o regime. Os membros da Pequena Igreja, refratária à Concordata, não o foram muito mais, apesar da coragem dos dissidentes religiosos que a dirigiam. Muitas vezes, foram apoiados pelo sentimento popular, com seu gosto pela profecia, mas essa confraria dispersa, apesar de enraizada, de pobres e mulheres não representava uma ameaça. Assim restavam apenas, para fazer as vezes disso, os militares, que forneceram com Malet, em 1812, a mais célebre das conspirações contra Napoleão, a qual ilustra ao mesmo tempo a inconsistência ideológica da oposição e a profunda fragilidade do regime. Mesmo entre os burocratas, a ditadura pudera desenvolver apenas, em matéria de inteligência política, hábitos de credulidade e obediência passiva.[5]

10

Uma nova sociedade?

O mito marxista que considera a Revolução de 1789 uma etapa decisiva no desenvolvimento da economia capitalista e da sociedade industrial é facilmente desmentido pela estagnação de toda a economia francesa durante o período revolucionário e mais além, e pela reconstituição, sob Bonaparte, de uma hierarquia social baseada no poder judiciário dos notáveis. Embora haja mais ou menos unanimidade sobre essas características, o mesmo não ocorre, entre historiadores, na apreciação dos golpes desferidos contra a economia francesa pela Revolução. Aos que falam, a esse respeito, em "catástrofe nacional", opõem-se julgamentos menos radicais, se não mais positivos.

A Revolução arruinou a economia francesa?

Sem chegar a esse ponto, a maioria das análises concorda, com Alfred Cobban,[1] num declínio nessa área provocado pelos acontecimentos revolucionários. Os economistas não são os últimos a dizer isso. Florin Aftalion, entre eles, alertou-nos há pouco contra o "ciclo destruidor" que conduziu da crise ao Terror, graças à inflação e às desapropriações. Ele veria de boa vontade nesse processo, experimentado em 1789, o modelo dos regimes totalitários.[2] Quanto a René Sédillot, seu recente balanço de como os diferentes setores da economia francesa foram afetados pela Revolução insiste, alternadamente, no impedimento do progresso agrícola, na fragilidade da industrialização, na ruína do comércio exterior e numa inferioridade geral diante da Inglaterra.[3] Deve-se a François Crouzet a apresentação mais aprofundada dessa opinião.[4]

Ele comentou em 1962 o memorando estabelecido em 1802 pelo genovês imigrante em Londres Francis d'Ivernois sobre as conseqüências econômicas da Revolução, estudadas numa perspectiva contra-revolucionária. Esse observador já havia traçado, a esse respeito, um quadro negativo dos desmembramentos das ocorrências de 1789. Atentatórios contra a grande propriedade territorial, causaram o empobrecimento do país e a ruína, principalmente, da agricultura. Disso resultou a crise da indústria, também provocada pela inflação e pelos confiscos. Foi pois uma França exausta, condenada ao marasmo e ao déficit, que Bonaparte herdou. Vê-se que D'Ivernois nada compreendeu da restauração financeira que se efetuou sob o Consulado. Em compensação, só parcialmente exagerou os índices de estagnação industrial, subestimando nessa área as possibilidades de reerguimento. O aumento dos preços do custo e a escassez de capitais constituíam importantes obstáculos para o desenvolvimento, assim como a perda de inúmeros mercados externos. Mas a capacidade produtora do país continuava intacta e mais ou menos ociosa. Longe de ser um fator de modernização, a Revolução, desorganizando as condições de atividade, bloqueara o crescimento por uma geração.[5]

François Crouzet mostrou, no curso de seus estudos posteriores, que foi a Inglaterra, ao contrário, em guerra com a França e senhora dos mares e do comércio mundial, que desenvolveu então, de forma decisiva, sua superioridade industrial sobre o continente. Seus homens de Estado, mais perspicazes que os rivais, compreenderam melhor os interesses de seu país. O fato foi tanto mais notável porque o crescimento francês, às vésperas da Revolução, tornara-se comparável ao da Inglaterra. Foram as catástrofes econômicas iniciadas em 1789 que tornaram irremediável o deslocamento da França em relação a seu adversário. Esse julgamento parece confirmado pela ideologia antiindustrial de inúmeros contra-revolucionários de volta ao poder depois da tormenta. Eles combatiam tanto o maquinismo quanto a centralização burocrática do Estado moderno.[6]

Essa falência econômica da Revolução parece estranha quando se pensa no entusiasmo pelas publicações de economia política surgido repentinamente a partir da década de 1750. Ela encontra um elemento de explicação nos inúmeros obstáculos que se interpunham havia muito tempo, na França, ao desenvolvimento agrícola. Emmanuel Le Roy Laudurie lembrou que dois modelos opostos se ofereciam ao país nessa questão em 1789. Contra uma solução à inglesa, caracterizada pela aliança dos grandes proprietários e fazendeiros, em detrimento das explorações parcelares e familiares, a Revolução fê-lo escolher a aliança, ao mesmo tempo momentânea, dos camponeses parcelares e dos fazendeiros contra o regime senhorial e suas sobrevivências. O mínimo que se pode dizer é que essa solução não foi nada favorável ao progresso da economia rural.[7]

O setor de ponta da economia francesa era então aquele, epidérmico e marginal, do grande comércio marítimo. Chave do comércio externo, e não lhe faltando bases internas, principalmente nas zonas industriais, continuou estreitamente ligado a um tráfico negreiro e a um sistema colonial postos a dura prova pela Revolução e pelas guerras que ela provocou. Típica do Ancien Régime, essa atividade dos portos do oceano Atlântico, que atingiu o apogeu às vésperas de 1792, fez sentir sua influência nas deliberações econômicas da Assembléia Constituinte. Por outro lado, o liberalismo à inglesa desta última foi posto à prova por sua incapacidade de resolver o problema da pobreza.[8]

Essas diferentes considerações levam a achar, com Jean-Claude Perrot, que ainda não se escreveu a história econômica do período. Ela foi marcada, de fato, por uma cronologia de contrastes e estratégias contraditórias. Os espaços geográficos revelaram nesse ponto a mesma dispersão e variedade. As transferências de capitais e de juros demonstram a renovação do arcaísmo e a fraqueza das trocas. O deslocamento das riquezas pelo processo inflacionário distancia a França do crescimento capitalista, enfraquece a concorrência e reforça o peso do fisco. Em compensação, no plano da divisão do trabalho, progridem a modernização e o individualismo econômicos. Favorece-se com isso a competição, depois duramente atingida pelos acontecimentos gerados pela guerra. No plano da civilização do trabalho, a Revolução fracassará, com exceção dos promotores de um pensamento técnico. Por preocupação com a eficácia administrativa, ela introduzirá, contudo, o país na era do conhecimento estatístico.[9]

Longe dessas opiniões originais, Albert Soboul manteve uma visão clássica do desenvolvimento econômico da Revolução, onde o liberalismo da Constituinte, unificador do mercado nacional e destruitor da feudalidade, favoreceu o individualismo agrário, desencadeando ao mesmo tempo a inflação. A guerra e suas conseqüências puseram o direito à existência e a economia dirigida acima do liberalismo, mas a volta em peso deste, após o Termidor, desencadeou a catástrofe monetária, a crise, o marasmo e a depressão, do qual só se saiu, pouco a pouco, no tempo do Consulado. Reagindo contra essa opinião, pouco mais otimista que a dos "detratores" da Revolução, Hubert Bonin afirmou, há pouco, que o espírito de empresa sobreviveu, e que ela não sufocou a indústria nascente. Esta associou-se no início ao processo revolucionário, embora ele acabasse atingindo os empresários. Sua instalação foi muito lenta, sob o Diretório, e a Revolução deu a impressão de ter solapado o espírito capitalista em proveito do latifúndio. Nada disso ocorreu, contudo, porque a burguesia comercial conseguiu salvaguardar seu poder e retomar suas atividades. Um novo estrato dinâmico de enriquecidos veio estimulá-la, através da banca, como mostrou Bergeron, ou da siderurgia, segundo os recentes trabalhos de Woronoff. Esse capitalismo estava mais bem preparado que antes de 1789 para se adaptar às mutações e reconversões causadas pela guerra. Asseguraria uma arrancada industrial que dispunha do enorme mercado militar e da renovação de consumo das camadas elevadas da sociedade. Na indústria têxtil, notadamente favorecida por esse luxo, constataram-se sob o Diretório a dilatação da produção e a retomada do esforço de mecanização. O símbolo dessa mobilização de energias foi a Exposição Nacional de Paris, organizada em 1798 por François de Neufchâteau, notável ministro do Interior.

Apesar dos traumatismos, abalos e recuos provocados pela Revolução, ela não entravaria, pois, duradouramente a decolagem da indústria francesa, que a levaria em 1810 a um nível superior ao de 1789. As novas oportunidades de aproveitamento geradas pela guerra e pela ajuda burguesa haviam estimulado o gosto pelo empreendimento.[10]

Resta saber, evidentemente, se os historiadores da economia francesa entre 1799 e 1815 partilham desse otimismo. Louis Bergeron, em 1972, não partilhava. Observando que a abolição das ordens não modifica nem o equilíbrio social nem seus valores tradicionais, explicou isso com a lentidão das transformações econômicas. O dinamismo dos empresários pareceu-lhe freado por uma série de atitudes pertinentes ao consumo, à educação e à sociedade, além da conjuntura. Pouco inovadora, a França pós-revolucionária seria a do imobilismo agrícola, das trocas externas não-atualizadas e de uma mutação técnica incompleta. Iria justapor a um Ancien Régime agrário inalterado portos repentinamente asfixiados, após um século de expansão, e uma indústria onde alguns setores de ponta, "de êxito brilhante mas localizado", não arrastavam o conjunto. Esse julgamento baseava-se nas dificuldades que havia para analisar as conseqüências da Revolução em relação à economia rural. A exploração não se aperfeiçoou com isso, nem as mentalidades se modificaram. Permaneceram marcadas pela avidez da propriedade e pelo aumento do consumo pessoal. O progresso agrícola era inexistente ou muito inferior ao exageros oficiais, e as novas culturas não transformaram o sistema tradicional. Ao lado da destruição, incontestável, do grande comércio marítimo, observa-se sem dúvida uma primeira industrialização. Esse sucesso é original na medida em que está ligado às condições inéditas da formação do mercado continental. Caracteriza-se pela mecanização da indústria algodoeira, iniciada no Diretório e, a princípio, de forma deveras espontânea. Afeta também a indústria química, na base, aliás, de estímulos pré-revolucionários. A tradição conserva-se mais na siderurgia. A Revolução, no fundo, subverteu sobretudo o equilíbrio geográfico da economia francesa. Fê-la dar as costas ao mar e ao modelo inglês, e voltar-se para os problemas internos e as fronteiras terrestres. O beneficiários dessa mudança foram os capitalistas parisienses e logo os de Lyon e Estrasburgo. Os desequilíbrios anteriores acentuaram-se com isso, notadamente na área industrial, entre um Norte provedor e um Sul consumidor e menos adaptado à evolução.[11]

Estudos mais recentes pouco têm atenuado esse quadro. Jean Tulard, como Luis Bergeron, vê na economia napoleônica tanto os elementos de uma estagnação quanto os de uma arrancada. Albert Saboul foi mais otimista a respeito de uma retomada ajudada pela reorganização bancária e monetária e pelo mercantilismo de guerra. Ele discerne no movimento pós-revolucionário dos preços e dos lucros os sinais de uma conjuntura favorável. Quando muito, admite a ilegalidade dessa prosperidade e desse crescimento setorizado, com a indústria sendo muito mais beneficiada, segundo ele, do que a agricultura e, sobretudo, o comércio marítimo. Em compensação, o grande comércio continental teve incontestável impulso. Donald Sutherland acaba de confirmar essa prosperidade relativa, que beneficiou em particular os vendedores de produtos agrícolas e acima de tudo os grandes proprietários. Mas observou que esses progressos nada tiveram a ver com os da produtividade, sempre muito atrasada em relação à da Inglaterra. Longe de reinvestir seus ganhos, os donos da terra não transformaram seus domínios, e a abolição da feudalidade não criou um capitalismo rural. A economia de guerra e as novidades técnicas trouxeram mesmo uma séria crise estrutural que levou — no Norte e no Oeste — a uma desindustrialização dos campos. Nas cidades, a indústria têxtil tradicional também sofreu, enquanto a algodoeira trabalhava em condições artificiais e malsãs de especulação e subcapitalização. O retorno à paz lhe seria catastrófico. As dimensões das empresas parisienses continuavam sendo artesanais, enquanto seu despertar se deveu, em primeiro lugar, ao apoio governamental. O mesmo acontecia na província, e o impulso certo da produção repercutiu pouco sobre o destino dos operários. O dos artesãos rurais e da maioria dos camponeses deteriorava-se mais ainda. O equilíbrio instável entre recursos insuficientes e uma população em crescimento mudou pouco, na medida em que a Revolução em vez de resolver o problema agrário, acelerou a tendência da história francesa à conquista burguesa da terra. Os citadinos monopolizaram cada vez mais as explorações importantes à custa do campesinato parcelar, e para a maioria dos franceses em virtude principalmente da pressão demográfica permanente, a pobreza em 1815 era tão grande quanto em 1789 — se não maior.[12]

A Revolução francesa renovou as elites?

Alfred Cobban, em 1964, lembrou que a nova classe dirigente vinda das agitações revolucionárias constituía-se antes de tudo de grandes proprietários de terra. Incluindo a antiga nobreza, esse grupo nada tinha a ver com o mito marxista de uma conquista do poder pela burguesia industrial. Sua predominância, sob Napoleão, antes confirmou que a Revolução finalmente beneficiara a mesma elite fundiária que a tinha desencadeado, despedaçando-se durante o seu desenvolvimento. A fusão da antiga aristocracia com a nova acabou por dar à França dos notáveis um cunho de conservadorismo rural que ela preservaria durante todo o século XIX.[1]

Essa visão dos resultados sociais da Revolução tem sido confirmada pela pesquisa recente. Ela mostra, como entre os toulousianos estudados por Jean Sentou, a preponderância, durante todo o período, da fortuna imobiliária. Embora a da nobreza fosse então reduzida, continuava a dominar a sociedade em 1799. Os diferentes setores da burguesia enriqueceram, sem dúvida, porque se beneficiaram maciçamente da venda dos bens nacionais. Mas os nobres aproveitaram-se disso oito vezes mais que as classes populares e, com seus investimentos exclusivamente territoriais, os grupos burgueses confirmaram seu apego ao modo de vida do Ancien Régime.[2]

Sob o regime napoleônico, a Revolução deu a si mesma, enfim, a elite de proprietários à qual havia sempre aspirado. Esses notáveis caracterizavam-se menos pelo aburguesamento da alta sociedade do que pela aristocratização da alta burguesia. Esta encarna o triunfo dos donos da terra para o qual se volta o sentido social da Revolução. A nobreza foi quase perfeitamente restabelecida em seus bens no Oeste, no Centro e no Sul. Em departamentos muito numerosos, os antigos aristocratas dominavam a lista dos contribuintes mais ricos. Essa situação, no vale do Ródano e na região parisiense, atribuía ao capitalismo mercantil um papel irrisório em relação à ex-alta nobreza. Ela continuava abocanhando as mais polpudas fortunas territoriais, ou seja, simplesmente a riqueza. O choque social entre a "feudalidade" e a burguesia pertence, sob a Revolução, ao domínio do mito. Foram inúmeros, durante o seu curso, os filhos da antiga nobreza que entraram nas carreiras civis e militares que se lhes ofereciam. Prepararam a integração napoleônica e asseguraram a consolidação das posições aristocráticas no Estado modernizado e no futuro capitalismo.[3]

Havia na França de então, ao lado desse fenômeno, uma incontestável promoção burguesa. Mas, após o inevitável rompimento com a nobreza, a burguesia desejava apenas conservar as estruturas econômicas profissionais e mentais do Ancien Régime. Seu esforço de ascenção continuou a se inserir numa vontade de se identificar com a aristocracia. O modelo por ela imposto depois da Revolução assemelhava-se àquele tão caro aos togados do século XVII. Senhor de uma função pública nos escalões superiores reservados à elite, esse grupo dirigente concebia os negócios numa perspectiva antes de tudo imobiliária. Pode-se vê-lo, em Marselha, deslizar facilmente para o enobrecimento e o gênero de vida aristocrático. Os verdadeiros vencedores da Revolução foram, entre os burgueses de França, os que dela se aproveitaram para aumentar sua empresa com a renda territorial. A palavra de ordem que deu origem às agitações iniciadas em 1789 foi "proprietário", generalizada para inúmeras situações sócio-profissionais, e que quase se identifica com o estatuto do novo notável. Associada à de sendeiro e à condição de citadino, terminou por fazer da sociedade pós-revolucionária aquela em que os donos da cidade o eram ao mesmo tempo do solo explorado pelos camponeses. Realmente, eles investiam uma parte de suas rendas no crédito, e a base imobiliária de sua fortuna não se identificava com o congelamento de seus capitais. Mas, visivelmente, o desenvolvimento econômico do país e sua modernização não eram sua principal preocupação.[4]

Jean Nicolas descobriu, numa Savóia momentaneamente ligada à França, essa preponderância da riqueza fundiária no seio da nova elite. Menos de 10% de nobres possuíam então mais de 20% do valor dos bens, e a restauração material e política do seu grupo fora particularmente notável. Ele ocupava, na sociedade nascida da Revolução, uma parte fundamental entre os notáveis que ali detinham a preponderância. A aristocracia de Estado desejada por Napoleão com sua nobreza de Império nada mudou dessa situação. Albert Saboul, lembrando o recuo da aristocracia feudal e a renovação da burguesia após 1789, reconheceu a permanência da antiga nobreza à frente de notáveis entre os quais os burgueses não eram os únicos a ditar as regras. A estrutura social da França, no início do século XIX, não havia pois mudado muito em relação à de antes da Revolução. Esta apenas acrescentou, à aristocracia e à burguesia tradicionais, os novos-ricos, nascidos dos negócios ou da manufatura, que se integraram sem dificuldade ao mundo das notabilidades onde logo se fundiram todas as elites. Renda imobiliária e função pública valiam aqui mais que o capitalismo mercantil ou industrial.[5]

A força da grande propriedade nobiliárquica não se reconstituiu exatamente, no final da Revolução, como era em seu início. Seu poder social não deixou mais de ser contrabalançado, no campo, por forças inéditas. Mas impressiona a rapidez do restabelecimento da aristocracia após a subversão revolucionária. Diminuída, empobrecida e parcialmente desclassificada, ela não foi arruinada e conseguiu recompor-se. Pôde-se vê-la no Franco-Condado, em 1808, dominando, por seu reagrupamento maciço e sua fortuna recuperada, o mundo dos notáveis locais. Da mesma forma que não resultara da luta entre elas, a Revolução não culminou na destituição de uma classe por outra. Terminou mais ou menos no mesmo ponto onde teria podido começar, ou seja, pelo estabelecimento de um acordo no seio da elite.[6]

A Revolução Francesa reforçou as desigualdades. Sebastian Mercier constatou, sob o Diretório, que a nova sociedade não se assemelhava muito às utopias do século XVIII. Esse sistema era sobretudo fecundo em novos-ricos. O jornalista parisiense impressionou-se com a continuidade de um país onde o reinado dos privilégios fora simplesmente substituído pelo do dinheiro. Só os nomes tinham mudado, mas a realidade social continuava a fazer da soberania do povo um fantasma. A Revolução não havia, pois, inovado, do ponto de vista das esperanças das Luzes, em relação ao Ancien Régime. Continuaria a segregação, durante quase todo o século XIX, entre homens e mulheres do povo e franceses de boa companhia.[7]

Luis Trénard evocou um desses notáveis que sobreviveram à tormenta e saíram dela mais poderosos que antes. O lionês Pierre-Toussant Dechazelle, desenhista de moda que pertencia a uma rica família de origem estefanesa, desfrutara, na prosperidade da fábrica, da boa vida característica, para alguns, do final do Ancien Régime. Interessara-se pelo irracionalismo da moda. Comprometido com os insurgentes de 1793, esse grande burguês dono de bela propriedade muito sofre com o Terror. Inimigo da República, retornou, como de Maistre, à religião e retomou suas atividades, favorecidas pela renovação econômica e técnica: estimulou-a e orientou a reorganização da fábrica, estimulando os talentos locais, nos confins da arte e da indústria. Um retiro precoce permitiu-lhe dedicar-se à gestão de seu domínio e redigir suas obras. Morto aos 82 anos, em 1833, esse homem de cultura e misticismo, que soubera ganhar dinheiro e investi-lo em bens territoriais, personificou exatamente, de Luís XV à monarquia de julho, os meios dirigentes da burguesia lionesa. Para ele, como para eles, a Revolução representou apenas um doloroso e inútil parêntese.[8]

Adrien Duquesnoy, da Lorena, por outro lado, tinha 30 anos em 1789. Filho de um pequeno oficial de justiça real, foi membro ativo do terceiro estado na Constituinte. Avesso às abstrações rousseauístas e preocupado com a organização prática, mostrou-se, apesar de anticlerical convicto, contrário à radicalização da Revolução. Prefeito de Nancy em 1792, depois aprisionado pelos jacobinos, reapareceu, sob o Diretório, na roda de François de Neufchâteau. Continuou, sob o Consulado, a colaborar com o ministro do Interior, na época de Chaptal. Preocupado com o desenvolvimento econômico e a ordem social, com estatísticas e progresso, utilidade e pesquisa prática, esse homem de imensa cultura e vasta curiosidade seria apreciado pelos Bonaparte. Retirou-se para Rouen, onde se suicidou em 1808, em virtude das dificuldades financeiras da sua fiação. Sua evolução ideológica pessoal foi a dos administradores revolucionários, cada vez mais conscientes do papel do Estado na construção nacional. Informação, competência, autoridade, importância da opinião esclarecida, reflexo da elite social e da contribuição que ela podia dar ao governo, tornaram-se conceitos-chaves. Duquesnoy lamentava, em 1802, a queda de qualidade dos novos conselhos gerais em relação às assembléias provinciais de 1788. Para esse notável e tecnocrata, uma Revolução destruidora baixara o nível de responsabilidade cívica da nação. Nostálgico da reunião de talentos que caracterizara o final do Ancien Régime, só via esperança para a França, ao contrário de 1789, no seu Estado. Encerrou sua atividade política deplorando a ruptura que se estabelecera entre este e a elite da sociedade provincial.[9]

Foi o momento em que Napoleão quis jogar, no solo de um país pulverizado pela Revolução, algumas "massas de granito". Com ele, os brumarianos passaram de suas preocupações liberais da época da Constituinte a um novo primado da ordem e da hierarquia. O despotismo que acabaram por instituir foi o da riqueza, unido ao da celebração das virtudes militares. O edifício burocrático desse absolutismo, mais arbitrário que o da monarquia, só pôde ser derrubado com a invasão estrangeira. A Revolução deu origem a uma sociedade militarizada, como o testemunha a Legião de Honra de 1802, que lembrava mais as ordens do Ancien Régime do que as distinções anteriores do mérito cívico. A criação da nobreza imperial simbolizou esse renascimento do ideal aristocrático onde o estatuto determinava a fortuna. Esse sistema de distribuição de grandezas limitou-se, aliás, a aumentar o enriquecimento já conseguido pelos generais, de maneira ilícita, no final da Revolução. Esta culminou, portanto, graças ao exército, na ascensão ao topo da elite social de um punhado de homens que vinham da pequena ou média burguesia. O modelo militar estendeu-se até a formação das futuras gerações, pelo sistema dos liceus.[10]

Os notáveis, finalmente favorecidos pela tormenta, apegavam-se mais, como já se viu, à propriedade territorial e à administração do que à indústria e ao comércio. Donald Sutherland, que acaba de retomar essas conclusões de Louis Bergeron, insiste na muito fraca amplitude da renovação da elite durante o período. Poucos homens novos surgiram então, e a maioria dos antigos não foi afetada em suas posições. Pode-se, falar, às vezes, de uma regressão econômica da alta sociedade em relação a 1789. A rica burguesia mercantil do Var era menos numerosa em 1801 que no início da Revolução. Nos portos arruinados do Oeste, as famílias comerciantes reconverteram-se à terra. Embora esta pudesse dar oportunidade a investimentos lucrativos, continuava, como sob o Ancien Régime, a definir economicamente a elite francesa. Esta permanecia abrigando, depois como antes da Revolução, a velha nobreza, que afinal sofrera muito pouco com ela, graças a uma sábia atitude de espera, à imagem da imensa maioria da população. Embora essa restauração social variasse segundo as regiões, a era napoleônica permitiu à antiga aristocracia, em redução progressiva desde o século XVII, recuperar suas perdas. Ela manteve por muito tempo, apesar do reforço dos rivais, suas posições dominantes no topo da escala social. De todos as classes, continuou sendo a mais rica, depois e antes da Revolução. Embora tivesse perdido as vantagens fiscais e monopólios profissionais, conservou, em meio ao grupo dirigente, uma influência não-compatível com sua importância numérica. Esses notáveis, em sua totalidade, não governaram o país como seus congêneres anglo-saxões. A atrofia das instituições representativas impediu-os de fazê-lo. Serviram apenas de reservatório de talentos para o aparelho de Estado. Dominaram em parte a vida pública apenas por suas ligações, muitas vezes bem estreitas, com os funcionários. Constituíram-se verdadeiras dinastias locais nas várias regiões, por mais de um século, a favor da Revolução. Esta criou uma classe dirigente composta pela fusão da maioria dos nobres com algumas novas capacidades burguesas. Contra-revolucionários irredutíveis não participaram disso, e a ascensão social permitida por esse processo continuou limitada a uma estreita elite. A profissionalização crescente do pessoal administrativo funcionou do mesmo modo, avessa a uma mobilidade real, para o topo, da massa da população.[11]

Todos os historiadores concordam quanto ao caráter aburguesado, mas congelado, dado à sociedade por uma Revolução que fixou os franceses na terra. O capitalismo não saiu de modo algum vitorioso disso, frente às grandes famílias do Ancien Régime e aos proprietários rurais tradicionais. Esses proprietários, pouco dinâmicos, efetuaram às vezes, como no Oeste, uma verdadeira desindustrialização de seus investimentos. O poder burguês, reconstituído, tornou a dar, sem dúvida, confiança, com o liberalismo econômico, aos empresários, banqueiros e negociantes. Totalmente reabilitados (necessitavam disso, aliás?), eles assegurariam, por todo o parêntese revolucionário, a continuidade dos seus negócios. Depois de ter assistido, sem tomar parte, a uma subversão política que os assustou ou deixou indiferentes, sairiam da hibernação e recuperariam a energia de investir, com seu capital intacto e ao lado dos novos enriquecidos. Mas esses futuros quadros da indústria nacional ainda estavam longe de servir de modelo para a classe dirigente.[12]

A Revolução francesa transformou a condição das classes populares?

O mundo camponês, amplamente majoritário na França da Revolução, teria sido profundamente afetado por ela? Guinguené, redator-chefe de *La Feuille Villageoise* (A Folha Aldeã), felicitou-se talvez um pouco cedo, no início de 1795, pelo seu enriquecimento global. Em todo caso, ele exprimia o ideal da moda, formando a vontade de uma preservação da imobilidade rural, ao abrigo dos perigosos contágios da cidade e seus vícios. Esse lugar-comum estava de acordo com uma realidade social extremamente conservadora em meio às agitações políticas. É difícil afirmar-se que as transformações então sofridas pelos campos contribuíram para a modernização capitalista do país, que continuou a se caracterizar por um profundo enraizamento camponês, como no Vendôme de 1800, onde 2/3 dos homens exerciam a mesma atividade que seus pais, 3/4 casavam-se no mesmo meio que os deles, enquanto mais de nove entre dez mulheres casadas haviam nascido nos arredores e 70% residiam no máximo a dez quilômetros do lugar de nascimento. Essa estabilidade encarnara-se no Artois pela permanência, através de toda a Revolução, do poder aldeão dos fazendeiros, antigos oficiais senhoriais. As novas eleições confirmaram isso, mais que o infirmaram, e essa fazendocracia, abalada por um período sob o Terror, recuperou por muito tempo toda a sua hegemonia depois do Termidor, que se manteve pelo poder econômico, familiar e das relações desses fortes grupos exploradores que dominaram duradouramente as comunidades, do Ancien Régime ao século XIX, sem serem muito afetados pela Revolução.[1]

Maurice Agulhon não atribuiu à Revolução uma nova distribuição da propriedade territorial. Enquanto os camponeses mais abastados tinham conseguido participar da transferência de bens pertencentes às classes ricas, o acesso de outros a uma micropropriedade, muito distante do estatuto de independência, só fez agravar o fenômeno de parcelarização na base do mundo rural. Podia-se generalizar o caso provençal de uma sociedade agrária em dois estágios. Os camponeses pobres, condenados à dependência e às sobras, opunham-se por isso aos cultivadores relativamente abastados, que dispunham de auto-suficiência econômica jamais precisando de um salário. Essa dissociação do campesinato foi admitida por Albert Soboul: se a Revolução, no todo, melhorou a condição dos rurais, não solucionou, para a marioria deles, o problema agrário, fornecendo-lhes o meio de viver de sua terra. O agravamento das desigualdades devido, nos campos, à Revolução aumentaria muitíssimo ali a desintegração da comunidade tradicional. Grandes ou pequenos exploradores e diaristas evoluíram cada vez mais de maneira separada. Essa análise culminou numa divisão da massa camponesa em três conjuntos: pequenos e médios produtores independentes, parcelares em auto-subsistência, mas muitas vezes endividados, proprietários ou em via de sê-lo. O conflito de interesses entre eles era evidente, e a Revolução favoreceu antes o primeiro grupo, mantendo inúmeras práticas comunitárias, mas se recusando à partilha igualitária do solo. No âmbito da preponderância dos notáveis rurais, um campesinato dividido viu crescerem suas contradições e, para a maioria de seus membros, piorar sua condição e se endurecer seu conservadorismo econômico. Era difícil estabelecer o compromisso entre o novo princípio, caro aos proprietários, da liberdade das culturas e a garantia, para os pobres, da manutenção dos direitos coletivos.[2]

A "República na aldeia", durante a Revolução, de acordo com a parte sul do Maciço Central estudada por Peter Jonas, não acabou com os confrontos herdados do passado. Ali, a politização dos campos foi apenas, muitas vezes, a tradução, em termos de facções modernas, de antigas discussões. Isolados no meio de uma massa hostil, os militantes jacobinos eram vistos ali como a intrusão de uma ideologia burocrática vinda de uma burguesia rural já dominante. Deve-se buscar nesse ponto, sob o verniz da retórica revolucionária, a rudeza das lutas particulares pelo poder local, nos passos e na continuidade dos hábitos do Ancien Régime. A época do Terror marcou ali, freqüentemente, o apogeu ou o início da preponderância, na comunidade, de homens de lei processualistas e gananciosos. A exploração dos bens comunais continuou sendo naquela região, depois como antes de 1789, o grande negócio e a principal origem dos conflitos, que assumiam às vezes a forma de velhas querelas, muito anteriores à Revolução e avivadas por ela. Dentro de uma sociedade tradicional marcada por estruturas de clientela, o ideal de cidadãos escolhendo livremente entre diferentes princípios era um absurdo. Nas comunas divididas entre católicos e protestantes, seus ódios fizeram simplesmente dessa época o último episódio das guerras de religião. As palavras "monarquistas" e "republicanos" eram apenas aparentes. A realidade continuava situando-se no nível dos velhos confrontos de clãs que os militantes transfiguraram no vocabulário de então. Depois do Termidor, essa luta mostrou-se, mais nitidamente, como uma áspera rivalidade pelo poder. As equipes que o disputavam tinham menos em comum uma etiqueta ideológica do que os hábitos sedimentados na sociologia e na geografia. Elas conferiam às súcias, corjas e cabalas que caracterizaram as eleições do Diretório nessa zona um caráter que nada tem a ver com a sua hipotética modernização política. Jacobinos e realistas no meio rural perpetuaram as tensões preexistentes, que a descentralização da administração e da justiça acirrara. Pela tendenciosidade de minorias ativas mais ou menos ligadas a Paris, a originalidade das reações camponesas levou a melhor sobre a banalidade das palavras de ordem revolucionárias.[3]

Sabe-se que o problema da pobreza representou a grande questão social na França às vésperas da Revolução. É inevitável que ela a tenha acompanhado durante toda a sua história. O meio dos trabalhadores urbanos era aquele em que mais facilmente se podia cercar a miséria. Daniel Roche contestou, no caso do povinho parisiense, sua extensão ao século XVIII. Segundo ele, não parece que, em relação ao Ancien Régime, categorias como os aprendizes e as domésticas tenham visto sua sorte melhorar. Mais genericamente, pode-se perguntar o que a Revolução fez da pobreza que herdara.[4]

Olwen Hufton descreveu minuciosamente, em seu estudo sobre Bayeux, o terço da população que vivia apenas graças à esmola cristã e sofreria duramente a crise da Igreja sob a Revolução. Seria a sua grande vítima, piorando de destino e aumentando de número ao mesmo tempo em que se destruía sua benfeitora. Em 1795, a multidão dessa cidade normanda derrubou o busto de Jean-Jacques instalado na catedral, gritando: "Abaixo esse puto! Quando o bom Deus estava aqui, tínhamos pão." Olwen Hufton ampliou depois sua pesquisa à imensa massa de pobres já existente no Ancien Régime e que 1789 e os anos seguintes fizeram aumentar ainda mais. Ela mostrou sua presença, de modo algum marginalizada, mas perfeitamente integrada numa sociedade caracterizada pelo medo da miséria e vulnerável às crises. Só seus expedientes para sobreviver representavam um ramo nada negligenciável da economia de então.[5]

Que aconteceu com ela no período revolucionário? O crescimento da miséria parecia, nesse ponto, ter-se constituído numa característica maior, em particular nas cidades. Alan Forrest deu sobre isso uma opinião surpreendente no caso bordelês. Vêem-se ali a mendicância e a vagabundagem superar os fracos meios dos órgãos de caridade nessa cidade atingida em cheio pelas dificuldades econômicas. As mulheres e os trabalhadores dos bairros populares conheceram ali, cada vez mais, a prostituição e a indigência, sem que a ação dos militantes revolucionários tivesse podido detê-las. Em boa consciência, como homens das Luzes, eles sem dúvida fizeram a caça aos mendigos. Mas, destruindo a feudalidade e a Igreja, haviam posto fim aos únicos meios de assistência de que dispunha a sociedade francesa. A guerra reduziu ainda os recursos financeiros para socorrer os pobres, agravando ao mesmo tempo as dificuldades do meio operário. Em 1793 a fome era uma ameaça em Bordéus como em outras partes, e estava longe de mobilizar os pobres a favor da Revolução.[6]

Alan Forrest acaba de retomar o estudo de toda a política revolucionária diante desse problema. Ela dependia da idéia de obrigação social, cara ao pensamento da elite do século XVIII. A luta contra a miséria tornava-se com isso um dever humanitário e uma responsabilidade do Estado. Esse programa, aplicado muito imperfeitamente pelo Ancien Régime, foi o que este legou à Revolução. O Comitê de Mendicância da Constituinte tentou definir os meios e as condições de uma política de assistência que se caracterizou, segundo ele, por um completo fracasso da instituição hospitalar, laicizada, arruinada pelos acontecimentos e inutilmente centralizada pelos jacobinos. Seus sucessores termidorianos agravaram a situação, com o decidido abandono de qualquer ajuda verdadeira aos pobres, que sofriam a concorrência das necessidades geradas pela guerra. A caridade pública e a ajuda a domicílio não puderam deter uma indigência reforçada pelo desemprego e pelas dificuldades econômicas. Contrastando com os belos discursos dos deputados, asilos punitivos e sórdidos viam amontoar-se suas vítimas. Tentou-se muito, no início da Revolução, criar empregos e organizar oficinas públicas. Mas esses projetos ambiciosos jamais foram realizados. O abandono de crianças, ligado aos nascimentos ilegítimos, continuaram a pesar nas grandes cidades, enquanto os pobres se mostravam reticentes em ingressar num exército revolucionário que não os livraria, pensavam, da sua miséria. Sabe-se que preferiam muitas vezes a deserção. Esse quadro desolador, onde uma obra legislativa impressionante contrasta com um desastre total dos fatos, não é lá muito honroso para a consciência social da Revolução Francesa. Se sua ambição burocrática no assunto foi prematura, os meios que pôs a seu serviço revelaram-se irrisórios.[7]

Albert Soboul observou essa determinação das condições de existência do povo urbano em 1789, e acompanhou o crescimento da indigência até a época napoleônica, que ficou longe de lhe pôr um fim. Os bairros operários parisienses continuaram então, como no Ancien Régime, com 1/3 da população à mercê dos socorros naturais dos órgãos beneficentes. Essa triste sorte de inúmeros assalariados foi agravada por sua subordinação e inferioridade jurídica, e também por suas condições de trabalho muito duras, que continuavam desumanas para as mulheres e crianças. Precariedade e fragilidade continuaram sendo as características da vida material da maioria dos franceses, principalmente nas cidades.[8]

Outro balanço do período era sem dúvida inimaginável, mas, segundo Louis Bergeron, "o assalariado é o grande perdedor da sociedade francesa no início do século XIX". A repressão antioperária devida aos patrões e à polícia, ajudados pela lei, recrudesceu então. O enquadramento e a vigilância das classes populares estavam mais do que nunca na base da ordem política e social. Quanto ao movimento operário, em suas formas de organização, métodos de luta, objetivos e mentalidades, pôde apenas repetir, da melhor maneira possível, o que já o havia caracterizado sob o Ancien Régime. Numa sociedade bloqueada e plutocrática, obcecada pelo equilíbrio e avessa à mobilidade e à ascensão, as massas continuam constituindo uma outra França, espreitada pelo pobreza, oprimida pela desigualdade e pela dependência, hostil à modernidade. Sua calma aparente e durável, ao sair de tal tempestade, é sem dúvida proporcional à sua decepção.[9]

11

Uma Revolução cultural?

Opuseram-se durante muito tempo as rupturas políticas e sociais provocadas pela Revolução à continuidade do país, durante esse período, no domínio cultural e religioso. Essa perspectiva foi há pouco profundamente modificada. Destacam-se mais as transformações mentais ocorridas então. Contudo, será verdade que a Revolução conseguiu descristianizar a França, abalar com isso as concepções tradicionais da família e da ordem moral, ou criar um homem novo?[1]

A Revolução descristianizou a França?

Jean de Viguerie afirma isso no final de um penetrante estudo que destaca a eficácia da perseguição revolucionária à Igreja. Em 1799, restariam apenas ilhotas de religião, refúgios precários para a fé. Uma parte notável da população deixara de praticá-la regularmente. A comunhão pascal desmoronou ou em 1/3, em relação a 1789, em certas regiões do Nordeste e do Centro. O trabalho aos domingos introduzira-se nos costumes; as igrejas, reabertas, ficavam muitas vezes vazias. Lamennais afirmou, em 1808, o aniquilamento da religião. Autorizam tais testemunhas que se "credite" à Revolução uma descristianização bem-sucedida? Jean de Viguerie vê nas diferentes etapas da história religiosa da Revolução a encarnação de uma ofensiva que separava os fiéis dos padres, impedindo-os de recorrer aos sacramentos. Nisso detecta um sistema de perseguição coerente e eficaz.[2]

Isso é minimizar os fenômenos de resistência opostos pelos católicos à Revolução: levantes contra as ações anti-religiosas, trabalho da Igreja clandestina e seus ministros, administração dos sacramentos. Assim, a proporção das crianças não-batizadas seria ínfima. Revelou-se também uma extraordinária engenhosidade para celebrar a missa apesar das circunstâncias. Os leigos substituíam muitas vezes os ministros em algumas funções, e suas iniciativas mostravam o apego à assembléia dominical e um sentido muito forte da Igreja. A resistência dos religiosos e o sacrifício dos padres, dos quais vários milhares foram condenados à morte pela recusa a prestar um juramento contra a sua consciência, completam esse quadro, o qual confirma a grandeza espiritual de um catolicismo francês que reage a seus carrascos com pedra e devoção. Parece injusto reduzir o heroísmo de seus mártires a um ato puramente minoritário, visto que acompanhava a recusa maciça, pela maioria da população, à política anti-religiosa dos governos. Foi essa atitude coletiva que determinou o restabelecimento da Igreja e a volta da fé.[3]

Prestam-se demasiadas "honrarias" à descristianização, atribuindo-lhe um sucesso de massa que ela jamais alcançou. Essa operação burguesa não teve muita repercussão popular. A evolução da imagem de Jesus, na França do século XVIII, indica a permanência de uma visão sagrada da política, do Ancien Régime à Revolução. Os cristãos, freqüentemente impregnados do espírito das Luzes, acolheram às vezes favoravelmente a subversão de 1789. Fauchet encontrou nisso a oportunidade de lembrar que fora a aristocracia que crucificara o Filho de Deus. Constitucionais e refratários reivindicavam a mesma fé, e os jacobinos não esqueceram de se ligar ao princípio da igualidade evangélica. Entre os *sans-culottes*, a devoção a Marat não apagou a que se conservava pelo profeta de Nazaré. Depois do Termidor, o respeito por esse legislador divino foi aumentando, até o apresentarem como modelo para todos os regimes. Se Chateaubriand ia coroar esse movimento de reconciliação, a leitura da Bíblia já era, na sociedade patriarcal de fins do século XVIII descrita por Restif de La Bretonne, o grande momento de iniciação à vida. Alguma coisa disso restou, durante uma Revolução menos marcada pelos sucessos da descristianização do que pelo despertar do milenarismo e a propagação de um ensinamento moral derivado da Escritura. A redescoberta do gênio da fé do Ocidente representa uma das maiores aquisições do período.[4]

Não se pode compreender isso limitando-se a encarar a Igreja sob o ângulo de um aparelho ideológico de Estado. Louis Trénard mostrou até que ponto, na burguesia culta de Lyon, 1789 surgiu em meio a um poderoso acesso de religiosidade mística, ávida de regeneração. Testemunhos do apocalipse que se seguiria, Balanche e Ampère defenderão ali, após o fracasso e a decepção, uma interpretação providencialista dos acontecimentos; a fé revolucionária fora substituída, naquele meio, pela da contra-revolução. O catolicismo foi favorecido, em seu despertar, por essa tomada de consciência, e a futura ideologia da restauração poderia ser definida pela desforra da fé contra a Razão. A Igreja refratária a tinha encarnado, revelando-se muitas vezes mais adaptada à modernidade política do que a monarquia do Ancien Régime. A ponta-de-lança da contra-revolução não foi a realeza com suas imagens, mas a religião cristã com suas verdades. Seus defensores mais autênticos não foram os partidários da tradição, mas da eternidade. Daí o papel fundamental, entre os intelectuais franceses de 1800, do movimento coletivo de conversão, resposta do homem novo, e ressuscitado, ao desequilíbrio revolucionário. Assim como este fora gerado por uma revolta juvenil contra o padre educador, a reação que pôs fim a isso identificou-se com uma volta às práticas religiosas da infância. No meio de uma imensa crise de civilização, essa aspiração à pureza original significou a rejeição do racionalismo instalado e triunfante. A jovem geração seria sensível, como no caso de Chateaubriand, a um profetismo visionário, afinado com uma época caracterizada pela força do pensamento religioso. A consciência do período foi impregnada por ele. Em 1802, *O gênio do cristianismo,* anunciador de uma reconciliação entre o mundo moderno e a fé, falaria do mesmo modo que Hegel. A maioria dos espíritos esclarecidos, ao término de uma Revolução decepcionante, retornaria a uma religião renovada pelo sentimento do irracional.[5]

Essa atmosfera mental confere todo sentido ao restabelecimento institucional da Igreja sob Bonaparte, que fez disso, com bom senso, uma prioridade política, tanto lhe importava, além da simples reabertura das igrejas, a solução da questão religiosa. Ele concedeu-lhe sem dúvida, segundo seu desejo, uma Igreja funcional, dócil ao Estado e principalmente social em sua função. Mas essa última metamorfose do pensamento filosófico, que aconselhava a integração e a submissão do clero, permitiu a manutenção da unidade católica e a retomada da vida pastoral. O clero logo recuperou uma parte do controle do ensino. Aproveitou sua restauração para ampliar sua influência. Via-se a quão profundo movimento de renovação esta correspondia. Apesar da miséria do corpo pastoral, das conseqüências nefastas da interrupção da vida paroquial e de incontestáveis demonstrações de impiedade urbana, o episcopado empreendeu uma operação de reconquista. Sua autoridade seria restabelecida por essas missões, que fizeram parte de uma poderosa reação anti-racionalista. Após dez anos de Revolução, o sagrado foi reabilitado. Louis Bergeron vê nisso, erroneamente, o sinal de uma convicção passional e a recusa a um esforço de análise. A honestidade aos filósofos e a exaltação da fé exprimiam antes o nascimento da sensibilidade romântica. O sentimentalismo rousseauísta encerrava sua carreira no louvor da piedade cristã, e os antigos músicos revolucionários compunham agora hinos litúrgicos. Não se tratava de simples oportunismo. Diante dos desastres revolucionários, construía-se um pensamento tradicionalista e autoritário, cuja divulgação seria um dos grandes fatos do século XIX. Parte de seu impulso originou-se da hostilidade pelas Luzes surgida já antes de 1789.[6]

Donald Sutherland acaba de definir os contornos dessa restauração do catolicismo. Facilitada pela utilidade da fé para Bonaparte, ela resultou, sobretudo do enraizamento do cristianismo popular. Apesar da oposição dos generais jacobinos, dos intelectuais e dos políticos, o Consulado concluiu a Concordata para evitar continuar, com o clero, uma guerra desatrosa para a manutenção da ordem. Esse acordo permitiu ao governo controlar a opinião pública. Ele dominou igualmente a Igreja, cuja reconstrução, que se revelaria muito longa, foi dirigida pelos antigos refratários. Estes beneficiaram-se do descrédito dos constitucionais e do seu desaparecimento da vanguarda dos acontecimentos. Tal situação fez da aplicação da Concordata uma colaboração entre o governo nascido da Revolução e os meios populares que a tinham principalmente combatido. Embora os padres mais realistas nem sempre participassem disso, os constitucionais tiveram muitas vezes de se submeter a humilhantes retratações. Houve inúmeras cerimônias de purificação das igrejas que eles haviam maculado, e muitos recasamentos e rebatizados coletivos. Também retornaram as festas e as ordens religiosas. As instituições de assistência foram recristianizadas, e a Igreja, em geral, recuperou parte da influência que tinha antes. Sem dúvida, não lhe faltaram problemas no plano pastoral, uma vez que a descristianização decapitara o clero, o qual se reconstruiu em bases cada vez mais rurais e, o que era novo, populares. Algumas das tendências do catolicismo francês do século XIX, avesso às cidades e à sua cultura, anunciaram-se por aí. As formas religiosas do Ancien Régime foram igualmente restauradas. As confrarias reconstituíram-se rapidamente. Os sentimentos religiosos do povo dos campos continuavam a se dirigir de preferência, apesar dos padres, para as peregrinações e as festas locais, mesmo que se as tivesse suprimido. O culto dos mortos, com suas demonstrações "pagãs", continuou voltado para as almas dos marinheiros bretões desaparecidos. Nesse campo, os crentes reencontraram, sob um regime autoritário, uma liberdade de expressão de que não tinham desfrutado havia muito tempo.[7]

Deve-se a Claude Langlois e Timothy Tackett a melhor síntese da provação que foi para os católicos franceses a Revolução. Esses historiadores atribuem um papel ainda demasiado grande, *antes dela,* à hipótese de uma crise decisiva para a fé. Será verdade que ocorreram então mutações fundamentais no campo das práticas sociais e das mentalidades coletivas? Como dizem os próprios autores, "um melhor conhecimento da época permitiria, sem dúvida, apreciações mais corretas". Ela foi tão marcada pelo misticismo quanto pelo racionalismo, e as luzes burguesas não podem fazer esquecer a força do catolicismo popular. A verdade de Angers não é a de Marselha, e a França que entraria na Revolução conhecia uma pluralidade de modelos religiosos. A oposição maior que as caracterizava dizia respeito ao antagonismo entre as elites e as massas, as cidades e os campos e, talvez, entre os homens e as mulheres. A reação aos acontecimentos revolucionários dependeu dessa diversidade, refratada através das regiões. Sabe-se que foram expulsos cerca de 40 mil padres e religiosos que, ao voltarem, puderam pregar a reconciliação e dedicar-se à reconstrução. Em meio às mascaradas da profanação e às duras realidades da perseguição, a celebração das festas persistiu, assim como a luta pelo respeito ao domingo. Calcando-se no programa das Luzes, a Revolução selou a aliança entre o catolicismo e a cultura popular. De fato, os revolucionários, atribuindo toda atividade religiosa à superstição, mobilizaram e reuniram contra eles o fervor do simples *e* dos clérigos. As capelas de peregrinação serviram de igrejas para os refratários, e o teatro religioso em bretão desempenhou o papel de uma liturgia de substituição. As práticas populares emanciparam-se, canonizando os mártires da Revolução, que entraram para o Panteão como santos curandeiros e se tornaram objeto de novos cultos. Os refratários no exílio organizaram, por outro lado, a continuidade do governo das dioceses, garantiram logo a formação de missionários e forneceram soluções para os problemas colocados pela pastoral de um país revirado. As missões contribuíram para a criação de uma dinâmica favorável ao catolicismo romano. Organizou-se uma vida religiosa sem culto, sem prática sacramental e sem clero, no seio das famílias. Ela constituiu uma forma de resistência dos rurais à descristianização. Elaboraram-se projetos de reconquista espiritual, desenvolveram-se místicas da reparação, fundadoras de congregações revelaram-se a favor dessa crise onde as mulheres, diante da Revolução, salvaram em parte a fé. Sua marcha culminou, sob Napoleão, na constituição de um Ministério dos Cultos que, nas mãos de Portalis, favoreceria o lento restabelecimento da Igreja. Embora sua influência social houvesse diminuído, ela se tornara uma força política.[8]

Sensíveis aos problemas de continuidade com o Ancien Régime, historiadores anglo-saxões têm ligado esse resultado a elementos tradicionais, que persistiram e reapareceram sob a Revolução. Seus cultos, notadamente, tiveram antes de 1789, precedentes clericais, como as festas da Virtude imaginadas pelos apologistas antivoltairianos. Essas "virgens" pretendiam apoiar a sobrevivência do catolicismo em sua utilidade moral. Criação do século XVIII que chegava ao fim, coroaram uma Virgem campestre e rousseauísta, para grande alegria dos defensores do cristianismo. Celebração de valores então comuns, associavam à religião tradicional as novas correntes de pensamento. Os cultos revolucionários desenrolaram-se, em boa parte, segundo esse programa originalmente cristão, cuja teologia apologética é reencontrada na ortodoxia virtuosa de Robespierre, igualmente adepto de uma fé sentimental. Como observou John McManners, a religião revolucionária só se deu com o rompimento, ocorrido a partir de 1791, com o catolicismo. Mas conservou a marca das Luzes, que não foi mais alheia ao empreendimento de Bonaparte. Essa permanente necessidade de uma liturgia de moralização, que atravessa todo o período, parece mais importante para caracterizá-la do que o conceito ambíguo de descristianização.[9]

A resistência das comunidades rurais à Revolução, em particular nas zonas agrestes e de moradias dispersas do Oeste e do Centro, proveio em grande parte do papel fundamental que ali desempenhava a paróquia tradicional como fator de unidade das populações. A posição dominante conservada pela Igreja associou-se, em tais regiões, a essa base sociológica. O ano de 1789 marcou ali apenas uma ligeira crise num movimento de reforma tridentina que continuaria até o início do século XX. A densidade da rede clerical aldeã conferiu ali o mais sólido dos suportes à espiritualidade popular. A cultura camponesa reencontrou na fé, por outro lado, seu único meio possível de integração e auto-expressão. Ergueu-se, em torno de seus velhos cemitérios, contra a supressão das paróquias, ocorrida na época revolucionária. Essa reorganização perturbou, de fato, um meio muito apegado aos seus lugares de culto. Essas pequenas coletividades autônomas consideravam-no o símbolo da sua existência. Sua concepção da comunidade era a de uma comunhão, psicológica e espiritual, entre os vivos e os mortos. A Igreja e seu cemitério encarnavam isso para os camponeses, cujo apego visceral à religião tinha tal característica. Respeitavam no seu cura o símbolo da sua coletividade, e os padres, para apaziguá-la, tinham de tolerar a prática do infanticídio e os atentados sexuais que muitas vezes reinavam nesses campos. Como bons camponeses que eram eles próprios, dobravam-se a essa regra. A Revolução espatifou-se, como as ambições morais do catolicismo tridentino, nessa concepção da identidade coletiva, manifestada pelas estruturas internas da paróquia.[10]

A Revolução francesa desagregou a família tradicional?

A França começou a registrar um relativo declínio demográfico na época da Revolução. As perdas devidas às guerras foram, no entanto, compensadas por uma vigorosa natalidade, apesar dos tímidos primórdios da contracepção. A população continuou a crescer, como a taxa bruta de reprodução. O ano II registraria um número recorde de nascimentos (mais de 1,2 milhão) e o período foi favorável aos casamentos, que permitiam escapar do exército. Os nascimentos beneficiaram-se com isso. Embora a França envelhecesse ligeiramente e crescesse menos depressa que seus vizinhos, a Revolução não representou para ela uma catástrofe demográfica. Os historiadores discutem a questão de saber se ela coincidiu com o surgimento de uma restrição à natalidade. A diminuição do número de filhos por família parece certa, mas Jacques Dupâquier lembrou que a Revolução, multiplicando casamentos e nascimentos, fez a França ganhar 1,3 milhão de habitantes. Só no fim do Diretório é que ele põe uma virada malthusiana, devida aos progressos do individualismo pequeno-burguês. Os dirigentes revolucionários tinham sido todos populacionistas e partidários da família. A ligação entre o recuo da fecundidade e os fenômenos sociais da época (abalo da religião tradicional, proclamação do princípio de igualdade, propagação do espírito burguês) é apenas provável. André Armengaud observou que as dificuldades econômicas do fim do Ancien Régime haviam nascido, em parte, do rápido crescimento da população, e que os contemporâneos, mesmo na população rural, tinham podido perceber isso. A Revolução, que não favoreceu a urbanização, deixou, no seu término, uma demografia sempre progressiva e uma população sempre jovem.[1]

Donald Sutherland acaba de avaliar que a época revolucionária viu a adoção maciça, entre os jovens rurais, da prática do controle dos nascimentos. Durante muito tempo, eles só tinham reagido ao problema da pobreza recuando a idade do casamento. Este, que já havia começado a dimiuir antes da Revolução, desabou brutalmente após 1789. Na mesma época, houve uma generalização de práticas anticoncepcionais só conhecidas até então em algumas regiões do Nordeste e do Languedoc. As catástrofes econômicas da década de 1790 e o relaxamento da moral familiar tradicional foram as principais causas desse comportamento, que reduziu o número de nascimentos por mulher casada e ocorreu principalmente nas regiões favoráveis à Constituição civil do clero. A destruição da Igreja constitucional, a partir de 1793, e as dificuldades posteriores às da Concordata relaxaram a disciplina religiosa e tornaram os casais mais independentes dela em sua atitude sexual. Essa mutação demográfica resultou, pois, da diminuição da atuação católica no funcionamento dos casamentos. Estes também deixaram de respeitar a antiga proibição da quaresma.[2]

Não existiu, de 1789 a Bonaparte, uma política familiar coerente, mas sim três momentos, perfeitamente contraditórios e já destacados, há cerca de 100 anos, por Philippe Sagnac. A Constituinte só se ocupou dela forçada por suas outras reformas. A cisão do clero, notadamente, obrigou-a a se interessar pelo estado civil. Contudo, limitiu-se a salientar que o casamento não passava, em relação à lei, de um contrato civil. O Legislativo foi levado a laicizar o estado civil em virtude do grande número de padres refratários. A lei de 20 de setembro de 1792 modificou as condições do casamento e estabeleceu, pela primeira vez, o divórcio. Como observou Jacques Godechot, este não representou uma arma contra o catolicismo, mas um meio de melhorar a moral da sociedade, fazendo desaparecer os escândalos resultantes da separação de corpos. A Constituinte, ademais, instituiu os tribunais de família, a fim de resolver as disputas, substituindo o poder absoluto do pai. O Legislativo, além disso, retirava dos pais o direito de mandar prender, para correção, seus filhos menores, ou seja, a partir de então, com menos de 21 anos. O conjunto dessas primeiras mudanças continuou bastante tímido, excetuando-se a lei do divórcio.[3]

A Convenção, ao contrário, sem se pronunciar a favor da igualdade dos cônjuges, facilitou ainda mais o divórcio. Igualou, em 1793, os filhos naturais aos legítimos e adotou o princípio de igualdade na sucessão. Mas o Código Civil, definitivamente concluído no início do Consulado, embora conservasse o estado civil, a secularização do casamento e o divórcio, reorganizou a família com base no princípio da autoridade. A mulher não-casada não foi mais considerada igual ao homem. Casada, foi colocada sob a autoridade absoluta do marido. Incapaz juridicamente, era apenas uma pupila, uma subordinada, mesmo que recebesse salário, honorários, fosse comerciante. A proclamação de sua obediência ao marido não tinha qualquer antecedente no período revolucionário. Ela era obrigada a segui-lo por toda parte, não podia participar da administração dos bens comuns e precisava, em tudo, de sua autorização. Essas disposições espalharam por toda a França incapacidades totalmente ignoradas, até então, por países de direito consuetudinário. Os filhos naturais foram desligados da família. O divórcio, quase suprimido, o foi por motivo de incompatibilidade de gênios. Nos casos de consenso mútuo, foi restringido e se tornou raro. Toda a legislação que lhe dizia respeito desenvolveu o princípio da desigualdade dos sexos. Tratava-se de impedir que a mulher introduzisse um estranho na família legítima. Também o marido podia mandar encarcerar a mulher adúltera, verdadeira escrava, numa casa de correção. Se coabitasse com a concubina no lar conjugal, ele, em compensação, escapava com uma simples multa. Era desculpável se matasse a mulher surpreendida em flagrante delito, enquanto no caso inverso ela não o era.[4]

Albert Soboul observou que o Código Civil, apesar de retroceder em relação à legislação revolucionária, foi um mal menor. Esse símbolo da Revolução, que consagrou a organização censitária da vida política e que só se interessou pela propriedade, exprimia uma concepção tradicional da família legítima, encarada sob o ângulo do patrimônio e da autoridade do homem sobre a mulher e os filhos. A liberdade de testamentar foi restaurada, e o primogênito podia dispor da metade dos bens. Esse Código representava um sistema de coerção, associado a uma moral repressiva. Sob sua aparência de expressão jurídica dos direitos do homem, admitia a desigualdade das pessoas e se apoiava na dos bens. Atento sobretudo às condições de transmissão da propriedade territorial, estabelecia um conjunto de proibições que limitavam o alcance da liberação proclamada em 1789. Conservava, do período inicial da Revolução, as aspirações desta à uniformidade jurídica, à igualdade de direitos e à proteção do indivíduo. Mas sua legislação familiar, obcecada pela necessidade de defender a propriedade, reforçara o caráter patriarcal da sociedade. As mulheres abandonadas não mais podiam, por exemplo, divorciar-se. Bonaparte e seus redatores haviam conseguido impor à família a mesma subordinação e a mesma hierarquia que impunham à nação. Quanto ao fim das ordens de prisão obtidas a pedido das famílias, culminou na organização jurídica da correção paterna dos filhos menores, para bem da sociedade.[5]

Os historiadores têm-se dedicado, desde algum tempo, ao estudo das conseqüências práticas do divórcio instituído em 1792. Conhecia-se sua natureza muito restrita, exceto em algumas cidades como Paris, e se sabia que essa instituição não entrou, então, nos hábitos dos franceses. O casamento continuou sendo, para eles, um assunto econômico onde as satisfações pessoais não representavam o essencial. Roderick Phillips mostrou, a respeito do caso rouenês, o aumento das separações conjugais às vésperas da Revolução. Observou que durante ela foram principalmente as mulheres que pediram o divórcio. Eram trabalhadoras urbanas que não estavam mais habituadas à estrutura familiar tradicional da forma como funcionava no campo. Revoltavam-se contra os maus-tratos aos quais conduzia a aplicação do poder marital. A nova lei correspondia, pois, às suas necessidades sociais e materiais, embora fosse combatida por uma religião à qual continuavam fiéis. Esses resultados parecem confirmados pelos casos de outras cidades, como Metz, Toulouse e Lyon. Nesta última, Dominique Dessertine reencontra os sinais de um novo comportamento, caracterizado pela aspiração feminina à liberdade e à igualdade.[6]

Antes de ser combatido pelo Código Civil, esse comportamento não foi muito favorecido pela Revolução. Esta, ao contrário, foi constantemente dominada, independente do tipo de comunidade visada, pela ideologia patriarcal e corolária. Associava-se a um pensamento das Luzes unânime nesse aspecto, e no qual o feminismo não pôde jamais aparecer sob a forma de uma verdadeira e completa igualdade dos sexos. A incapacidade da mulher para exercer certas funções essenciais sempre foi nele considerada uma das marcas do seu estatuto. A Revolução não mudou grande coisa em relação à sua inferioridade legal. As mulheres foram muitas vezes atrizes fundamentais da Revolução, e algumas apresentaram a reivindicação de seus direitos, além de propostas para mudar sua sorte. Não lhes deram ouvidos, apesar de sua participação nos acontecimentos, e o governo revolucionário deixou claro, em novembro de 1793, que lhes era proibido desempenhar qualquer papel político. As cidadãs seriam apenas procriadoras. O novo regime só lhes trouxe, em relação ao antigo, satisfações muito limitidas, e a Revolução foi sobretudo para elas o tempo das ilusões perdidas. Dominada por um antifeminismo que vinha de longe, ela reconduziu a mulher às velhas imagens do mal e da histeria.[7]

Esse fracasso representou a vitória de um espírito de discriminação sexual, já expresso por Sieyès que, em julho de 1789, recusara às mulheres, como às crianças, a participação nos assuntos públicos. O direito de voto, que elas às vezes exerciam sob o Ancien Régime, foi-lhes retirado. É verdade que a imensa maioria dos franceses aceitava a definição dominante de desprezo à feminilidade. A Revolução desenvolveu suas transformações contra um pano de fundo imutável, feito de um profundo conservadorismo, social e familiar. O Código Civil, falando da inferioridade e da obediência naturais da mulher em relação ao homem, apenas retomava o *Émile* de Rousseau. Ao término de um período caracterizado pela afirmação do movimento feminista e pela participação das mulheres na Revolução, esta desembocava na continuidade da sua subjugação.[8]

Olwen Hufton situou-a no quadro das condições concretas da vida econômica popular, que eram as mais numerosas. As jovens preocupavam-se em primeiro lugar em escapar da pobreza, através da formação de uma nova célula familiar. Para isso, tinham de juntar um modesto capital, e a domesticidade, rural e urbana, muitas vezes ligada à indústria, freqüentemente o proporcionava. Essas "servas" originárias do campo continuavam representando pelo menos 10% da população das cidades. Tentavam duramente acumular um pecúlio, tirado do seu trabalho assalariado e que lhes possibilitava, ao cabo de uns 15 anos, a expectativa de um casamento. Seus patrões eram modestos e os empregos, vulneráveis ao desemprego, que as jogava de novo na rua. Suas condições de vida eram às vezes deploráveis, mas, com muita energia, resistência e oportunidade, elas chegavam a se casar em seu meio ou na cidade. As jovens nascidas no meio urbano corriam menos riscos materiais e se beneficiavam de uma situação superior. Mas, de qualquer forma, para a imensa maioria das mulheres casadas que trabalhavam no meio rural, o casamento era antes uma realização econômica onde elas exerciam um papel de atividade fundamental. Não eram de modo algum donas-de-casa ligadas aos cuidados domésticos, e as citadinas empregadas em horário integral na indústria confiavam seus filhos a amas-de-leite rurais: ocupadas demais com o trabalho, de fato não tinham tempo para amamentá-los. Estamos longe, aqui, das pastoras de Rousseau, mas numa economia familiar onde o papel da mão-de-obra feminina era essencial e representava em toda a França uma incrível soma de trabalho. Este era às vezes fonte de lucro, como no caso das vendedoras de rendas do Velay, verdadeiras chefes de família por sua capacidade e sua indústria, que contrastavam com a preguiça dos maridos. Esboçava-se um matriarcado de natureza econômica, como em muitos casais onde o homem era um trabalhador sazonal. A mulher tomava decisões financeiras e familiares de sobrevivência. Viúva, limitava-se a prosseguir essa tarefa. Quando morria, o marido, em contrapartida, muitas vezes abandonava os filhos à assistência social. Para a metade dos lares franceses, o trabalho de todos os membros, a partir dos sete anos, era indispensável para a manutenção do equilíbrio econômico. Vêem-se as dificuldades em que podia lançá-los uma crise de desemprego e de alimentos. O problema da pobreza era assim, em todos os sentidos, um problema familiar, pois o casamento criava indigentes. Nesse caso, a mulher era ao mesmo tempo o pivô da família e da economia de expedientes que lhe permitia a sobrevivência. Ela organizava, para fazer isso, a mendicância e a vagabundagem das crianças, em colaboração com os dirigentes religiosos da caridade particular. O contrabando do sal e a prostituição urbana eram outros meios de sobrevivência feminina em tempo de crise. Tais eram as realidades dominantes da vida da mulher como trabalhadora que continuaram a lhe acompanhar o destino durante a Revolução. Ela também a viveu como uma nova fase de suas lutas acirradas para evitar o desastre econômico à sua tão vulnerável família.[9]

Encarada do ponto de vista do povo, a Revolução representou, sobretudo para as francesas, uma época de endurecimento de suas condições de vida familiar. As operárias das cidades, em particular, das quais acabamos de ver o ambiente econômico, tinham a esse respeito muito mais responsabilidades do que seus maridos. Eram elas que enfrentavam, em primeiro lugar, as vicissitudes cotidianas da fome e do frio. Também vamos encontrá-las, sob a Revolução, na primeira fila das revoltas populares. Mas podemos adivinhar os problemas que a queda do Ancien Régime trouxe para a economia tradicional das famílias pobres. Que aconteceu com a abolição da gabela, das 200 mil famílias bretãs que viviam do contrabando do sal? Em inúmeras cidades, a destruição das instituições eclesiásticas significou o fim da caridade pública. A crise das indústrias de luxo provocou um desmoronamento análogo, reforçado pela falência da política revolucionária de assistência social, e restaram apenas aos pobres, sob o Terror, a miséria e a doença, a escassez e a inflação. Suas mulheres freqüentemente haviam esperado muito da Revolução e de suas promessas sociais. Algumas eram acirradas partidárias destas. A desilusão, economicamente bastante evidente, transformou-as em adversárias decididas do novo regime político. Seus nervos cederam diante de uma crise maior de alimentos nem sempre resolvida pela supressão do preço máximo. Mesmo na época deste, eram as mulheres do povo que passavam horas nas filas intermináveis, quase sempre inutilmente. Em 1795, a República pôde oferecer-lhes apenas, após uma desnutrição prolongada para elas e seus filhos, morrer de fome enquanto os ricos se empanturravam. Como não ter saudades de um Ancien Régime que ao menos organizava a assistência social? Sob o ano III, nas cidades francesas onde ela pouco a pouco havia desaparecido, um povo pauperizado podia fazer amargas reflexões sobre a "caridade dos filósofos". O último protesto feminino, que deu a Paris as jornadas do Germinal e do Prairial, foi acompanhado, em Rouen, Besançon e Vesoul, por gritos em favor da paz. Depois disso, houve apenas o silêncio da resignação, a onda de suicídios e o redespetrar do catolicismo popular. Conhecem-se a extensão do seu fervor e o lugar que nele tiveram as mulheres, mesmo na cidade, onde algumas delas haviam contribuído, pouco antes, para os furores do anticlericalismo e da descristianização. Desgostosas com seus resultados, abandonaram seus clubes e se voltaram para seus padres e igrejas. Logo depois das catástrofes revolucionárias, essa conversão teve qualquer coisa de uma expiação pelas blasfêmias de que haviam participado. A infeliz Igreja Constitucional foi a destinatária preferida desses exorcismos. Olween Hufton observa a força inédita de tal fé popular, a partir de então ancorada em emoções retrospectivas e viscerais. Se ela às vezes transformou o Terror branco numa manifestação de origem divina, significou mais geralmente o desejo de reencontrar um passado do qual sentia falta. Não se haviam conhecido, durante todo o século XVIII, as conseqüências diretas da guerra e da fome que a Revolução acabava de trazer, e que tinham atingido, juntamente com a religião, as bases econômicas da família. A imensa maioria das francesas era mais sensível a isso, daí em diante, que a todos os grandes discursos oficiais sobre a liberdade. E sua opinião deve, sem dúvida, valer mais para o historiador do que a das raras intelectuais da época ou a das aproveitadoras, ainda mais raras e bastante célebres, do regime.[10]

A Revolução francesa criou um homem novo?

Seus dirigentes e militantes freqüentemente tiveram o desejo, e às vezes a ilusão, disso, como mostram os documentos que testemunham sua atividade. Os historiadores debruçaram-se cada vez mais sobre a vontade de regeneração cultural que marcou esse decênio. Serge Bianchi associa-a, sob o ano II, a um trabalho popular. Ao populismo inicial de uma Revolução unanimista, teria sucedido o igualitarismo dos *sans-culottes* e do seu poder, o qual teria criado as condições de uma verdadeira tábula rasa simbolizada pela descristianização e ornamentada pela pedagogia política e pela arte revolucionária. Novas maneiras de viver e de pensar teriam acompanhado, em toda a França, essas transformações momentâneas, mas profundas. O fracasso delas seria proveniente, antes como depois do Termidor, de uma reação burguesa que logo pôs fim a toda a influência dos *sans-culottes*. Esse estudo da quotidianidade revolucionária marcado pela noção de ruptura reconhece que ela era querida apenas por uma escassa minoria de ativistas. Pode-se chamar de popular tal movimento? [1]

Ele correspondeu a uma poderosa aspiração a reconstruir a sociedade francesa negando seu passado: o tempo seria abolido e se retomaria a história a partir do zero, como simboliza o calendário adotado em 1793. Essas aspirações dominam o discurso mantido pela Revolução sobre si própria. Trata-se aí, não do domínio, lamentavelmente prosaico, das realidades políticas (luta pelo poder, exploração de uma situação de dominação, emprego da violência), mas daquele de um imaginário social visando disfarçá-las e transfigurá-las. Esse seria o papel da estética revolucionária. O verbo e a imagem continuaram sendo sobretudo uma veste e um álibi para o confronto dos interesses, um meio de justificar as equipes instituídas, um refúgio, também, num sonho que fazia esquecer uma realidade bastante sórdida. Manifestava-se nisso, de fato, o ódio das classes e dos partidos tanto quanto o amor pela humanidade e pela nação.[2]

Lynn Hunt apresenta a Revolução sob o ângulo de uma nova cultura política. A poética do poder seria então expressa através de uma retórica que seguramente não faltava à época. Os atores desse drama viam-se então constantemente num teatro obcecado pela idéia do complô. Mas teriam realmente contribuído, com essa peça ruim, para a criação de uma autêntica comunidade? A linguagem deles foi duplicada pelas representações simbólicas de sua prática. Essas formas proliferaram desde o início, do penacho às árvores da liberdade, passando pelo barrete frígio e os altares patrióticos. Amplamente difundidas no âmbito das festas populares, elas desejavam substituir as da religião popular. Não é verdade que essa pedagogia tenha tido pleno êxito. Os toulousianos, na primavera de 1799, pareciam preferir trocá-la pela volta da Virgem Negra, protetora de sua cidade. Os sinais oficiais de reconhecimento patriótico, no traje, por exemplo, não mudaram em nada os hábitos, mesmo tendo criado uma futura tradição republicana. Esta também se forjou através dos emblemas e divisas da Revolução. Entre os primeiros, após se ter pensado numa representação masculina e hercúlea da liberdade, preferiu-se em seu lugar, na época do apaziguamento termidoriano, a figura alegórica de uma mulher sentada, a qual, aliás, foi substituída pela de Bonaparte. Embora a Revolução se revelasse fecunda no plano da cultura política, vemos, no final, as fraquezas e a fragilidade de suas criações nesse domínio. Marianne, de aparecimento tão penoso, desapareceu muito mais depressa e levou muito tempo para retornar.[3]

Robert Darnton observou que a Revolução se torna, aos olhos de alguns historiadores vítimas da obsessão de seus discursos, uma espécie de rito de passagem da modernidade, dominado por uma sucessão de crises de representação. Esse culto das abstrações da linguagem e do conjunto de imagens das formas revolucionárias quase esquece o jogo dos atores do drama político e as condições concretas de sua experiência. Elas foram, no entanto, das mais constrangedoras, e resistiram aos exorcismos do verbo e da arte. Como mostra o destino de Marat, afinado, antes e depois de sua morte, com as fases sucessivas do movimento revolucionário, do apogeu ao esgotamento, a Revolução não foi de modo algum, no princípio, uma série de discursos ou uma linguagem cultural, mas uma realidade política e social caótica, antes triste e decepcionante, difícil de ser vivida e de dominar. Marcel David, falando da exaltação, por ele, da fraternidade, observou a provação que lhe infligiu a época da violência terrorista. Nada é mais alheio às *realidades* da Revolução do que os poderosos mitos que a conduziram, alimentaram e desculparam. Ela falou muito de amor e viveu sobretudo de ódio. A guilhotina foi, nesse sentido, um símbolo significativo do seu imaginário. Essa nova máquina, adaptada ao espírito da época e logo sacralizada pela democracia revolucionária, correspondia à imagem de anonimato e eficácia que seu governo queria assumir. Ofereceu também aos contemporâneos um dos seus mais belos espetáculos políticos, de figurantes constantemente renovados. Apenas se acabou por se cansar dela.[4]

A representação revolucionária terminou, na verdade, com a decepção do seu público. Se a "foice reformadora" mudou os nomes de ruas e lugares, esse delírio ideológico, lingüístico e pedagógico foi menos significativo do que a rapidez de sua extinção. Os santos retornaram, em massa, em 1802. Os *slogans* revolucionários desapareceram completamente quatro anos depois. O desejo de terminar a Revolução, mesmo no plano semântico, era tão importante quanto o de fomentá-la. Os triunfantes de 1793 tiveram, entre outras idéias, a de expurgar o conteúdo realista do teatro clássico. Assim corrigiam Racine, tal como haviam destruído parte da herança artística medieval, rotulada de feudalismo e fanatismo. Pensaram, sob o ano II, fazer com que todos os franceses usassem o mesmo traje, prova evidente de patriotismo. David fora encarregado, em maio de 1794, de apresentar suas sugestões sobre essa questão. A vestimenta moderna, oposta à razão e ao bom gosto, devia ser mudada, segundo o modelo antigo e a fim de diferenciar os franceses dos outros povos, que continuavam escravos. Os artistas revolucionários trabalharam por algum tempo entusiasmados com esse projeto de uniformização, de acordo com todos os objetivos da propaganda oficial.[5]

Embora tenha sido abandonado após a queda de Robespierre, o ambicioso programa das festas revolucionárias a ele associado possibilita-nos analisar as novidades culturais e ideológicas devidas à transformação política da época. Jean Starobinsky mostrou o enraizamento da festa revolucionária no pensamento das Luzes. Cerimônia iconoclasta de regeneração comunitária, ela renegaria os ornatos do espetáculo do Ancien Régime e criaria formas adaptadas à transparência dos corações sonhada por Rousseau. Mas era apenas para imitar um passado embelezado, reconstituído pela ficção. Tal ideal neoclássico não podia ser revivido, e os artistas que o levaram ao palco limitaram-se a transfigurar pelo imaginário uma realidade que nada mais tinha a ver com esses restos antigos. As festas que presidiam não suscitavam quase nenhuma paixão. Tendo-se tornado pedagógicas, esclerosavam-se ao se ritualizar. Descobrir nisso uma renovação mental coletiva parece difícil, e todo esse aparelho, segundo Quinet, lembrado por Mona Ozouf, não chegou a deslocar um único santo de aldeia. Devaneio da razão ou concessão à fraqueza humana, não conseguiu vencer a indiferença, esse que era o mais poderoso sentimento das massas na época da Revolução. Quando Sébastien Mercier manifestou, sob o Diretório, sua "rejeição radical e física" a esses "aspectos festivos" (Michel Vovelle), não estava, sem dúvida, sozinho em sua opinião. Esse sentimento explica-lhes o rápido desaparecimento. Mona Ozouf, a quem se deve o melhor estudo da festa revolucionária, observou a contradição que ali existia muitas vezes entre organizadores e celebrantes. Ao contrário do que sonhavam os primeiros, ela não reagrupava a comunidade, transformava-se em paródia e terminava em solidão. Um malicioso panfleto de 1807 viu no dia 18 do Brumário uma das mais bem-sucedidas festas, visto que aboliu, suavemente, a Revolução e suas festas. Essa representação da utopia fracassou, talvez, por se parecer demais com ela, no tédio e no desgosto que inspirava pouco a pouco. Trabalhosa organização de um primeiro impulso mais selvagem, a própria festa do 14 de julho de 1790 provocou uma decepção demasiado grande; não era, aliás, a festa de todos os franceses.[6]

As que a seguiram refletiram o aprofundamento dos antagonismos. A influência mais nítida das Luzes, *a partir de 1794*, tentou apenas pôr em ordem uma primeira desordem. Mas o simbolismo espacial e temporal dos seus cortejos, convocados a consagrar a regeneração social e a comemorar a cronologia de uma Revolução tão rica em acontecimentos contraditórios e intermináveis, representou uma escola de instrução cívica bem rudimentar. A força de suas imagens e palavras revelou-se impotente diante da "tenaz exuberância dos hábitos" da vida popular. Os dirigentes revolucionários consideraram esta com espanto, medo e desprezo. Tiveram muita dificuldade em fazer desaparecer, como desejavam, as cruzes e os sinos. Essa ambição antipopular dirigiu contra a Revolução, por todo o território, a rebelião camponesa, apegada às suas verdadeiras festas, que eram as da tradição. Elas serviam, contra a utopia racional cara ao novo poder, à resistência dos seus inimigos. Ele fracassou primeiro em virtude da obstinação do povo católico em manter a celebração do domingo e dos seus santos padroeiros. O simbolismo revolucionário só pactuou com a tradição camponesa na plantação de árvores da liberdade, herdeiras do maio folclórico. Deve-se observar ainda a preocupação dos insurgentes vendeanos, rurais de um grupo e um tempo diferentes dos do Périgord, em arrancá-las em 1793. Eles recusaram com isso uma transferência de sacralidade que os dirigentes da Primeira República não chegaram a impor à França. Os habitantes de seus campos, notadamente, conservaram suas esperanças religiosas e não adotaram uma liturgia de substituição, feita de empréstimos e supressões, que pensava recriar o mundo segundo o modelo passadista da idade de ouro igualitária dos republicanos antigos. Esse empreendimento não conseguiu, *de imediato*, produzir o homem com que sonhava.[7]

Os arquitetos da época revolucionária não realizaram tampouco seus projetos, ao mesmo tempo monumentais e cívicos, e a serviço de uma reforma total da sociedade. A iconoclastia natural das Luzes em relação ao passado, que levou Condorcet a exigir do Legislativo a destruição de seus arquivos, deu lugar, sob a República, a uma preocupação inédita de conservação do patrimônio. A Revolução desenvolveu iniciativas museológicas, logo facilitadas pelo saque da Europa conquistada. A era revolucionária, no plano cultural, parece, assim, posta tanto sob o signo da continuidade quanto sob o da ruptura. Ela concluiu o século XVIII como o negara, e questionou os valores da racionalidade e do progresso, depois dos da tradição e da ordem. O desmoronamento temporário do velho mundo não trouxe nem liberdade nem felicidade. A inquietação e a insatisfação, a doença e a nostalgia dominam a geração surgida após 1800, pois ela conhecia melhor que seus antecessores os limites da política e a força do mal. A sombra de Sade, lúcido negador da ligação entre natureza e virtude, verdadeiro e bom, pesa sobre ela. *L'Émigré*, de Senac de Meilhan, publicado em 1797, pretende emancipar-se dos mitos pré-revolucionários. Esse romance da queda das máscaras e da perda das ilusões compreende que os ideais das Luzes haviam sido apenas um ardil da história para mostrar a realidade da violência. O otimismo beato desses ideais tinha tido o seu tempo, já que uma Revolução democrática, construída segundo o modelo antigo, culminara apenas no reinado da opressão, da anarquia e de uma nova desigualdade. A experiência da Primeira República ensinara a esse aristocrata a rejeição de todas as utopias.[8]

Essa crítica servia para antipatizar a mensagem racional e social dos filósofos do século XVIII. A Revolução não mudara muito os termos de um debate sempre dividido entre a herança das Luzes e a nova concepção da natureza. As atitudes diante da morte, como ressaltam da vasta pesquisa de John McManners, ilustram essa continuidade mental. A dissolução das sociedades científicas, em agosto de 1793, não provocou uma subversão cultural. Essa democratização da vida acadêmica nada mudou da primazia do modelo científico. Com a criação do Instituto, a Revolução encerrava-se, nesse sentido, com uma operação de reconciliação. Havia simplesmente realizado, ao primeiro fragor da contestação igualitária, uma indispensável reorganização da pesquisa, que sempre associara o cientista ao Estado. Nesse âmbito, como em tantos outros, a fase revolucionária serviu apenas de transição entre Colbert e Napoleão.[9]

O mundo das artes não foi mais abalado em profundidade. O triunfo da estética neoclássica, amortecido antes de 1789, prosseguiu sob a Revolução, mas David era com a mesma facilidade o favorito de Napoleão ou de Robespierre, do apologista da ditadura militar ou de Marat expirando. Suas aspirações utópicas tinham sabido adaptar-se às realidades mais sórdidas do poder, terrorista ou imperial. Ronald Paulson sustentou que, na Europa da época, David e seus discípulos mostraram-se antes conservadores no plano estético, enquanto o espírito revolucionário reencontrava um verdadeiro eco na Inglaterra de Blake e na Espanha de Goya. Esse historiador chama de reacionário um iconoclasmo francês que, diante do catolicismo, pôde apenas mudar de liturgia; acha as caricaturas contra-revolucionárias de Gillray mais subversivas do que as respeitosas pinturas de David.[10]

A mais importante opção cultural que os revolucionários tiveram de fazer consistiu na aceitação ou rejeição do mito republicano da liberdade à moda antiga. O ensinamento de Rousseau simbolizou isso, e se caracterizou por uma profunda hostilidade ao desenvolvimento econômico. Essa ignorância das leis do capitalismo associava-se, como em Saint-Just e Billaud-Varenne, a uma posição moral e pedagógica sobre instituições que asseguravam a formação de uma "consciência pública". Esse sonho jacobino foi questionado, depois do Termidor, por homens como Hassenfratz, professor da Escola Politécnica e profeta da futura industrialização. Ele observou com bom senso que não fora apenas "com festas que os ingleses" haviam "conseguido uma grande preponderância na balança política da Europa", e que "os Estados Unidos da América" estavam se tornando um "povo próspero". Outros autores denunciaram, durante toda a Revolução, o primitivismo rousseauísta que vira, na apropriação privada dos meios de produção, um crime, quando era o motor da prosperidade. Os ideólogos, estudados por Sergio Moravia e Marc Regaldo, desenvolveram essas teses, que não viam na Revolução um processo de regeneração total em ruptura com a tradição precedente. Atribuíam essa ambição robespierrista apenas a um fantasma verbal e abstrato, contrário às realidades contemporâneas. Esses herdeiros das Luzes tiveram dificuldade em impor um projeto político que confiava o poder aos representantes dos interesses sem que eles se transformassem numa elite egoísta. Conscientes da inevitável desigualdade dos talentos e da desejável "igualdade de felicidade", eles aspiravam a um regime que conciliasse as necessidades da ordem com as do progresso. Como os jacobinos, mas num outro sentido, confiavam em primeiro lugar, para isso, na educação. Ela seria, no entanto, científica e econômica, ou não seria. Na época dos termidorianos, os ideólogos, apesar de sua influência em todas as instituições da República, malograram na aplicação desse programa, que teria feito da Revolução Francesa uma vitória de Adam Smith. Os hábitos do espírito clássico e da cultura literária os impediram; eles se aproveitaram, nessa luta, do materialismo ateu que se reprovava nos defensores da economia política. As disciplinas tradicionais, como a história e a geografia, desempenharam seu papel nessa derrota das ciências sociais. Seus partidários tinham-se conscientizado da necessidade de fundar a moral pública sobre o último estágio do conhecimento científico. Esse projeto corria o risco de se chocar com o conservadorismo religioso fortalecido pelas decepções do decênio. Sob Napoleão, o papel dominante da ciência, favorecida pelo poder, era combatido pela fundação de uma Universidade fiel ao pensamento do Ancien Régime. Essa criação estava de acordo com as aspirações de uma sociedade que preferia, depois da Revolução, a segurança à produção e o repouso à audácia.[11]

Maurice Agulhon observou, no Var de 1800, a persistência da vida folclórica e o renascimento das confrarias. A continuidade dos jogos populares prolongava ali a dos antigos dias de festas patronais. Por toda a Provença, o quadro festivo tradicional resistiu à Revolução, que reaproveitava os esquemas carnavalescos. Albert Soboul destacou, nos campos franceses, esse tênue grau de evolução dos hábitos e costumes provocado pelo choque revolucionário. As mentes tradicionais continuavam a fazer do serão e do cabaré os dois elementos essenciais da sociabilidade aldeã. As diversões camponesas, inclusive a dança, tinham sempre a ver, ao mesmo tempo, com as crenças religiosas e com os trabalhos do campo. As feiras do Oeste continuavam a agrupar os habitantes da mata, enquanto o povo dos campos continuava apegado às suas festas tradicionais. Nesse aspecto, ele resistiu à ofensiva do Diretório e respondeu com uma verdadeira explosão de festas religiosas. Retornava-se assim bem depressa aos lazeres de antes da Revolução. Quanto à população das cidades, após o Termidor, reagiu sobretudo à tensão política com a inauguração de inúmeros bailes públicos, desforra contra a austeridade jacobina. Os operários parisienses, aliás, jamais perderam o gosto acentuado pelo cabaré e as farras alegres. Depois das proibições e tentativas revolucionárias, reapareceram, em todas as cidades da França, os hábitos tradicionais: tribunais de juventude, cavalgadas de burros, algazarras, grandes festas esquecidas por algum tempo, confrarias de arqueiros. O folclore, tão desprezado pelas Luzes, tinham vencido a Revolução. Os dirigentes da Convenção puderam conscientizar-se de sua ação lingüística sobre uma França selvagem e rural onde se falava o patoá mais que o francês. A medicina científica era menos considerada que o "charlatanismo" tradicional.[12]

O fracasso cultural mais grave da Revolução deu-se na educação. A alfabetização progrediu globalmente durante o período, apesar da destruição do antigo sistema escolar, e sem dúvida porque se deveu a outros meios pedagógicos que não ele. A Revolução não causou ruptura nos princípios e nas formas de ensino. Herdou um sistema primário e secundário certamente medíocre, mas que ela não melhorou muito, apesar de suas proclamações teóricas. Uma importante fração do pessoal que ensinava continuou apegado à instrução do Ancien Régime; a maioria das escolas particulares, muito freqüentadas, continuou sendo mantida por padres ou freiras, aos quais os pais queriam confiar os filhos. As escolas públicas padeciam com a obrigação, atribuída então aos instrutores, de acompanhar os alunos às festas decadárias. Inúmeros eclesiásticos que tinham ensinado sob o Ancien Régime continuavam a preencher as funções de instrutores, apesar de sua conhecida antipatia pela República. Ela tinha dificuldade em recrutar seu corpo docente, de tanto que lhe era pouco brilhante. A inércia das autoridades locais, a partir de 1792, foi o principal obstáculo à criação das escolas públicas. A Revolução não realizou um ensino popular eficiente e, quando acabou, voltou-se exatamente para o sistema escolar do Ancien Régime. O caso do Vendôme confirma essa situação; a escola republicana apareceu ali tardiamente, sofreu enormes dificuldades de existência e terminou num saldo de fracasso. O equipamento mínimo não foi assegurado, a freqüência escolar continuou muito pouco importante, e a Revolução em nada melhorou, ali, a alfabetização. Isso se explica mais com as dificuldades materiais do que com a recusa ideológica das populações. A escola republicana malogrou antes de mais nada como escola, tal como a do Ancien Régime, com a qual se parecia tanto. Instituição alheia ao mundo rural, veiculando uma cultura urbana, deixou indiferentes os camponeses que a escrita não aculturara. Eles, sem dúvida, não compreendiam coisa alguma, por exemplo, dos textos constitucionais inscritos no programa, e achavam alienante um sistema métrico que se queria que substituísse uma complexidade ancestral com a qual se sentiam muito bem. O novo calendário revolucionário, que atacava ritos multisseculares, fazendo desaparecer as festas tradicionais, tampouco os seduziu. Vista sob esse ângulo, a escola republicana da década de 1790 representa apenas uma etapa suplementar, aliás fracassada, para introduzir os valores da elite nos campos.[13]

O ensino secundário não oferece um quadro mais reconfortante. No Norte, por exemplo, observa-se a manutenção da atividade dos estabelecimentos particulares, que tinham a vantagem, para os país, de garantir a permanência de estruturas de acolhimento e de um modelo educativo herdados do Ancien Régime. As escolas centrais, criação do novo regime, encontravam-se em total desordem e eram fortemente criticadas. Essa instituição, determinada em 1795, teve aplicação variável segundo os departamentos. Uns 15 mil alunos, no máximo, freqüentavam-nas anualmente; vinham principalmente da burguesia urbana das famílias de funcionários ou de profissionais liberais; muito poucos deles seguiram ali uma escolaridade digna desse nome, e os estabelecimentos pareciam, para a maioria, "lugares de especialização privilegiados". A República não conseguiu, no plano cultural, impor-se no país. Suas realizações eram menos coerentes que sua linguagem.[14]

Daí a impressão de decepção deixada pelos destinos individuais dos "revolucionários medianos". Benoît Lacombe, comerciante bordelês estudado por Joël Cornette, fora antes, em Gaillac, um "Danton do vinhedo", grande comprador de bens nacionais e apologista da guilhotina. Logo o acusaram de utilizar a Revolução em proveito próprio e, com outros, ele se retirou completamente, a partir de 1794, da vida pública. Dessa peripécia política lhe restaria a lembrança melancólica de um fracasso e uma desilusão. Esse homem que aspirara, sob o Ancien Régime, à aristocracia, enriquecera, sem dúvida, graças à tormenta. Mas não adquiriu a experiência irremediável do ódio e da traição. Ator modesto da história revolucionária, dela fora, sobretudo, como tantos franceses, uma vítima no plano da vida particular. Também foi esse o caso da família dos Gounon, destacados toulousianos que ascenderam à nobreza, no século XVIII, pela compra de um domínio senhorial. Sua atitude diante do remodelamento revolucionário evoluiu de um reformismo racional à oposição a uma República que causava o desmoronamento de seu equilíbrio de vida. No entanto, adaptaram-se a isso dando penhores para obter a reputação de patriotismo. Eram vistos no Templo da Razão e nas festas populares. Sua vida dupla justapunha, a partir de agora, um ritual de segurança e uma circulação subterrânea de sobrevivência, feita de solidariedades experimentadas. Esses desconfiados natos ainda tremiam de medo em 1797. Embora sua estratégia de discrição e retirada se tenha revelado compensadora, a Revolução estava longe de ter trazido uma resposta satisfatória às suas esperanças de antes de 1789. Por um momento mesmo, a nova redistribuição dos poderes e das liberdades feita pela Revolução parecera ameaçar apagar as fronteiras da sua vida privada.[15]

12

Uma herança ideológica?

Toda apreciação da Revolução Francesa está ligada a seqüências ideológicas que não se concluíram. Nesse sentido, ela não acabou, e ainda desperta paixões. É o caso na França, onde sua influência na vida política contemporânea foi considerável. O regime republicano saiu pouco a pouco de um longo trabalho de reflexão sobre a herança revolucionária. Sempre discutida, tal remodelagem permanente desse mito fundador transforma facilmente sua comemoração em debate gerador de confrontos. Aceitam-se melhor seus símbolos de unidade no esquecimento e na ignorância das exatas condições do acontecimento divisório que as gerou. Sua adoção ou expansão no estrangeiro foi mais propícia à unanimidade e ao entusiasmo. Mas, em 1917, a forma leninista de sua adaptação socialista criou movimentos revolucionários que agravam ainda mais a contradição original entre 1789 e 1793, os direitos do homem e o Terror.

A sombra da Revolução pesa sobre a política francesa contemporânea?

René Rémond insistiu na fecundidade póstuma do período revolucionário, que possibilitou à opinião pública o aprendizado da vida política. A da França contemporânea nasceu então, no lugar da antiga, parcelada e marcada pela precariedade das liberdades e pela redução dos meios de expressão. Os antecedentes acumulados durante a crise pré-revolucionária criariam usos e um espírito público habituado "a buscar no passado a resposta para as dificuldades presentes". A primeira herança da Revolução seria um apego às lembranças históricas, que faz renascer periodicamente um programa de "convocação dos estados gerais". A política torna-se pela primeira vez, em 1789, objeto de todos e recebe como missão a reconstrução total do edifício social. Essa mudança decisiva de princípio e orientação alargou o campo de ação política e nele introduziu forças, que impediriam, já se viu, a estabilização da regeneração pacífica entrevista. A Revolução legou ao futuro uma aspiração insatisfatória para a unanimidade nacional. Conheceria uma contradição análoga praticando o culto da lei e violando-a repetidamente com sucessivos golpes de Estado. Toda nossa história contemporânea continuaria marcada por essa instabilidade e insegurança. A Revolução foi para a França uma mestra de violência. O povo fez com ela sua educação política, num período de mudanças permanentes, concluídas sob a pressão da força. A nação então ganhou um hábito durável de desigualdade, de contestação das regras e de prática da insurreição.[1]

Ela também aprendeu com isso a acostumar-se com o jogo eleitoral. A Revolução foi, a esse respeito, um banco de ensaio para a política do futuro. Suas antecipações relacionavam-se com os diferentes pontos de aplicação da vida democrática: consulta à opinião pública, designação de seus representantes, relações entre os poderes, atividade dos agrupamentos oficiosos, exercício das liberdades. Na França e alhures, a história posterior dependeria das diversas soluções adotadas então, e que criariam tradições duráveis. O princípio de soberania nacional traz, a partir de 1789, a prática das consultas eleitorais. A Revolução a estenderia mesmo, em sua primeira fase, à designação dos juízes, dos oficiais da guarda nacional e dos curas. Efetuou uma renovação geral dos poderes que afetou todo o país, mesmo atingindo apenas uma minoria. As assembléias legislativas, situadas na encruzilhada da vida política, constituíram, em relação ao Ancien Régime, uma decisiva inovação destinada a um grande futuro, pois ela fixou, também aí, uma tradição que continua viva hoje. O quadro de suas deliberações viu nascer, materialmente, as noções de direita e esquerda, e o poder espetacular da eloqüência. Foi necessário inventar tudo para as condições do trabalho parlamentar e a organização dos debates, e providenciar empiricamente as relações entre os poderes. Essas iniciativas tiveram um alcance incalculável em matéria de procedimento, de pensamento e de ações políticas. Mas, ao lado delas, a Revolução inovou igualmente ao instituir a democracia militante e espontânea que permitia aos cidadãos intervir fora do exercício de seu direito de sufrágio. Esse reflexo da opinião pública influenciou os poderes e muitas vezes competiu com eles. Serviu também de exemplo aos revolucionários do futuro como modelo "das possibilidades de ação das forças populares". As sociedades que os encarnaram seriam uma escola de formação e o esboço dos futuros partidos, dos quais já desempenhavam o papel no Estado: instrumento de enquadramento, deram ao movimento revolucionário eficácia a continuidade. Obra de minorias agitadoras, se assemelhariam nisso ao gosto francês por uma participação muito fraca nas formações políticas. Sua ideologia igualitária, completamente alheia às realidades da sociedade moderna, influenciaria a tradição republicana dos séculos XIX e XX.[2]

A Revolução, por outro lado, proclamou as liberdades essenciais que asseguram a participação dos cidadãos na vida política. O princípio da liberdade de opinião nem por isso foi menos violado e sacrificado à razão de Estado. As liberdades de expressão, ignoradas pelo Ancien Régime, foram instituídas e, depois, igualmente suprimidas. O futuro não esqueceria essa associação entre a proclamação de um princípio e a redução de seu exercício. Mas o poder da imprensa, assim como a ligação entre sua liberdade, pelo menos relativa, e a existência de um governo de opinião, tornou-se visível durante o período revolucionário. Este, que autorizou a liberdade de reunião, foi, em compensação, muito hostil ao de associação. Criou um verdadeiro delito de congregação, suspeitou das pressões dos grupos políticos e, mesmo por paixão pela unidade, se opôs ao reconhecimento oficial dos partidos. As sociedades populares não escaparam dessa desconfiança, que se revelaria duradoura. A liberdade de fazer petições seguiu a mesma curva e quase não sobreviveu à fase revolucionária. Esta, em suma, estabeleceu ao mesmo tempo o princípio das liberdades e inventou o meio de lhe restringir o uso. Os governos democráticos posteriores reteriam essa dupla lição.[3]

Eles tiveram também de levar em consideração uma experiência terrorista que colocara a justiça, ao contrário das esperanças de 1789, a serviço de uma política. Por muito tempo, esse procedimento mostrou-se inseparável da prática revolucionária. Estava associado a uma vontade de mudar o homem que fazia do jacobinismo uma doutrina de ordem moral, avessa ao luxo corruptor que igualava a democracia à simplicidade dos hábitos. A Revolução legou assim uma concepção litúrgica da vida política, celebrada pelas festas pedagógicas. René Rémond, ao final desse quadro, achou admirável uma herança que fixara para a sociedade contemporânea seus principais postulados, determinado os centros de sua ação, impondo-lhe regras e criando-lhe os usos. Por outro lado, a obra do período revolucionário foi ao mesmo tempo a origem da tradição da democracia parlamentar e de sua variante socialista. Acontecimento fundador, modelou as mentes e as sensibilidades políticas. Ruptura radical e violenta com o passado, deu aos franceses o gosto pela mudança brusca e total. Resultaram disso as mutações repentinas da nossa história contemporânea, suas freqüentes mudanças de regime, a multiplicidade das experiências constitucionais e das crises, a instabilidade permanente. O antecedente revolucionário funcionou em favor da adoção de vias irregulares na conduta dos negócios públicos; resultaram disso, muitas vezes, a conjunção das oposições e a paralisia dos poderes. Não houve aí vida política normal, pois, sem dar tempo ao tempo, escolheu-se o risco de uma mudança completa. O idealismo herdado da Revolução fez sempre com que os intelectuais franceses e, muitas vezes, a opinião pública escolhessem a ruptura à adaptação. A negação das regras e a primazia da luta tornaram-se características de nossa sociedade conflitante. A glória estava em ser atraído para os extremos, desprezar a legalidade, praticar a política do pior e esperar a insurreição. O jogo das facções revolucionárias prolongou-se na França pelo questionamento permanente dos fundamentos mesmos do regime existente.[4]

René Rémond julgava, às vésperas de 1968, que a Revolução continuava "viva entre nós". Observava que, se a direita e a esquerda lhe deviam igualmente parte de seu comportamento, o debate, por sua vez, continuava a opô-las. Mãe de nossas desavenças, a Revolução, após ter posto a vida política sob o signo da divisão, forneceu ela própria um princípio de discussão pela aceitação e a negação de sua obra. Todo o século XIX discutiu isso e se classificou em relação a esse problema. Hoje, como há 20 anos, se as aquisições da Revolução se tornaram irreversíveis, a aversão que ela inspira a alguns continua insuperável. Para eles, ela continua sendo a origem de todos os nossos males. Falar de uma aceitação unânime e global é impossível. Essa história antiga da República, ainda presente na memória de inúmeros cidadãos, fornece-lhes as imagens contrastadas de 1789 e 1793. Elas continuaram a alimentar a ação de gerações da Resistência. Quanto às lembranças da contra-revolução, tampouco morreu mais que a de sua inimiga, como [illegible]a. Recentemente Jean-Clément Martin a respeito da Vend[illegible]eão, por um momento, pareceu aniquilar a maior parte da herança revolucionária, a progressiva restauração das liberdades, das eleições e das Assembléias iria restituir-lhe toda a importância na França contemporânea.[5]

Percebe-se bem sua complexidade, por exemplo, na análise do problema da descentralização, visto que a democratização da administração local, instituída em 1789, foi totalmente abolida ao final da Revolução, quando, nesse plano, se voltou à prática e ao espírito do Ancien Régime. Essa negação do liberalismo original já se concluíra sob a fase jacobina, em virtude das circunstâncias extraordinárias devidas à guerra civil e externa. A herança revolucionária jamais poderia ser simples, desde que se identifica ao mesmo tempo com uma esperança e com a traição desta, a um ideal e ao seu abandono. A história individual confirma essa recusa às simplificações. Daniel Encontre, calvinista e simpatizante do Despertar, mas ligado à Restauração, quando foi decano da Faculdade de Teologia de Montauban, com justificada reputação de ortodoxo e tradicionalista, fora, na primavera de 1794, um partidário sincero de Robespierre, da sua virtude e de suas luzes. Os liberais franceses continuam sendo revolucionários até 1830, e depois só podem continuar a reivindicar para si, pelo menos em parte, a Revolução. Charles de Rémusat, no início do Segundo Império, observou que eles não estavam à altura de combatê-la, como o inglês Burke em 1790, em nome de uma tradição política liberal inexistente na França antes de 1789. O Ancien Régime deixou-nos apenas, em relação a isso, o absolutismo e seus impasses. Paul-Louis Courier e Stendhal foram, sob a Restauração, inimigos irredutíveis e admiradores decididos da Revolução, a da liberdade, que não era a dos jacobinos nem a de Bonaparte.[6]

A década de 1840 viu ressurgir a lembrança do Terror. Raymond Huard acaba de mostrar todo o peso dessa lembrança num Departamento do Gard carregado de suas tradições. Os democratas populares ligavam-se ali, em 1848, a seus pais *sans-culottes*, enquanto as mulheres, mais prosaicamente, lembravam-se de que a República significava, em primeiro lugar, a falta de liberdade e o racionamento alimentar. A Revolução estava presente ali, em primeiro lugar, como uma herança familiar e cultural em relação à qual as pessoas já se dividiam violentamente entre a admiração por 1789 e por 1793. Palavras [illegible]gens, sanções e celebrações continuaram a repetir a época her[illegible]a-se "Viva a guilhotina!", em Bagnols, a 21 de janeiro de 1850, enquanto em Nîmes se venerava o busto de Robespierre, objeto de considerável popularidade. Saudava-se nele aquele que mostrara a melhor maneira "de acabar com os aristocratas". Esses republicanos terroristas continuavam a pedir sangue para regar suas festas; nele mergulhavam as mãos com prazer e achavam "doce ver cabeças rolarem". A vertigem do cadafalso continuou a ser, nesse Sul Vermelho, um dos legados mais seguros da Revolução. A mentalidade de esquerda ali concebia a vitória como o aniquilamento físico do inimigo. A democracia direta, pelo desaparecimento completo do Estado, e a afirmação do direito ao trabalho figuravam igualmente nessa panóplia. A primazia das considerações morais e a ignorância das realidades econômicas acabavam de ligá-la aos sonhos rousseauístas.[7]

Albert Soboul insistiu, na época do centenário da Comuna de Paris, na continuidade dessa tradição revolucionária, ligada a um movimento de massa e à noção de soberania popular, em oposição ao centralismo hierarquizado típico da burguesia jacobina. Sensível aos conceitos de unidade, unanimidade e fraternidade, a primeira contrastava com o segundo, que privilegiava a técnica e a prática revolucionárias. Robespierre e Marat foram sem cessar objeto, nesse meio, de admirações contraditórias que provinham desse dualismo, ele próprio inerente às realidades da Revolução, passada e futura, dilacerada entre o desejo de encarnar as massas e a preocupação com a eficácia. Ele podia levá-la, na verdade, a confiar a uma elite autoritária o cuidado de fazer a felicidade do povo, apesar dele. Essa fora a última mensagem dos babouvistas, que iriam transmiti-la por todo o século XIX e Blanqui, ao Estado fundado por Lenin.[8]

Buonarroti achava, em 1830, que a única justificativa de 1793 estava em sua vontade de regeneração total. Esse sonho não abandonara os franceses da Libertação, visto que Jean Cassou julgou, em 1947, que a Revolução não fora "feita", e que havia "na história do nosso país, desde 1789, um *suspense* e uma espera". Ele lamentava ver-nos ainda sob as botas dos termidorianos, e apelava a "uma outra revolução para, em condições diferentes, retomar o ponto de partida do mesmo sonho e conduzi-lo à sua realização". No momento em que a Revolução Russa proclamava sua dívida para com a Francesa, ele esperava "um próximo ato do povo francês" para "tornar a trazer Saint-Just ao nosso meio", e afirmava: "Eis-nos mais bem colocados que qualquer geração para ver afinal Saint-Just e o Terror em sua simplicidade e iluminismo." Apologista do engajamento, dizia-se animado, "contra os indulgentes do nosso tempo", por "uma feroz vontade de depuração e de justiça". Esse delírio ideológico, menos individual que coletivo, que acredita "numa doutrina das revoluções (. . .), particularmente esclarecida pelo marxismo", e que sabe "que o povo" é "o elemento fundamental do progresso e das revoluções", terminava com uma declamação lírica, segundo a qual "o ódio aos inimigos é um sentimento sagrado", e por esta surpreendente apóstrofe: "Ó Saint-Just, precisamos de ti (. . .) Nós te chamamos (. . .) ilumina nossa confusão! (. . .) Tua batalha continua para nós e nos apressa (. . .) comunica a tua tocha àqueles cujas vitórias, nas dobras do futuro, fremem por correr a cerrar fileiras com os teus. Grava nos corações dignos de suceder-te o exemplo de tuas implacáveis virtudes."[9]

Toda uma parte da França contemporânea partilhou dessas aspirações. O precedente revolucionário não é visto aí apenas sob o ângulo da fraternidade e o Terror nunca esteve muito longe do horizonte deles. A sadia violência popular é aí justificada pelo furor dos vencidos. Os massacres patrióticos parecem constituir um acompanhamento necessário ao progresso histórico. É essa perspectiva que o recente apaziguamento das lutas políticas e as desilusões causadas pela experiência comunista fizeram abandonar. A maioria dos franceses, sem lhe serem fundamentalmente hostis, são hoje muito mais sensíveis às imperfeições e contradições da Revolução. Repudiam nela, notadamente, a violência inútil, e não acham que tenha conseguido aplicar um modelo válido de democracia. Antes a deformação de um ideal que a realização de uma utopia, eles começam a julgá-la como um acontecimento sem dúvida formidável, mas, nos detalhes banal, prosaico, decepcionante enfim — em suma, análogo aos outros. Interrogados durante o verão de 1983 sobre seus atores, eles colocavam em primeiro lugar Lafayette, seguido de Bonaparte. Mas o campeão inicial da Revolução tinha apenas 6% de testemunhos de antipatia, contra 21% para seu liquidador. Ambos saltavam longe diante de Luís XVI e Danton, Marat e Robespierre. Este último, de quem Georges Marchais chega a se proclamar herdeiro, é de fato admirado apenas por 8% da opinião pública, ou seja, cinco vezes menos que La Fayette e Bonaparte. À imagem tumultuada e militante de uma Revolução fundadora de um progresso ininterrupto e realizado pela violência, os franceses preferem manifestamente a da instrutora modesta de uma ordem liberal aceitável.[10]

A República francesa tem suas origens na Revolução?

Claude Nicolet acaba de restituir toda a importância aos desenvolvimentos da idéia republicana na França. Se o seu apogeu coincide com a adoção definitiva desse regime no fim do século XX, a Revolução ocupa um lugar essencial na sua origem e no seu sucesso. O espírito republicano tem por critério e dificuldade essenciais situar-se dentro dessa fase histórica e de suas contradições. O acontecimento revolucionário inaugurado em 1789 representa, para ele, um ponto zero absoluto, análogo à encarnação para o cristianismo. Retorna-se sempre a ele porque está no começo das coisas. É através dele, por exemplo, que se associam, mais ou menos bem, as Luzes à República. A consciência dessa herança coletiva acabaria por transformar os filósofos do século XVIII em Pais da Igreja Republicana. Mas esta só começou realmente com a Revolução, da qual os republicanos são filhos. Eles a consideraram um fenômeno religioso cujos símbolos estão no coração de sua doutrina, e cujos princípios comandaram sua ação. Tenderam mesmo a fazer desse período tumultuado e diverso, contra toda evidência, um único bloco ideológico. Era transformar, o que se fez até nossos dias, a historiografia oficial da Revolução numa operação unanimista, cujos grandes padres velavam com cuidado pela conservação do mito e seu eventual enriquecimento. Tratou-se sempre de uma ciência republicana da Revolução. Ela sacralizou o acontecimento, metamorfoseando-o num começo absoluto do Bem e no fim do Mal. Também o transfigurou no imaginário, transformando-o em epopéia.[1]

Os ideólogos do Diretório forneceram à futura República uma fonte intelectual fundamental. O espírito republicano teve, no entanto, de sobreviver ao longo exílio interior dos dois primeiros terços do século XIX, antes de se impor na França. Só alcançou isso instituindo, a partir da década de 1870, uma nova legitimidade que soube criar, ao mesmo tempo, um tipo de governo e os princípios de um regime destinado a se tornar definitivo. O culto da Revolução foi nisso, como entre Litré e seus amigos positivistas, uma peça essencial que se identificou com a afirmação de uma República ideal que a política oficial tinha o dever de encarnar na sociedade. A esse respeito, essa herdeira da Revolução achava-se na obrigação, para triunfar, de ser simultaneamente conservadora e liberal. Ela o foi, nitidamente, entre seus fundadores oportunistas, ainda mais ligados ao reforço do Estado que à realização da justiça. Para eles, tratava-se apenas de confirmar a aceitação, pela nação, da ordem civil oriunda da Revolução. Sua obra pedagógica estava a serviço dessa ideologia. Punha em primeiro plano uma concepção da ciência, da história e da moral obcecada pelo caráter inatingível, na qualidade de fonte fundadora, dos princípios de 1789. Eles definem na verdade, na República, as dimensões da ligação social e política, e a fidelidade à República, em sua essência, é, desse ponto de vista, a primeira das virtudes. A necessidade inevitável de enriquecer essa herança revelou-se, nessa perspectiva, na origem de inúmeras dificuldades.[2]

Claude Nicolet observou a que ponto a estrutura mental, ou antes mítica, assim criada por nossa história contemporânea resiste à comparação com aquela reinante sob o Ancien Régime. Nos dois casos, um dogma e um Estado viram-se associados, ao mesmo tempo inextricavelmente misturados e radicalmente separados, sua dupla sacralização não simplicando coisa alguma, aliás. A obsessão da unidade explica-se facilmente à lembrança dessa diversidade. Trabalhou-se nisso com sucesso, através de uma aproximação entre as noções de nação e de República. Procurou-se também definir esta última, na linha de uma certa tradição herdada da Revolução, pela supremacia do poder legislativo. Os abusos do sistema representativo e parlamentar trouxeram, contudo, certa perda do senso de Estado. Este teve também dificuldade em impor, pelo expediente da laicidade, "a unidade espiritual necessária à República". "Estado de direito não-totalitário", este é, ao mesmo tempo, um "estado unitário e centralizado". Nem sempre é muito fácil viver com essa contradição herdada da Revolução. Ela duplica-se com uma outra, a qual se refere ao fato de que o acontecimento de 1789 não foi de modo algum, *para a Europa e o mundo*, o ato de nascimento da modernidade. Esta não foi criada pela proclamação dos direitos do homem, mas pelos desenvolvimentos ligados aos progressos do capitalismo industrial. A França revolucionária conheceu-os muito pouco. Preferiu a eles o modelo antigo de uma República ateniense que se prolonga de Rousseau a Mendès France, passando pelos jacobinos e

Gambetta. Nossa concepção da democracia continua sendo uma produção do espírito filosófico, não um resultado da evolução histórica. Filha da Revolução, nossa República o é também de seus aspectos utópicos, do mesmo modo que herdou de seus inimigos originais. Jamais conseguiu, depois de Saint Just, separar realmente moral e política, como sempre tendeu a sacralizar esta última. Pode-se apenas perguntar se as formas e sobretudo o novo espírito introduzidos em 1958 não acabaram alterando profundamente essa tradição revolucionária.[3]

Esta, aliás, jamais foi simples, como mostra, em meados da década de 1860, o debate provocado pela publicação da obra em que Quimet condenava o Terror. Aplaudido por Ferry, ele foi combatido pelos defensores de Robespierre. O simbolismo do qual se alimentou esse lugar de memória que hoje se tornou a República caracteriza-se por uma ambigüidade análoga. A Revolução é aí mais o mistério das origens do que a clareza de um começo. Ela nos legou, contudo, o emblema de legitimidade nacional, origem de um culto moderno do exército e prova da conclusão republicana da história da França. Esse mito de fundação constitui um desarranjo da lembrança. Menos durável, o calendário revolucionário, que devia decretar a eternidade submetendo a si o tempo, não sobreviveu mais de 12 anos às resistências encontradas. A presunção de suas promessas logo o transformou numa instituição moribunda. A *Marselhesa* teve mais sucesso, visto que esse canto de guerra que exaltava a liberdade se tornou um hino nacional e até mesmo internacional. Suas origens revolucionárias jamais o impediram de servir a todos os usos das diversas formas do patriotismo.[4]

O Panteão encarna, sob a Revolução, a prece coletiva de um século sedento de celebração. Mas a República não teve chance com os homens que se encarregou de festejar. Já antes de 1789, Mirabeau e Marat foram excluídos. Esse lugar de união nacional tornou-se o da ruptura entre os franceses. Viu-se isso em 1981. Não mais acreditamos na concepção dos grandes homens própria do século XVIII e na de uma arte "propagandista e educadora". A divisa republicana de nossas prefeituras revelou-se mais sólida que esse monumento oco, pois está ligada ao triunfo póstumo dos princípios de 1789 Maurice Agulhon observa que foi *apenas durante os últimos 100 anos* que a popularização progressiva da democracia local metamorfoseou o "vocabulário simbólico da cultura francesa". Só se deve esse sucesso à Revolução na medida em que a Terceira República foi sua filha. Essa filiação decisiva é a principal fonte de importância de 1789 na história da França. Ernest Lavisse consagrou-a num manual de instrução primária dominado pela finalidade revolucionária de nossa história nacional. A Revolução foi aí cada vez mais magnificada ou desculpada e o Ancien Régime, aniquilado em nome do interesse bem compreendido na França, que também se identificava com a passagem do despotismo da monarquia à liberdade republicana. Legitimação de um novo regime, em virtude da unidade nacional, tratava-se aí, como observou Pierre Nora, de uma transposição leiga das justificativas da realeza de outrora.[5]

As décadas de 1870 e 80 foram caracterizadas pela celebração dos centenários de Voltaire, Rousseau e da Revolução, e pela fixação da festa nacional no aniversário do 14 de Julho. Os dois grandes filósofos do século XVIII foram antes de tudo encarados, na aurora da Terceira República, sob o ângulo de uma Revolução da qual eram o símbolo e no âmbito de uma filiação evidente entre as Luzes e o novo regime. Esse processo de sacralização transfigurava o passado intelectual da França num anúncio messiânico do futuro republicano. Foi dois anos mais tarde, em 1880, que se adotou o 14 de julho como festa nacional. A Revolução ainda não se tornara o que é hoje para 70% dos franceses, ou seja, um mito fundador amplamente majoritário e que de repente não suscita mais que paixões retrospectivas. A escolha do dia 14 de julho significou, ao contrário, que o novo regime reivindicava para si o símbolo da liberdade e da noção de ruptura. A confusão com o 14 de julho de 1790 permitiu acrescentar a isso a evocação de uma atmosfera de festa fraternal. Um ritual oficial e popular enraizou-se pouco a pouco e contribuiu para fundar a República nas consciências. Se ela faz parte desde então do patrimônio nacional, o detalhe da história que reclama para si não deixou de dividir os espíritos.[6]

E o fazia ainda mais naturalmente, em 1889, centenário de uma herança reivindicada pelos homens então no poder. Eles aperfeiçoaram, contra a crítica conservadora, uma interpretação republicana da história nacional. Difundiram um conjunto de imagens edificante da Revolução e organizaram, em sua homenagem, amplas cerimônias. O museu comemorativo da Revolução foi o centro da exposição inaugurada naquele ano. A celebração mítica da Revolução ia de mãos dadas com a orientação moderada da República oportunista. É o que Pascal Ory gentilmente chama de a prova por 89. Pode-se perguntar se, 100 anos depois, sob a batuta de Edgar Faure, ela não vai servir de novo. É verdade que os tempos mudaram. A República e a Revolução estão hoje muito mais fortalecidas por uma aceitação nacional. Se a imagem delas pôde enfraquecer-se, em benefício de outras formas do projeto francês, Pierre Nora está certo ao diagnosticar em nossa consciência contemporânea, e ao lado do "retorno do nacional", "o recuo para os velhos valores mínimos da República". A esse título, e mesmo que tenha definitivamente terminado, a Revolução não deixou de ser útil.[7]

Historiadores atribuíram-lhe o mérito de uma sacralização inédita dos valores políticos o sociais. É verdade que o nó "moderno, leigo e liberal" então amarrado entre "os direitos, a liberdade e a pátria" não mais se desfez depois, criando assim "uma nova legitimidade e um patrimônio a partir de então intocável". Nesse sentido, para os republicanos que continuam a se felicitar por isso, a Revolução Francesa foi realmente "um começo dos tempos". Lynn Hunt acreditou poder ler na geografia política das eleições da Primeira República um sinal precursor de nossas futuras divisões. Sua cartografia parece menos demonstrativa, a esse respeito, do que aquela fundada sobre as reações à Constituição Civil do clero. Essa historiadora pisa em terreno mais sólido quando constata a emergência, durante a Revolução, de uma nova classe política de contornos sociológicos facilmente discerníveis. Esses comerciantes e artesãos encarnaram uma democratização da vida pública que foi brutalmente interrompida pelo Brumário, mas que antecipou a evolução do século XIX até Gambetta. Lynn Hunt vê nessa ascensão cultural da pequena e média burguesia urbana a prova da modernização trazida pela Revolução. Graças a ela e ao novo tipo de poder mais igualitário que criara, a França começou seu aprendizado da República.[8]

Do mesmo modo, temos dificuldade em deixar de vivê-la enquanto contemporâneos. Por volta de 1968, a figura de Marat competia com a de Sade no panteão imaginário dos intelectuais revolucionários. Alain Jouffroy ensinou cedo aos seus leitores que "a idéia da Revolução é a melhor e mais eficaz salvaguarda do indivíduo". Claude Roy, um pouco antes, polemizara com Jean Massin sobre a melhor maneira de se festejar o incomparável Marat, protótipo do esquerdista em moda. Ariane Minouchkine impôs, na Cartoucherie de Vincennes, uma visão teatral da Revolução inspirada pela mitologia de Michelet e dominada, igualmente, pelo profetismo popular atribuído a Marat. Mesmo um historiador tão lúcido como Michel Pertué, quando reapresenta a composição da Convenção, não resiste ao prazer de lê-la, por desejo de racionalidade, como a de qualquer Assembléia de hoje: da extrema direita reacionária à extrema esquerda exagerada, passando pela centro-direita conservadora e a centro-esquerda democrática, composta de oportunistas e radicais, todo nosso arco-íris político é utilizado. Acreditava-se nisso. Para muitos, desde 1789, continuamos na mesma história.[9]

As revoluções contemporâneas derivam da de 1789?

John Pocock, a quem não se poderiam atribuir excessivas simpatias pela Revolução Francesa, observa a extensão de sua fecundidade. Ela criou, em muitos, uma nova concepção da história do mundo. A cultura política veio freqüentemente a se definir em relação a ela, como se vê pelo exemplo das revoluções dos séculos XIX e XX. A extensão da dívida destas para com a de 1789 provém do fato de que ela inventou o conceito de revolução, transformação política voluntária e ao mesmo tempo total. Houve a partir de então revolucionários decididos a fomentar tais transformações. Eles serviram-se com sucesso da ideologia nacionalista, associada a uma Revolução que foi a da pátria em armas. Essa curiosa metamorfose das Luzes foi menos claramente teorizada do que vivida, de maneira anônima, por toda uma coletividade. É inútil perguntar-se se o nacionalismo, nascido da revolução conquistadora, corresponde realmente à mentalidade de seus atores. Ele resultou em primeiro lugar dos seus atos, que transmitiram uma lição aos seus sucessores. A idéia de nação era nova para a França em 1789. Depois, por seu estímulo, correu mundo, da Europa sacudida por seus exércitos à América Latina, antes de se espalhar pelos Estados nascidos da descolonização. Essa criação da cultura política revolucionária é, hoje, um elemento essencial do prestígio francês. Foi também a Revolução que criou os modernos conceitos de terror político e de partidos de vanguarda. Ela permitiu o desenvolvimento do pensamento conservador, e que o socialismo começasse a ser elaborado. A consciência da história e da ordem social não seriam mais, depois de 1799, como antes de 1789. Maremoto ideológico, a Revolução Francesa foi, em relação a isso, a matriz do mundo contemporâneo. Nesse domínio, sua influência se revelaria muito mais importante que suas criações imediatas.[1]

Ela alimentou de forma decisiva os filósofos alemães do início do século XIX, e não foi alheia, mesmo que por reação, ao lado da tradição romântica, à ascensão do nacionalismo germânico. Executaram-se em 1794 jacobinos húngaros, enquanto os da Polônia, dirigidos contra o exército russo, sonhavam com uma internacional revolucionária dos democratas europeus. A historiografia da Revolução Francesa foi, na primeira metade do século XIX, um bem comum de todos os intelectuais do continente; eles ali encontravam com o que se preparar para repeti-la enquanto se separavam entre liberais, presos em 1789, e radicais, que não rejeitavam o exemplo de 1793. O jovem húngaro Jozsef Irinyi assim afirmava, em 1846: "A Revolução iniciada em 1789 ainda não terminou." Seu compatriota Vasvari escreveria dois anos depois que "a árvore da liberdade deve ser regada de sangue". Como Petöfi, admirador de Robespierre e de sua Revolução, novo Evangelho do mundo e Bíblia da humanidade, encontrou a morte num combate desesperado, ao qual fora impelido pela obrigação moral nascida de sua adesão à ideologia inventada em 1789. Esses heróis tiveram imitadores em 1956, quando da revolta de Budapeste contra a ordem stalinista e soviética.[2]

De todos os países europeus, a Itália foi o que a Revolução Francesa transformou mais profundamente. Seu movimento de unidade nacional em meados do século XIX deve muito às experiências acumuladas, com esse contato, desde 1796. A cultura italiana pós-revolucionária, sem dúvida, continuou sendo herdeira da tradição reformadora das Luzes. Mas os democratas italianos reivindicavam ainda mais maciçamente o exemplo de 1789. Mazzini, entre eles, foi particularmente significativo, de vez que passou, no início da década de 1830, da justificação do Terror *montagnard* ao ódio a este: a imitação de 1793 seria fatal para os interesses do Partido Republicano e da Revolução Italiana. Seus animadores, no entanto, puseram-se constantemente à sombra da francesa. A auréola mítica desta iluminou também, por volta de 1870, os primórdios do movimento socialista italiano, mais sensível que o último Mazzini aos benefícios do Terror.[3]

Os autores menos favoráveis à Revolução Francesa têm observado o prestígio que lhe valeu, no exterior, a sacralização de sua legenda. Nesse ponto ela contribuiu muito mais para a glória da França do que as lembraças do Ancien Régime, pois é considerada uma etapa decisiva da história da humanidade e o momento e o lugar onde as diversas nações do mundo começaram a aprender a lição da liberdade. Essa alegoria espalhou-se por toda a América Latina, onde inúmeras repúblicas foram criadas, no início do século XIX, segundo a escola francesa. Esse movimento iria repetir-se, em nossa época, quando da descolonização. Para compreendê-lo, basta ter assistido, na África Negra, a uma de suas inúmeras revoluções, ocorrida, naturalmente, numa noite de 4 de agosto; o poder a ser conquistado situa-se ali dentro de um Comitê de Salvação Pública, e os novos dirigentes exortam a que se desconfie dos inimigos internos e externos, a vencer ou morrer pela pátria e a formar, febrilmente, os comitês de defesa da Revolução. Um Hexágono cansado não pode mais estar em uníssono com essas paixões tropicais, e há muito tempo que a lembrança de 1789 está mais viva no México e em Brazzaville do que em Paris.[4]

A fortuna histórica do marxismo também explica esse deslocamento. Seus fundadores sempre atribuíram importância fundamental à Revolução Francesa, desde os escritos do jovem Marx até os de Lenin, criador ou inspirador, ainda hoje, de inúmeros Estados que reivindicam, em parte, a experiência antecipadora de 1793. O ano de 1789 representa realmente uma origem do marxismo, visto que, como o lembrou Hans-Peter Jaeck, essa data forneceu-lhe a base de uma periodicização da história mundial onde a feudalidade e o Ancien Régime se opõem à ascensão de burguesia; esta só teria sido possível, segundo Marx e Engels, graças à "comunidade de interesse revolucionário dentro do terceiro estado". De maneira mais profunda, Ferenc Fehér acaba de mostrar que a Revolução Francesa fornece o modelo da concepção marxista da política. Observaremos aliás que, nesses dois pontos, o pensamento de Marx não tem uma verdadeira originalidade, já que se reencontra com o de Guizot ou de Thiers. Mas os fundadores do marxismo ligaram-se com perspicácia à dupla característica da Revolução de 1789, ato fundador da democracia e, ao mesmo tempo, primeiro espelho de suas contradições. O socialismo, como diria Jaurès, foi concebido em primeiro lugar para resolvê-las, e portanto para concluir a herança da Revolução Francesa.[5]

Foi essa, entre outras, a ambição de Lenin, apaixonado incessantemente pelo período da dominação jacobina. Antes de terminar sua vida como leitor de Marat, ele aceitara a comparação feita por seus adversários mencheviques, em 1904, entre sua luta e a que opusera girondinos e *montagnards*. Os bolcheviques seriam, por sua vez, em face do oportunismo, os organizadores conscientes da Revolução. Seus agitadores, na Rússia do início deste século, liam seu conflito através da história da Convenção. A visão que tinham da ditadura era a de Robespierre e de Saint-Just, e sua principal aspiração visava imitar o vasto movimento de 1789. Em 1905, Lenin evocou com volúpia as perspectivas de um Terror e de várias "Vendéias". Reclamava abertamente, diante de uma contra-revolução, a psicologia e a política jacobinas. Elas pareciam-lhe autorizar e justificar o emprego da "violência revolucionária". Em 1917, comparou sua ação ao exemplo jacobino "de revolução democrática e resposta à coalização dos monarcas contra a República". Elogiou a implacabilidade da Convenção, em seu grande período, e observou que essa lembrança, ódio aos burgueses e medo dos pequenos-burgueses, continuava sendo cara aos oprimidos, pois lhes trazia a esperança de um poder popular. Essa concepção da história deslocava a tônica para uma hipotética hegemonia das massas sob o ano II. Após ter servido à ação comunista, ela dominou por muito tempo uma historiografia que se recusava, com Georges Lefebvre, a pensar na ditadura terrorista da Montagne como um empreendimento do movimento plebeu. Victor Daline observou o tom robespierrista do Lenin de 1917, que queria suprimir "dos capitalistas todo o seu pão e todas as suas botas", esperando ao mesmo tempo não ser obrigado a guilhotinar pessoas desarmadas. Ele também logo justificaria seu próprio Terror com o peso das circunstâncias. Toda a história do bolchevismo no poder foi escrita à sombra da Convenção, e 1793 continuou sendo para ele uma referência essencial. Lenin terminou sua carreira refletindo, como seus futuros sucessores, sobre as possibilidades de um Termidor soviético. Essa obsessão reaproximou uma vez mais a Rússia do século XX da França do XVIII. Lenin fez repetidas alusões a isso em seus discursos públicos e em suas notas particulares. Ele via 1921 arriscar-se a repetir 1794, mas acreditava poder assegurar-se pensando no apoio popular do qual, achava, seu governo dispunha.[6]

As revoluções comunistas posteriores, de Pequim a Havana, não escaparam a essa mitologia. E o podem tanto menos quanto sua dívida para com o leninismo é imensa e lêem a história do mundo contemporâneo através do seu prisma deformante. Talvez ele não estivesse errado ao colocar a Revolução Francesa no centro do estudo comparado das revoluções, visto que sua imagem permanece no cerne dos movimentos sociais e ideológicos dos séculos XIX e XX. Podemos explicar isso como Theda Skocpol, com o conceito de moderdernização, tendo a revolução então, como vantagem, a mobilização política das massas a serviço do progresso econômico. Mas não parece que esse esquema, válido para a maioria das revoluções dos séculos XX, possa aplicar-se à de 1789. Ela serviu-lhes antes, como a toda a história contemporânea, de educadora política. Sua importância não se limitou apenas à criação das classes sócio-econômicas da burguesia do proletariado, inexistentes, nesse sentido, antes dela. Vinha também de sua surpreendente criatividade que a fizera experimentar, em dez anos, quase todas as formas possíveis do poder moderno: monarquia constitucional, república censitária, democrática e oligárquica, ditadura popular, democracia municipal direta, ditadura militar, etc. O mundo estupefato viu surgirem em pouco tempo na cena política francesa essas diversas concepções da dominação. Laboratório de incrível fecundidade, a Revolução legou ao futuro, nesse aspecto, todos os seus jogos e regras, após ter criado, para cada um deles, um modelo imperecível.[7]

Os países anglo-saxões são praticamente os únicos que se mantiveram a salvo dessa criatividade e de sua influência, na medida em que dispunham de uma tradição liberal que lhes era própria e se revelou, na prática, de exportação muito difícil. A França dissociou-se igualmente deles, nesse momento, com seu desdém pelas formas econômicas da modernidade. Preferiu a revolução política à industrial, acabou depressa por divinizar o Estado e conservou os mitos rurais de uma sociedade tradicional, da qual lhe falavam, ao mesmo tempo, a herança do Ancien Régime e as lições das repúblicas antigas. Deteve-se da Revolução Francesa, sobretudo, por todo o mundo, sua insistência no ódio de classes e no confronto dos partidos, seu gosto pela radicalização ideológica e pelas situações extremas, através do tumulto da guerra civil e externa. Acreditou-se muitas vezes a partir de então que as nações e os regimes se formavam e se desfaziam necessariamente nesse molde. A grandeza da Revolução, e sem dúvida também sua maldição, foi inventar a política moderna.[8]

Conclusão

Tocqueville e Taine viram corretamente na centralização napoleônica o principal resultado da Revolução. Essa conclusão de um processo milenar criou uma classe dirigente politicamente emasculada e ainda menos favorável ao desenvolvimento econômico do que a nobreza do Ancien Régime. As bases fiscais e jurídicas dessa dominação dos notáveis iam prolongar-se até o início do século XX. Ela constituiu um revés inegável em relação aos principais ideais da época pré-revolucionária. Inúmeros franceses esclarecidos haviam então esperado substituir o despotismo real por uma Constituição inspirada no espírito das Luzes. A oposição de uma parte da aristocracia a aspectos fundamentais desse sistema conferiu porte revolucionário aos acontecimentos de 1789. Eles não se desenvolveram de modo algum numa atmosfera de unanimidade, e afetaram sobretudo as cidades e sua população burguesa e artesã. Mesmo nesse meio, a participação no movimento revolucionário restringiu-se apenas à uma estreita minoria militante. Devem-se associar a esse fato as violências pelas quais ela foi responsável.

Ela beneficiou-se de um apoio ainda menor nos campos e, de maneira geral, deixou muito indiferentes os franceses que não dispunham de propriedade. A maioria dos rurais, os pobres e marginais continuaram na expectativa e indiferentes, até que as dificuldades religiosas os transformassem muitas vezes em decididos opositores. Sua resistência e a repressão que esta provocou acabaram de transtornar e enfraquecer a economia nacional. Um terço dos departamentos sofre, durante esse período, fenômenos de desindustrialização, enquanto o progresso urbano via-se paralisado. Logo depois da Revolução, os franceses estavam, no todo, mais pobres que antes, e o atraso do país em relação à Inglaterra aumentara. O Terror, que se desenvolveu no âmbito de uma guerra estrangeira, teve conseqüências ainda mais graves. A atribuição de todas as dificuldades governamentais aos inimigos internos criou um círculo vicioso onde a recusa aos sacrifícios exigidos reforçava ao mesmo tempo os elementos hostis à Revolução e o esforço empreendido para liquidá-los. A própria ditadura terrorista não chegou a realizar todo o seu programa. Dividida em suas próprias metas, desenvolveu em torno de si sobretudo o medo e o ódio. Após o Termidor, o esboroamento dos revolucionários e sua separação da nação só fizeram ampliar-se. A França, nessas condições, deixou praticamente de ser governada em inúmeras regiões.

Esse fracasso das instituições representativas explica a volta, ao final do Diretório, de um regime autoritário. O essencial para a súcia dirigente instalada no poder pela Revolução era não conceder à opinião pública um papel político decisivo. Seu alinhamento a Bonaparte, garantia da forma de acerto externo que ela desejava, resultou desse sentimento. O novo Estado revelou-se o único capaz, pela Concordata, de acabar com as desordens endêmicas causadas pela questão religiosa desde cerca de dez anos. Nesse sentido, foram o peso do campesinato tradicional e as concessões que lhe seriam feitas que conduziram a França ao sistema napoleônico. Inúmeros ideais adotados em 1789 viram-se por isso abandonados ou apequenados. A falência parcial da Revolução prendeu-se, pois, ao fato de ela só muito ligeiramente ter sido um movimento popular, e ter enfrentado, ao contrário, cada vez mais, a aversão das massas.[1]

Essa avaliação de Donald Sutherland lembra a importância, na origem do desenvolvimento da Revolução, das oposições que ela encontrou. Não foram simples, como recordou, em 1985, o colóquio de Rennes, e é preciso escrever no plural a história da contra-revolução como a da Revolução. A essência delas, à semelhança do país que as abrigou, foi a diversidade. Norman Hampson perguntou-se mesmo, com um humor todo britânico, se a imensidão do número dos contra-revolucionários, entre os quais figuravam muitos ex-partidários da Revolução, não retirou toda a validade da sua reunião sob uma única denominação. Longe de constituir um bloco, a Revolução foi derrotada de maneira muito diferente pelos grupos e pelos indivíduos. A opinião da maioria dos camponeses nada tinha a ver com a dos deputados, dos outros políticos ou dos citadinos esclarecidos. Os homens de negócios eram, no todo, pouco favoráveis a uma Revolução supostamente capitalista, tal como as pessoas do povo a uma Revolução supostamente popular. Quanto aos indivíduos, presos a uma engrenagem por vezes absurda, suas escolhas freqüentemente eram ditadas pelo acaso dos tempos e lugares. A unidade do movimento revolucionário e a do seu contrário são mitos. O que os alimentou, desenvolveu ou empobreceu dependeu de uma luta de morte pelo poder, transfigurada por seus atores numa oposição entre o Bem e o Mal. Não cabe aos historiadores repetir essa ilusão dos contemporâneos nem simplificar uma situação que foi das mais complexas. A perturbação dos hábitos ou dos interesses, como as decepções progressivas e sucessivas, mostrou-se cada dia mais pesada sobre o desenrolar da Revolução. Proclamada ou esperada por aqueles que a desencadearam como um apocalipse, ela teve, sobretudo para a maioria das pessoas que a viveram, a triste banalidade da existência.[2]

O principal mérito da pesquisa sobre a Revolução feita recentemente por historiadores anglo-saxões consiste em tê-la captado, ao mesmo tempo, em sua continuidade com o Ancien Régime e em sua irredutível diversidade. As forças econômicas tradicionais, os antagonismos sociais, familiares, locais e pessoais não desapareceram como por encanto em 1789. Prolongaram-se, com as mentalidades que criaram ou que as explicam, até em pleno século XIX. A Revolução não caracteriza, nesse aspecto, qualquer corte numa longa duração histórica que liga sem ruptura, *do ponto de vista das massas,* a França de Luís XIV à de 1848. Esquece-se isso pelo excesso de atenção aos jogos superficiais da política. Mas a Revolução não mudou a sorte das mulheres, nem a dos pobres, nem a das crianças. Abalou muito pouco as hierarquias e os equilíbrios fundamentais. Viu-se que quase não atingiu os lazeres e crenças populares, que resistiam às suas incitações. Yves-Marie Bercé pôde comparar os levantes dos camponeses do século XVII com o dos camponeses aquitânios do período revolucionário. A abolição dos direitos senhoriais deu espaço às mesmas ambigüidades que os perdões dos impostos outrora concedidos pelo rei. Os movimentos que se seguiram, "por seus motivos, seus modos de tomada de armas e de propagação", aparentavam-se diretamente ao velho mito do imposto perdoado e às revoltas que provocava. A contestação posterior, antifiscal ou frumentária, representou também uma sobrevivência do Ancien Régime. No topo do Estado, Bonaparte, que colocou na direção de suas finanças ex-colaboradores de Calonne e Brienne, chamou para governar a França a seu lado, com Lebrun, o antigo braço direito de Maupeou: além do parêntese revolucionário, o novo despotismo estendia a mão ao antigo.[3]

A Revolução foi surpreendentemente variada segundo as regiões, que lhe refrataram o choque com sua estrutura e seus hábitos próprios. Muitas vezes se apagou esse fato, atentatório ao mito da unidade, pela excessiva atenção ao que se passava em Paris ou dentro das Assembléias. Para a distante França das ilhas, por exemplo, o problema da escravatura estava longe de ser o mais importante. A Constituinte, que proclamou os direitos do homem, evitou completamente tocar nessa base do comércio colonial. Seguiu-se, em 1791, uma formidável insurreição, que culminou, 12 anos depois, na criação da República do Haiti. O resto das Antilhas Francesas levaria muito tempo para poder usufruir dos princípios de 1789. Também na Reunião se conheceu, depois do tempo das esperanças, o das decepções e do desencanto. Os *sans-culottes,* no entanto, haviam ocupado o poder durante um ano a partir da primavera de 1789. Mas se tratava de proprietários de escravos. O período revolucionário acabou, também aí, no desastre econômico, nas tensões sociais e nas divisões políticas. Ao entusiasmo dos primórdios sucedera uma triste agonia, em meio à "indiferença geral". A Córsega, mais recentemente anexada à França, beneficiara-se, no final do Ancien Régime, de uma interessante experiência de despotismo esclarecido que se preocupou em restabelecer ali a ordem e favorecer o desenvolvimento. Esse pragmatismo burocrático, vigorosamente inimigo do privilégio, representava um trabalho original de regeneração. Talvez tenha sido por isso que o sentimento revolucionário, na Córsega, não se pareceu com o da França. Foi ainda mais marcado que nesta pelo espírito de partido, tradução de uma mentalidade de clã. Os chefes políticos corsos utilizaram redes de influência familiar e violaram impunemente os direitos dos cidadãos. Transformaram as eleições de que participavam em farsas indignas e praticaram alegremente o sistema de espólios para a satisfação de parentes e amigos, pois, para o povo corso, "a parte de ligação pessoal com o chefe" era muito mais importante "que as motivações gerais e de caráter público". Esse fenômeno surgiu com força particular na vida das comunidades locais na época da Revolução. A eleição ali conduziu muitas vezes a uma luta armada ou a um sórdido tráfico, e os abusos de poder formavam legião. As autoridades administrativas só puderam mostrar confusão diante de tal situação que as rivalidades desencadeavam. As oposições religiosas e políticas e as existentes entre citadinos e aldeões aderiram a esses confrontos.[4]

Mais de uma região francesa, entre 1789 e 1799, se assemelhou nesse aspecto à Córsega. A Revolução ali foi vivida antes de mais nada como a porta aberta a uma multidão de pequenas guerras civis. O recurso final ao autoritarismo e à centralização decorreu dessa tendência a uma fragmentação generalizada. Grande parte da França do Sul e quase toda a do Oeste sofrenam-na visivelmente. O belo livro de Jean-Clément Martin dedicado à tragédia vendeana mostrou o caráter exemplar de uma revolta regional ligada às contradições sociais e ideológicas da Revolução e à sua tendência a resolvê-las pela repressão. Uma lógica da destruição não generalizou, sem dúvida, por toda parte, como aqui, os amargos frutos do Terror. Mas uma República minoritária deixou freqüentemente como lembrança de sua resistência aos inimigos a consciência de um desastre. Ao lado dos massacres inúteis, a extensão das devastações e das ruínas comprova a gravidade desse traumatismo. Inferior em outras partes, ele marcou a Provença, Lyon, inúmeras zonas do Languedoc e a Bretanha. O Bassin Parisiense e o Noroeste foram mais afetados por uma catástrofe alimentar que lembrava os piores momentos do reinado de Luís XIV. No todo, nenhuma região escapou aos desastres gerados pela inflação, pela perseguição religiosa ou política e pelos acertos de contas, ou aos distúrbios provocados pela recusa ao alistamento, pelo banditismo e pela insegurança. A mitologia e a lenda associaram a Revolução Francesa às imagens de festa, glória e felicidade. Na realidade, e notadamente para os mais humildes, ela apresentou sobretudo a face da infelicidade, com seu cortejo de cicatrizes materiais e morais. Não mais que a "antiga canção", a quem pretendia suceder, conseguiu atenuar o peso da "miséria humana". No máximo chegou apenas a embalá-la com sonhos heróicos e promessas longínquas.[5]

Esses desejos e promessas foram muitas vezes realizados em seguida. Existe uma verdade da Revolução Francesa que supera a reconstituição mais ou menos decepcionante de suas peripécias. Nossas sociedades contemporâneas devem-lhe o princípio da igualdade civil, da soberania nacional, das liberdades públicas e da laicização do Estado. Ao lado do socialismo autoritário, a democracia liberal e o socialismo democrático são herdeiros diretos de 1789 e 1792. Na França, por exemplo, todos os partidos políticos, inclusive à direita, reivindicam essa filiação, que culminou em nossa República Constitucional.

Seu sucesso engendrou uma visão mítica de suas origens, que se misturou ao culto novo, leigo e unitário, do Estado nacional. De Thiers a Soboul, passando por Michelet ou Furet e Richet, a tendência historiográfica dominante está ligada aos debates das tribunas parisienses e ao desenvolvimento das forças revolucionárias. Ela prestou pouca atenção ao silêncio das reticências, à diversidade das regiões, dos meios e das culturas, ao peso das tradições populares.

Há uns 20 anos, em particular entre os autores anglo-saxões, impôs-se uma nova visão do passado, mais fiel às contradições individuais, sociais ou ideológicas, menos fascinada pelos mecanismos próprios à evolução política geral. Tentei expô-la. Parece-me corresponder a inúmeras exigências de nosso tempo, menos admirador da centralização e de suas virtudes, ou da lenda heróica dos gigantes do ano II, do que seus antecessores. Essa revisão, que barra a repetição dos antigos esquemas, não autoriza os exageros de seus adversários habituais. Nada retira da excepcional fecundidade de um acontecimento mais importante por suas conseqüências distantes do que por suas realizações imediatas. Nossa vida pública continua a depender dos princípios instaurados por ele, e que as gerações posteriores desenvolveram. Nesse sentido, quer se goste ou não, e o que quer que se diga sobre isso, a Revolução Francesa situa-se em nossas origens.

É por isso que os franceses de hoje lhe agradecem por haver existido, apesar de seus erros e insuficiências. Sabem que lhe devem a origem jurídica das formas de sua vida democrática. A revisão crítica da história da Revolução inspira-se em valores que ela partilhava (preocupação com os humilhados e ofendidos, direito das pessoas e das consciências, respeito pelas diferenças), mas que não pôde pôr em prática, deixando essa incumbência aos seus herdeiros. É em seu nome que se reabilitam as legítimas oposições (religiosas, regionais e sociais) que ela encontrou. Embora Jaurès fosse incapaz de compreendê-las, isso não é motivo para retomar a interpretação caricatual, porque parcial, de Taine e seus êmulos. Limitar o alcance histórico da Revolução Francesa à sua deriva terrorista e burocrática constitui, qualquer que seja o preconceito que o cause, um erro de julgamento.

Um erro que provém do esquecimento da verdade expressa por Bolívar quando dizia: "Para compreender as revoluções e os que delas participam, deve-se ao mesmo tempo observá-los de muito perto e julgá-los de muito longe." [6]

Cronologia

1. As origens da Revolução

1748

Montesquieu: *O espírito das leis*. Crise dos cereais. Tratado de Aix-la-Chapelle.

1749

Buffon: *Théorie de la Terre*. Editais de Machault d'Arnouville instituindo o imposto do vigésimo sobre todas as rendas.

1750

Rousseau: *Si le rétablissement des sciences et des arts a contribué à épurer les mœurs*. Voltaire em Potsdam, junto a Frederico II. "Guerra do imposto": os privilegiados contra Machault.

1751

Publicação dos dois primeiros tomos da *Enciclopédia*. Fundação do *Journal Économique*. Edital suspendendo a cobrança do vigésimo ao clero.

1752

Caso dos "bilhetes de confissão".

1753

"Grandes Advertências", exílio e depois revogação do parlamento sobre esse caso.

1754

Rousseau: *Discours sur l'origine et les fondements de l'inégalité parmí les hommes.* Machault d'Arnouville deixa o Controle Geral das Finanças.

1755

Morte de Montesquieu. Rompimento diplomático franco–inglês.

1756

Edital criando um novo vigésimo. Agitação parlamentar. Início da Guerra dos Sete Anos.

1757

Atentado de Damiens contra Luís XV. Desgraça de Machault d'Arnouville.

1758

Quesnay: *Tableau économique.* Choiseul, Secretário de Estado para Relações Exteriores.

1759

Voltaire: *Cândido ou o Otimismo.* Capitulação de Quebec.

1760

Voltaire estabelece–se em Ferney. Capitulação de Montreal

1761

Rousseau: *Julie ou a Nova Heloísa.* Mandato concedendo "estímulos aos que desbravem terras". Turgot, intendente em Limousin. Capitulação de Pondichéry.

1762

Rousseau: *Contrato social e princípios do direito político; Émile ou Sobre a educação.* O parlamento declara os estatutos da Companhia de Jesus contrários à ordem pública e proíbe os jesuítas de ensinar. Abolição dos direitos feudais na Savóia.

1763

Voltaire: *Tratado sobre a tolerância.* Decreto sobre a liberdade de circulação interna de cereais. Fundação da *Gazeta do Comércio.* Tratado de Paris pondo fim à Guerra dos Sete anos. A França conserva apenas os destroços do seu primeiro império colonial.

1764

Voltaire: *Dicionário filosófico.* Supressão dos jesuítas.

1765

Fundação das *Efemérides do cidadão.* Distúrbios na Bretanha: demissão do Parlamento de Rennes.

1766

Turgot: *Reflexions sur la formation et la distribution des richesses.* Nova declaração real encorajando os arroteamentos. Anexação da Lorena à França. Conflito da monarquia e do Parlamento de Paris a respeito dos assuntos da Bretanha. Viagem de Bougainville pelos mares do Sul.

1767

D'Holbach: *O cristianismo revelado,* Le Mercier de La Rivière: *A ordem natural e essencial das sociedades políticas.*

1768

Quesnay: *Physiocratie e Constitution naturelle du gouvernement le plus avantageux au genre humain.* Maupeou, chanceler. A França adquire a Córsega.

1769

Diderot: *O sonho de d'Alembert.* Supressão do privilégio da Companhia Francesa das Índias. O abade Terray, controlador geral das Finanças.

1770

D'Holbach: *Système de la nature; Essai sur les préjugés.* Raynal: *Histoire philosophique et politique des établissements et du commerce des Européens dans les deux Indes.* Abade Galiani: *Dialoques sur le commerce des blés.* Crise econômica que atinge a maior parte da França. Casamento do delfim com Maria Antonieta.

1771

Lavoisier analisa a composição do ar. Monge inventa a geometria analítica. O abade Terray proíbe a exportação de cereais. Reforma judiciária de Maupeou e supressão dos parlamentos. Viagem de Kerguélen pelos mares do Sul. Abolição da servidão na Savóia.

1772

Conclusão da publicação da *Enciclopédia.*

1773

Diderot na Rússia. Formação do Grande-Oriente da França. O papa dissolve a ordem dos jesuítas.

1774

Morte de Luís XV. Ascensão de Luís XVI. Vergennes, secretário de Estado de Relações Exteriores. Turgot, controlador geral das Finanças. Restabelecimento dos parlamentos. Livre circulação interna de cereais.

1775

Estabilização da alta de longa duração dos preços agrícolas. "Guerra das Farinhas".

1776

Adam Smith: *A riqueza das nações*. Construção das primeiras linhas ferroviárias na França. Jouffroy faz navegar um barco a motor no Doubs. Supressão e depois restabelecimento das corporações após a desgraça de Turgot. Franklin em Paris.

1777

Crise geral do vinhedo francês. Necker, diretor-geral das Finanças. La Fayette na América.

1778

Morte de Voltaire e de Rousseau. Criação da Caixa de Desconto de Paris e de uma Assembléia Provincial em Berry. Tratado de Aliança Franco-Americana e início das hostilidades franco-inglesas.

1779

Gluck: *Iphigénie*. Abolição da servidão nos domínios reais. Aliança franco-espanhola.

1780

Abolição da tortura. Rochambeau na América.

1781

Plublicação das *Confissões* de Rousseau. Fundação da usina de Creusot. *Compte Rendu* ao rei de Necker, que pede demissão a 19 de maio. Edital exigindo, para ser oficial, a produção de quatro quartos de nobreza.

1782

Choderlos de Laclos: *Ligações perigosas.* Suffren nas Índias.

1783

Primeira apresentação de *Bodas de Fígaro,* de Beaumarchais. David: *Andrômaco.* Calonne, controlador geral das Finanças. Tratado de Versalhes, reconhecendo a independência dos Estados Unidos da América.

1784

Bernardin de Saint-Pierre: *Études de la nature.* Morte de Diderot. David: *O sermão dos Horácios.* Ledoux realiza a construção das barreiras de Paris.

1785

Necker: *Sobre a administração das finanças da França.* Cagliostro em Paris. Caso do "colar da rainha". Crise forrageira generalizada na França. Primeira fundição a coque em Creusot. Calonne recria a Companhia das Índias. Viagem de La Pérouse.

1786

Condorcet: *A vida de Turgot.* Tratado de comércio franco-inglês. Projeto de reforma financeira de Calonne.

2. O desenrolar da Revolução

1787

22 de fevereiro: Reunião da Assembléia dos Notáveis.
8 de abril: Demissão de Calonne, substituído por Loménie de Brienne.
12 de maio: Dissolução da Assembléia dos Notáveis.
Novembro: Edital concedendo o estado civil aos protestantes.

1788

8 de maio: Reforma judiciária de Lamoignon.
7 de junho: Levante popular em Grenoble a favor da oposição parlamentar.
21 de julho: Os três estados do Delfinado exigem reformas nacionais e liberdades provinciais.
8 de agosto: Convocação dos Estados Gerais para 1.° de maio de 1789.
25 de agosto: Reconvocação de Necker para o Controle Geral das Finanças.
23 de setembro: O Parlamento, reconvocado, exige a convocação dos estados nos moldes de 1614.
27 de dezembro: Luís XVI autoriza a duplicação do terceiro estado.

1789

24 de janeiro: Carta de convocação e regulamento eleitoral para os estados gerais.
Março: Revoltas agrárias na Provença, na Picardia e no Cambrésis.
27 de abril: Levante no subúrbio de Saint-Antoine.
5 de maio: Sessão de abertura dos estados gerais em Versalhes.
6 de maio: O terceiro estado adota o nome de Assembléia das Comunas e pede a verificação dos poderes em comum.
17 de junho: As comunas proclamam-se Assembléia Nacional.
20 de junho: Juramento do Jeu de Paume.
23 de junho: Sessão real — o terceiro estado recusa-se a se separar.
27 de junho: O rei ordena aos deputados do clero e da nobreza reunirem-se com o terceiro estado.
9 de julho: A Assembléia Nacional proclama-se Constituinte.
11 de julho: Demissão de Necker.
12 de julho: Distúrbios em Paris.
13 de julho: Formação de um comitê permanente e de uma milícia burguesa em Paris.
14 de julho: Tomada da Bastilha.
16 de julho: Reconvocação de Necker.
17 de julho: Luís XVI no Hôtel de Ville de Paris: Bailly apresenta-lhe a roseta tricolor. Emigração do conde de Artois.
Segunda quinzena de julho: Revolta municipal e insurreição camponesa na província.
20 de julho: Início do Grande Medo.
4 de agosto: Abolição dos privilégios e, parcialmente, da feudalidade.
26 de agosto: Voto da Declaração dos Direitos do Homem e do Cidadão.
11 de setembro: Adoção do veto real suspensivo pela Assembléia Constituinte.
1.° de outubro: Banquete dos guardas da corporação e dos oficiais do regimento de Flandres.
5-6 de outubro: Marcha das mulheres parisienses sobre Versalhes — o rei reconduzido a Paris.
12 de outubro: A Assembléia instala-se em Paris.
21 de outubro: Voto da lei marcial.
2 de novembro: Os bens do clero são postos à disposição da nação.
29 de novembro: Federação dos guardas nacionais do Delfinado e do Vivarais.
14 de dezembro: Criação do assinado garantido pelos bens nacionais.

1790

Janeiro: Eleição das novas municipalidades. Quebra-quebra na Bretanha, em Périgord e em Quercy.
Fevereiro: Fundação da primeira sociedade popular.
13 de fevereiro: Proibição dos votos monásticos perpétuos.
15 de março: Decreto sobre o resgate dos direitos feudais pesados sobre a terra.
Abril: Criação do Clube dos Franciscanos.

Maio: Discussão sobre o direito de paz e de guerra. Mirabeau vende seus serviços à corte. Criação da Comissão de Pesos e Medidas.
21 de junho: Avignon pede seu religamento à França.
12 de julho: Voto da Constituição Civil do clero.
14 de julho: Festa da Federação em Paris.
26 de agosto: A Assembléia Constituinte repudia o pacto de família com a Espanha.
27 de agosto: O assinado torna-se papel-moeda.
31 de agosto: Massacre dos soldados suíços revoltados em Nancy.
27 de novembro: A Assembléia Constituinte exige do clero um juramento de fidelidade à Constituição Civil.

1791

2 de março: Supressão das corporações de ofícios.
11 de março: O papa condena a Constituição Civil do clero.
2 de abril: Morte de Mirabeau.
7-15 de maio: Debate sobre os direitos políticos dos negros livres.
11 de junho: Transferência das cinzas de Voltaire para o Panteão.
14 de junho: Aprovação da lei Le Chapelier, proibindo as coalizões e as greves.
20-21-junho: Fuga do rei e sua prisão em Varennes.
6 de julho: Leopoldo II convida os soberanos a conspirar contra a Revolução
15 de julho: A Assembléia Constituinte desculpa o rei.
16 de julho: Fundação do Clube dos Bernardinos.
17 de julho: Fuzilamento no Champs-de-Mars.
27 de agosto: Revisão da lei eleitoral: aumento do censo. Declaração de Pillnitz: Prontidão das forças na França revolucionária.
12 de setembro: Reatamento de Avignon com a França.
14 de setembro: Luís XVI jura fidelidade à Constituição.
30 de setembro: Separação da Assembléia Constituinte.
1.º de outubro: Reunião da Assembléia Legislativa.
16 de outubro: Distúrbios em Avignon, massacre de La Glacière.
9 de novembro: Decreto contra os emigrados.
16 de novembro: Petion eleito prefeito de Paris contra La Fayette.
29 de novembro: Decreto contra os padres refratários.
9 de dezembro: Formação de um ministério bernardino.
12 de dezembro: Primeiro discurso de Robespierre aos jacobinos contra a guerra.
14 de dezembro: Ultimato ao eleitor de Trèves para dispersar os agrupamentos de emigrados

1792

6 de janeiro: O eleitor de Trèves dispersa os emigrados.
23 de janeiro: Distúrbios parisienses por açúcar e café.
Fevereiro-março: Conflitos agrários e taxações sobre os mercados na província.
10 de março: Julgamento de Lessart, ministro das Relações Exteriores.
15 de março: Fundação do ministério girondino.
20 de abril: Declaração de guerra ao "rei da Boêmia e da Hungria".

24 de abril: Rouget de Lisle compõe o "Canto de guerra para o exército do Reno".
29 de abril: Primeiras derrotas nas fronteiras.
27 de maio: Decreto contra os padres refratários.
29 de maio: Dissolução da Guarda Constitucional do rei.
8 de junho: Criação de um campo de 20 mil guardas nacionais sob Paris.
11 de junho: Veto real aos decretos contra os refratários e sobre o campo.
13 de junho: Demissão do ministério girondino.
20 de junho: Manifestação nas Tulherias. O rei mantém seu veto.
11 de julho: A Assembléia Legislativa declara a pátria em perigo.
17 de julho: Em Paris, os federados exigem a suspensão do rei.
20 de julho: Os girondinos negociam secretamente com a corte.
25 de julho: Manifesto de Brunswick ameaçando Paris de subversão total.
3 de agosto: 47 das 48 seções parisienses exigem a queda do rei.
10 de agosto: Tomada das Tulherias pela insurreição e destituição do trono. Convocação de uma Convenção Nacional.
14 de agosto: La Fayette tenta em vão conduzir seu exército a Paris. Emigra no dia 19.
23 de agosto: Capitulação de Longwy.
2 de setembro: Capitulação de Verdun.
2–6 de setembro: Massacre nas prisões parisienses.
20 de setembro: Laicização do estado civil, instituição do divórcio. Separação da Assembléia Legislativa. Reunião da Convenção. Vitória de Valmy.
21 de setembro: Abolição da realeza.
24 de setembro: As tropas francesas entram em Chambéry.
25 de setembro: A República Francesa é declarada una e indivisível.
29 de setembro: As tropas francesas entram em Nice.
1.º de outubro: As tropas francesas entram em Mayence.
6 de novembro: Vitória de Jemmapes. Conquista da Bélgica.
19 de novembro: Organização da guerra de propaganda.
20 de novembro: Descoberta dos papéis secretos do rei nas Tulherias.
22 de novembro: Conflitos rurais em Beauce.
27 de novembro: Anexação da Savóia.
8 de dezembro: Liberação total do comércio de cereais.
11 de dezembro: Início do processo de Luís XVI.
15 de dezembro: Instituição da administração revolucionária nos países conquistados.

1793

14 de janeiro: Deliberação sobre o julgamento de Luís XVI.
21 de janeiro: Execução de Luís XVI.
31 de janeiro: Anexação de Nice.
1.º de fevereiro: Declaração de guerra à Inglaterra e à Holanda.
21 de fevereiro: Amálgama dos regimentos de linha e dos batalhões de voluntários.
24 de fevereiro: Recrutamento de 300 mil homens.
25–26 de fevereiro: Saque das mercearias em Paris.
7 de março: Declaração de guerra à Espanha.

9–10 de março: Tentativa de insurreição em Paris.
10 de março: Instituição do Tribunal Revolucionário. Início da insurreição vendeana.
18 de março: Derrota de Dumouriez em Nerwinden. Evacuação da Bélgica.
21 de março: Criação dos Comitês de Vigilância Revolucionária.
28 de março: Os emigrados castigados pela "morte civil" e banidos por toda a vida.
5 de abril: Criação do Comitê de Salvação Pública. Traição de Dumouriez, que passa para o inimigo.
11 de abril: Circulação forçada do assinado.
4 de maio: Primeiro preço máximo dos grãos e das farinhas taxados por departamento.
29 de maio: Levante antijacobino em Lyon.
31 de maio–2 de junho: Jornadas parisienses. Prisão de 27 deputados girondinos.
7 de junho: Revolta federalista em Calvados e Bordéus.
10 de junho: Decreto sobre a partilha dos bens comuns. Fundação do Museu de História Natural.
24 de junho: Voto de uma nova Declaração dos Direitos e da Constituição de 1793.
25 de junho: Petição de Jacques Roux para a taxação e a pena de morte contra os açambarcadores.
26–28 de junho: Conflitos do sabão em Paris.
10 de julho: Renovação do Comitê de Salvação Pública — Danton eliminado.
13 de julho: Assassinato de Marat.
17 de julho: Abolição definitiva dos direitos feudais.
23 de julho: Capitulação de Mayence.
26 de julho: Pena de morte contra os açambarcadores.
27 de julho: Robespierre entra no Comitê de Salvação Pública.
1.º de agosto: Capitulação de Valenciennes. Decreto instituindo o sistema métrico.
8 de agosto: O exército de Kellermann investe contra Lyon.
23 de agosto: Decreto sobre o recrutamento em massa.
24 de agosto: Decreto instituindo o Grande Livro da dívida pública.
25 de agosto: As tropas da Convenção entram na Marselha em rebelião.
29 de agosto: Toulon entrega-se aos ingleses.
4–5 de setembro: Jornadas populares parisienses. O Terror na ordem do dia.
6–8 de setembro: Vitória de Hondschoote sobre os anglo-holandeses.
11 de setembro: Preço máximo nacional de cereais e farinhas.
17 de setembro: Lei dos suspeitos.
29 de setembro: Teto máximo geral dos preços e dos salários.
5 de outubro: Adoção do calendário republicano.
9 de outubro (18 do Vendemiário do ano II): Capitulação de Lyon. Proibição das mercadorias inglesas.
10 de outubro (19 do Vendemiário do ano II): O governo declara-se "revolucionário até a paz".
16 de outubro (25 do Vindemiário do ano II): Execução de Maria Antonieta. Vitória de Wattignies sobre os austríacos.
31 de outubro (10 do Brumário do ano II): Execução dos girondinos.

Outubro–novembro (Brumário do ano II): Movimento de descristianização.
6 de novembro (16 do Brumário do ano II): As municipalidades passam a poder renunciar ao culto católico.
10 de novembro (20 do Brumário do ano II): Festa da Razão em Notre-Dame de Paris.
13 de novembro (23 do Brumário do ano II): Os vendeanos fracassam em Granville.
17 de novembro (27 do Brumário do ano II): Descoberta do escândalo da Companhia das Índias.
21 de novembro (1.º do Frimário do ano II): Robespierre contra a descristianização.
4 de dezembro (14 do Frimário do ano II): Decreto constitutivo do governo revolucionário.
5 de dezembro: Desmoulins lança a campanha pela indulgência.
8 de dezembro: Robespierre decreta a liberdade de culto.
12 de dezembro: Os vendeanos são esmagados em Mans.
19 de dezembro: Retomada de Toulon. Decreto instituindo a gratuidade e a obrigatoriedade da escola primária.
23 de dezembro (3 do Nivoso do ano II): Derrota dos vendeanos em Savenay.
26 de dezembro: Vitória de Hoche em Geisberg.

1794

4 de fevereiro (16 do Pluvioso do ano II): Abolição da escravatura nas colônias.
26 de fevereiro (8 do Ventoso do ano II): Seqüestro dos bens dos suspeitos.
3 de março (13 do Ventoso do ano II): Os bens servirão para indenizar os "patriotas indigentes".
6 de março: Relatório de Barrère sobre a extinção da mendicância.
7 de março: Prisão de André Chénier.
14 de março: Prisão de Hébert e dos dirigentes franciscanos.
24 de março (4 do Germinal do ano II): Execução dos dantonistas.
30 de março: Prisão dos dantonistas.
5 de abril (16 do Germinal do ano II): Execução dos dantonistas.
14 de abril: Transferência das cinzas de Jean-Jacques Rousseau para o Panteão.
7 de maio (18 do Floreal do ano II): Decreto instituindo o culto do Ser Supremo.
11 de maio: Decreto instituindo o Grande Livro da benfeitoria nacional.
8 de junho (20 do Prairial do ano II): Festa do Ser Supremo.
10 de junho: Lei que reorganiza o Tribunal Revolucionário.
26 de junho (8 do Messidor do ano II): Vitória de Fleurus sobre os austríacos.
8 de julho (20 do Messidor do ano II): Entrada das tropas francesas em Bruxelas.
14 de julho: Primeira execução do "Canto da partida".
23 de julho (5 do Termidor do ano II): Baixa obrigatória dos salários em Paris.
26 de julho: Último discurso de Robespierre.

27 de julho: Robespierristas julgados fora da lei.
28 de julho: Execução dos robespierristas.
24 de agosto (7 do Frutidor do ano II): Reorganização do governo revolucionário.
18 de setembro (segunda festa do calendário republicano do ano II): Supressão do orçamento do culto.
10 de outubro (19 do Vendemiário do ano III): Fundação do Conservatório Nacional de Artes e Ofícios.
30 de outubro (9 do Brumário do ano III): Fundação da Escola Normal Superior.
19 de novembro (29 do Brumário do ano III): Fechamento do Clube dos Jacobinos.
8 de dezembro (18 do Frimário do ano III): Reintegração na Convenção dos deputados protestantes contra o dia 2 de junho de 1793.
24 de dezembro (4 do Nivoso do ano III): Abolição do preço máximo.
27 de dezembro: Os franceses invadem a Holanda.

1795

30 de janeiro (11 do Pluvioso do ano III): Pichegru toma a frota holandesa.
17 de fevereiro (29 do Pluvioso do ano III): Anistia e liberdade de culto concedidas aos vendeanos.
21 de fevereiro (3 do Ventoso do ano III): Confirmação da separação da Igreja e do Estado.
8 de março (18 do Ventoso do ano III): Reconvocação dos deputados girondinos proscritos.
30 de março (10 do Germinal do ano III): Fundação da Escola das Línguas Orientais.
1.º de abril (12 do Germinal do ano III): Tentativa de levante popular em Paris.
6 de abril: Tratado de Bâle entre a França e a Prússia.
16 de maio (27 do Floreal do ano III): Tratado de Haia entre a França e Holanda.
20 de maio (1.º do Prarial do ano III): Levante popular parisiense.
22 de maio: Desarmamento do subúrbio de Saint-Antoine.
21 de junho (3 do Messidor do ano III): Escala móvel de depreciação do assinado.
4 de julho (16 do Messidor do ano III): Inícios dos debates sobre a Constituição do ano III.
15 de julho: Desembarque dos emigrados em Quiberon. Hoche atira-os ao mar.
22 de julho (4 do Termidor do ano III): Tratado de Bâle entre a França e a Espanha.
23 de julho: Votação da Constituição do ano III.
30 de agosto (13 do Frutidor do ano III): Decreto dos dois terços.
5 de outubro (13 do Vindemiário do ano IV): Tentativa de insurreição realista em Paris.
25 de outubro (3 do Brumário do ano IV): Criação das Escolas Centrais e do Instituto Nacional.

26 de outubro: Separação da Convenção.
Novembro: Instalação do Diretório.
7 de novembro (16 do Brumário do ano IV): Abertura do Clube do Panteão.
30 de novembro (9 do Frimário do ano IV): Publicação do "Manifesto dos Plebeus" na *Tribuna do Povo* de Babeuf.

1796

19 de fevereiro (30 do Pluvioso do ano IV): Fim da emissão dos assinados.
Fevereiro–março (Pluvioso–Ventoso do ano IV): Repressão da *chouannerie*.
2 de março (12 do Ventoso do ano IV): Bonaparte general-chefe do exército italiano.
18 de março: Criação do mandato territorial.
10 de maio (21 do Floreal do ano IV): Prisão de Babeuf e seus conjurados.
14 de maio: Entrada dos franceses em Milão.
15 de maio: O rei de Piemonte cede à França a Savóia e Nice.
14–17 de novembro: *(24–27 do Brumário do ano V)*: Batalha de Arcole.
16–29 de dezembro: Tentativa de desembarque de Hoche na Irlanda.
31 de dezembro (11 do Nivoso do ano V): Bonaparte funda a República Cispadana.

1797

14 de janeiro (25 do Nivoso do ano V): Vitória de Bonaparte em Rivoli.
4 de fevereiro (16 do Pluvioso do ano V): Volta à moeda metálica.
19 de fevereiro (1.º do Ventoso do ano V): O papa reconhece a cessão de Avignon à França.
Março–abril (Germinal do ano V): Eleições nos Conselhos, onde a direita monarquista se reforça.
18 de abril (29 do Germinal do ano V): Preliminares de paz de Leoben com a Áustria.
19 de maio (30 do Floreal do ano V): Barthélemy eleito diretor.
26 de maio (7 do Prairial do ano V): Babeuf condenado à morte.
9 de julho (21 do Messidor do ano V): Fundação da República Cisalpina.
24 de agosto (7 do Frutidor do ano V): Abolição das medidas repressivas contra os padres refratários.
4 de setembro (18 do Frutidor do ano V): Golpe de Estado do Diretório contra os Conselhos.
30 de setembro (9 do Vindemiário do ano VI): Bancarrota dos dois terços.
18 de outubro (27 do Vindemiário do ano VI): Tratado de Campoformio com a Áustria.
12 de novembro (22 do Brumário do ano VI): Reorganização da Administração das Contribuições Diretas.
28 de novembro (8 do Frimário do ano VI): Abertura do Congresso de Rastatt para o acerto dos negócios da Alemanha.

1798

18 de janeiro (29 do Nivoso do ano VI): Os navios neutros que transportam mercadorias inglesas são declarados boa captura.

22 de janeiro (3 do Pluvioso do ano VI): Organização da República da Batávia.
28 de janeiro: Reunião de Mulhouse na França.
5 de fevereiro: Organização da República Romana.
8 de fevereiro: Organização da República Helvética.
Abril (Germinal do ano VI): Eleições nos Conselhos — reforço da oposição jacobina.
11 de maio (22 do Floreal do ano VI): Golpe de Estado do Diretório contra os Conselhos.
19 de maio: Partida da expedição do Egito sob o comando de Bonaparte.
23 de julho (5 do Termidor do ano VI): Tomada do Cairo.
1.° de agosto: Destruição da frota francesa por Nelson em Aboukir.
Verão: Formação da segunda coalizão contra a França.
5 de setembro (19 do Frutidor do ano VI): Lei Jourdan instituindo o alistamento militar.
15 de setembro: Ocupação de Turim pelos franceses.
22 de setembro–1.° de outubro (1–10 do Vindemiário do ano VII): Exposição Industrial no Champ-de-Mars.
24 de novembro (4 do Frimário do ano VII): Criação do imposto das portas e janelas.
12 de dezembro: Lei organizando a Administração do Despacho de Bagagens.

1799

25 de março (4 do Pluvioso do ano VII): Fundação da República Partenopeana após a tomada de Nápoles por Championnet.
28 de abril (9 do Floreal do ano VII): Atentado de Rastatt contra os plenipotenciários franceses.
16 de maio (27 do Floreal do ano VII): Eleição de Sieyès para o Diretório.
17–19 de junho (29 do Prairial–1.° do Messidor do ano VII): Macdonald destruído em Trébie pelo exército russo de Suvorov.
18 de junho: Golpe de Estado dos Conselhos contra o Diretório: impulso neojacobino.
28 de junho: Empréstimo forçado sobre os ricos.
6 de julho (18 do Messidor do ano VII): Abertura do clube neojacobino do Manège.
12 de julho: Lei dos resgates.
1.° de agosto (14 do Termidor do ano VII): Revogação das restrições à liberdade de imprensa.
15 de agosto: Joubert derrubado em Novi. Perda da Itália.
22 de agosto (5 do Frutidor do ano VII): Bonaparte abandona seu exército e deixa o Egito.
27 de agosto: Desembarque anglo-russo na Holanda.
25–27 de setembro (3–5 do Vindemiário do ano VIII): Vitória de Masséna em Zurique contra o exército russo de Korsakov.
9 de outubro (17 do Vindemiário do ano VIII): Bonaparte desembarca em Fréjus.
16 de outubro: Chegada de Bonaparte a Paris.
18 de outubro: As tropas anglo-russas evacuam a Holanda.

23 de outubro (1.º do Brumário do ano VIII): Lucien Bonaparte, presidente do Conselho dos Quinhentos.
9 de novembro (18 do Brumário do ano VIII): Os Antigos votam a transferência dos Conselhos para Saint-Cloud.
10 de novembro: Golpe de Estado de Bonaparte, nomeado primeiro cônsul.

3. *A herança imediata da Revolução*

1799

24 de novembro (3 do Frimário do ano VIII): Criação da Administração das Contribuições Diretas.
27 de novembro: Criação da Caixa de Amortização.
24 de dezembro (3 do Nivoso do ano VIII): Aplicação da Constituição do ano VIII.
26 de dezembro: Criação do Conselho de Estado.

1800

13 de fevereiro (24 do Pluvioso do ano VIII): Criação do Banco de França.
17 de fevereiro: Reorganização da administração local.
28 de fevereiro (9 do Ventoso do ano VIII): Plebiscito sobre a Constituição do ano VIII.
3 de março: Encerramento da lista dos emigrados.
18 de março: Reorganização dos tribunais.
14 de junho: Batalha de Marengo.
24 de dezembro (3 do Nivoso do ano IX): Atentado da Rua Saint-Nicaise.
25 de dezembro: Armistício com a Áustria.

1801

5 de janeiro: Os "jacobinos" são deportados sem julgamento.
9 de fevereiro: Tratado de Lunéville com a Áustria.
16 de julho (27 do Messidor do ano IX): Assinatura da Concordata.

1802

24 de janeiro: Bonaparte, presidente da República Italiana.
25 de março: Tratado de Amiens com a Inglaterra.
1.º de abril (11 do Germinal do ano X): Expurgo e reorganização do Tribunato
8 de abril: Votação da Concordata e dos artigos orgânicos.
26 de abril (6 do Floreal do ano X): Anistia aos emigrados.
1.º de maio: Criação dos ginásios.
19 de maio: Criação da Legião de Honra.
2 de agosto (14 do Termidor do ano X): Bonaparte nomeado cônsul vitalício por plebiscito.
4 de agosto: Constituição do ano X.

Setembro: Anexação do Piemonte.
24 de dezembro (3 do Nivoso do ano XI): Criação das Câmaras de Comércio.

1803

19 de fevereiro: Organização da Confederação Helvética.
25 de fevereiro: Reorganização da Alemanha.
28 de março (7 do Germinal do ano XI): Lei fixando o valor do franco.
12 de abril: Proibição das coalizões operárias.
14 de abril: Reorganização do Banco de França.
12 de maio: Rompimento da paz de Amiens.
1.° de dezembro (9 do Frimário do ano XII): Instituição do manual operário.

1804

25 de fevereiro: Criação da Administração dos Direitos Reunidos.
21 de março: Execução do duque de Enghien. Promulgação do Código Civil.
18 de maio (28 do Floreal do ano XII): Instituição do Império.
2 de dezembro: Coroação de Napoleão.

1805

26 de maio: Napoleão, rei da Itália.
4 de junho: Anexação de Gênova.
26 de agosto: Organização definitiva do recrutamento do exército.
Setembro: Início da crise financeira.
13 de novembro: Napoleão ocupa Viena.
2 de dezembro: Batalha de Austerlitz.
27 de dezembro: Napoleão destrona os Bourbons de Nápoles. Conclusão da estrada do Simplon.

1806

10 de maio: Criação da Universidade Imperial.
1.° de agosto: Napoleão anuncia o fim do Santo Império Romano-Germânico.
27 de outubro: Napoleão ocupa Berlim.
27 de novembro: Napoleão ocupa Varsóvia.

1807

7 de julho: Aliança franco-russa.
19 de agosto: Supressão do Tribunato.
11 de setembro: Publicação do Código de Comércio.
13 de novembro: Napoleão destrona a dinastia dos Bragança em Portugal.
30 de novembro: Junot ocupa Lisboa.

1808

2 de fevereiro: Napoleão manda ocupar Roma.
1.° de março: Criação da nobreza imperial.

23 de março: Murat entra em Madri.
24 de março: Expurgo da magistratura.
9 de junho: Primeira conspiração do general Malet.
17 de setembro: Organização da Universidade Imperial.
5 de novembro: Napoleão na Espanha.

1809

10 de abril: A Áustria entra em guerra.
10 de junho: Pio VII excomunga Napoleão.
6 de julho: Batalha de Wagram.
15 de dezembro: Divórcio de Napoleão.

1810

5 de fevereiro: Restabelecimento da censura.
3 de março: Restabelecimento das prisões de Estado.
28 de abril: Reorganização da Administração Judiciária. Publicação do Código Penal.
9 de julho: Anexação da Holanda.

1811

22 de janeiro: Anexação das costas alemãs do mar do Norte.
17 de junho: Abertura do Concílio Nacional de Paris.
15 de novembro: Reforço do monopólio da Universidade.

1812

23 de fevereiro: Napoleão rompe a Concordata.
março: Crise dos alimentos. Agitação em Caen.
8 de maio: Restabelecimento do preço máximo dos grãos.
14 de setembro: Tomada de Moscou.
23 de outubro: Segunda conspiração do general Malet.
26–28 de novembro: Passagem da Berezina.

1813

25 de janeiro: Concordata de Fontainebleau.
16 de março: A Prússia declara guerra a Napoleão.
20–23 de maio: Pânico da Bolsa em Paris.
12 de agosto: A Áustria declara guerra a Napoleão.
8 de outubro: Wellington invade o Sul da França.
2–4 de novembro: Napoleão retira-se para trás do Reno.

1814

21 de março: Os austríacos tomam Lyon.
30 de março: Capitulação de Paris.

2 de abril: O Senado proclama a derrota de Napoleão.
6 de abril: O Senado recorre a Luís XVIII. Abdicação de Napoleão.
30 de maio: Primeiro tratado de Paris.
4 de junho: Publicação da Carta.

1815

1.º de março: Volta da ilha de Elba.
20 de março: Napoleão em Paris.
1.º de junho: Ato adicional às Constituições do Império.
18 de junho: Waterloo.
22 de junho: Segunda abdicação de Napoleão.
3 de julho: Capitulação de Paris.
8 de julho: Luís XVIII chega a Paris.
14–22 de agosto: Eleição da *Chambre introuvable*.* Terror Branco.
26 de setembro: Santa Aliança.
13 de outubro: Execução de Murat.
20 de novembro: Segundo Tratado de Paris.
7 de dezembro: Execução do marechal Ney.

* Como era chamada a Câmara dos deputados ultra-realistas. Criada em outubro de 1815, foi dissolvida em setembro de 1816.

Notas

Abreviações

A.E.S.C.	*Annales (Économie Sociétés Civilisations)*
A.H.R.	*American Historical Review*
A.H.R.F.	*Annales Historiques de la Révolution Française*
B.S.H.M.	*Bulletin de la Société d'Histoire Moderne*
C.H.	*Cahiers d'Histoire*
E.H.R.	*English Historical Review*
E.S.R.	*European Studies Review*
F.H.S.	*French Historical Studies*
J.M.H.	*Journal of Modern History*
P.P.	*Past and Present*
R.H.	*Revue Historique*
R.H.E.F.	*Revue de l'Histoire de l'Église de France*
R.H.M.C.	*Revue d'Histoire Moderne et Contemporaine*
S.S.	*Studi Storici*

Introdução

1. Georges Lefebvre, *La Révolution française,* PUF, 1951.
2. Alice Gerard, *La Révolution française,* Julliard, 1984. *Mythes et interprétations (1789–1790)*, Flammarion, 1970 Segundo Jeremy Popkin, "Recent West German Work on the French Revolution", *J.M.C.*, 1987, pp. 737–50, os historiadores atuais da Alemanha Ocidental insistem na oposição entre Luzes e Revolução, assim como negam o caráter fundamentalmente "burguês" da segunda.
3. Alfred Cobban, *Le Sens de la Révolution française,* Julliard, 1984. George C. Comninel, *Rethinking the French Revolution Marxism and the Revisionist Challenge,* Verso, 1987, acaba de reconhecer, *sob um ponto de vista marxista,* o caráter insustentável da tese clássica que interpreta 1789 como uma revolução burguesa. Atribui esse erro de Marx à demasiada influência exercida

sobre ele pelos historiadores liberais como Mignet ou Guizot. Interessante resumo dessa obra feito por Gwyne Lewis no *Times Literary Supplement* em 11–17 de março de 1988. Sob o título "Incourse of Revision", ele lembra com bom senso que o conjunto das interpretações da Revolução Francesa está subjugado à verificação constante devida à pesquisa de primeira mão. Cf. a esse respeito as observações de Bill Edmonds, "Successes and Excesses of Revisionist Writing about the French Revolution", *European History Quarterly*, 1987, pp. 195–218.

4. William Doyle, *Origins of the French Revolution*, Oxford University Press, 1980.

5. Donald M. G. Sutherland, *France 1790–1815: Revolution and Counterrevolution*, Fontana, 1985; cf. Jacques Godechot, *R.H.*, 1986, pp. 197 ss. Importante contribuição bibliográfica desse tipo de renovação historiográfica em R.J. Caldwell, *The Era of French Revolution*, Garland, 1985. Útil instrumento de trabalho de Jean Tulard, Jean-François Fayard e Alfred Ferrio, *Histoire et Dictionnaire de la Révolution française 1789–1799*, Robert Laffont, 1987. Sabe-se também que Colin Lucas dirigiu a impressionante publicação devida à Pergamon Press de 1 milhão de páginas baseadas em microfichas e 35 mil imagens, com o título *The French Revolution Research Collection and Video-Disk* e que será distribuída de 1989 a 1992. *L'État de la France pendant la Revolution*, publicado sob a direção de Michel Vovelle, nas Editions La Decouverte, em 1988, dá uma boa idéia da recente evolução da historiografia. Ver a esse respeito Gwyne Lewis, *E.H.R.*, 1988, pp. 746 ss.

6. Augustin Cochin, *L'Esprit du jacobinisme. Une interprétation sociologique de la Révolution française*, PUF, 1979.

7. Hippolyte Taine, *Les Origines de la France contemporaine*, 2 vol., Laffont, 1986.

8. Pierre Gaxotte, *La Révolution française*, reedição universitária por Jean Tulard, Fayard, 1975. Em 1988, Jean Tulard reedita a mesma obra pela Editions Complexe, que traz uma apresentação e notas suplementares sobre a mesma.

9. François Furet, *Penser la Révolution française*, Gallimard, 1978. Excelente introdução aos debates mais recentes em T.C. Blanning, *The French Revolution: Aristocrats versus Bourgeois?*, Mac Millan, 1987. Ele faz da Revolução uma transformação política de conseqüências sociais, mais que o inverso. Ver também Louis Trénard, "Le Bicentenaire de la Révolution française", *L'Information Historique*, 1988, pp. 25–32. E François Furet e Mona Ozouf (orfs.), *Dictionnaire critique de la Révolution française*, Flammarion, 1988.

10. Alexis de Tocqueville, *L'Ancien Régime et la Révolution*, 2 vol., Gallimard, 1952–1953.

1. Um triunfo das Luzes?

O pensamento das Luzes impregnava as mentes francesas às vésperas da Revolução? (pp. 18-22)

1. Daniel Mornet, *Les Origines intelectuelles de la Révolution française*, A. Colin, 1933. Amos Hofman, "The Origins of the Theory of the Philosophe

'Conspiracy' ", *French History*, 1988, pp. 152–72, lembrou há pouco que a tese das origens intelectuais da Revolução fora no início forjada, desde o Ancien Régime, pelos partidários da ordem tradicional. O grupo do *Année Littéraire*, fundado por Elie Fréron em 1754 e por ele dirigido até a morte, em 1776, estimulou essa campanha antifilosófica denunciando, da parte dos intelectuais por ele visados, um complô geral de subversão desde 1772. O abade Royou, criador de *L'Ami du Roi*, em 1790, e o abade Barruel, que achava, desde 1785, que os povos colocavam em prática as idéias dos sábios, foram os herdeiros de Fréron. Foi o jornal fundado por este que afirmou, em dezembro de 1789: "Foi a filosofia que fez a Revolução." Seus redatores sempre afirmaram que se agarrar à religião católica resultava em atacar o conjunto do corpo social e, em conseqüência, tratavam os protestantes como precursores dessa subversão. Sua campanha simplesmente se generalizou na época da Revolução. Barruel, portanto, irá apenas retomar, sob o Diretório, uma interpretação antiga, que ele julgava confirmada pelos acontecimentos. Sua fraqueza, à qual Cochin devia suplementar, fora a de não se dedicar a uma análise concreta da ação jacobina.

2. Donald M. G. Sutherland, *op. cit.*, p. 35. a

3. Daniel Roche, "Négoce et culture dans la France du XVIIIe siècle", *R.H.M.C.*, 1978, pp. 375–95.

4. William Doyle, *op. cit.*, pp. 116–21.

5. Daniel Mornet, *La Pensée française au XVIIIe siècle*, A. Colin, pp. 166–71.

6. Jean-Marie Goulemot, "Démons, merveilles et philosophie à l'âge classique", *A.E.S.C.*, 1980, pp. 1223–150. O número especial da revista *XVIIIe siècle*, de 1986, dedicado às "Literaturas Populares", mostra bem a originalidade e a diversidade das relações então existentes entre as classes populares e o escrito.

7. George V. Taylor, "Les cahiers de 1789: aspects révolutionnaires et non révolutionnaires", *A.E.S.C.*, 1973, pp. 1495–514; André Burguière, "Société et culture à Reims à la fin du XVIIIe siècle: la diffusion des 'Lumières' analysée à travers les cahiers de doléances", *A.E.S.C.*, 1967, pp. 303–39; Roger Chartier, "Culture, Lumières, doléances de 1789", *R.H.M.C.*, 1981, pp. 68–93.

8. François Bluche, *La Vie quotidienne au temps de Louis XVI*, Hachette, 1980, pp. 150–87.

9. Michel Vovelle, *Piété baroque et Déchristianisation en Provence au XVIIIe siècle*, Le Seuil, 1978.

10. Jean de Viguerie, "Quelques aspects du catholicisme des Français au XVIIIe siècle", *R.H.*, pp. 335–70. Confirmação dessa opinião, a respeito do caso provençal, por Marie-Hélène Froesclé-Chapard, "Lieux de culte et peuple des saints au XVIIIeme siècle, enquête en cours", *R.H.E.F.*, 1985, pp. 281–310.

11. Norman Hampson, *Le Siècle des Lumières*, Le Seuil, 1972, p. 218.

12. Haydn Mason, *French Writers and their Society, 1715–1800*, Macmillan, 1982; Marie-Hélène Huet, "Roman libertin et réaction aristocratique", *XVIIIe Siècle*, 1974, pp. 137–42.

13. Monique Cubells, *"Franc-maçonnerie et société: le recrutement des loges à Aix-en-Provence dans la deuxième moitié du XVIIIe siècle"*, *R.H.M.C.*, 1986, pp. 463–84.

14. Robert Darnton, "Sounding the Literary Market in Prerevolutionary France", *Eighteenth Century Studies*, 1984, p. 484; cf. Michael P. Fitzsimmons (*The Parisian Order of Barristers and the French Revolution*, Harvard Uni-

versity Press, 1987) mostrando que a imensa maioria dos advogados parisienses manifestou-se contra a Revolução.
15. Dieter Gembicki, "La condition historienne à la fin de l'Ancien Régime", *XVIIIe Siècle*, 1981, pp. 271-287.
16. Furio Diaz, *Filosofia e Política nel Settecento Francese*, Einaudi, 1962, p. 638.

O pensamento das Luzes tinha um conteúdo revolucionário? (pp. 23-28)

1. William, H. Sewell, Jr. "Ideologies and Social Revolutions. Reflexions on the French Case", *J.M.H.*, 1985, pp. 57-85. Recente e excelente apresentação feita por Jacques Revel, a respeito dos "Órgãos e comunidades do Ancien Régime" (*A.E.S.C.*, 1988, pp. 295-299), dá uma nova visão historiográfica onde a sociedade do tipo corporativo, na França pré-revolucionária, constitui ao mesmo tempo um quadro fundamental (muito mais, por exemplo, que "a relação feudal") e um fenômeno de modo algum atrasado ou destinado a um próximo desaparecimento em virtude de uma iniciativa burguesa liberadora. Esses órgãos e comunidades foram mesmo a origem, enquanto formas associativas, de uma sociabilidade política da qual o futuro mostraria a fecundidade. Cf. a comunicação do mesmo autor durante o colóquio de Chicago de 1986 *in* Keith Michael Baker (org.), *The French Revolution and the Creation of Modern Political Culture*, T.I., *The Political Culture of the Old Regime*, Pergamon Press, 1987, pp. 225-42.
2. William Doyle, *op. cit.*, pp. 25, 78, 84.
3. David D. Bien, "Catholic Magistrates and Protestant Marriage in the French Enlightenment", *F.H.S.*, 1962, pp. 409-29. Cf., a respeito dos protestantes, as *Actes des Journées d'Étude sur l'édit de 1787*, publicadas no *Bulletin de la Société d'Histoire du Protestantisme Français*, abril-junho de 1988.
4. William F. Church, "The Decline of the French Jurists as Political Theorists, 1660-1789", *F.H.S.*, 1967, pp. 25-40; Jacques F. Traer, "From Reform to Revolution: the Critical Century in the Development of the French Legal System", *J.M.H.*, 1977, pp. 73-88.
5. Robert Darnton, "In Search of the Enlightenment: Recent Attempts to Create a Social History of Ideas", *J.M.H.*, 1971, pp. 113-32.
6. Denis Richet, "Autour des origines idéologiques lointaines de la Révolution française: élites et despotisme", *A.E.S.C.*, 1969, pp. 1-23.
7. Cf. Furio Diaz, *op. cit.*; Paolo Alatri, "Problemi e figure del Settecento politico francese nella recenti storiografia", *S.S.*, 1964, pp. 137-68, 333-79; Norman Hampson, *op. cit.*; Eric Walter, "Sur l'intelligentsia des Lumières", *XVIIIe Siècle*, 1973, pp. 173-201. Bom exemplo do simplismo persistente em certa historiografia marxista desses fenômenos em Michael Nerlich, *Kritik der Abenteuer-Ideologie: Beitrag zur Erforschung der burgerlicher Rewussteinsbildung, 1100-1750*, Akademie-Verlag, Berlim, 1977. A ele se oporão as interessantes contribuições de Guy Lemarchand ("Les caractères nouveaux spécifiques apportés par la Révolution"), Jean Dhombres ("La formation des cadres") ou Roger Dupuy ("L'abolition de la féodalité: condition de passage au capitalisme ou

du compro physiocratique entre bourgeois et paysans"), *in Cahiers d'Histoire de l'Institut de Recherches Marxistes,* número 32, atas de um colóquio organizado em maio de 1987 em Paris.

8. *XVIIIe Siècle,* 1974, número especial: "Lumières et Révolution".

9. Daniel Roche, *Le Siècle des Lumières en province: académie et académiciens provinciaux, 1680–1789,* 2 vol., Mouton, 1978. Confirmação devida a Hervé Guénot (*XVIIIe Siècle,* 1986, pp. 249–67) no que concerne aos "Musées et lycées parisiens (1780–1830)".

10. Keith Michael Baker, "Enlightenment and Revolution in France: Old Problems, Revewed Approches", *J.M.H.,* 1981, pp. 281–303; Renato Pasta, Illuminismo e organizzazione della cultura", *S.S.,* 1981, p. 251. Rolf Reichardt, *Reform und Revolution bei Condorcet,* Bonn, 1973, mostra, na p. 363, relacionado a esse caso, embora privilegiado, que as Luzes, se puderam abrir inconscientemente as portas à Revolução, de modo algum a prepararam diretamente. Daniel Roche fixou seu pensamento no colóquio de Chicago de 1986 ao sublinhar ("Académies et politiques au siècle des Lumières", *in* K.M. Baker (org.), *op. cit.,* pp. 331–43) que a sociabilidade cultural assim criada possibilitou a constituição de uma opinião pública. Ele reconhece, entretanto, que foi necessária uma "crise global" (mais política, em nossa opinião, que social) para que essa mentalidade esclarecida se tornasse, no calor da ação, partidária de uma transformação radical.

11. Christian Desplat, "Le barreau béarnais et la signification des Lumières en Province (1770–1789)", *XVIIIe Siècle,* 1974, pp. 109–13.

12. Suzanne Turcoo-Chala, "La diffusion des Lumières dans la seconde moitié du XVIIIe siècle: Ch. J. Panckoucke, un libraire éclairé (1760–1799)", *ibid.* pp. 115–28; David Hume, *Of Civil Liberty, Works,* t. III, p. 159.

13. George V. Taylor, *op. cit.*

14. Henri Wyverberg, "Limits of Nonconformity in the Enlightenment: the case of Simon-Nicolas-Henri Linguet", *F.H.S.,* 1970, pp. 474–91; Darline Gay Levy, *The Ideas and Careers of S.N.H. Linguet. A Study in Eighteenth Century French Politics,* University of Illinois Press, 1980.

15. Frank A. Kafker, "Les encyclopédistes et la Terreur", *R.H.M.C.,* 1967, pp. 284–95. Angélique, a filha de Diderot, esclarecida pelas provações familiares por ela sofridas sob o ano II, declarou que "as revoluções destroem a moral" (*XVIIIe Siècle,* 1987, p. 295). Cf., na mesma linha, o testemunho interessante e pesaroso das *Mémoires de l'abbé Morellet, sur le XVIIIe siècle et la Révolution,* Mercure de France, 1987.

16. Alan Charles, "The Myth of the Coterie holbachique", *F.H.S.,* 1976, pp. 573–95.

17. Roland Mortier, "Les héritiers des 'philosophes' devant l'expérience révolutionnaire", *XVIIIe Siècle,* 1974, pp. 45–57.

18. John M. Roberts, *The Mythology of the Secret Societies,* Secker & Warburg, 1972; Gérard Gayot, *La Franc-Maçonnerie française. Textes et pratiques (XVIIIe–XIXe siècles),* Gallimard/Julliard, 1980; Maurice Agulhon, *Pénitents et Francs-Maçons de l'ancienne Provence. Essai sur la sociabilité méridionale,* Fayard, 1968; Jacques Brengues, "Pour une linguistique maçonnique et Lumières au seuil de la Révolution française". *Actes du Colloque d'Avril 1984,* Publicações do Instituto de Estudos e Pesquisas Maçônicas, 1985; Jacques Le-

maire, *Les Origines françaises de l'antimaçonnisme,* Edições da Universidade de Bruxelas, 1985; cf. ainda o número especial da *XVIIIe Siècle* de 1987, dedicado à "Franco–Maçonaria". Michel Taillefer (*La Franc–Maçonnerie toulousaine, 1741–1799, Comission d'histoire de la Révolution française,* "Mémoires et Documents", XLI, 1984) descreveu, nesse caso excepcional, uma adaptação original das lojas aos sobressaltos revolucionários.

19. Robert Darnton, *Le Grand Massacre des chats,* Laffont, 1986, pp. 246–95; Richard Howard Powers, "Rousseau's 'Useless Science': Dilemma or Paradox"; *F.H.S.,* 1962, pp. 450–68; Roger Barny, "Les aristocrates et Jean–Jacques Rousseau dans la Révolution", *A.H.R.F.,* 1976, pp. 534–68; "Jean–Jacques Rousseau dans la Révolution", *XVIIIe Siècle,* 1974, pp. 59–98; Raymond Trousson, "Quinze années d'études rousseauistes", *XVIIIe Siècle,* 1977, pp. 343–86; Jan Marejko, *Jean–Jacques Rousseau et la Dérive totalitaire, L'Age d'homme,* 1984; Roger Barny, *Prélude idéologique à la Révolution française. Le rousseauisme avant 1789,* Les Belles Lettres, 1985.

Havia uma mentalidade revolucionária às vésperas de 1789? (pp. 28-34)

1. William Doyle, *op. cit.* pp. 29, 93 ss.

2. Robert Darnton, *Bohème littéraire et Révolution. Le Monde des livres au XVIIIe siècle,* Gallimard/Le Seuil, 1983, pp. 7–41.

3. *Ibid.,* pp. 43–69.

4. *Ibid.,* pp. 71–109.

5. *Ibid.,* pp. 111–208; Henri–Jean Martin, "La librarie française en 1777–1778", *XVIIIe Siècle,* 1979, pp. 87–112; Robert Darnton, *The Business of Enlightenment: a Publishing History of the "Encyclopédie", de 1775–1800,* Cambridge e Londres, 1979; David I. Kulstein, "The Ideas of Charles–Joseph Panckoucke, Publisher of the 'Moniteur universel' on the French Revolution", *F.H.S.,* 1966, pp. 304–319.

6. Nina R. Gelbart, " 'Frondeur' Journalism in the 1770s Theater Criticism and Radical Politics in the Prerevolutionary French Press", *Eighteenth Century Studies,* 1983, pp. 493–514; Jean–Paul Marat, *Journal de la République Française,* 14 de janeiro de 1793. Teremos uma idéia da megalomania dos revolucionários ao repararmos que Babeuf se apresentava à sua mulher, a 17 de abril de 1793, como aquele "que todo o Universo abençoará e que todas as Nações, todos os séculos olharão como o Salvador da espécie humana" (Vitor Daline, *Gracchus Babeuf à la veille et pendant la Révolution française,* Editions du Progrès, Moscou, 1987, p. 434). Sobre as origens do jornalismo revolucionário sob o Ancien Régime, excelente apresentação em Jeremy Popkin, "The Revolutionary Origins of Political Journalism", *in* Keith Michael Baker (org.), *The French Revolution and the Création of Modern Political Culture,* T.I, *The Political Culture of the Old Regime,* Pergamon Press, 1987, pp. 203–23. Cf. também Jack Cense e Jeremy Popkin (org.), *Press and Politics in Pre–Revolutionary France,* Berkeley, 1987.

7. Alexis de Tocqueville, *L'Ancien Régime et la Révolution,* t. II, *Fragments et Notes inédites sur la Révolution,* Gallimard, 1953, pp. 34–47.

8. Auguste Viatte, *Les Sources occultes du romantisme. Illuminisme–théosophie*, 1770–1820, 2 vol., Vrin, 1928; Robert Darnton, *Mesmerism and the End of Enlightenment in France*, Cambridge, 1968; Guy Chaussinand–Nogaret, "Gagliostro et la chute de l'Ancien Régime", *L'Histoire*, fevereiro de 1986, pp. 30–6.
9. Nicole Chaquin, "Le citoyen Louis-Claude de Saint Martin, théosophe révolutionnaire", *XVIIIe Siècle*, 1974, pp. 209–24. Eugen Weber ("Religion and Su- *convulsions et prophéties à Paris au XVIIIe siècle*, Gallimard/Julliard, 1985, pp. 399–423) acaba de revelar, nos meios sociais mais diversos, essa importância do pensamento mágico que vai aproveitar-se da crise posterior da Igreja oficial para se expandir.
10. Cathérine–Laurence Maire, *Les Convulsionnaires de Saint–Médard. Miracles, convulsions et prophéties à Paris au XVIIIe siècle*, Gallimard/Julliard, 1985, pp. 27, 227–31, 238–40.
11. Clarke W. Garrett, *Respectable Folly. Millenarians and the French Revolution in France and England*, Baltimore e Londres, 1975.
12. Ran Halévi, "Les représentations de la démocracie maçonnique au XVIIIe siècle", *R.H.M.C.*, 1984, pp. 571–96; Keith Michael Baker, art. cit., *J.M.H.* junho de 1981, pp. 297 ss.
13. Robert R. Palmer, *The Age of Democratic Revolution. A Political History of Europe and America*, 1760–1800, t. I., *The Challenge*, Princeton, 1959, pp. 237–82; Saint–John de Crèvecoeur, *Lettres d'un cultivateur américain*, 2 vol., Genebra, Éditions Ressources, 1979; Durand Echeverria, "L'Amérique devant l'opinion française, 1734–1870. Questions de méthode et d'interprétation", *R.H.M.C.*, 1962, pp. 51–62; Bronislaw Baczko, "The Shifting Frontiers of Utopia", *J.M.H.*, setembro de 1981, pp. 468–76; André Delaporte, *L'Idée de l'égalité en France au XVIIIe siècle*, PUF, 1987.
14. Robert Favre, "Les Lumières... ou la mort! Fecondité d'un mythe: la 'dépopulation' en France au XVIIIe siècle", *C.H.* 1977, pp. 13–35; Antonio Santucci, "Diderot collaboratore di Raynal", *S.S.*, 1982, pp. 453–9; Gianluigi Goggi, "Diderot et l'Histoire des deux Indes: reflessiones sulla storia", *Studi Francesi*, 1982, pp. 32–43. A melhor apresentação de conjunto continua sendo, sem dúvida, a de Albert Soboul, "Lumières, critique sociale et utopie pendant le XVIIIeme siècle français", *in* Jacques Droz (org.), *Histoire Générale du Socialisme*, PUF, T I, 1972, pp. 103–94.
15. John Pappas, "D'Alembert et la nouvelle aristocracie", *XVIIIe Siècle*, 1982, pp. 335–43; Thomas E. Crow, *Painters and Public Life in Eighteenth Century Paris*, Yale, 1985. C.G. Stricklen, "The 'Philosophe's' political mission: the creation of an idea, 1750–1789", *Studies on Voltaire and the Eighteenth Century*, 1971; Michel Delon, *L'idée d'énergie au tournant des Lumières* (1770–1820), PUF, 1988. Robert Darnton há pouco tornou clara sua sociologia da *intelligentzia* pré–revolucionária ("The Facts of Literary Life in Eighteenth Century France", *in* K.M. Baker (org.), *op. cit.*, pp. 261–91. É interessante destacar sobre o plano semântico, com Jean Starobinski (*ibid.*, p. 320), as origens acadêmicas da glorificação do conceito de Revolução em 1789: esse termo, após ter sido usado de maneira muito geral, como por Condorcet em 1782, será sucessivamente, então, aplicado ao acontecimento político que felizmente sobreviveu, e depois transformado numa entidade irredutível de diversas vicissitudes anteriores e análogas.
16. Jacques–Pierre Brissot, *Correspondance et Papiers*, Paris, 1912, p. 18; Robert R. Palmer, *op. cit.*, p. 472.

2. Uma derrota do despotismo?

A monarquia podia reformar-se antes de 1787? (pp. 35-41)

1. François Bluche, *La Vie quotidienne au temps de Louis XVI*, Hachette, 1980, pp. 46–80.
2. William Doyle, *op. cit.*, pp. 53–65; cf. Jean-François Labourdette, "Vergennes ou la tentation du 'Ministériat' ", *R.H.*, 1986, pp. 73–107. Munro Price ("Vergennes 'Principal Ministre' en 1793", *Revue d'Histoire Diplomatique*, 1987, p. 323) ilustra bem as dificuldades de funcionamento do Governo de Luís XVI. Pode-se observar de positivo na monarquia do Ancien Régime, a partir de 1740, o desenvolvimento da rede de estradas e o do Correio (cf. Guy Arbellot e Bernard Lepetit, *Atlas de la Révolution française*, Editions de l'École des Hautes Études en Sciences Sociales, T. I. *Routes et Communications*, Paris, 1987); essa relativa homogeneização do espaço nacional começou a desbravar o território e deu suas novas dimensões à futura Revolução. Ver, no entanto, boas observações de Gail Bossenga ("City and State: An Urban Perspective on the Origins of the French Revolution", *in* Keith Michael Baker (org.), *The French Revolution and the Creation of Modern Political Culture*, T. I, *The Political Culture of the Old Regime*, Pergamon Press, 1987, pp. 115–40) sobre a responsabilidade da monarquia no descontentamento político de inúmeros grupos dirigentes das cidades francesas às vésperas da Revolução.
3. David Hudson, "In Defense of Reform: French Government Propaganda during the Maupeou Crisis", *F.H.S.*, 1973, pp. 51–76.
4. William Doyle, "The Parliaments of France and the Breakdown of the Old Regime", *F.H.S.*, 1970, pp. 415–58.
5. Bailey Stone, "Robe against Sword: the Parlement of Paris and the French Aristocracy, 1774-1789", *F.H.S.*, 1975, pp 278–303; *The Parlement of Paris, 1774–1789*, Chapel Hill, 1981. *The French Parlements and the Crisis of the Old Regime*, North Carolina University Press, 1987.
6. Gérald J. Cavenaugh, "Turgot: the Rejection of Enlightenment Despotism", *F.H.S.*, 1969, pp. 31–58.
7. Olwen Hufton, *Europe: Privilege and Protest, 1730–1789*, Fontana, 1980, pp. 299–347.
8. A. d'Anerth e J. Flammermont, *Correspondance secrète du comte de Mercy-Argenteau avec l'empereur Joseph II*, t. I, Paris, 1889, pp. 223–9; Betty Behrens, *L'Ancien Régime*, Flammarion, 1969, pp. 163–84.
9. François-Xavier Emmanuelli, *Pouvoir royal et Vie régionale en Provence au déclin de la monarchie*, 2 vol., université de Lille-III, 1974; Albert Mathiez, *La Vie politique de la France dans la seconde partie du XVIII*e *siècle*, curso ministrado na Faculdade de Letras de Paris, 1929–1930, Librairie Classique R. Guillon, fascículo IV, p. 187; fascículo V, pp. 204–16.
10. Régine Robin, "La natura dello stato alla fine dell' 'Ancien Régime'. Formazione sociale, stato e transizione", *S.S.*, 1973, pp. 642–69; William Doyle, *Origins of the French Revolution*, pp. 43–52. James C. Riley acaba de mostrar ("French Finances, 1727–1768", *J.M.H.*, 1987, pp. 209–43) que os franceses

pagavam muito menos impostos no final do reinado de Luís XV do que nos seus primórdios.

11. William Doyle, *op. cit.*, p. 38; John F. Bosher, *French Finances, 1770-1795: from Business to Bureaucracy*, Cambridge, 1970; "The 'premiers commis des Finances' in the Reign of Louis XVI", *F.H.S.*, 1964, pp. 475–94. George V. Taylor, desde 1962 ("The Paris Bourse on the Eve of the Revolution, 1781-1789", *A.H.R.*, pp. 952–77), mostrou o poder dos financistas sobre a monarquia e a influência posterior do seu espírito de especulação sobre os desenvolvimentos da política revolucionária; mas ele observou que esses agiotas, de mentalidade de vanguarda, continuavam associados a um tipo de atividade econômica tradicional, ligado às operações da corte e de modo algum representativo do futuro capitalista.

12. *Gestionnaires et Profiteurs de la Révolution. L'Administration des finances françaises de Louis XVI à Bonaparte*, Olivier Orban, 1986, pp. 23–48.

13. Robert D. Harris, "Necker's Compte rendu of 1781: a Reconsideration", *J.M.H.*, 1970, pp. 161–83; "French Finances and the American War, 1777-1783", *J.M.H.*, 1976, pp. 233–58; *Necker: Reform Statesman of the Ancien Régime*, Berkeley, 1979; *Necker and the French Revolution*, Princeton, 1986; Jean Egret, *Necker, ministre de Louis XVI*, Champion, 1975. James C. Riley, *The Seven Years War and the Old Regime in France: The Economic and Financial Toll*, Princeton University Press, 1987.

A vitória aristocrática de 1788 foi um sucesso das idéias liberais ou dos privilégios tradicionais? (pp. 41-48)

1. William Doyle, *op. cit.*, pp. 35–7; Jean Egret, *Louis XV e l'Opposition parlementaire, 1715-1774*, PUF, 1970. Durand Echeverria, *The Maupeou History of Libertarianism, France*, 1770–1774. Bâton Rouge, 1985. Tradicional (e discutível) elogio desse golpe de Estado em Michel Antoine, "La Monarchie absolue", *in* Keith Michael Baker (org.), *The French Revolution and the Creation of Modern Political Culture*, T. I, *The Political Culture of the Old Regime*, Pergamon Press, 1987, pp. 3–24. Excelente conclusão, ao contrário, sobre a força e a fraqueza dos Parlamentos no século XVIII por William Doyle, *ibid*, pp. 157–67.

2. William Doyle, *op. cit.*, pp. 66–77, 85–95; Keith Michael Baker, "*Politique et opinion publique sous l'Ancien Régime*", *A.E.S.C.*, 1987, pp. 41–71; Sarah Muza, "Le tribunal de la nation. Les mémoires judiciaires et l'opinion publique à la fin de l'Ancien Régime", *ibid.*, pp. 73–90, J. S. Branley ("The Decline of Absolute Monarchy", *in* J. Wallace-Hadrill e J. McManners (org.), *France: Government and Society*, 2ª ed., 1970, cit. por T.C. Blanning, *The French Revolution*, Mac Millan, 1987, p. 29) fez dos Parlamentares do século XVIII, mais que os filósofos, os criadores do conceito de soberania nacional e os "verdadeiros educadores dos *sans-culottes*". Baseando-se na observação do marquês d'Argenson, feita em 1754, e relativa à nova popularidade da idéia de nação e dos seus direitos, Keith Baker ("On the Problems of the Ideological Origins of the French Revolution", *in* Dominick La Capra e Steven L. Kaplan (org.), *Modern European Intellectual Historys reappraisals and new perspectives*, Ithaca, 1982, citada por T.C.W. Blanning, *ibid.*, p. 30) achou que uma nova cultura política antiabsolutista nascera então na França.

3. William Doyle, *op. cit.*, pp. 73–90. Interessante trabalho de Marina Valensise (*in* Keith Michael Baker (org.), *op. cit.*, pp. 441–467) sobre os debates de 1788 referentes à noção de Constituição Francesa. Os que dela fazem a apologia tradicionalista e os que denunciam sua inexistência e exigem sua criação anunciam bem, na verdade, as tendências contra-revolucionárias e liberais do futuro. *Le Mounier* de 1792, acusando seus adversários revolucionários de 1789 "de imaginar a França sem governo, sem autoridade legítima e considerá-la como um país povoado de selvagens que se iam reunir para escolher chefes e criar leis" (cit. por Bronislaw Baczko, *ibid.*, p. 497), estava mais próximo então da experiência auxiliar dos contra-revolucionários que dos liberais. Essa constatação será criticada pelas observações de Lucien Jeaume, "Citoyenneté et souveraineté: le poids de l'absolutisme", *ibid.*, pp. 515–34.
4. Donald M. G. Sutherland, *op. cit.*, pp. 27–33. O exclusivismo social dos parlamentares, assinalado para Aix por Monique Cubells (*La Provence des Lumières: les parlamentaires d'Aix au XVIII*[e] *siècle,* Maloine, 1984), não era generalizado, visto que Doyle não o encontrou en Bordéus (cf. *J.M.H.*, 1986, p. 943); ele não os impedira de desempenhar o papel, durante a segunda metade do século XVIII, de educadores da elite esclarecida. Segundo a fórmula de Denis Richet (*La France moderne. L'espirit des institutions,* 1973, cit. por T.C. Blanning, *op. cit.*, p. 34), a queda de Calonne foi apenas a do reformismo autoritário e a vitória dos liberais.
5. Eberhard Schmitt, *Repräsentation und Revolution. Eine Untersuchung zur Genesis der kontinentalen Theorie und Praxis parlementarischer Repräsentation aus der Herrschaftspraxis der Ancien Régime in Frankreich (1760–1789)*, Munique, 1969; Jacques Godechot, *Les Institutions de la France sous la Révolution et l'Empire,* PUF, 1968, p. 110.
6. Eugenio Di Rienzo, "Instituzioni e teorie politiche nella Francia moderna", *S.S.*, 1982, pp. 329–53.
7. Keith Michael Baker, "A Script for a French Revolution: the Political Consciouness of the Abbé Mably", *Eighteenth Century Studies,* 1981, pp. 235–63.
8. Dale K. Van Kley, "Church, State and the Ideological Origins of the French Revolution: the Debate over the General Assembly of the Gallican Clergy in 1765", *J.M.H.*, 1979, pp. 629–66; *The Damiens Affair and the Unravelling of the Ancien Régime,* 1750–1770, Princeton, 1984. Confirmação em Yann Fauchois, "Jansénisme et politique au XVIIIe siècle: légitimation de l'État et délégitimation de la monarchie chez G. N. Maultrot", *R.H.M.C.*, 1987, pp. 473–91; Jeffrey Merrick, "Conscience and Citizenship in Eighteenth Century France", *Eighteenth Century Studies,* 1987, pp. 48–70. O mesmo autor revelou (" 'Disputes over Words' and Constitutional Conflict in France, 1730–1732", *F.H.S.*, 1986, pp. 497–520) a antigüidade do processo de dessacralização no qual foi afrontada a monarquia francesa durante os conflitos político-religiosos do século XVIII que aprofundaram, pouco a pouco, suas contradições ideológicas e preparam sua crise final. Dale Van Kley apresentou há pouco, com muita força de persuasão, sua demonstração sobre "The Jansenist Constitutional Legacy in the French Pre-Revolution", *in* Keith Michael Baker (org.), *op. cit.*, Pergamon Press, pp. 169–201. Ele extrai de sua análise ideológica e lingüística a evidência de que, embora a Revolução de 1789 tenha explodido tarde demais para ser principalmente religiosa, ela não pôde, em compensação, escapar à marca de sua herança cristã, fosse secularizada ou renegada.

9. Keith Michael Baker, "French Political Thought at the Accession of Louis XVI", *J.M.H.*, 1978, pp. 279–303; Marina Valensise, "Le sacre du roi: stratégie symbolique et doctrine politique de la monarquie française", *A.E.S.C.*, 1986, pp. 543–77; Clarke W. Garrett, "The Moniteur of 1788", *F.H.S.*, 1968, pp. 263–73. Consultar, para se ter uma idéia de conjunto, K. M. Baker (org.), *op. cit.*, Pergamon Press, 1987. Trata-se das atas do colóquio de Chicago de setembro de 1968. Baker afirma ali, ao mesmo tempo, em sua introdução (pp. XI–XXIII), que a destituição da monarquia tradicional deveu-se ao aparecimento de uma nova cultura política, esclarecida e logo depois revolucionária, mas que esse discurso, forjado na ação, não pode ser associado a qualquer dos ramos do movimento intelectual anterior. Foi uma "invenção radical". Segundo o esquema apresentado por Nannerl Keohane, *Philosophy and the State in France,* Princeton, 1980, o antigo conflito entre o absolutismo centralizador e o tradicionalismo aristocrático teria sido modificado, no século XVIII, sob a influência das Luzes. Elas teriam provocado, ao mesmo tempo, uma liberalização e modernização da ideologia absolutista e um cisão da oposição aristocrática entre liberais constitucionais (que formarão o núcleo do partido nacional e patriota) e os partidários de um constitucionalismo aristocrático particularmente forte entre os parlamentares. Observaremos, no entanto, com Kenneth Morgensen ("History, Representative Institutions, and Political Rights in the French Pre-Revolution (1787–1789)", *F.H.S.*, 1987, pp. 68–98), que o debate político francês continuou sendo dominado, até o desencadeamento da Revolução, por perspectivas fundamentalmente tradicionalistas. Ver também K.M. Baker, *in* D. La Capra e S. Kaplan (org.), *op. cit.*, pp. 197–219. O mesmo autor, na coleção que dirigiu para a Pergamon Press (*op. cit.*, 1987, pp. 471–592), mostra que o conceito de representação, adotado em 1789 e rico em ambigüidades posteriores, rompe com as teorias adotadas, nesse aspecto, sob o Ancien Régime, sem lhe atribuir, nesse sentido, o niilismo manifestado pelo mito rousseauísta da vontade geral.

10. Viviane R. Gruder, "Les notables à la fin de l'Ancien Regime: l'Avertissement' de 1787", XVIIIe Siècle, 1982, pp. 45–55; "A Mutation in Elite Political Culture: the French Notables and the Defense of Property and Participation, 1787", *J.M.H.,* 1984, pp. 598–634. O mesmo autor insistiu ("Paths to Political Consciousness: the Assembly of Notables of 1787 and the 'Pre-Revolution' in France", *F.H.S.*, 1984, pp. 323–335) na importância desse episódio para o desenvolvimento da consciência política da elite francesa às vésperas da Revolução.

11. Jean Egret, *La Prérévolution française,* 1787–1788, PUF, 1962 (*cf.* "Le comte rendu de Marcel Reinhard", *R.H.M.C.*, 1963, pp. 309–10); William Doyle, art. cit., *F.H.S.*, 1970, pp. 415–58.

A monarquia demitiu-se completamente às vésperas e no início da Revolução? (pp. 48-53)

1. William Doyle, *Origins of the French Revolution,* pp. 114, 139–157, 168–77.
2. *Ibid.*, pp. 187–190, 204, 210–2; *Guy Chaussinand-Nogaret, Le Bastille est prise La Révolution commence,* Editions Complexe, 1988. Boa análise das motivações da conduta real em Vivian R. Gruder, "The Bourbon Monarchy: Reforms

and Propaganda at the End of the Old Regime", *in* K. M. Baker (org.), *op. cit.*, Pergamon Press, 1987, pp. 347–74. Em sua excelente apresentação, "La monarchie et le règlement électoral de 1789", *ibid.*, pp. 375–386, François Furet sustenta, da sua parte, que ela legou "a democracia à Revolução". Ran Halévi (*ibid.*, pp. 387–402) parece confirmá-lo, curiosamente, insinuando ao mesmo tempo, seguindo Cochin, que essas eleições talvez tenham marcado também "a primeira apuração(...) da Revolução". Podemos reaproximar essa avaliação à de Bronislaw Baczko, que acha, a respeito do Sieyès do início de 1789, que ele já era favorável à "*exclusão* de todos os que haviam sido assimilados pelos inimigos da Nação" do campo político (*ibid.*, p. 499).

3. Donald M. G. Sutherland, *op. cit.*, pp. 33–48, 63–8, 82–5; Olwen Hufton, *Europe: Privilege and Protest, 1730–1789*, Fontana, 1980, pp. 351, 353–5.

4. Pierre Goubert e Michel Denis, *1789: les français ont la parole,* Julliard, 1964. Confirmação recente em Michel Vovelle, "La représentation populaire de la monarchie", *in* K. M. Baker (org.), *op. cit.*, pp. 77–86.

5. Cf. Maurice Agulhon, "Conflits et contradictions dans la France d'aujourd'hui", *A.E.S.C.*, 1987, pp. 595–610.

3. Uma vitória da burguesia?

Havia uma luta de classes entre a nobreza e a burguesia antes de 1789? (pp. 54-60)

1. Régine Robin, *La Société française en 1789: Semur-en-Auxois,* Plon, 1970; Jean Sentou, *Fortunes et Groupes sociaux à Toulouse sous la Révolution (1798–1799). Essai d'histoire statistique,* Privat, 1969; Georges Lefebvre, "Urban Society in the Orleanais in the Late Eighteenth Century", *P.P.*, 1961, pp. 46–75; I. Cervelli, "Sul concetto di Rivoluzione borghese", *S.S.*, 1976, pp. 147–155; Jean Nicolas, *La Savoie au XVIII*[e] *siècle. Noblesse et bourgeoisie,* 2 vol., Maloine, 1978; James A. Leith, "Les Origines de la Révolution française remises en question", *A.H.R.F.*, 1982, pp. 632–9.

2. George V. Taylor, "Non Capitalist Wealth and the Origins of the French Revolution", *A.H.R.*, pp. 469–96.

3. Colin Lucas, "Nobles, Bourgeois and the Origins of the French Revolution", *P.P.*, 1973, pp. 469–96.

4. Guy Chaussinand-Nogaret, "Aux origines de la Révolution: noblesse et bourgeoisie", *A.E.S.C.*, 1975, pp. 275–8. O mesmo autor publicou no mesmo ano uma série de textos fundamentais para *Une Histoire de l'Élite 1700–1848*, Mouton. Sua tese acaba ser posta em dúvida por Diego Venturino, "L'ideologie nobiliaire nella Francia d'Antico Regime. Note sul dibattito storiografico recente", *S.S.*, 1988, pp. 61–101, cujo ceticismo se apóia antes de tudo nas posições de Tocqueville.

5. William Doyle, *op. cit.*, pp. 11–24, 116–27.

6. *Ibid.*, pp. 128–38; Michel Vovelle (org.), *Bourgeoisies de province et Révolution,* Presses Universitaires de Grenoble, 1987. William M. Reddy, em seu belo livro *The Rise of Market Culture. The Textile Trade and French Society, 1750–1900,* Cambridge University Press, 1984, descreveu a França industrial e bur–

guesa da época pré-revolucionária e revolucionária como "um mundo sem empreendedores".

7. Donald M. G. Sutherland, *op. cit.*, pp. 15–21; Jean Meyer, "Un problème mal posé: la noblesse pauvre. L'exemple breton au XVIIIe siècle, *R.H.V.C.*, 1971, pp. 161–88; Guy Richard, *Noblesse d'affaires au XVIIIe siècle*, A. Colin, 1974; Norbert Élias, *La Société de cour*, Flammarion, 1985, pp. 307–16; Jean Bastier, *La Féodalité au siècle des Lumières dans la région de Toulouse (1730–1790)*, Commission d'Histoire Économique et Sociale de la Révolution, "Mémoires et documents", XXX, 1975; Guy Chaussinand–Nogaret, *La Noblesse au XVIIIe siècle. De la féodalité aux Lumières*, Hachette, 1976.

8. Philippe Goujard, "Féodalité" et Lumières au XVIIIe siècle. L'exemple de la noblesse", *A.H.R.F.*, 1977, pp. 103–18.

9. Guy Chaussinand–Nogaret, "Un aspect de la pensée nobiliaire au XVIIIe siècle: l'"antinobilisme' " *R.H.M.C.*, 1982, pp. 442–52.

10. William Doyle, "The Price of Offices in Prerevolutionary France", *The Historical Journal*, 1984, pp. 831–60.

11. William Doyle, "Was there an Aristocratic Reaction in Prerevolutionary France?", *P.P.*, 1972, pp. 97–122.

12. David D. Bien, "La réaction aristocratique avant 1789: l'exemple de l'armée", *A.E.S.C.*, 1974, pp. 23–48, 505–34; "The Army in the French Enlightenment: Reform, Reaction and Revolution", *P.P.*, 1979, pp. 68–98; Melvin Edelstein, "La noblesse et le monopole des fonctions publiques en 1789," *A.E.S.C.*, 1982, pp. 440–3.

13. Betty Behrens, "A Revision Defended: Nobles, Privileges and Taxes in France", *F.H.S.*, 1976, pp. 521–7; Ralph E. Giesey, "Rules of Inheritance and Strategies of Mobility in Prerevolutionary France", *A.H.R.*, 1977, pp. 271–89. Recente confirmação por David D. Bien *in* Keith Michael Baker (org.), *The French Revolution and the Creation of Modern Political Culture*, T. I, *The Political Culture of the Old Regime*, Pergamon Press, 1987, pp. 89–114 (cf. sua tradução francesa *in A.E.S.C.*, 1988, pp. 379–404, sob o título "Les Offices, les corps et le crédit d'État: l'utilisation des privilèges sous l'Ancien Régime").

A revolução política de 1789 deveu-se à burguesia? (pp. 60-66)

1. Philip Dawson, "The 'bourgeoisie de robe' in 1789", *F.H.S.*, 1965, pp. 1–21; Elisabeth L. Eisenstein, "Who Intervened in 1788? A Commentary on The Coming of the French Revolution", *A.H.R.*, 1965, pp. 77–103.

2. Jeffry Kaplow, "On 'Who Intervened in 1788?' ", *A.H.R.*, 1967, pp. 497–502; Gilbert Shapiro, "The Many Lives of Georges Lefebvre", *ibid.*, pp. 502–14; Lynn A. Hunt, "Local Elites at the End of the Old Regime, Troyes and Reims, 1750–1789", *F.H.S.*, 1976, pp. 379–99; *Revolution and Urban Politics in Provincial France: Tryes and Rheims, 1786–1790*, Stanford, California University Press, 1978.

3. William Doyle, *op. cit.*, pp. 139–57.

4. *Ibid.*, pp. 168–77. Inspirada por Tocqueville, Lynn Hunt ("The 'National Assembly' " *in* K. M. Baker (org.), *op. cit.*, pp. 403–15) situa o momento decisivo da ruptura revolucionária e política com o passado da monarquia, da parte dos futuros dirigentes da Constituinte, entre julho de 1788 *e janeiro de 1789.*

Como o destaca Bronislaw Baczko (*ibid.*, p. 512, número 16), é difícil, na verdade, ser também afirmativo a respeito dos textos que são *ao mesmo tempo* próximos e diferentes do futuro discurso revolucionário.

5. Donald M. G. Sutherland, *op. cit.*, pp. 33–48, 68–69. Ver sobre as origens, natureza e significação do "espírito de Vizille" a coletânea recentemente organizada por Vital Chomel, *Les Débuts de la Révolution en Dauphiné 1788–1791*, Presses Universitaires de Grenoble, 1988. Ela será utilmente atualizada pelo mesmo editor com o excelente estudo de Jean Sgard, *Les Trent récits de la Journée des Tuiles*, 1988.

6. Daniel L. Wick, "The Court Nobility and the French Revolution. The Example of the Society of Thirty", *Eighteenth Century Studies*, 1980, pp. 263–84.

7. George Armstrong Kelly, "The Machine of the Duc d'Orleans and the New Politics", *J.M.H.*, 1979, pp. 667–84.

8. Abel Poitrineau, "Les Assemblées primaires du bailliage de Salers en 1789", *R.H.M.C.*, 1978, pp. 419–41.

9. James Murphy e Patrice Higonnet, "Les députés de la noblesse aux états généraux de 1789", *R.H.M.C.*, 1973, pp. 230–43.

10. Guy Chaussinand-Nogaret, *Mirabeau*, Le Seuil, 1982; Louis Gottschalk e Margaret Maddox, *La Fayette in the French Revolution through the October Days*, Chicago, 1969. Boa apresentação da continuidade e da coerência de opiniões revolucionárias de La Fayette até o final de sua vida por Lloyd S. Kramer, "The Rights of Man: La Fayette and the Polish National Revolution, 1830–1834", *F.H.S.*, 1986, pp. 521–46.

11. Elna Hindie Lemay, "La Composition de l'Assemblée nationale constituante: les hommes de la continuité?", *R.H.M.C.*, 1977, pp. 341–63; William H. Sewell Jr., art. cit., *J.M.H.*, 1985, pp. 66–9; Gail Bassenga, "From 'Corps' to Citizenship: the 'Bureaux des Finances' before the French Revolution", *J.M.H.*, 1986, pp. 643–68.

A revolução social de 1789 foi uma operação burguesa? (pp. 66-72)

1. William Doyle, *op. cit.*, pp. 202–13. Parece-me que temos aí a melhor resposta à questão colocada por Colin Lucas no *Times Literary Suplement* de 8 de maio de 1981: como se explica que uma assembléia de notáveis como a Constituinte tenha desencadeado uma reviravolta revolucionária tão fantástica quanto a de 1789? A agitação dos espíritos, em todos os meios, incessantemente crescente havia quase três anos e fortemente aumentada desde a primavera, bastou, em grande parte, para explicá-lo.

2. Donald M. G. Sutherland, *op. cit.*, pp. 76–82, 86–8.

3. William H. Seweel, Jr., art. cit., *J.M.H.*, 1985, pp. 69–71; Jean-Pierre Hirsch, *La Nuit du 4 Août*, Gallimard/Julliard, 1978.

4. Guy Chaussinand-Nogaret, "Aux origines de la Révolution: noblesse et bourgeoisie", *A.E.S.C.*, 1975, p. 277; Roberto Zapperi, "Sieyès e l'abolizione del feudalesimo nel 1789", *S.S.*, 1970, pp. 415–44; Michael P. Fitzsimmons, "Privilege and the Polity in France, 1786–1791", *A.H.R.*, 1987, pp. 269–95, acaba de confirmar ao mesmo tempo a profundeza da ruptura ideológica ocorrida, sobre a noção de privilégio, entre 1787 e 1789, e a vontade de unidade política mantida no seio da elite francesa durante o verão de 1789.

4. Uma Revolução popular?

A intervenção popular de 1789 foi uma inédita insurreição da miséria? (pp. 73-79)

1. Robert R. Palmer, *The Age of Democratic Revolution. A Political History of Europe and America, 1760–1800*, t. I, *The Challenge*, Princeton, 1959, p. 479; Donald M. G. Sutherland, *op. cit.*, p. 49. Ulrich Ricken lembrou num belo artigo ("Oppositions et polarités d'un champ notionnel: les philosophes et l'absolutisme éclairé", *A.H.R.F.*, 1979, pp. 547–57) que para Voltaire, segundo uma confidência que fez sobre isso a Frederico II, "a canalha" não era "digna de ser esclarecida".

2. William Doyle, *op. cit.*, pp. 158–67. Bom trabalho bibliográfico em Rolf Reichardt, "Bevölkerung und Gesellschaft Frankreiches im. 18 Jahrhundert: Neue Wege und Ergebnisse der sozial historischen Forschung 1950–1976", IV (1977). Útil lembrança por Abel Poitrineau ("Minimum vital catégoriel et conscience populaire: les retraites conventionnelles des gens âges dans le pays de Murat au XVIIIeme siècle", *F.H.S.*, 1981, pp. 165–76) do caráter fundamental da troca, do autoconsumo e da economia de alimentos na França do fim do Ancien Régime. Juntar-se-ia a isso o papel capital do trabalho das mulheres e das crianças no quadro da economia familiar descrita por Guy L. Gullickson, "The sexual division of Labor in Cottage industry and Agriculture in the Pays de Caux: Auffray, 1750–1850", *ibid.*, pp. 177–99. Há o estudo, num caso particular, das conseqüências econômicas desastrosas da pressão demográfica existente na França do fim do Ancien Régime, por Edmond N. Allen, "Deforestation and Fuel Crisis in Pre-Revolutionary Languedoc, 1720–1789", *ibid.*, 1984, pp. 455–73. Ver também *ibid.*, 1987, pp. 208–40, o estudo de Daniel Hickey ("Innovation and Obstacles to Growth in the Agriculture of Early Modern France: The Exemple of Dauphiné") sobre o enraizamento dos problemas econômicos revolucionários no mais longínquo passado francês.

3. Donald M. G. Sutherland, *op. cit.*, pp. 49–63; Olwen Hufton, "Begging, Vagrancy, Vagabondage and the Law: an Aspect of the Problem of Poverty in Eighteenth Century France", *E.S.R.*, 1972, pp. 97–123; Muriel Jeorger, "La structure hospitalière de la France sous l'Ancien Régime", *A.E.S.C.*, 1977, pp. 1025–51; Marie-Claude Dinet-Lecomte, "Recherche sur la clientèle hospitalière aux XVIIe et XVIIIe siècles. L'exemple de Blois", R.H.M.C., 1986, pp. 345–73. Confirmação recente da crise final da economia do *Ancien Régime*, caracterizada notadamente por uma estagnação do valor das terras, *in* Gérard Béaur, *Le Marcher foncier à la veille de la Révolution. Les mouvements de propriété beaucerons dans les régions de Maintenon et de Jarville de 1761 à 1790*, Éditions de l'École des autes Études en Sciences Sociales, 1984. Boa apresentação, em um aspecto realmente privilegiado, do caráter já revolucionário dos acontecimentos imediatamente anteriores ao verão de 1789 em Monique Cubells, *Les Horizons de la liberté. Naissance de la Révolution en Provence* 1787–1789, Edisud, 1987. Ver também, sobre a assistência social, Colin Jones e Michael Sonenscher, "The

Social Functions of the Hospital in Eighteenth Century France: The Case of the Hôtel-Dieu of Nimes", *F.H.S.*, 1983, pp. 172–214.

4. Jean Nicolas, *Actes du colloque de Paris, mai 1984*: *Mouvements populaires et Conscience social, XVIe–XIXe siècles,* Mouton, 1985; "Ephémérides du refus pour une enquête sur les émotions populaires au XVIIIe siècle. Le cas de la Savoie", *A.H.R.F.*, 1973, pp. 593–607; *A.H.R.F.*, 1974, pp. 111–153. William M. Reddy, *The Rise of Market Culture. The Textile Trade and French Society, 1750–1900,* Cambridge University Press, 1984, fez dessa reivindicação popular de uma economia moral o principal motor dos distúrbios sociais na França, de meados do século XVIII ao início do século XX.

5. Charles Tilly, *La France conteste, de 1600 à nos jours,* Fayard, 1986. George V. Taylor destacou ("The Bourgeoisie at the Begining of and During the Revolution", *in* Eberhard Schimitt e Rolf Reichardt (orgs.), *Die Französischen Revolution: zufälliges oder notwendiges Ereignis?,* 1983) essa *coincidência* fundamental, em 1789, entre uma crise política e uma crise sócio–econômica. Recente trabalho de qualidade sobre a "desestabilização da sociedade francesa" às vésperas da Revolução, por André Burguière, *in* Jacques Dupaquier, *Histoire de la Population Française,* T. II, 1988, PUF, pp. 475–93.

6. Louise A. Tilly, "La Révolte frumentaire, forme de conflit politique en France", *A.E.S.C.*, 1972, pp. 731–57; Edward P. Thompson e outros, *La Guerre du Blé au XVIIIe siècle,* Les Editions de la Passion, 1988 (introdução de Florence Gauthier e Guy–Robert Ikni). É curioso que Roger Chartier deixe de lado o essencial — os alimentos — em "Culture populaire et culture politique dans l'Ancien Régime: quelques réflexions", *in* Keith Michael Baker (org.), *The French Revolution and the Creation of Modern Political Culture,* T. I, *The Political Culture of the Old Regime.* Pergamon Press, 1987, pp. 243–58.

7. Steven L. Kaplan, *Bread, Politics and Political Economy in the Reign of Louis XV,* 2 vol., Martinus Nijhoff, 1976; *Le Complot de famine: histoire d'une rumeur au XVIIIe siècle. A. Colin, 1982.* Admirável estudo, do mesmo historiador ("The Paris Bread Riot of 1725", *F.H.S.*, 1985, pp. 23–56), sobre as origens de algumas realidades revolucionárias parisienses (ligação entre o problema dos alimentos e o da manutenção da ordem, aspectos antes de tudo psicológicos do primeiro, espírito "autonomista" dos habitantes do subúrbio Saint Antoine, etc.) no longo período da história anterior. A capital esteve calma, de fato, desse ponto de vista, entre 1725 e 1775, graças à sensatez política de um governo escaldado pelos levantes do início do século. Mas permanecia à mercê de uma situação de miséria que podia tornar temível uma crise política.

Por que Paris se sublevou em 1789? (pp. 80-86)

1. William Doyle, *op. cit.* pp. 178–91.
2. Donald M. G. Sutherland, *op. cit.*, pp. 63–9, 83–6.
3. George Rudé, *The Crowd in the French Revolution,* Oxford, 1959. Entretanto, Michael Sonenscher lembrou há pouco ("Journeymen, The Courts and the French Trades: 1781–1791", *P.P.*, 1987, pp. 77–109) a que ponto as lutas operárias francesas, ao final do *Ancien Régime,* se desenvolveram no âmbito do sistema judiciário oficial.

4. Daniel Roche, *Le Peuple de Paris. Essai sur la culture populaire au XVIIIe siècle,* Aubier, 1981. Thomas Brennan (*Public Drinking and Popular Culture in Eighteenth-Century Paris,* Princeton, 1988) mostra que os rituais do consumo de vinho nas tavernas constituíam um ponto importante da cultura dos trabalhadores parisienses do Ancien Régime.
5. Christian Romon, "Le Monde des pauvres à Paris au XVIIIe siècle", *A.E.S.C.*, 1982, pp. 729–63; Charles Engrand, "Paupérisme et condition ouvrière dans la seconde moitié du XVIIIe siècle: l'exemple amiénois", *R.H.M.C.*, 1982, pp. 376–410.
6. Jean Lecuir, "Criminalité et 'moralité': Montyon, statisticien du parlement de Paris", *R.H.M.C.*, 1974, pp. 445–93.
7. Jean Chagniot, "Le Problème du maintien de l'ordre à Paris au XVIIIe siècle", *B.S.H.M.*, 1974, 3, pp. 32–39; "Le guet et la garde de Paris à la fin de l'Ancien Régime", *R.H.M.C.*, 1973, pp. 58–71. *Paris et l'armée au XVIIIe siècle. Étude politique et sociale,* Ed. Economica, 1985. Emile G. Léonard (*L'Armée et ses problèmes au XVIIIe siècle,* Plon, 1958, cit. por T.C.W. Blanning, *The French Revolution,* Mac Millan, 1987, p. 38) observou, a esse respeito, a importância política da deserção do exército *e de grande parte de seus oficiais nobres* ao final do Ancien Régime. A Revolução resultou sobretudo, durante o verão de 1789, da perda, pelo poder real, do monopólio da força disciplinada (*ibid.*, p. 41).
8. Arlette Farge e André Zysberg, "Les Théâtres de la violence à Paris au XVIIIe siècle", *A.E.S.C.*, 1979, pp. 984–1.015.
9. Arlette Farge, *La Vie fragile. Violence, pouvoirs et solidarités à Paris au XVIIIe siècle,* Hachette, 1986; Arlette Farge e Jacques Revel, *Logiques de la Foule. L'affaire des enlèvements d'enfants, Paris 1750,* Hachette, 1988.

As sublevações rurais de 1789 constituíram uma revolução camponesa original e autônoma? (pp. 86-94)

1. William Doyle, *op. cit.*, pp. 192–202.
2. Donald M. G. Sutherland, *op. cit.*, pp. 69–76.
3. Nicole Castan, "Délinquance tradicionnelle et répression critique à la fin de l'Ancien Régime dans les pays de Languedoc", *A.H.R.F.*, 1977, pp. 182–203; Nicole e Yves Castan, *Vivre ensemble. Ordre et désordre au Languedoc au XVIIIe siècle,* Gallimard/Julliard, 1981. Interessante e recente confirmação desses fenômenos está em Jacques Godechot, *La Révolution française dans le Midi toulousain,* Privat, 1986. Ele observa que, em 1770, o representante da Ordem de Malta numa paróquia do Lauragais considerava "republicanos" os camponeses que contestavam sua dominação senhorial. É verdade que, quatro anos depois, um cura das vizinhanças assim chamava os nobres e os burgueses que não mais obedeciam às tradições religiosas. De qualquer maneira, por toda parte, na Gasconha, no Commings, em Quercy, aumentavam a revolta dos pobres e o banditismo dos miseráveis (*ibid.*, pp. 36–43). A investigação que Jean Nicolas realizou, depois do colóquio por ele organizado em Paris, em 1984, mostra, aliás, o crescimento das agitações juvenis, triplicando em relação à totalidade dos dis–

túrbios registrados do início ao fim do século XVIII. Cf. sua apresentação no Colóquio de Grenoble sobre a Pré-Revolução provinciana.

4. Olwen Hufton, "Le paysan et la loi en France au XVIIIe siècle", *A.E.S.C.*, 1983, pp. 679–701; Iain A. Cameron, "The Police of Eighteenth Century France", *E.S.R.*, 1977, pp. 47–75; Clive Emsley, "La Maréchaussée à la fin de l'Ancien Régime", *R.H.M.C.*, 1986, pp. 622–44. Cf., num caso urbano particularmente significativo, Agnès Barruol, "Délinquance ou contestation? "Contrebandiers et agents des fermes à Marseille (1750–1789)", *Provence Historique*, 1987, pp. 397–409.

5. Hilton Lewis Root, "Challenging the Seigneurie: Community and Contention on the Eve of the French Revolution", *J.M.H.*, 1985, pp. 652–81; *Peasants and King in Burgundy: Agrarian Foundations of French Absolutism*, California University Press, 1987. "The Rural Community and the French Revolution", *in* Keith Michael Baker (org.), *The French Revolution...* Pergamon Press, 1987, pp. 141–53.

6. Emmanuel Le Roy Ladurie, "Révoltes et contestations rurales en France de 1675 à 1788", *A.E.S.C.*, 1974, pp. 6–22; Jean-Marie Constant, "Les idées politiques paysannes: étude comparée des cahiers de doléances (1576–1789)", *A.E.S.C.*, 1982, pp. 717–28.

7. Jean Nicolas, "Les mouvements populaires dans le monde rural sous la Révolution française: état de la question", *B.S.H.M.*, 1986, n. 3, pp. 20–8; Yves-Marie Bercê, *Histoire des Croquants*, Le Seuil, 1986, p. 379.

5. Uma derrapagem que podia ser evitada?

Era viável em 1790 uma monarquia constitucional? (pp. 97-105)

1. François Furet e Denis Richet, *La Révolution Française*, T. I., Hachette, 1965; Donald M. G. Sutherland, *op. cit.*, pp. 89 ss.

2 *Ibid.*, pp. 121 ss.

3. *Ibid.*, pp. 90–3.

4 *Ibid.*, pp. 93 ss.

5. *Ibid.*, pp. 103–6; cf. Jean-Noël Luc, *Paysans et Droits féodaux en Charente-Inférieure pendant la Révolution française*, Commission d'histoire de la Révolution française, "Travaux historiques et scientifiques", 1984.

6. Guy Chaussinand-Nogaret, *Mirabeau*, Le Seuil, 1982.

7. Samuel F. Scott, "Problems of Law and Order during 1790, the 'Peaceful' Year of the French Revolution", *A.H.R.*, 1975, pp. 859–63.

8. *Ibid.*, pp. 863–71.

9. David D. Bien, artigo citado, *P.P.*, 1979, p. 95; Samuel F. Scott, "The Regeneration of the Line Army during the French Revolution", *J.M.H.*, 1970, pp. 307–30; *The Response of the Royal Army to the French Revolution: the Role and Development of the Line Army during 1787–1793*, Oxford, 1978; Jean-Paul Bertaud, "Voies nouvelles pour l'histoire militaire de la Revolution", *A.H.R.F.*, 1972, pp. 66–93; "Les travaux récents sur l'armée de la Révolution et de l'Empire", *B.S.H.M.*, 1986, n. 3, pp. 2–7.

10. Samuel Scott, "Problems of Law and Order", art. cit., *A.H.R.*, 1975, pp. 871–6.
11. James N. Hood, "Protestant–Catholic Relations and the Roots of the First Popular Counter–Revolutionary Movement in France", *J.M.H.*, 1971, pp. 245–75; "Patterns of Popular Protest in the French Revolution: the Conceptual Contribution of the Gard", *J.M.H.*, 1976, pp. 259–93; "Permanence des conflits traditionnels sous la Révolution: l'exemple du Gard", *R.H.M.C.*, 1977, pp. 602–40; "Revival and Mutation of Old Rivalries in Revolutionary France", *P.P.*, 1979, pp. 82–115; Gwynne Lewis, "The White Terror of 1815 in the Department of the Gard: Counter–Revolution, Continuity and the Individual", *P.P.*, 1973, pp. 108–35; *The Second Vendée. The Continuity of Counter–Revolution in the Department of the Gard, 1789–1815*, Nova York, 1978; Timothy Tackett, "Women and men in Counter revolution: The Sommières Riot of 1791", *J.M.H.*, 1987, pp. 680–704.
12. Donald M. G. Sutherland, *op. cit.*, pp. 107–14.
13. Hubert C. Johnson, *The Midi in Revolution. A Study of Regional Political Diversity, 1789–1793*, Princeton, 1986; Roger Dupuy, "La contre–révolution (1780–1802): éléments d'un chantier", *B.S.H.M.*, 1986, n. 3, pp. 16–9. Cf. ainda, mais recentemente, sobre um aspecto particularmente importante dessa dinâmica contra–revolucionária de 1789 a 1792, o estudo de W.J. Murray, *The Right–Wing Press in the French Revolution*, Boydell & Brewer. Deve-se remeter também a Jean–Paul Bertaud, *Les Amis du Roi, Journaux et journalistes royalistes au début de la Révolution, 1789–1792*, Librairie Académique Perrin, 1984.
14. Samuel F. Scott, art. cit., *A.H.R.*, 1975, pp. 876–88.
15. Donald M. G. Sutherland, *op. cit.*, pp. 99–103.
16. R. B. Rose, "Tax Revolt and Popular Organization in Picardy, 1789–1701", *P.P.*, 1969, pp. 92–108; Philippe Goujard, "L'Abolition de la féodalité dans le pays de Bray (1789–1793)", *A.H.R.F.*, 1977, pp. 287–94; Jean Boutier, "Jacqueries en pays–croquant: les révoltes paysannes en Aquitaine (décembre 1789–mars 1790)", *A.E.S.C.*, 1979, pp. 760–86; Guy Ikni, "Sur les biens communaux pendant la Révolution française", *A.H.R.F.*, 1982, pp. 71–93; R.B. Rose, "The 'Red Scare' of the 1790s: the French Revolution and the 'Agrarian Law' ", *P.P.*, 1984, pp. 113–30.

O movimento revolucionário radicalizou-se antes da fuga para Varennes? (pp. 105-110)

1. François Furet, *Penser la Révolution française*, Gallimard, 1978; William H. Sewell Jr., art. cit., *J.M.H.*, 1985, pp. 72–5. Lynn Hunt (*History and Theory*, 20, outubro de 1981, pp. 313–23) destacou bem, em relação às teses de Furet, o duplo fenômeno da importância do discurso revolucionário e dos seus contrastes com a realidade. Explicou, com justa razão, o fracasso final da Revolução diante desse último aspecto.
2. Donald M. G. Sutherland, *op. cit.*, pp. 117–21. Ver o importante número especial dos *A.H.R.F.*, de setembro–outubro de 1986 n. 226), dedicado às sociedades populares. Marie–Hélène Froeschlé–Choapard acaba de mostrar ("*Pé–*

nitents et sociétés populaires du Sud-Est", *A.H.R.F.*, 1987, pp. 117-57), segundo M. Agulhon, a originalidade dessas práticas na Provença, que continuavam ali as confrarias religiosas do Ancien Régime no âmbito da sociabilidade meridional.

3. R.B. Rose, *The Making of the Sans-Culottes*, Manchester, 1983; Maurice Genty, "Mandataires ou répresentants: un problème de la démocratie municipale à Paris, en 1789-1790", *A.H.R.F.*, 1972, pp. 23-7; "Le mouvement démocratique dans les sections parisiennes (printemps 1790-automne 1972)", ... *A.H.R.F.*, 1972, pp. 134-42; *L'Apprentissage de la citoyenneté*, Paris, 1790-1795, Messidor, 1987.

4. Michael L. Kennedy, "The Foundation of the Jacobin Clubs and the Development of the Jacobin Club Network, 1789-1791", *J.M.H.*, 1979, pp. 701-33; *The Jacobin Clubs in the French Revolution*, Princeton, 1981.

5. Michael L. Kennedy, "Les Clubs des jacobins et la presse sous L'Assemblée nationale, 1789-1791", *R.H.*, 1980, pp. 49-63; Melvin Edelstein, "La Feuille villageoise, the Revolutionary Press and the Question of Rural Political Participation", *F.H.S.*, 1971, pp. 175-203; Jean-Paul Bertaud, *C'était dans le journal pendant la Révolution française*, Librairie Académique Perrin, 1988; Hugh Gougn, "The Provincial Jacobin Club Press during the French Revolution", *European History Quarterly*, 1986, pp. 47-76.

6. Jack-Richard Censez, *Prelude to Power: the Parisian Radical Press, 1789-1792*, Baltimore, 1976; Jean-Paul Marat, *Textes choisis*, Éditions Sociales, 1950, pp. 66 ss. 75 ss., 95 ss. (em particular, pp. 102 ss.).

7. R.B. Rose, art. cit., *P.P.*, 1984, pp. 122-3; *P.P.*, 1969, pp. 101-5. Georges Weulersse destacara, em sua *Physiocratie à l'aube de la Révolution (1781-1792)*, editado somente em 1985 pela École des Hautes Études en Sciences Sociales, esses primeiros ataques desferidos pelo discurso revolucionário ao direito de propriedade individual. Ver, para a formação do pensamento de Babeuf até o 9 do Termidor, Victor Daline, *Gracchus Babeuf à la veille et pendant la Révolution française: 1785-1794*, Éditions du Progrès, Moscou, 1987.

8. Jean Boutier, art. cit., *A.E.S.C.*, 1979, p. 767. Ver o recente trabalho de Norman Hampson, *Prelude to Terror: The Constituent Assembly and the Failure of Consensus 1789-1791*, Basil and Blackwell, 1988.

A reorganização da Igreja Católica pela Revolução representou um risco de guerra civil? (pp. 110-116)

1. André Latreille, *L'Église catholique et la Révolution française*, t. I, Hachette, 1946; Jean Dumont, *La Révolution française ou les Prodiges du sacrilège*, Criterion, 1984; Jean de Viguerie, *Christianisme et Révolution*, Nouvelles Éditions Latines, 1986.

2. Bernard Plongeron, *La Vie quotidienne du clergé français au XVIIIe siècle*, Hachette, 1974; Louis S. Greenbaum, *Talleyrand Statesman-Priest, The Agent General of the Clergy and the Church of France at the End of the Old Regime*, The Catholic University of America Press, 1970; B. de Brye, *Un Evêque d'Ancien Régime à l'épreuve de la Révolution, le cardinal A.C.H. de La Fare (1752-1829)*, Publications de la Sorbonne, 1985.

3. Dominique Julia, "Le clergé paroissial dans le diocèse de Reims à la fin du XVIIIe siècle", *R.H.M.C.*, 1966, pp. 195–216; Timothy Tackett, *Priest and Parish in Eighteenth Century France*, Princeton, 1977; Paul Christophe, *1789, les prêtres dans la Révolution*, Le Cerf, 1986.

4. Jean Quéniart, *Les Hommes, l'Église et Dieu dans la France du XVIIIe siècle*, Hachette, 1978; Michel Vovelle, "L'élite ou le mensonge des mots", *A.E.S.C.*, 1974, pp. 49–72; Steven L. Kaplan, "Religion Subsistence and Social Control: the Use of Saint-Genevieve", *Eighteenth Century Studies*, 1980, pp. 142–68; Jeffry Kaplow, *The Names of Kings: Parisian Laborian Poor in the Eighteenth Century*, Nova York, 1972; B. Robert Kreiser, *Viracles, Convulsions and Eclesiastical Politics in Early Eighteenth Century Paris*, Princeton, 1978. Contudo, Dominique Julia acaba de lembrar a profundidade da crise surgida nas relações entre a monarquia do Ancien Régime e os dirigentes da Igreja Galicana a partir de 1750 ("Les Deux Puissances: chronique d'une séparation de corps", *in* Keith Michael Baker (org.), *The French Revolution...*, Pergamon Press, 1987, pp. 293–310). Esses dirigentes estavam cada vez mais tentados, às vésperas da Revolução e em nome do utilitarismo das Luzes, por um desligamento do Estado em troca do reconhecimento do seu direito a se reformarem eles próprios.

5. Bernard Plongeron, *Conscience religieuse en révolution. Regards sur l'historiographie religieuse de la Révolution française*, Plon, 1969; Bernard Plongeron e Jean Godel, "1945–1970: un quart de siècle d'histoire religieuse. A propos de la génération des 'secondes Lumières' (1770–1820)", *A.H.R.F.*, 1972, pp. 181–203, 352–89; Bernard Plongeron, "Le fait religieux dans l'histoire de la Révolution française. Objet, méthodes, voies nouvelles", *A.H.R.F.*, 1976, pp. 95–133; *Théologie et Politique au siècle des Lumières (1770–1820)*, Droz, 1973; "Théologie et applications de la collégialité dans l'Église constitutionnelle de France", *A.H.R.F.*, 1975, pp. 71–84; Ruth Graham, "The Revolutionary Bishops and the 'Philosophes' ", *Eighteenth Century Studies*, 1983, pp. 117–40. Os aldeões do Périgord, no início da Revolução, desejavam libertar o bom Deus colocando o distintivo tricolor na hóstia e abrindo o tabernáculo (segundo Mona Ozouf, *La Fête révolutionnaire*, 1789–1799, Gallimard, 1976, p. 151, onde ela cita uma carta de Vergniaud datada de 16 de janeiro de 1790).

6. William Doyle, *op. cit.*, pp. 151 ss.; Ruth F. Necheles, "The Curés in the Estates General of 1789", *J.M.H.*, 1974, pp. 425–444; Louis Trénard, "Église et État: le clergé face à la Révolution dans les diocèses du nord de la France, 1788–1792", *in Christianisme et Pouvoirs politiques*, Université de Lille-III, 1973, pp. 57–90; "Église et Révolution (1780–1802)", *L'Information Historique*, 1985, pp. 36–42; "L'Église de France et la Révolution" *ibid.*, pp. 78–80.

7. Donald M. G. Sutherland, *op. cit.*, pp. 94–99.

8. *Ibid.*, pp. 115–77.

9. Timothy Tackett e Claude Langlois, "Ecclesiastical Structures and Clerical Geography on the Eve of the French Revolution", *F.H.S.*, 1980. pp. 352–70.

10. Timothy Tackett, *Religion, Revolution and Regional Culture in Eighteenth Century France, The Ecclesiastical Oath of 1791*, Princeton, 1986; cf. *L'Église de France et la Revolution, Histoire régionale*, T. I, *L'Ouest*, T. II, *Le Midi*, Beauchesne, 1983 e 1984. Ver também o comentário de Dominique Julia, "La Révolution, l'Église et la France", *A.E.S.C.*, 1988, pp. 761–70.

11. Jean-Louis Ormières, "Politique et religion dans l'Ouest", *A.E.S.C.*, 1985, pp. 1041–66.
12. William H. Sewell, Jr., art. cit., *J.M.H.*, 1985, pp. 80 ss. Cf. o episódio estudado recentemente por Jean-Marie Cabasse, "Un des premiers, cas de résistance populaire à la Révolution: l'émeute du 25 janvier 1791 à Milau", *Bulletin de la Commission d'Histoire de la Revolution Française,* 1984–1985, pp. 57–72: as mulheres e crianças católicas que desejavam conservar sua religião e seu clero protestavam ali contra um prefeito patriota que queria tomar o convento dos capuchinhos. Uma reação da minoria burguesa revolucionária se seguiria, na primavera, contra a maioria realista da cidade, ao preço de diversas violências e intimidações. Nessa cidade, a solidariedade antiprotestante unia, nas dois extremos da sociedade, aristocracia e classes populares.

6. Uma guerra ideológica?

A França revolucionária é a responsável por seu conflito com a Europa? (pp. 117-124).

1. Donald M. G. Sutherland, *op. cit.*, pp. 123–139. C.J. Mitchell, "Political Divisions within the Legislative Assembly of 1791", *F.H.S.*, 1984, pp. 356–89. Interessante a demonstração feita por Patricia Chastain Howe ("Charles-François Dumouriez and the Revolutionazing of French Foreign Affairs in 1792", *ibid.*, 1986, pp. 367–90) da importância da sinceridade da contribuição desse aventureiro político e militar na guerra de libertação e de propaganda desejada pelos brissotinos e seus aliados refugiados (da Bélgica em particular).
2. T.C.W. Blanning, *The Origins of the French Revolutionnary Wars,* Longman, 1986, pp. 36–130; Howard V. Evans, "The Nootka Sound Controversy in Anglo-French Diplomacy, 1790", J.M.H., 1974, pp. 609–40; H.A. Barton, "The Origins of the Brunswick Manifesto", *F.H.S.*, 1967, pp. 146–69. Segundo Gerhard Wolf, um enviado de Dupont ainda insistia junto aos Aliados, em Bruxelas, às vésperas do manifesto de Brunswick, quanto à necessidade de manter na França, depois da sua vitória, uma monarquia constitucional ao estilo dos monarquistas de 1789 ("Les négotiations secrètes des fluillants: juin-juillet 1792", *IIIe Congrès National des Sociétés Savantes*: *"Histoire moderne et contemporaine"*, T. I, fasc. 2, Poitiers, 1986, pp. 7–19).
3. T.C.W. Blanning, *op. cit.*, 131–172; Marc Bouloiseau, "L'organisation de l'Europe selon Brissot et les girondins à la fin de 1792", *A.H.R.F.*, 1985, pp. 290–4; Paul Kelly, "Strategy and Counter-Revolution: the Journal of Sir Gilbert Elliot, 1–22 September 1793", *E.H.R.*, 1983, pp. 328–348.
4. T.C.W. Blanning, *op. cit.*, pp. 205–11.
5. *Ibid.*
6. Jacques Godechot, *La Grande Nation*, Aubier, 1983.
7. Michael L. Kennedy, "Le Club jacobin de Charleston en Caroline du Sud (1792–1795)", *R.H.M.C.*, 1977, pp. 420–38; William L. Blackwell, "Citizen Genet and the Revolution in Russia, 1789–1792", *F.H.S.*, 1963, pp. 72–92; Jan L. Polasky, "Traditionalists, Democrats and Jacobins in Revolutionary Brussels", *J.M.H.*, 1984, pp. 227–62; Karl H. Wegert, "Patrimonial Rule, Po-

pular Self-Interest and Jacobinism in Germany, 1763-1800", *J.M.H.*, 1981, pp. 440-67; T.C.W. Blanning, *The French Revolution in Germany: Occupation and Resistance in the Rhineland, 1792-1802*, Oxford, 1983 (cf. o resumo de Claude Michaud, *A.E.S.C.*, 1986, pp. 845-7); César-Fréderic de La Harpe, *Correspondance sous la République helvétique*, T. I., *Le Révolutionnaire 1796-1798*, La Baconnière, 1985; Walter Grab, "Ein Volk muss seine Freiheit selbst erobern", Zur Geschichte der deutschen Jakobiner, Frankfurt, 1984.

8. Jean-Pierre Bertaud, "Les travaux récents sur l'armée de la Révolution et l'Empire", *B.S.H.M.*, 1986, n. 3, pp. 2-7. Cf., do mesmo autor, "Enquête sur les volontaires de 1792", *A.H.R.F.*, 1988, pp. 151-70.

9. Jean-Pierre Bertaud, *Valmy, la démocracie en armes*, Julliard, 1970; "Notes sur le premier amalgame (février 1793-janvier 1794)", *R.H.M.C.*, 1973, pp. 72-83; "Voies nouvelles pour l'histoire militaire de la Révolution" *A.H.R.F.*, 1972, pp. 513-34; John Lynn, "Esquisse sur la tactique de l'infanterie des armées de la République", *ibid.*, pp. 537-58; Samuel F. Scott, "The Regeneration of the Line Army during the French Revolution", *J.M.H.*, 1970, pp. 307-30; *The Response of the Royal Army during the French Revolution. The Role and Development of the Line Army, 1787-1793*, Oxford, 1798; Steven T. Ross, "The Development of the Combat Division in Eighteenth Century French Armies", *F.H.S.*, 1976, pp. 400-31; recente síntese de John A. Lynn, *The Bayonets of the Republic: Motivation and Tactics in the Army of Revolutionary France, 1791-1794*, University of Illinois Press, 1984.

A mobilização popular de 1792-1793 favoreceu a Revolução ou a contra-revolução? (pp. 124-132)

1. Donald M. G. Sutherland, *op. cit.*, pp. 139-44.
2. *Ibid.*, pp. 144-55.
3. *Ibid.*, pp. 155-60.
4. *Ibid.*, pp. 166-72. Boa apresentação, num caso particular significativo, das origens e dos limites da "segunda Revolução", foi feita por Michel Seyve, *Montélimar et la Révolution, 1789-1792. Audaces et Timidités provinciales*, Editions Notre Temps, 1987.
5. Jean Nicolas, artigo citado, *B.S.H.M.*, 1986, n. 3, pp. 20-8; Guy Ikni, 1982, pp. 71-94; Melvin Edelstein, art. cit., *F.H.S.*, 1971, pp. 175-203; Albert Mathiez, *La Vie chère et le Mouvement social sous la Terreur*, Payot, 1927; David Hunt, "The People and Pierre Dolivier: Popular Uprisings in the Seine-et-Oise Department (1791-1792)", *F.H.S.*, 1979, pp. 184-214; R.B. Rose, art. cit., *P.P.*, 1984, pp. 113-30.
6. George Rudé, *La Foule dans la Révolution française*, Maspero, 1982, pp. 99-113; Maurice Genty, artigo cit., *A.H.R.F.*, pp. 134-42; Morris Slavin, *The French Revolution in Miniature: Section Droits de l'homme*, 1789-1795, Princeton, 1984; Raymonde Monnier "Les Classes laborieuses du Faubourg Saint-Antoine sous la Révolution et l'Empire', *A.H.R.F.*, 1970, pp. 119-24; Haim Burstin, "Le Faubourg Saint-Marcel à l'époque révolutionnaire", *A.H.R.F.*, 1978, pp. 117-26; Frédéric Bluche, *Septembre* 1972: *logiques d'un massacre, Perrin*,

1986; Suzanne Petersen, *La Question des subsistences et la politique révolutionnaire à Paris, 1792–1793*, Munique, 1978; Florence Gauthier, "De Mably à Robespierre, un programme égalitaire", *A.H.R.F.*, 1985, pp. 273–89; Michel Pertué, "Les Luttes de classes et la question de la dictature au début de 1793", *A.H.R.F.*, 1977, pp. 454–62; Anne-Marie Boursier, "L'émeute parisienne du 11 mars 1793", *A.H.R.F.*, 1972, pp. 204–30; Paolo Viola, "Sur le mouvement populaire parisien de février-mars 1793", *A.H.R.F.*, 1974, pp. 503–18; Jean-Paul Marat, *Textes choisis*, Éditions Sociales, 1950, p. 54.

7. James N. Hood, art. cit., *P.P.*, 1979, pp. 82–115; Michael L. Kennedy, "The Best and the Worst of Times; the Jacobin Club Network from October 1791 to June 2, 1793", *J.M.H.*, 1984, pp. 635–66; Hugh Gough, "Politics and Power, The Triumph of Jacobinism in Strasbourg, 1791–1793", *The Historical Journal*, 1980, pp. 327–52; Hubert C. Johnson, *The Midi in Revolution...*, Princeton, 1986, pp. 174–221; Takashi Koi, " 'Les Chaliers' et les sans-culottes lyonnais (1792–1793)", *A.H.R.F.*, 1978, pp. 127–31; Antonio de Francesco, "Montagnard e san culotti in Provincia: il caso lionese (agosto 1792–maggio 1793)", *S.S.*, 1978, pp. 589–626; David L. Longfellow, "Silk Weavers and the Social Struggle in Lyon during the French Revolution, 1789–1794", *F.H.S.*, 1981, pp. 1–40. Michael L. Kennedy ("The Jacobin Clubs and the Press: 'Phase two' ", *F.H.S.*, 1984, pp. 474–99) lembrou que o jornal parisiense mais apreciado pelos revolucionários da província continuou sendo, *até a primavera de 1793*, o do *girondin* Carra, que talvez, tivesse então cerca de 1 milhão de leitores, distribuídos entre mais de 1200 sociedades populares, e foi o deputado eleito com maior número de votos na Convenção Nacional. Cf., mais recente e generalizadamente, do mesmo autor. *The Jacobin Clubs in the French Revolution: The Middle Years*, Princeton University Press, 1988.

8. Jacques Godechot, *La Contre-Révolution, 1789–1804. Doctrine et action*, PUF, 1961; John Gerard Gallaher, "Recruitment in the District of Poitiers: 1793", *F.H.S.*, 1963, pp. 246–67; Harvey Mitchell, "The Vendée and Counter-Revolution: a Review Essay", *F.H.S.*, 1968, pp. 405–29; Roger Dupuy, "A propos de la Vendée de Charles Tilly", *A.H.R.F.*, 1971, pp. 603–14; Claude Petitfrère, "Les Grands composants sociales des armées vendéennes d'Anjou", *F.H.S.*, 1973, pp. 1–20; *Blancs et Bleus d'Anjou (1789–1793)*, 2 vol., Université de Lille-II, 1979; *La Vendée et les Vendéens*, Juillard, 1981; Jean-Clément Martin, 'La Vendée et sa guerre. Les logiques de l'événement", *A.E.S.C.*, 1985, pp. 1067–85; *La Vendée et la France*, Le Seuil, 1987.

9. Claude Petitfrère, *La Vendée et les Vendéens*, pp. 185–206; Roger Dupuy, "Chansons populaires et chouannerie en basse Bretagne", *B.S.H.M.*, 1978, n. 4, pp. 2–11; Harvey Mitchell, "Resistance to the Revolution in Western France", *P.P.*, 1974, pp. 94–131; Timothy Tackett, "The West in France in 1789. The Religious Factor in the Origins of the Counter-Revolution", *J.M.H.*, 1982, pp. 715–45; T.J.A. Le Goff e Donald M.G. Sutherland, "The Revolution and the Rural Community in Eighteenth Century", *P.P.*, 1983, pp. 65–87; *Mémoires de la marquise de la Rochejaquelein, 1772–1857*, Mercure de France, 1984, pp. 167 ss.; Donald Sutherland, *The Chouans: The social Origins of Popular Counter-Revolution in Uper Brittany, 1770–1796*, Oxford, 1982. Demonstração admirável e recente é a de Roger Dupuy, *De la Révolution à la Chouannerie. Paysans en Bretagne 1788–1794*, Flammarion, 1988. Cf. também sua conclusão sobre "*Le problème des causes de la Contre-Révolution dans l'Ouest, 1788–*

1794", *Historiens-Géographes*, n. 318, março–abril de 1988, pp. 37–42. Ver ainda Claude Petitfrère, "The Origins of the Civil War in the Vendée", *Freench History*, 1988, pp. 187–207.

O antagonismo entre a Gironde e a Montagne era irredutível? (pp. 132-138)

1. Donald M. G. Sutherland, *op. cit.*, pp. 161–66.
2. *Ibid.*, pp. 172–86.
3. Ibid., pp. 186–91. Boas observações sobre a deformação lendária da história da Convenção, em sua fase "heróica", pelo pensamento francês posterior, de Georges Sand a Jaurès, são feitas por Dominique Aubry, *Quatre Vingt–Treize et les Jacobins. Regards Littéraires du XIX*[e] *siècle*, Press Universitaires de Lyon, 1988. O exagero deles é resumido pela fórmula de Hugo em 1874: "nunca nada tão elevado surgiu no horizonte dos homens" (*ibid.*, p. 117).
4. Marc Bouloiseau, *La Republique jacobine*, Le Seuil, 1972; Albert Soboul, *Actes du colloque "Girondins et montagnards"*, Bibliothèque de l'Histoire Révolutionnaire, T. 19, 1980; *La Civilization et la Révolution française*, T. II, Arthaud, 1982; Jaqueline Chaumié, "Les Girondins et les Cent–Jours", *A.H.R.F.*, 1971, pp. 329–65; Alison Patrick, "Political Divisions in the French National Convention, 1792–1793", *J.H.M.*, pp. 421–74; "The Montagnards and their Opponents. Some Comments", *J.M.H.*, 1971, pp. 294–97; *The Men of the First French Republic. Political Alignments in the National Convention of 1792*, Baltimore, 1972. Marcel Dorigny acaba de lembrar que os girondinos mostraram–se favoráveis ao desenvolvimento das sociedades populares ("Les Congrès des sociétés populaires de 1792 en Bourgogne: défense révolutionnaire et ordre social", IIIe *Congrès National des Sociétés Savantes, op. cit.*, pp. 91–119).
5. Michael J. Sydenham, "The Montagnards and their Opponents. Some Considerations on a Recent Reassessment of the Conflicts in the French National Convention, 1792–1793", *J.M.H.*, pp. 287–93; "The Girondins and The Question of Revolutionary Government", *F.H.S.*, 1977, pp. 342–8; Theodore A. Dipadova, "The Girondins and the Question of Revolutionary Government, *F.H.S.*, 1976, pp. 432–50; "The Question of Girondins Motives", *F.H.S.*, 1977, pp. 349–52; Michel Pertué, interpretação do livro de Alison Patrick, *A.H.R.F.*, 1982, pp. 661–5; M. Slavin, *The Making of an Insurrection: Parisian Sections and the Gironde*, Harvard University Press, 1986.
6. Patrice Higonnet, "The Social and Cultural Antecedents of Revolutionary Discontinuity: Montagnards et Girondins", *E.H.R.*, 1985 pp. 513–4; Gary Kates, *The Cercle, social, the Girondins and the French Revolution*, Princeton, 1984.
7. Albert Mathiez, *op. cit.*, Guy Ikni, art. cit., *A.H.R.F.*, 1982, pp. 71–94; Takashi Koi, art. cit., *A.H.R.F.*, 1978, p. 131; Antonio De Francesco, art. cit., *S.S.*, 1978, p. 623; David L. Longfellow, art. cit., *F.H.S.*, 1981, p. 22; Daniel Stone, "La révolte fédéraliste à Rennes", *A.H.R.F.*, 1971, pp. 367–87; Michael J. Sydenham, "The Republican Revolt of 1793: a Plea for Less Localized Local Studies", *F.H.S.*, 1981, pp. 120–38; Bill Edmonds, " 'Federalism' and Urban Revolt of 1793", *J.M.H.*, 1983, pp. 22–53; Hubert C. Johnson, *The Midi in Revolution*, Princeton, 1986, pp. 222–49; Yves Delaporte, "Un 'montagnard'

fédéraliste: Antoine Thibaudeau, député de la Vienne à la Convention national, 1792–1795", *IIIe Congrès National des Sociétés Savantes*, op. cit., pp. 121–31; Louis Trénard, "Lyon capitale d'une'seconde Vendée"?, *in IIe Congrès National des Sociétés Savantes, Histoire Moderne et Contemporaine*, T. III, Éditions du CTHS, 1987, pp. 69–90; Bill Edmonds, "A Jacobine Debacle: The Losing of Lyon in Spring 1793", *History*, 1984, pp. 1–14; M.H. Crook, "Federalism and the French Revolution: The Revolt of Toulon in 1793", *ibid.*, 1980, pp. 383–97.

7. Uma lógica do Terror?

Quem foram os terroristas, qual o seu programa e como foi aplicado? (pp. 139-152)

1. Mona Ozouf, "War and Terror in French Revolutionary Discourse (1792-1794)", *J.M.H.*, 1984, pp. 579–97; John L. Talmon, *The Origins of Totalitarian Democracy. Political Theory and Practice during the French Revolution and Beyond*, Secker & Warburg, 1952; Claude Lefort, *Essais sur le politique (XIXe–XXe siècles)*, Le Seuil, 1986; Patrice Higonnet, artigo cit., *E.H.R.*, 1985, pp. 513–44; *Class, Ideology and the Right of Nobles during the French Revolution*, Claredon Press, 1981; Ferenc Feher, "The French Revolution: Between Class Identity and Universalist Illusions", *Review*, 1985, pp. 335–51. *The Frozen Revolution. An Essay on Jacobinism*, Maisons des Sciences de l'Homme, 1987.
2. Noel O'Sullivan (org.), *Terrorism, Ideology and Revolution: The Origins of Modern Political Violence*, Wheatsheaf, 1985; William H. Sewell, Jr., art. cit., *J.M.H.*, 1985 pp. 74–6. T.C.W Blanning, em *The French Revolution. Aristocrats versus Bourgeois?*, acaba de definir o Terror (p. 45) como uma resposta excepcional e aberrativa a uma situação que o foi tanto quanto. Podemos comparar esse julgamento à opinião "clássica" de Robert Palmer, *Twelve Who Ruled. The Year of the Terror in the French Revolution*, Princeton University Press, 1973.
3. Donald M. G. Sutherland, *op. cit.*, pp. 192–6.
4. Richard Cobb, "The People in the French Revolution", *P.P.*, 1959, pp. 60–72; "Quelques aspects de la mentalité révolutionnaire (avril 1793–thermidor an II)", *R.H.M.C.*, 1959, pp. 81–120.
5. Richard Cobb, *The Police and the People, French Popular Protest, 1789–1820*, Oxford University Press, 1970.
6. Marie–Thérèse Lagasquié, "Recherches sur le personnel terroriste toulosain", *A.H.R.F.*, 1971, pp. 248–63; William Scott, *Terror and Repression in Revolutionary Marseille*, Macmillan, 1973; Alain Forrest, *Society and Politics in Revolutionary Bordeaux*, Oxford University Press, 1975; Martyn Lyons, "The Jacobin Elite of Toulouse", *E.S.R.*, 1977, pp. 259–84; David L. Longfellow, art. cit., *F.H.S.*, 1981, pp. 22–40. Philiphe Barlet acaba de descrever os militantes revolucionários rurais em algumas aldeias da Indre (Les sans–culottes aux champs: mentalités révolutionnaires dans les comités de surveillance du district de la Châtre (Indre) en l'an II", III Congrès National des Sociétés Savantes: "Histoire Moderne et Contemporaine", T. I, fascículo 2, Poitiers, 1986, pp.

171-88): os proprietários e as profissões intelectuais são super-representados no meio dessa nova elite; assíduos às reuniões, se não muito ativos, eles compravam os membros da antiga elite, um pouco mais abastada que eles, e caracterizada por sua recusa à ordem revolucionária. Precioso estudo sobre a complexidade da participação dos trabalhadores lioneses na Revolução foi feito por Bill Edmonds, "A study in Popular Anti-Jacobinism: The Career of Denis Mornet", *F.H.S.*, 1983, pp. 215-51.

7. Donald M. G. Sutherland, *op. cit.*, pp. 196-205; Albert Mathiez, *La Vie chère et le Mouvement social sous la Terreur*, Payot, 1927; Georges Lefebvre, *Études orléanaises*, T. II, *Subsistances et Maximum* (*1789-an* IV), Comission d'Histoire Économique et Sociale de la Révolution, "Mémoires et documents", 1963; J.P. Fanget, "Aspects de l'abolition du régime seigneurial dans le département du Puy-de-Dôme: le brulement des titres féodaux (août 1793-pluviôse an II)", *C.H.*, 1978, pp. 169-92.

8. Donald M. G. Sutherland, *op. cit.*, pp. 208-14; Antonio de Baecque, "Le corps meurtri de la Révolution. Le discours politique et les blessures des martyrs (1792-1794)", *A.H.R.F.*, 1987, pp. 17-41 (sobre a instalação regulamentada desses sofrimentos ao serviço do Terror).

9. Laura Maslaw Armand, "La bourgeoisie protestante, la Révolution et le mouvement de déchristianization à la Rochelle", *R.H.M.C.*, 1984, pp. 489-502; Yvan-Georges Paillard, "Fanatiques et patriotes dans le Puy-de-Dôme. La déchristianisation", *A.H.R.F.*, 1978, pp. 372-404; Jacques Bernet, "Les origines de la déchristianisation dans le district de Compiègne", *ibid.*, pp. 405-32; Philliphe Goujard, "Sur la déchristianisation dans l'Ouest, La leçon des adresses à la Convention Nationale", *ibid.*, pp. 433-49; Michel Vovelle, *Réligion et Révolution. La déchristianisation en l'an II*, Hachette, 1976; Serge Bianchi, "Manifestations et formes de déchristianisation dans le district de Corbeil", *R.H.M.C.*, 1979, pp. 256-85; "Les curés rouges dans la Révolution Française", *A.H.R.F.*, 1982, pp. 364-92; *A.H.R.F.*, 1985, pp. 447-79; Jean-Claude Meyer, *La Vie réligieuse en Haute-Garonne sous la Révolution* (*1789-1801*), Publicatins de l'Université Toulouse-Le Mirail, 1982; Albert Soboul, "Sur les 'curés rouges' dans la Révolution française", *A.H.R.F.*, 1982, pp. 349-63.

10. Donald M. G. Sutherland, *op. cit.*, pp. 214-7.

11. Jean Delumeau, "Au sujet de la déchristianisation", *R.H.M.C.*, 1975, pp. 52-60; André Latreille, "La déchristianisation en France à l'époque moderne", *C.H.*, 1969, pp. 13-35; Ruth Graham, art. cit., *Eighteenth Century Studies*, 1983, pp. 117-40; Jean de Viguerie, *Christianisme et Révolution*, Nouvelles Éditions Latines, 1986, pp. 152-77; Serge Bianchi, "La Déchristianisation de l'an II. Essai d'interprétation", *A.H.R.F.*, 1979, pp. 341-71; Gérard Cholvy, "Réligion et Révolution: la Révolution française et la question religieuse", *L'Histoire*, n. 72, novembre 1984, pp. 50-9; Jacques Bernet, "La Déchristianisation dans le district de Compiègne (1789-1793)", *A.H.R.F.*, 1982, pp. 299-305; *B.S.H.M.*, 1964, n. 4, p. 10.

12. Philippe Goujard, "L'Homme de masse sans les masses, ou le déchristianisateur malhereux", *A.H.R.F.*, 1986, pp. 160-80.

13. Donald M.G. Sutherland, *op. cit.*, pp. 217-29; uma boa colocação de Jean-Noël Bergeon está em *Carrier et la Terreur nantaise*, Librairie Académique Perrin, 1987. Richard Cobb lembrou há pouco (*Times Literary Supplement* de 29/1 e 4/2 de 1988) que Fouquier-Tinville, antes de ser promotor

público do Tribunal Revolucionário em 1793, já tinha enviado às galeras os revoltosos da Guerra das Farinhas em 1775.

14. Andrew Wheatcroft, *The World Atlas of Revolution,* Hamish Hamilton, 1983; Richard Loule, "The Incidence of the Terror: a Critique of a Statistical Interpretation", *E.H.S.,* 1964, pp. 379–89; Michel Morineau, "Mort d'un terroriste... Prolégomènes à l'étude d'un juste: 'Aristide' (ci devant Georges) Couthon", *A.H.R.F.*, 1983, pp 292–339; Colin Lucas, *The Structure of the Terror, The Exemple of Javogues and the Loire,* Oxford University Press, 1973; Martyn Lyons, *Revolution in Toulouse. An Essay on Provincial Terrorism,* University of Durham Publications, 1978; Michel Pertué, "Note sur la mise hors de la loi sous la Révolution française", *Bulletin de la Comission d'Histoire de la Révolution Française,* 1982–1983, pp. 103–18; Olivier Blanc, *La Dernière Lettre. Prisons et condamnés de la Révolution, 1793–1794,* Laffont, 1984; George Armstrong Kelly, *Victims, Authority and Terror,* University of North Carolina Press, 1982; Jeremy D. Popkin, "The Royalist Press in the Reign of Terror", *J.M.H.*, 1979, pp. 685–700. Paul Mansfield, em seu estudo "The Repression of Lyon, 1793–1794: Origins. Responsibility and Significance", *French History,* 1988, pp. 74–106, estabeleceu com firmeza que se tratou ali de uma responsabilidade *coletiva* do Comitê de Salvação Pública e, em primeiro lugar, dos seus membros robespierristas. Ele destaca além disso essa profunda *unidade* do governo revolucionário em seu trabalho de repressão, o acúmulo de erros caros e inúteis por ela representados. Cf., dentro do mesmo espírito, sua conclusão sobre "Collot d'Herbois at the Committes of Public Safety: a Revaluation", *E.H.R.*, 1988, pp. 565–87.

Por que o Terror se burocratizou? (pp. 152-157)

1. Donald M. G. Sutherland, *op. cit.*, pp. 205–8.
2. *Ibid.,* pp. 229–39.
3. Albert Mathiez, *op. cit.;* Michel Eude, "Une interprétation 'non mathiézienne' de l'affaire de la Compagnie des Indes", *A.H.R.F.*, 1901, pp. 239–50; Morris Slavin. "Jacques Roux; a Victim of Vilification", *E.H.S.*, 1964, pp. 525–53; Walter Markow, *Die Freiheiten des Priesters Roux,* Akademie Verlag, 1967; Morris Slavin, "Jean Varlet as Defender of Direct Democracy", *J.M.H.*, 1967, pp. 387–404; Jacques Guilhaumou, "Discours et Révolution: du porte-parole à l'événement discursif", *B.S.H.M.*, 1986, n. 3, pp. 8–15. Deve-se a Daniel Guérin uma obra pioneira com *La Lutte de Classes sous la Première République*, Gallimard, 1946, 2 vols.
4. Jacques Bernet, "Le problème des sociétés sectionnaires sous la Révolution française: l'exemple de Reims (1793–1794)", *IIIe Congrès National des Sociétés Savantes: "Histoire moderne et contemporaine"*, *op. cit.* (este fascículo intitula-se *Exist'il un fédéralisme jacobin? Études sur la Révolution*), pp. 7–19; Anne-Marie Duport, "Les Congrès des sociétés populaires tenus à Valence en 1793: résistance au fédéralisme et anticipations politiques", *ibid.*, pp. 21–37; François Wartelle, "Contre-pouvoir populaire ou complot maximaliste? Les féderations montagnards dans le nord de la France, octobre–décembre 1793", *ibid.*, pp. 59–90; Jacques Guilhaumou, "Le Congrès républicain des sociétés populaires des departements meridionaux de Marseille (octobre–novembre 1793): programme et mots d'ordre",

ibid., pp. 39–57; Yves Tripier, "Les Agents nationaux en Bretagne", *XVIIIe Siècle,* 1986, pp. 227–48.
5. Raymonde Monnier, "La Dissolution des sociétés populaires parisiennes au printemps de l'an II", *A.H.R.F.*, 1987, pp. 176–91.

Por que a ditadura jacobina suicidou-se a 9 do Termidor? (pp. 157-164)

1. Donald M. G. Sutherland, *op. cit.*, pp. 239–47; George Rudé, *La Foule dans la Révolution française,* Maspero, 1982, pp. 150–63; Pierre Arches, "Les Conséquences démographiques de la guerre de Vendée dans le nord des Deux-Sèvres", *IIIe Congrès National des Sociétés Savantes, op. cit.*, pp. 211–29; Anne-Marie Duport, "Le 'tribunal révolutionnaire' du Gard, octobre 1793–thermidor an II", *Bulletin de la Comission d'Histoire de la Révolution Française,* 1984–1985, pp. 85–99 (essa instituição terrorista *regional* jamais fora tão ativa na sua empreitada de morte, a serviço da repressão política, quanto às vésperas do 9 do Termidor). Observa-se o mesmo fenômeno em Bordéus, onde a Comissão Militar acelerou consideravelmente o ritmo das condenações à morte em junho–julho de 1794, sob o cajado de Marc-Antoine Jullien, o agente de Robespierre, em relação aos três meses antecedentes (cf. Marie-Hélène Bourquin, *Monsieur et Madame Tallien,* Librairie Académique Perrin, 1987, p. 172).
2. Martyn Lyons, "The 9 Thermidor: Motives and Effects", *E.S.R.*, 1975, pp. 123–46; Albert Mathiez, *La Révolution française,* T. III, *La Terreur,* A. Colin, 1924, pp. 223.
3. Patrice Bret, "Lazare Carnot, stratège de l'ambigu", *L'Histoire,* n. 94, novembro de 1986, pp. 42–9; Marc Martin, "Les Tournaux militaires de Carnot", *A.H.R.F.*, 1977, pp. 405–28; Michel Eude, "La Loi de prairial", *A.H.R.F.*, 1983, pp. 544–59; "Le Comité de sûreté générale en 1793–1794", *A.H.R.F.*, 1985, pp. 295–306; "Point de vue sur l'affaire Catherine Théot", *A.H.R.F.*, 1969, pp. 606–29.
4. Suzanne Grézaud, "Vadier Montaut (Ariège) en 1793", *A.H.R.F.*, 1972, pp. 420–5; Martyn Lyons, "M.G.A. Vadier (1736–1828): The Formation of the Jacobin Mentality", *F.H.S.*, 1977, pp. 74–100.
5. Albert Mathiez, "Robespierre, l'histoire et la légende", *A.H.R.F.*, 1977, pp. 5–31; Georges Lefebvre, "Robespierre", *B.S.H.M.*, 1958, n. 3, pp. 11–2; Albert Soboul, "Robespierre and the Popular Movement of 1793–1794", P.P., 1954, pp. 54–70; David P. Jordan, "Robespierre and the French Revolution", *A.H.R.F.*, 1977, pp. 20–38; Norman Hampson, *The Life and Opinions of Maximilien Robespierre,* Duckworth, 1974; Serena Torjnssen, "Saint-Just et ses biographes. Mécanique d'un mythe", *A.H.R.F.*, 1979, pp. 234–49; Bernard Vinot, *Saint-Just,* Fayard. 1985. Mouza Raskolnikoff, "Volnev et les Idéoloques: le refus de Rome", *R.H.*, 1982, pp. 357–73, observou que esse ex-constituinte, no início de 1795, na nova Escola Normal, ensinou uma série de lições de história que se ligam fortemente ao mito do valor absoluto das repúblicas antigas. Myrian Revault d'Allonnes ("Tacite et la Révolution française", *Esprit,* dezembro de 1987, pp. 103–10) acaba de mostrar, no entanto, que a necessidade de referências antigas dos jacobinos ia além da ideologia republicana e se ligava entre eles a uma profunda obsessão política pela morte como condição de renascimento.

6. George Armstrong Kelly, "Conceptual Sources of the Terror", *Eighteenth Century Studies,* 1980, pp. 18–36; Jean Deprun, "A la Fête de l'Être suprême. Les 'noms divins' dans deux discours de Robespierre", *A.H.R.F.*, 1972, pp. 161–80; Claude Lefort, *op. cit.,* p. 139; Mona Ozouf, art. cit., *J.M.H.*, 1984, pp. 579–97; Lazare Carnot, *Révolution et Mathématique,* T. II, L'Herne, 1985, pp. 204 ss., 211 ss.; Raymond Sechez, *Le Génocide franco-français. La Vendée-Vengé,* PUF, 1986; Jean-Clément Martin, *La Vendée et la France,* Le Seuil, 1987; Claude Langlois, "La Revolution malade de la Vendée", *XX Siècle,* n. 14, avril-juin 1987, pp. 69–78; George Armstrong Kelly, *Mortal Politics in Eighteenth Century France,* Waterloo University Press, 1987; Hugh Gough, "Genocide and the Bicentenary: the French Revolution and the Revenge of the Vendée", *The Historical Journal,* 1987, pp. 977–88. Gerd van der Heuvel, "Terreur, terroriste, terrorisme", *in* R. Reichardt e E. Schmitt (org.), *Handbuch politisch-sozialer Greundbegriffe in Frankreich, 1680–1820,* Munique, Oldenbourg, 1985, v. 3; mostra o enraizamento desses conceitos no pensamento do Ancien Régime e sua retomada pela Revolução.

8. Uma ditadura inevitável?

A reação termidoriana assinala o fim da Revolução? (pp. 165-174)

1. François Furet et Denis Richet, *La Révolution française,* T. II, Hachette, 1966.
2. Donald M. G. Sutherland, *op. cit.,* pp. 248–55; Georges Lefebvre, *Les Thermidoriens,* A. Colin, 1937; Denis Woronoff, *La Republique bourgeoise de Thermidor à Brumaire, 1794–1799,* Le Seuil, 1972.
3. Donald M. G. Sutherland, *op. cit.,* pp. 255–64; George Rudé, *La Foule dans la Révolution française,* Maspero, 1982, pp. 164–82.
4. Donald M. G. Sutherland, *op. cit.,* pp. 264–78; George Rudé, *op. cit.,* pp. 183–201.
5. Pierre Massé, "Les Mémoires de Thibaudeau vus par l'ex-conventionnel Piorry", *A.H.R.F.*, 1972, pp. 417–37; François Gendron, *La Jeunesse sous Thermidor,* PUF, 1983; Maurice Dommanget, *Pages choisies de Babeuf,* A. Colin, 1935, pp. 161–203; Morris Slavin, art. cit., *J.M.H.*, 1967, pp. 400–92; Alexandre Jovicevich, "Le royaliste La Harpe en vendémiaire an IV, d'après un document inédit", *A.H.R.F.*, 1971, pp. 441–58; Gracchius Babeuf, *La guerre de Vendée: Le système de dépopulation,* reengron R. Secher e J. J. Brégeon, Tallandier, 1987.
6. Françoise Brunel, "Les derniers montagnards et l'unité révolutionnaire", *A.H.R.F.*, 1977, pp. 385–404; "Sur l'historiographie de la réaction thermidorienne. Pour une analyse politique de l'échec de la voie jacobine", *A.H.R.F.*, 1979, pp. 455–74; Françoise Brunel e Myrian Revault d'Allonnes, "Jacobinisme et libéralisme", *XVIIIe Siècle,* 1982, pp. 103–15; Bronislaw Baczko, "Le contrat social des Français: Sieyès et Rousseau", *in* Keith Michael Baker (org.), *The French Revolution...,* Pergamon Press, 1987, pp. 493–513.
7. Clive H. Church, "Du nouveau sur les origines de la Constitution de 1795", *Revue Historique de Droit Français et Étranger,* 1974, pp. 594–627; "Bureau-

cracy, Politics and Revolution: the Evidence of the Comission des Dix-Sept", *F.H.S.*, 1970, pp. 492–516; Jeremy D. Popkin, *The Right-Wing Press in France, 1792–1800,* The University of North Carolina Press, 1980.
8. Richard Cobb, "Quelques aspects de la crise de l'an II en France", *B.S.H.M.*, 1964, n. 2, pp. 2–5.
9. Richard Cobb, *The Police and the People. French Popular Protest, 1789–1820,* Oxford University Press, 1972.
10. James R. Harkins, "The Dissolution of the Maximum and Trade Controls in the Department of the Somme in 1795", *F.H.S.*, 1970, pp. 333–49.
11. Michèle Schlumberger, "La réaction thermidorienne à Toulouse", *A.H.R.F.*, 1971, pp. 265–83; Gwyne Lewis, art. cit., *P.P.*, 1973, pp. 108–35; Gwyne Lewis e Colin Lucas (orgs.), *Beyond the Terror, Essays in French Regional and Social History, 1794–1815,* Cambridge University Press, 1983; Colin Lucas, "Violence thermidorienne et société traditionnelle. L'exemple du Forez", *C.H.*, 1979, pp. 3–43; "Thermidorian Reaction", *in* S. F. Scott e B. Rothaus (org.), *Historical Dictionary of the French Revolution,* 1789–1799, T. II, Aldwych Press, 1985, pp. 960–65.

A experiência liberal do Diretório era viável? (pp. 174-183)

1. Donald M. G. Sutherland, *op. cit.*, pp. 279–92.
2. *Ibid.*, pp. 292–307. Em junho de 1796, um refratário refugiado na Espanha podia celebrar a falência da Igreja Constitucional em Montpellier, observava, satisfeito, que todas as igrejas haviam sido fechadas ali havia dois anos (Gérard Cholvy, "La crise révolutionnaire et le clergé de l'Hérault", *Bulletin de la Comission d'Histoire de la Révolution Française,* 1984, pp. 73–84). Raymond Dartevelle, por outro lado, acaba de mostrar ("La foi et la reconquête pastorale dans le diocèse de Gap et d'Embrun, 1795–1798", *Actes du 109e Congrès National des Sociétés Savantes,* T. I, fascículo 1, Dijon, 1984, pp. 403–21; "Les Attitudes du clergé dans les Hautes-Alpes au lendemain du 18 fructidor an V", *A.H.R.F.*, 1987, pp. 192–218) a que ponto foram fortes, então, no sul desse departamento, a resistência dos refratários e a vitalidade da religião popular.
3. Denis Woronoff, *op. cit.;* Georges Lefebvre, *La France sous le Directoire (1795–1799)*, org. por Jean-René Suratteau, Editions Sociales, 1977; Jean-René Suratteau, "Le Directoire. Points de vues et interprétations d'après des travaux récents", *A.H.R.F.*, 1976, pp. 181–214; Robert H. Wiede, *The Opening of American Society from the Adoption of the Constitution to the Eve of Desunion,* A.A. Knopf, 1984; Clive H. Church, "In Search of the Directory", *in* J. F. Bosher (org.), *French Government and Society, 1500–1850, Essays in Memory of Alfred Cobban,* Athlon Press, 1973; *Revolution and Red Tape: the French Ministerial Bureaucracy, 1770–1850,* Oxford University Press, 1981. Bom encaminhamento de pesquisa foi feito por Catherine Kawa, "Voies nouvelles pour une étude de la bureaucracie révolutionnaire", *A.H.R.F.*, 1988, pp. 60–75. Observa-se que, segundo a carta de um militante de l'Yvonne a Grégoire, em 2 de janeiro de 1795, se o coração dos franceses talvez fosse republicano, seus hábitos continuavam sendo monarquistas (cit. por Suzanne Desan, *J.M.H.*, 1988, p. 24).

4. Colin Lucas, "The First Directory and the Rule of Law", *F.H.S.*, 1977, pp. 231–60.
5. Harvey Mitchell, "Resistance to the Revolution in Western France", *P.P.*, 1974, pp. 94–131.
6. T. J. A. Le Goff e Donald M. G. Sutherland, "The Social Origins of Counter–Revolution in Western France", *P.P.*, 1983, pp. 65–87; Gérard Cholvy, "La Révolution française et la question religieuse", *L'Histoire,* novembro de 1984, pp. 59–60. Colin Lucas, "L'Église constitutionnelle dans la Loire après la Terreur", *C.H.*, 1985, pp. 309–39, mostrou que, mesmo nessa região onde era amplamente majoritário, o clero constitucional conheceu rapidamente uma crise profunda em virtude da resistência dos fiéis e da reviravolta dos acontecimentos. Suzanne Desan dedicou–se há pouco à estratégia dos católicos que, aproximadamente, na metade da França se encontravam em regiões não–confrontadas diretamente com a contra–revolução. Totalmente politizada, sua campanha em favor da liberdade religiosa copiava sem pudor um discurso revolucionário evidentemente proteiforme que servia aí para denunciar o despotismo e a tirania opostos às reivindicações católicas. Observa–se bem aí — como um dos principais resultados culturais de uma Revolução que sacralizara a política — uma curiosa mistura de tradição religiosa e nova cultura política.
7. Marc Martin, "Les Journaux militaires de Carnot", A.H.R.F., 1972, pp. 405–28; Jacques Godechot, "Études récents sur la presse révolutionnaire", *A.H.R.F.*, 1974, pp. 310–7; Jeremy D. Popkin, "Les journaux républicains, 1795–1799", *R.H.M.C.*, 1984, pp. 143–57; Isser Woloch, "The Revival of Jacobin in Metz during *J.M.H.*, 1966, pp. 13–37; *Jacobiny Legacy. The Democratic Movement under the Directory,* Princeton University Press, 1970; Maurice Dommanget, *op. cit.*, pp. 224–319; John L. Talmon, *The Origins of Totalitarian Democracy. Political Theory and Practice during the French Revolution and Beyond,* Secker & Warburg, 1952, pp. 165–247; Richard M. Andrews, "Reflexions sur la conjuration des égaux", *A.E.S.C.*, 1974, pp. 73–106. Steven Kaplan confirmou há pouco e brilhantemente essa originalidade do subúrbio Saint–Antoine, cujo autonomismo, em 1791, assustava até Marat ("Les Corporations, les 'faux ouvriers' et le Faubourg Saint–Antoine au XVIIIe siècle", *A.E.S.C.*, 1988, pp. 353–78).

O golpe de Estado do Brumário era inevitável? (pp. 183-190)

1. Donald M. G. Sutherland, *op. cit.*, pp. 308–20.
2. *Ibid.*, pp. 320–35; Jean–Pierre Bertaud, *Bonaparte prend le pouvoir,* Éditions Complexe, 1987.
3. T. C. W. Blanning, *The Origins of the French Revolutionary Wars,* Longman, 1986, pp. 173–211.
4. Steven T. Ross, "The Military Strategy of the Directory: the Campaigns of 1799, *F.H.S.*, 1967, pp. 170–87. Paul W. Schroeder ("The Collapse of the Second Coalition", *J.M.H.*, 1987, pp. 244–90) acaba de atribuir a derrota dos Aliados à contradição existente entre a Áustria e a vontade imperialista anglo–russa. Será necessário esperar 1814 para ver os adversários da França preferirem — em vez dos cálculos militares a curto prazo — uma perspectiva política de conjunto da situação européia. Cf., para a posição de Viena, Karl A. Roider,

Jr., *Baron Thugut and Austria's Response to the French Revolution,* Princeton University Press, 1987.

5. Jacques Godechot, *La Révolution française dans le Midi toulousain,* Privat, 1986, pp. 279–301; *La Contre-Revolution. Doctrine et action, 1789–1804,* PUF, 1961, pp. 347–76.

6. Jean Merley, "La situation économique et politique de la Haute-Loire à la fin du Directoire et le dressement consulaire", *C.H.*, 1971, pp. 393–401; John A. Davis, "Les sanfédistes dans le royaume de Naples (1799): guerre sociale ou guerre civil?", *in* François Lebrun e Roger Dupuy (orgs.), *Les Résistances à la Révolution,* Imago, 1987, pp. 311–20; Guy Lemarchand, "Une contre-révolution impossible: le pays de Caux face à la basse Normandie, 1793–1800", *ibid.*, pp. 106–15; Alan Forrest, "Le recrutement des armées et la contre-révolution en France", *ibid.*, pp. 180–90. Carlo Zaghi acaba de mostrar (*Potere, Chiesa e Societa. Studi e ricerche sull'Italia giacobina e napoleonice,* Nápoles, 1984; cf. o seu *Italia di Napoleone della Cisalpina al Regno,* T. VII da *Storia d'Italia,* dirigida por G. Galasso, Turim, 1986) que o verdadeiro poder — na Itália revolucionária e napoleônica — continuava sendo, de forma constante, o da Igreja Católica. Marina Formica, "Tra Semantica e Politica: il concetto di popolo nel giacobinismo italiano (1796–1799)", *S.S.*, 1987, pp. 699–721. Brilhante confirmação do peso do mundo rural encontra-se no artigo de Philippe Bourdin, "Les paysans et le pouvoir directorial dans le Puy-de-Dôme", *A.H.R.F.*, 1987 pp. 314–37.

7. Lynn Hunt, David Lansky e Paul Hamson, "The Failure of the Liberal Republic in France, 1795–1799: The Road to Brumaire", *J.M.H.*, 1979, pp. 734–59. Mona Ozouf (*in* Keith M. Baker (org.), *The French Revolution...,* Pergamon Press, 1987, pp. 431 ss.) observou esse horror às facções, esse sonho de unidade perfeita e de uniformidade absoluta que atravessa toda a Revolução.

8. Raymonde Monnier, "De l'an III à l'an IX, les derniers sans-culottes. Résistance et répression à Paris sous le Directoire et au début du Consulat", *A.H.R.F.*, 1984, pp. 386–406; Albert Soboul e Raymonde Monnier, *Répertoire du personnel sectionnaire parisien en l'an II,* Publications de la Sorbonne, 1985 (mais de 70% desses militantes foram objeto da repressão termidoriana e consular).

9. Um novo Estado?

Por que a Revolução Francesa culminou no estabelecimento de uma ditadura pessoal? (pp. 192-197)

1. Louis Bergeron, *L'Épisode napoléonien. Aspects intérieurs, 1799–1815,* Le Seuil, 1972, pp. 7–31; cf. também Jean Tulard, *Napoléon,* Fayard, 1977, pp. 115–29; Jean-Pierre Bertaud, *La France et Napoleón, 1795–1815,* Messidor, 1987.

2. Donald M. G. Sutherland, *op. cit.*, pp. 336–40, 356–62. Marcel Dorigny, aliás, mostrou recentemente em "La formation de la pensée économique de Sieyès d'après ses manuscrits (1770–1789)", *A.H.R.F.*, a que ponto esse autor e aproveitador do Brumário era partidário, antes mesmo da Revolução, de um Estado forte, de modo algum liberal, que organizava, ao contrário, de cima e de maneira autoritária a sociedade civil.

3. Harold T. Parker, "The formation of Napoleon's Personnality: an Exploratory Essay", *F.H.S.*, 1971, pp. 6–26. Cf., do mesmo autor, "Napoleon reconsidered: An Invitation to Inquiry and Reflection", *F.H.S.*, 1987, pp. 142–56, onde ele insiste na necessidade de integrar o estudo psicológico de Napoleão ao das mudanças na sociedade francesa e seus valores entre o Ancien Régime e o início do século XIX.

A centralização administrativa desenvolvida pela Revolução e por Napoleão inscreve-se na continuidade do Ancien Régime? (pp. 197-205)

1. Louis Bergeron, *op. cit.*
2. Jean Tulard, *op. cit.*, p. 129; Michel Bruguière, *Gestionnaires et Profiteurs de la Révolution. L'Administration des finances françaises de Louis XVI à Bonaparte*, Olivier Orban, 1986, pp. 49–72.
3. *Ibid.*, pp. 73–90.
4. *Ibid.*, pp. 90–106.
5. *Ibid.*, pp. 106–37.
6. *Ibid.*, pp. 138–59.
7. *Ibid.*, pp. 160–93.
8. Harold Parker, "Two Administrative Bureaus under the Directory and Napoleon", *F.H.S.*, 1965, pp. 150–69; Clive H. Church, "The Social Basis of the French Central Bureaucracy under the Directory, 1795–1799", *P.P.*, 1967, pp. 59–72; *Revolution and Red Tape: The French Ministerial Bureaucracy, 1770-1850*, Oxford University Press, 1981.
9. Edward A. Whitcomb, "Napoleon's Prefects", *A.H.R.*, 1974, pp. 1089–118.
10. Donald M. G. Sutherland, *op. cit.*, pp. 344–7. Isser Woloch ("The Fall and Resurrection of the Civil Bar, 1789–1820". *F.H.S.*, 1987, pp. 241–62) preparou recentemente o estudo desse movimento pelo qual a sociedade civil francesa passou, de 1789 ao início do século XIX, de um antigo a um novo sistema. Ela o fez gradativamente, adotando opiniões muito liberais e descentralizadoras e depois se curvando a um controle muito mais estrito da parte do Estado.

O regime napoleônico pôs fim à existência das oposições? (pp. 205-210)

1. Louis Bergeron, *op. cit.*, pp. 95–118. Boa preparação é a de Brigitte Sarlichen-Lange e Franz Knopstein, "Les Idéologues avant et après Thermidor", *A.H.R.F.*, 1988, pp. 35–59. Mostra a profundeza do engajamento político desses anti-*montagnards* e sua tentativa de explicar o desvio terrorista da Revolução como uma traição do espírito das Luzes; Harvey Mitchell, "Tocqueville's Mirage or Reality? Political Freedom from Old Regime to Revolution", *J.M.H.*, 1988, pp. 28–54, estuda a análise crítica, feita por Tocqueville, do fracasso dos ideólogos na tentativa de dar uma saída liberal para a Revolução.
2. Donald M. G. Sutherland, *op. cit.*, pp. 340–4.

3. *Ibid.*, pp. 347–54, 362–5.
4. *Ibid.*, pp. 376–80.
5. *Ibid.*, pp. 390–7. Bom e recente trabalho é o de Isser Woloch, "Napoleonic Conscription: State Power and Civil Society", *P.P.*, 1986, pp. 101–29. Ver, em relação à amplitude da questão, o estudo magistral de Alan Forrest, *Déserteurs et Insoumis sous la Révolution et l'Empire*, Librairie Académique Perrin, 1988.

10. Uma nova sociedade?

A Revolução arruinou a economia francesa? (pp. 211-216)

1. Alfred Cobban, *Le Sens de la Révolution française*, Hachette, 1986, pp. 86–96.
2. Florin Aftalion, *L'Economie de la Révolution française*, Perrin, 1986, pp. 149–267.
3. René Sédillot, *Le Coût de la Révolution française*, Perrin, 1986, pp. 149–267. Recente confirmação dessas opiniões está em William M. Reddy, *The Rise of Market Culture: The Textile Trade and French Society, 1750–1900*, Cambridge University Press, 1984, p. 61.
4. François Crouzet, *De la supériorité de l'Angleterre sur la France, L'économique et l'imaginaire, XVIIe–XXe siècles*, Perrin, 1985.
5. *Ibid.*, pp. 248–79.
6. *Ibid.*, pp. 22–89; D. K. Cohen, "The Vicomte de Bonald's Critique of Industrialism", *J.M.H.*, 1969, pp. 482–4; Humphrey Jennings, *Pandaemonium: the Coming of the Machine as seen by Contemporary Observers*, Deutsch, 1985.
7. Jean-Claude Perrot, "Les Publications françaises d'économie politique (XVIIe–XVIIIe siècles)", *B.S.H.M.*, 1985, n. 1, pp. 21–6; Robert Forster, "Obstacles to Agricultural Growth in Eighteenth Century France", *A.H.R.*, 1970, pp. 1600–15; Emmanuel Le Roy Ladurie, "Pour un modèle de l'économie rurale française au XVIIIe siècle", *C.H.*, 1974, pp. 5–27; P. O'Brien e C. Keyder, *Economic Growth in Britain and France, 1780–1794*, 1978.
8. P. Viles, "The Slaving Interest in the Atlantic Ports, 1763–1792", pp. 529–43; Robert Louis Stein, *The French Slave Trade in the Eigteenth Century: an Old Regime Business*, The University of Wisconsin Press, 1979; Jean Tarrade, "Le Groupe de pression du commerce à la fin de l'Ancien Régime et sous l'Assemblée constituante", *B.S.H.M.*, 1970, n. 2, pp. 23–6; Richard B. Du Goff, "Economic Thought on Revolutionary France, 1789–1792: the Question of Poverty and Unemployement", *F.H.S.*, 1966, pp. 434–51.
9. Jean-Claude Perrot, "Voies nouvelles pour l'histoire économique de la Révolution", *A.H.R.F.*, 1975, pp. 30–65.
10. Albert Soboul, *in* Fernand Braudel e Ernest Labrousse (orgs.), *Histoire économique et sociale de la France*, T. III, PUF, 1976, pp. 3–64; Hubert Bonin, "La Révolution française a-t-elle brisé l'esprit d'entreprise?" *L'Information Historique*, 1985, pp. 193–204; Denis Woronoff, *L'Industrie sidérurgique en France pendant la Révolution et l'Empire*, Éditions de l'École des Hautes Études en Sciences Sociales, 1984.

11. Louis Bergeron, *L'Épisode napoléonien. Aspects intérieurs, 1789–1815*, Le Seuil, 1972, pp. 178–214.
12. Jean Tulard, *Napoléon*, Fayard, 1977, pp. 261–76; Albert Soboul, *op. cit.*, pp. 65–133; *La Civilisation et la Révolution française*, T. III, *La France napoléonienne*, Arthaud, 1983, pp. 117–226, 347–405; Donald M. G. Sutherland, *op. cit.*, pp. 380–4. Boa e recente é a conclusão de Denis Woronoff, "La Révolution a-t-elle été une catastrophe économique?", *L'Histoire*, n. 113, julho–agosto de 1988, pp. 110–4. Cf. também Guy Lemarchand, "Du Féodalisme au Capitalisme: A propos des conséquences de la Révolution sur l'évolution de l'economie française", *A.H.R.F.*, 1988, pp. 171–207.

A Revolução francesa renovou as elites? (pp. 216-222)

1. Alfred Cobban, *op. cit.*, pp. 97–105.
2. Jean Sentou, *La Fortune immobilière des Toulousains et la Révolution française*, Comission d'Histoire Économique et Sociale de la Révolution Française, "*Mémoire et documents*", XXIV, 1970.
3. Louis Bergeron, *op. cit.*, pp. 65–91, 130–46. Menos de 10% dos nobres franceses emigraram, segundo Patrice Higonnet (*Class, Ideology and the Rights of Nobles during the French Revolution*, Harvard University Press, 1981, cit. por C. W. Blanning, *The French Revolution, Aristocrats versus Bourgeois?*, Macmillan, 1987, p. 44). Mais de mil oficiais nobres serviam ainda a República em 1795, entre eles uma centena de generais (*ibid.*) O conde de Puisaye, que então dirigia a contra-revolução no Ocidente, servira fielmente a Revolução até o verão de 1793 (M. Hutt, *Chouannerie and Counter-revolution Puisaye, the Princes and the British Government in the 1790s*, 2 v., 1983, cit. *ib.*).
4. *Ibid.*, pp. 146–72. Gail Bossenga observou recentemente ("La Revolution française et les corporations: trois exemples lillois", *A.E.S.C.*, 1988, pp. 405–26) que, sob Napoleão, foi o Estado central que teve de impor o liberalismo econômico aos funcionários locais e *aos meios industriais.*
5. Jean Nicolas, "Le ralliement des notables au régime impérial dans le Département du Mont Blanc", *R.H.M.C.*, 1972, pp. 92–127; Jean Tulard, *op. cit.*, pp. 241–60, 325–34; Albert Soboul, *in Histoire économique et sociale de la France*, pp. 54–60, 124–33; "La grande propriété foncière à l'époque napoléonienne", *A.H.R.F.*, pp. 150–9, 320–431.
6. Robert Forster, "The Survival of the Nobility during the French Revolution", *P.P.*, 1967, pp. 71–86; C. Brelot, *La Noblesse en Franche-Comté de 1798 à 1808*, Les Belles Lettres, 1972; Michel Simonot, "L'Opinion publique en Côte-d'Or et la question des émigrés", *B.S.H.M.*, 1985, n. 4, pp. 2–8. François Koerner, "La Noblesse auvergnate et l'émigration sous la Révolution et l'Empire (1789–1815)", *L'Information Historique*, 1987, pp. 133–9; Robert Forster, "The French Revolution and the 'new' élite", *in* J. Polenski (org.), *The American and French Revolutions*, 1980.
7. Béatrice Fink, "Un inédit de Benjamin Constant", *XVIIIe Siècle*, 1982, pp. 199–218; Ulrich Ricken, "Louis-Sébastien Mercier et ses deux nouveaux Paris", *XVIIIe Siècle*, 1972, pp. 301–13; Jean Meyer, *in L'Europe à la fin du XVIIIe siècle*, Sedes, 1985, pp. 425 ss.

8. Louis Trénard, "Un notable lyonnais pendant la crise révolutionnaire: Pierre-Toussaint Dechazelle", *R.H.M.C.*, 1958, pp. 201–25.
9. Stuart Woolf, "Les bases sociales du Consulat. Un mémoire d'Adrien Duquesnoy", *R.H.M.C.*, 1984, pp. 597–618.
10. Donald M. G. Sutherland, *op. cit.*, pp. 366–9.
11. *Ibid.*, pp. 384–90.
12. Hubert Bonin, art. cit., *L'Information Historique*, 1985, pp. 198–201.

A Revolução francesa transformou a condição das classes populares? (pp. 222-287)

1. Melvin Edelstein, "Mobilité ou immobilité paysanne? Sur certaines tendances conservatrices de la Révolution française", *A.H.R.F.*, 1975, pp. 446–77; *"La Feuille villageoise". Communication et modernisation dans les régions rurales pendant la Révolution,* Comission d'Histoire Économique et Sociale de la Révolution Française, "Mémoires et documents", XXXIV, 1977; Jean Vassort, "Mobilité et enracinement en Vendômois au tournant des XVIIIe et XIXe siècles", *A.E.S.C.*, 1983, pp. 735–68; Jean–Pierre Jessene, "Le Pouvoir des fermiers dans les villages d'Artois (1770–1848)", *A.E.S.C.*, pp. 702–34; *Pouvoir au village et Révolution.* Artois 1760–1848, Presses Universitaires de Lille, 1987.
2. Albert Soboul, *op. cit.*, pp. 61–4, 116–8; *La France napoléonienne*, pp. 145–249; Louis Bergeron, *op. cit.*, pp. 173 ss.; Jean Tulard, *op. cit.*, pp. 246–248; Françoise Fortunet, "Le Code rural ou l'impossible codification", *A.H.R.F.*, 1982, pp. 95–112. O historiador soviético Anatoly Ado (*Krest'yanske dvizhenie vo Frantsii vo nemya velikoy burzhiarnoy revoluitsii Kantsa XVIII veku, 1971*), que muito influenciou as últimas idéias de Albert Soboul sobre o assunto, sustenta que, ao quebrar o regime senhorial, os camponeses franceses abriram a via ao capitalismo. G. van der Heuvel (*Grundprobleme der französischen Bauernschaft 1730–1794*, 1982) é, em relação a isso, a justo título, bem menos seguro. Um estudo de toda a economia agrícola e da sociedade rural como conduzida em P. Léon (org.), *Histoire économique et sociale du monde*, vol. III, *Inerties et révolutions* (*1730–1840*), A. Colin, 1978, nos leva a pensar que o verdadeiro destruidor do Ancien Régime nos campos franceses foi a estrada de ferro.
3. Peter M. Jones, " 'La République au village' in the Southern Massif Central, 1789–1799", *The Historical Journal*, 1980, pp. 793–812; "Political Commitment and Rural Society in the Southern Massif Central", *E.S.R.*, 1980, pp. 337–56; "The Rural Bourgeoisie of the Southern Massif Central: Contribution to the Study of the Social Structure of 'Ancién Régime' France", *Social History*, 1979, pp. 65–83; P. M. Jones, *Politics and Rural Society: The Southern Massif Central c. 1750–1880*, Cambridge University Press, 1985.
4. Daniel Roche, *Le peuple de Paris. Essai sur la culture populaire au XVIIIe siècle*, Aubier, 1981; "Cuisine et alimentation populaire à Paris", *XVIIIe Siècle,,* 1982, pp. 7–18; Albert Soboul, "Problèmes du travail au XVIIIe siècle. L'apprentissage: réalités sociales et nécessités économiques", *S.S.*, 1964, pp. 449–66; Claude Petitfrère, "Les Lumières, la Révolution et les domestiques", *B.S.H.M.*, 1986, n. 4, pp. 10–5.

5. Olwen Hufton, *Bayeux in the Late Eighteenth Century: a Social Study,* Londres, 1967; *The Poor of Eighteenth Century France, 1750–1789,* Oxford University Press, 1974.
6. Mahne Erpeldinger e Claudine Lefebvre, "Les misérables sous la Révolution (districts de Lille et de Douai)", *A.H.R.F.*, 1974, pp. 164–86; Alan Forrest, "The Condition of the Poor in Revolutionary Bordeaux", *P.P.*, 1973, pp. 147–77.
7. Alan Forrest, *The French Revolution and the Poor,* Saint Martin's Press, 1981. Opiniões mais otimistas encontram-se em Isser Woloch, "From Charity to Welfare in Revolutinary Paris", *J.M.H.*, 1986, pp. 779–812. Mas a capital não é a França, do mesmo modo que a totalidade da Revolução não se refere ao seu episódio jacobino.
8. Albert Soboul, *La France Napoléonienne,* pp. 60, 117–24, 251–317.
9. Louis Bergeron, *op. cit.*, pp. 174–77; Jean Tulard, *op. cit.*, pp. 248–54; William H. Sewell, Jr. destacou (*Work and Revolution in France: the Language of Labor from Old Regime to 1848,* Cambridge University Press, 1980) essa continuidade corporativista dos operários franceses antes e depois de 1789. Lynn Hunt e George Sheridan, na sua crítica recente desse autor ("Corporatism, Association and the Language of Labor in France, 1750–1850", *J.M.H.*, 1986, pp. 813–44), negam mesmo o surgimento de qualquer consciência de classe durante esse período.

11. Uma Revolução cultural?

A Revolução descristianizou a França? (pp. 228-234)

1. A melhor apresentação da nova problemática encontra-se em Michel Vovelle, *La Mentalité révolutionnaire. Société et mentalités sous la Révolution française,* Messidor, 1985. Deve-se compará-lo a René Pillorget, "The Cultural Programme of the 1789 Revolution", *History,* 1985, pp. 386–96.
2. Jean de Viguerie, *Christianisme et Révolution. Cinq leçons d'histoire de la Révolution française,* Nouvelles Éditions Latines, 1986, pp. 256–60, 7–226.
3. *Ibid.*, pp, 226–56. Roger Chartier (*XVIIIe Siècle,* 1986, p. 57) acaba de questionar, sem que sejamos forçados a segui-lo, o valor do testemunho de Restif quanto à leitura popular da Bíblia. Preciosas indicações sobre a complexidade das reações religiosas na Revolução, em relação a um caso individual particularmente significativo, encontram-se em *Un fondateur dans la tourmente révolutionnaire, Pierre de Clorvière (1735–1820)*, Colloque du Centre Sèvres, 1985, *in Christus,* 1986, n. 131, fora de série.
4. Serge Bianchi, "La déchristianisation dans le district de Corbeil", *R.H.M.C.*, 1979, pp. 256–81; Jean Dumont, *La Révolution française ou les Prodiges du sacrilège,* Criterion, 1984, pp. 181–510; Daniele Menozzi, *Letture politiche di Gesu dall'Ancien Régime alla Rivoluzione,* Brescia, Paideia Editrice, 1979; "La Bible des révolutionnaires", *in* Yvon Belaval e Dominique Bourol (org.), *Le Siècle des Lumières et la Bible,* Beauchesne, 1986, pp. 677–95; Anne Sauvy, "Lecture et diffusion de la Bible en France", *ibid.*, pp. 27–46; Louis Pérouas, "Sur la déchristianisation. Une approche de la pratique pascale sóus le Directoire. Le cas de la Creuse", *R.H.E.F.*, 1986, pp. 295–9. Frank-Paul Bowman

(*Le Christ des barricades, 1789–1848,* Le Cerf, 1987) acaba de insistir novamente sobre a importância da imagem revolucionária de Jesus durante esse período.

5. Guy Lemarchand, "L'Église appareil idéologique d'Etat dans la France d'Ancien Régime (XVIe–XVIIIe siècles)", *A.H.R.F.*, 1979, pp. 250–79; Louis Trénard, *Lyon, de l'Enciclopédie au préromantisme. Histoire sociale des idées*, 2 vol., PUF, 1958; Michel Péronnet, "Les censures de la Sorbonne au XVIIIe siècle: base doctrinale pour le clergé de France", *in* François Lebrun e Roger Dupuy (orgs.), *Les Résistances à la Révolution,* Imago, 1986, pp. 27–36; Michel Morineau, "Raison, Révolution et contre–révolution", *ibid.*, pp. 284–91; Yves Fauchois, "Les évêques émigrés et le royalisme pendant la Révolution française", *ibid.*, pp. 386–95; Mona Ozouf, "L'idée et l'image du regicide dans la pensée contre–révolutionnaire; l'originalité de Ballanche", *ibid.*, pp. 331–41; Gérard Gengembre, "Bonald. La doctrine pour et contre l'histoire", *ibid.*, pp. 342–51; Daniel Ligou, "Le président Nicolas Jansson: (...) une vision contre-revolutionnaire (...)", *ibid.*, pp. 376–85; Edouard Guitton, "Aspect de la conversion (1790–1802)", *XVIIIe Siècle,* 1982, pp. 151–65; Jean-Louis Vieillard-Baron, "Phénoménologie de la conscience religieuse", *ibid.*, pp. 167–89

6. Louis Bergeron, *L'Épisode napoléonien. Aspects intérieurs, 1799–1815,* Le Seuil, 1972, pp. 24–8, 48–50, 215–24; cf. Pierre Bénichon, *Le sacre de l'écrivain, 1750–1830,* José Corti, 1973.

7. Donald M. G. Sutherland, *op. cit.*, pp. 354–6, 369–74.

8. Claude Langlois e Timothy Tackett, "A l'épreuve de la Révolution (1770–1830)", *in* François Lebrun (org.), *Histoire des catholiques en France,* Privat, 1980, pp. 215–89; Louis Châtellier, *L'Europe des dévots,* Flammarion, 1987; Dominic Aidan Bellenger, *The French Exiled Clergy in the British Isles after 1789: An Historical Introduction and Working List,* Bath, Downside Abbey, 1987.

9. William R. Everdell, "The 'Rosières' Movement, 1766–1789. A Clerical Precursor of the Revolutionary Cults", *F.H.S.*, 1975, pp. 23–36.

10. K.M. Jones, "Parish, Seigneurie and the Community of Inhabitants in Southern Central France during the Eighteenth and Nineteenth Centuries", *P.P.*, 1981, pp. 74–108; "Quelques formes élémentaires de la vie réligieuse dans la France rurale (fin XVIIIe et XIXe siècles)", *A.E.S.C.*, 1987, pp. 91–115. Cf. J.L. Le Floch, "Les luttes d'une paroisse pour conserver son identité: Plonivel", *in* "Riante Cornouaille", *Les Cahiers de l'Irvise,* 1987, n. 3, pp. 118–126.

A Revolução francesa desagregou a família tradicional? (pp. 234-241)

1. René Sédillot, *Le Coût de la Révolution française,* Perrin, 1986, pp. 11–37; Louis Bergeron, *op. cit.*, pp. 119–29; André Armengaud, *in* Fernand Braudel e Ernest Labrousse (org.), *Histoire économique et sociale de la France,* T. III, vol. 1, PUF, pp. 161–87. Boa apresentação da herança demográfica recebida pela Revolução feita por Jacques Dupâquier, *Histoire de la Population française,* T. II, *De la Renaissance à 1789, PUF*, 1988, mostra (pp. 219–33) que,

em matéria de nascimento, a Revolução situa-se antes na continuidade que na ruptura.

2. Donald M. G. Sutherland, *op. cit.*, p. 383; Jacques Dupâquier e Christine Berg-Hamon, "Voies nouvelles pour l'histoire démographique de la Révolution française", *A.H.R.F.*, 1975, pp. 3–29; Claude Langlois e Timothy Tackett, *op. cit.*, p. 274; Jean-Claude Sangoï, *Démographie paysanne en bas Quercy (1781–1872). Familles et groupes sociaux,* Éditions du CNRS, 1985.

3. Jacques Godechot, *Les Institutions de la France sous la Révolution et l'Empire,* PUF, 1968 pp. 237–49.

4. *Ibid.*, pp. 433–9, 693–6. A partir de outros e segundo uma espécie de modelo americano, Lynn Hunt diagnosticou ("The Rhetoric of Revolution in France", *History Workshop,* n. 15, 1983, pp. 78–94), talvez com certa imprudência, os sinais de uma negação da autoridade paterna no discurso revolucionário francês surgido em 1789. Excelente e recente conclusão de Jacques Mullier é "Droit et morale conjugale: essai sur l'histoire des relations personnelles entre époux", *R.H.*, 1987, n. 563, pp. 35–106, sobre a evolução da situação, do Ancien Régime ao século XIX.

5. Albert Soboul, *La Civilisation et la Révolution française,* T. III, *La France napoléonnienne,* Arthaud, 1983, pp. 13–20; Donald M.G. Sutherland, *op. cit.*, pp. 374–6; Arlette Farge e Michel Foucault, *Le Désordre des familles. Lettres de cachet des archives de la Bastille,* Gallimard/Julliard, 1982, pp. 374–363.

6. André Armengaud, *op. cit.*, p. 180; Roderick G. Phillips, *Family Breakdown in Late Eighteenth Century France: Divorces in Rouen, 1792–1802,* Clarendon Press, 1981; Dominique Dessertine, *Divorcer à Lyon sous la Révolution et l'Empire,* Presses Universitaires de Lyon, 1981.

7. J.F. Traer, *Marriage and the Family in Eighteenth Century France,* Cornell University Press, 1980; I.A. Hartig, "Révolution et communautés familiales: témoignages et réprésentations", *A.H.R.F.*, 1982, pp. 59–70; Colette Piau-Gillot, "Le discours de Jean-Jacques Rousseau sur les femmes et sa réception critique", *XVIII*[e] *Siècle,* 1981, pp. 317–33; David Williams, "The Fate of French Feminism", *Eighteenth Century Studies,* 1980, pp. 37–55; Paule-Marie Duhet, *Les Femmes et la Révolution, 1789–1794,* Julliard, 1971.

8. Jane Abray, "Feminism in the French Revolution", *A.H.R.*, 1975, pp. 43–62; Louis Devance, "Le féminisme pendant la Révolution", *A.H.R.F.*, 1977, pp. 341–75; L. Kelly, *Women of the French Revolution,* Hamish Hamilton, 1987; Élisabeth Guibert-Sledziewski, "La femme/objet de la Révolution", *A.H.R.F.*, 1987, pp. 1–16; Nina Rattner Gelbart, *Feminine and Opposition Journalism in Old Regime France: "Le Journal des Dames"*, California University Press, 1987.

9. Olwen Hufton, "Women and the Family Economy in Eighteenth Century France", *F.H.S.*, 1975, pp. 1–22. Jacques Peret ("Famille et société à Poitiers à la fin du XVIIIe siècle", *III*[e] *Congrès National des Sociétés Savantes,* T. II, Poitiers, 1986, pp. 7–21) acaba de definir a família popular como uma célula de sobrevivência instável. Cf. Gay L. Gullickson, *Spinners and Weavers of Aussay: Rural Industry and the Sexual Division of Labor in a French Village, 1750–1850,* Cambridge University Press, 1987.

10. Olwen Hufton, "Women in Revolution, 1789–1796", *P.P.*, 1791, pp. 90–108; Alix Deguise, *Trois Femmes. Le monde de Mme de Charrière,* Slatkine, 1985; Albert Soboul, "Madame Tallien", *in Portraits de révolutionnaires,* Éditions

Sociales, 1986, pp. 299–310. Na sua tese recentemente defendida (cf. *A.H.R.F.*, 1987, pp. 219–23) e consagrada às "Femmes des milieux populaires parisiens pendant la Révolution (1793–messidor an III)", Dominique Godineau apresenta uma opinião mais otimista da permanência do militantismo feminino. Novo e bom estudo foi feito por Marie–Hélène Bourquin, *Monsieur et Madame Tallien,* Librairie Académique Perrin, 1987.

A Revolução francesa criou um homem novo? (pp. 241-250)

1. Michel Voyelle, *op. cit.; 1789–1799, la Révolution française. Images et récit,* 5 vol., Livre–Club Diderot, 1985–1987; Serge Bianchi, *La Révolution culturelle de l'an II. Élites et peuple (1789–1799)*, Aubier, 1982; "Vie quotidienne et Révolution française", *Historiens et Géographes,* n. 303, março de 1985, pp. 661–71; Michel Sonenthez, "Les sans–culottes de l'an II: repenser le langage du travail dans la France révolutionnaire", *A.E.S.C.*, 1985, pp. 1087–118. Colocação crítica bem–informada e detalhada, a propósito notadamente dos trabalhos de Sergio Bianchi, foi feita por Marianne Caron–Leullier, "La Révolution culturelle: concept et réalité", *Bulletin de la Comission d'histoire de la Révolution Française,* 1984–5, pp. 201–14. Ela mostra que esse novo modelo, característico dos admiradores do ano II, não vale mais que o antigo, de forma mais estreitamente jacobina, e não é mais "popular" do que ele.

2. William H. Sewel, Jr., art. cit., *J.M.H.*, 1985, pp. 76–9; Michel de Certeau, Dominique Julia e Jacques Revel, *Une politique de la langue: la Révolution française et les patois,* Gallimard, 1975; Hans–Ulrich Gumbrecht, Hans–Jürgen Lüsenbrink e Rolf Reichardt, "Histoire et langage: travaux allemands en lexicographie historique et en histoire conceptuelle", *R.H.M.C.*, 1983, pp. 185–95; Hans–Jürgen Lüsenbrink e Rolf Reichardt, "La Bastille dans l'imaginaire social de la France à la fin du XVIIIe siècle (1774–1799)", *ibid.*, pp. 196–234; Hans–Ulrich Gumbrecht, "Chants révolutionnaires, maitrise de l'avenir et niveau du sens collectif", *ibid.*, pp. 235–56; Olivia Smith, *The Politics of Language, 1791–1819,* Oxford University Press, 1985. Bons estudos de casos feitos recentemente encontram–se, no número especial de março de 1988 (n.º 116) de *Mots Textes Ordinateurs Sociétés* intitulado "Langage Langue de la Révolution française". Cf. também Jean–Claude Bonnet (org.), *La Carmagnole des Muses. L'Homme de lettres et l'artiste dans la Révolution,* Armand Colin, 1988. Essa coletânea mostra bem a persistência dos gêneros e reputações passados em meio às novidades incontestáveis provocadas pelas agitações políticas. Cf. Beatrice Didier, *La Littérature de la Révolution française,* PUF, 1988.

3. Lynn Hunt, *Politics, Culture and Class in the French Revolution,* University of California Press, 1984, pp. 1–119. Ilustração interessante, sobre um aspecto particular é a de Claude Langlois, "Les Dérives vendéennes de l'imaginaire révolutionnaire", *A.E.S.C.*, 1988, pp. 771–97.

4. Robert Darnton, "Révolution sans révolutionnaires", *New York Review of Books,* 31 de janeiro de 1985, pp. 21–3; Jacques Guilhaumou, art. cit., *B.S.H.M.* 1986, n. 3, pp. 8–15; Marc–Élie Blanchard, *Saint–Just et Cie: la Révolution et les mots,* A.G. Nizet, 1980; Marie–Hélène Huet, *Rehearsing the Revolution: The Staging of Marat's Death, 1793–1797*, University of California Press,

1982; Jean-Claude Bonnet (org.), *La Mort de Marat,* Flammarion, 1986; Marcel David, *Fraternité et Révolution française,* Aubier, 1987; Daniel Arasse, *La Guilhotine et l'Imaginaire de la Terreur,* Flammarion, 1987. Antoine de Baecque, "Le sang des héros. Figures du corps dans l'imaginaire politique de la Révolution française", *R.H.M.G.*, 1987, pp. 553–86.

5. Daniel Milo, "Le Nom des rues", *in* Pierre Nora (org.), *Les Lieux de mémoire,* T. II, *La Nation,* vol. 3, Gallimard, 1986, pp. 283–315; Antonio Sergi, "Phèdre, corrigée sous la Révolution", *XVIIIe Siècle,* 1974, pp. 157–65; B. Baczko, "Le complot vandale", *in Le Temps de la réflexion,* IV, Gallimard, 1983, pp. 195–242; Jennifer Harris, "The Red Scape of Liberty. A Study of Dresswom by French Revolutionary Partisans, 1789–1794", *Eighteenth Century Studies,* 1981, pp. 293–312; Claude Langlois, "Le vandalism révolutionnaire", *L'Histoire,* abril 1987, pp. 8–14. Graham Keith Barnett (*Histoire des bibliothèques publiques en France de la Révolution à 1939,* Promodis, 1987) insiste no desastre que representou, para o livro francês, as destruições revolucionárias. Podemos completá-lo com as atas do colóquio *Livre et Révolution,* organizado em maio de 1987, e publicadas em 1988, *in Mélanges de la Bibliotèque de la Sorbonne,* nova série, n. 1. Jean-Marie Goulemot (*La Quinzaine Littéraire,* n. 508, 1–15 de maio/1988) observou, em sua recensão do *Condorcet* de Elisabeth e Robert Badinter, a que ponto seu herói, em seus preconceitos, sua rigidez, suas inépcias, encarna bem as fraquezas de um pensamento das Luzes muitas vezes marcado, como no seu caso, por um excesso de abstração e "uma insensibilidade completa ao real". A falência cultural da Revolução foi também a sua.

6. Jean Starobinski, *L'invention de la liberté, 1700–1789,* Skira, 1964, pp. 100–4; "La Fête révolutionnaire (colloque de Clermont-Ferrand, 24–26 juin 1974)", *A.H.R.F.*, 1975, pp. 337–430; Mona Ozouf, "Symboles et fonctions des âges dans les fêtes de l'époque révolutionnaire", *A.H.R.F.*, 1970, pp. 569–93; "De Thermidor à Brumaire: le discours de la Révolution sur elle même", *R.H.*, 1970, pp. 31–66; *La Fête révolutionnaire, 1789–1799,* Gallimard, 1976, pp. 7–74.

7. *Ibid.*, pp. 75–340. Confirmação recente em Bruno Benoit, "Les fêtes révolutionnaires à Lyon", *C.H.*, 1987, pp. 101–21. Etienne François e Rolf Reichardt ("Les formes de sociabilité en France du milieu du XVIIIe au milieu du XIXe siècle", *R.H.M.C.*, 1987, pp. 453–472) devem reconhecer (*ibid.*, p. 463, n. 50) "o apogeu(...) da festividade aldeã" tradicional logo depois da Revolução e o caráter inaplicável à totalidade da França do modelo devido, nesse aspecto, a Michel Vovelle (*Les Métamorphoses de la fête en Provence de 1750 a 1820,* Flammarion, 1976). Ver, para a questão completa, Etienne François (org.), *Sociabililité et société bourgeoise en France, en Allemagne et en Suisse (1750–1850)*, Editions Recherche sur les Civilisations, 1988.

8. Mark K. Derning e Claudine de Vaulchiez, "La Loi et ses monuments en 1791", *XVIIIe Siècle,* 1982, pp. 117–30; Dominique Poulot, "Naissance du monument historique", *R.H.M.C.*, 1985, pp. 418–50; R. Mortier, "La transition du XVIIIe au XIXe siècle", *XVIIIe Siècle,* 1982, pp. 7–12; François Laforge, "Illusion et désillusion dans l'Émigré de Sénac de Meilhan", *XVIIIe Siècle,* 1985, pp. 367–85; Pierre Escoube, *Sénac de Meilhan (1736–1803)*, Librairie Académique Perrin, 1984. Françoise Dion-Ségala acaba de lembrar ("Une contradiction chez Helvétius: l'herbivore et le carnivore", *XVIIIe Siècle,* 1986, pp. 325–35)

o pessimismo final manifestado por esse filósofo em sua obra sobre *O homem,* surgida em 1774. Diderot o havia então combatido, em nome de um antropológico que Condorcet, sabe-se, saberia conservar em meio à tormenta revolucionária, que no entanto não o pouparia (cf. Jean-Paul Frick, "Condorcet et le problème de l'histoire", *ibid.*, pp. 337-58). Mas a Revolução justamente parecia mostrar, na origem das Luzes, a ignorância das realidades tristemente históricas. Seria, notadamente, a origem da visão já romântica da "decadência" característica de Benjamin Constant (cf. Markus Winkler, *Benjamin Constants Kritik der Französischen Aufklärung,* Berna, 1984.) Ver uma perspectiva diferente em Henri Coulet, "Révolution et roman selon Madame de Staël", *Revue d'Histoire Littéraire de la France,* 1987, pp. 638-60. Precioso é o estudo de Christopher Greene sobre "Alexandre Lenoir and the Musée des Monuments français during the French Revolution", *F.H.S.,* 1981, pp. 200-22. Suas observações acabam de ser confirmadas pela coletânea citada, *La Carmagnole des Muses,* devida a Jean-Claude Bonnet. Ele mostra as hesitações culturais, no aspecto museológico, de uma Revolução que conservava ao mesmo tempo que depurava e salvaguardava os monumentos antigos mesmo a partir do seu desmantelamento. Jay Fliegelman observou corretamente (*Prodigals and Pilgrims: The American Revolution against Patriarchal Authority, 1750-1800,* Cambridge University Press, 1982, p. 230) que a Revolução Francesa, pelas suas violências inúteis e seu fracasso final, ensinou sobretudo aos *contemporâneos* as conseqüências espantosas da deriva ideológica gerada por um abandono utópico aos princípios vagos de uma simpatia universal.

9. Jeremy D. Popkin, *The Right-Wing Press in France, 1792-1800;* D. G. Charlton, *New Images of the Natural in France... 1750-1800,* Cambridge, 1985; John McManners, *Death and the Eighteenth,* Oxford University Press, 1981; Daniel Roche, "Sciences et pouvoirs dans la France du XVIIIe siècle (1666-1803)", *A.E.S.C.*, 1974, pp. 738-48.

10. François-Georges Pariset, "Problèmes posés par le néo-classicisme français", *B.S.H.M.*, 1973, n. 2, pp. 2-4; George Levitine, *The Dawn of Bohemianism, The "Barbu Rebellion and Primitivism in Neoclassical France,* Pennsylvania State University Press, 1978; Ronald Paulson, *Representations of Revolution (1789-1820),* Yale University Press, 1983; "Révolution and the Visual Arts", *in* R. Porter e M. Teich (orgs.), *Revolution in History,* Cambridge University Press, 1986, pp. 240-60; Jean-Jacques Lévêque, *L'Art et la Révolution française,* Neufchâtel, Ides et Calendes, 1987; Michel Vovelle (org.), *Les Images de la Révolution française,* Publications de la Sorbonne, 1988. Conclusão recente e equilibrada é a de Luc de Nanteuil, *Jacques-Louis David,* Editions Le Cercle d'Art, 1987. Será completada por Philippe Bordes, "La fabrication de l'histoire par Jacques-Louis David", *in Triomphe et Mort du Héros. La Peinture d'histoire en Europe de Rubens à Manet,* Musée des Beaux-Arts de Lyon, 1988, pp. 110-9. Ver também Antoine de Baecque, *La caricature révolutionnaire,* Presses du C. Langlois, *La caricature contre-révolutionnaire,* Presses du C.N.R.S., 1988. Philippe Bordes assinalou (cf. *Triomphe et Mort du Héros,* p. 389) a surpreendente requisição de David, pensando, em 1789, em retomar seu quadro do *Serment du Jeu de Paume* e propondo ao Diretório mudar ali a identidade dos personagens para que os atores *reais* do acontecimento fossem substituídos por outros, muito mais interessantes para a posteridade.

11. Marcel Dorigny, "Les girondins et Jean-Jacques Rousseau", *A.H.R.F.*, 1978, pp. 560–83; Françoise Brunel e Myrian Revault d'Allonnes, art. cit. *XVIIIe Siècle*, 1982, pp. 108–13; Jean-Claude Perrot, art. cit., *A.H.R.F.*, 1975, pp. 50–3; Diego Scarca, "Rousseau e il primitivismo tra Rivoluzione e Impero", Studi Francesi, 1985, pp. 243–62; Sergio Moravia, "La société d'Auteuil et la Révolution", *XVIIIe Siècle*, 1974, pp. 181–91; Marc Regaldo, "Lumières, élite, démocratie. La difficile position des idéologues", *ibid.*, pp. 193–207; Martin S. Staum, *Cabanis Eighteenth and Medical Philosophy in the French Revolution*, Princeton University Press, 1986; "The Class of Moral and Political Sciences, 1795–1803", *F.H.S.*, 1980, pp. 371–96; "The Enlightenment Transformed. The Institute Price Contests", *Eighteenth Century Studies*, 1981, pp. 153–79; Louis Bergeron, *op. cit.*, pp. 224–30; Albert Soboul, "Utopie et Révolution française", *in* Jacques Droz (org.), *Histoire générale du socialisme*, PUF, T. I, 1972, pp. 195–254. A estética foi um dos domínios privilegiados do primitivismo caro a certos intelectuais da época revolucionária, segundo as preciosas indicações de P. Rosenblum, *Transformations in Late Eighteenth-Century Art*, Princeton, 1967, inteiramente confirmadas pela pesquisa posterior.

12. Maurice Agulhon, *Pénitents et Francs-Maçons de l'ancienne Provence*, Fayard, 1968, pp. 319–322; Jean-Marc Chouraqui, "Le 'combat de Carnaval et de Carême' en Provence du XVIe au XIXe siècle", *R.H.M.C.*, 1985, pp. 114–24; Albert Soboul, *La France napoléonienne*, pp. 241–49, 311–15; Michel de Certeau, Dominique Julia e Jacques Revel, "Une ethnographie de la langue: l'enquête de Grégoire sur les patois", *A.E.S.C.*, 1975, pp. 1–41; Jean-Pierre Goubert, "L'art de guérir. Médecine savante et médecine populaire dans la France de 1790", *A.E.S.C.*, 1977, pp. 908–26; Mattey Ramsay, *Professional and Popular Medicine in France, 1770–1830*, Cambridge University Press, 1988.

13. Donald M. G. Sutherland, *op. cit.*, p. 369; Roger Chartier, Marie-Madeleine Compère e Dominique Julia, *L'Éducation en France du XVIe au XVIIIe siècle*, Sedes, 1976; Louis Trénard, "Manuels scolaires au XVIIIe siècle et sous la Révolution", *Revue du Nord*, 1973, pp. 90–111; Dominique Julia, "L'Enseignement primaire dans le diocèse de Reims à la fin de l'Ancien Régime", *A.H.R.F.*, 1970, pp. 233–57; Georges Minois, "L'Enseignement secondaire en Bretagne à la fin de l'Ancien Régime: l'exemple de Tréguier", *R.H.*, 1980, pp. 297–317; Gérard Chianéa, "L'Enseignement primaire à Grenoble sous la Révolution", *C.H.*, 1972, pp. 121–60; J. Vassort, "L'Enseignement primaire en Vendômois à l'époque révolutionnaire", *R.H.M.C.*, 1978, pp. 625–55; Emmet Kennedy e Marie-Laurence Netter, "Les Écoles primaires sous le Directoire", *A.H.R.F.*, 1981, pp. 3–38; Charles R. Bailley, "Municipal 'Colleges': Small-Town Secondary Schools in France Prior to the Revolution", *F.H.S.*, 1982, pp. 351–76.

14. Philippe Marchand, "L'Enseignement secondaire dans le département du Nord au lendemain de la Révolution et la loi de floréal an X", *A.H.R.F.*, 1974, pp. 235–66; Louis Trénard, "Les Écoles centrales", *XVIIIe Siècle*, 1982, pp. 57–74; Catherine Merot, "Le Recrutement des écoles centrales sous la Révolution", *R.H.*, 1985, pp. 357–82; Mona Ozouf, *L'École de la France: essais sur la Révolution, l'utopie et l'enseignement*, Gallimard, 1984. Opiniões relativamente otimistas de Françoise Mayeur, *in* L.H. Parias (org.), *Histoire générale de l'enseignement et de l'éducation en France*, T. III, *De la Révolution à l'école républicaine (1789–1939)*, Nouvelle Librairie de France, 1981, pp. 25–89. É verdade que ela

se interessa sobretudo pelos princípios ou por algumas criações de alto nível, tais como a da Escola Politécnica. Admirável apresentação geográfica dos fenômenos em causa está em Dominique Julia e outros, *Atlas de la Révolution française*, T. II, *L'Enseignement 1760–1815*, Editions de l'EHESS, 1987. Ela mostra bem, a esse respeito, a importância da utopia revolucionária diante das inércias e das coações herdadas do passado. Olivier Devaux, *La Pique et la Plume. L'Enseignement à Toulouse pendant la Révolution*, Eché, 1988, confirmou recentemente o caráter antes de tudo destruidor e negativo do balanço da Revolução nesse domínio.

15. Joël Cornette, "La Personne, l'histoire et le récit: le destin de Benoit Lacombe, propriétaire, négociant et révolutionnaire (1783–1819)", *R.H.M.C.*, 1985, pp. 541–90; *Un Révolutionnaire ordinaire, Benoit Lacombe, négociant, 1758–1819*, Champ Vallon, 1936; Nicole Castan, "Le public et le particulier", *in* Roger Chartier (org.), *Histoire de la vie privée*, T. III, *De la Renaissance aux Lumières*, Le Seuil, 1986, pp. 413–51.

12. Uma herança ideológica?

A sombra da Revolução pesa sobre a política francesa contemporânea? (pp. 251-258)

1. René Rémond, *La Vie politique en France*, T. I, *1789–1848*, A Colin, 1965, pp. 5–101.
2. *Ibid.*, pp. 102–63.
3. *Ibid.*, pp. 164–83.

Ibid., pp. 184–204; Michel Winock, *La France hexagonale*, Calmann-Lévy, 1986.

5. René Rémond, *op. cit.*, pp. 207–414; Jean-Clément Martin, "La Vendée, région-mémoire", *in* Pierre Nora (org.), *Les Lieux de mémoire*, T. I, *La République*, Gallimard, 1984, pp. 595–617; "La Vendée entre Révolution et contre-révolution. L'imaginaire de l'histoire", *in* François Lebrun e Roger Dupuy (orgs.), *Les Résistences à la Révolution*, Imago, 1987, pp. 406–16.
6. Rainer Riemenschneider, "Les Libertés locales entre libéralisme et jacobinisme", *B.S.H.M.*, 1983, n. 2, pp. 13–9; Henri Dubief, "Daniel Encontre a été robespierriste", *Bulletin de la Société d'Histoire du Protestantisme Français*, 1971, pp. 279–301; François Furet, "Burke ou la fin d'une seule histoire de l'Europe", *in* François Lebrun e Roger Dupuy (orgs.), *op. cit.*, pp. 352–61; Albert Soboul, "Paul-Louis Courier et la Révolution française. Notes de lecture", *A.H.R.F.*, 1973, pp. 528–38.
7. David H. Pinkney, *Decisive Years in France, 1840–1847*, Princeton University Press, 1985; Raymond Huard, "Souvenir et traditions révolutionnaires Le Gard, 1848–1851", *A.H.R.F.*, 1984, pp. 565–87.
8. Albert Soboul, "Pour le centenaire de la Commune de Paris. De l'an II à la Commune de 1871. La double tradition révolutionnaire française", *A.H.R.F.*, 1971, pp. 535–53; "Some Problems of the Revolutionary State, 1789–1796", *P.P.*, 1974, pp. 52–74.

9. Hélène Papadopoulos, "Deux lettres inédites de Buonarroti", *A.H.R.F.*, 1971, pp. 615–21; Saint-Just, *Pages choisis, introduction par Jean Cassou*, Les Éditions du Point du Jour, 1947, pp. I–XXIX. O número especial de *Europe* (cujo redator-chefe era Jean Cassou) que consagra o 15 de julho de 1939 à Revolução Francesa, e no qual colaboraram Romain Rolland, Lucien Febvre, Georges Friedmann, Edouard Dolléans, Pierre Trahard, etc., é um bom exemplo desse delírio ideológico em que escapou muito pouco apenas Georges Lefebvre e que Jean Bruhat resume bem quando afirma (*ibid.*, p. 530) que o "jacobinismo dos tempos modernos(...) é o bolchevismo".
10. Marcel David, *Fraternité et Révolution française*, Aubier, 1987, pp. 276–94; Raoul Girardet, *in* Pierre Nora (org.), *op. cit.*, p. 33 (cf. "Les français jugent leur histoire", *L'Express*, 19–25 de agosto de 1983). Confirmação devida a recente sondagem SOFRES-Figaro Magazine está em *L'Etat de l'Opinion, clefs pour 1988*, Le Seuil, p. 191: a Revolução foi uma boa coisa para três entre quatro franceses e a mesma proporção a vê sobretudo simbolizada pela Declaração dos Direitos do Homem e do Cidadão; ela se manifesta ainda pela abolição da monarquia e contra a execução do rei, condena o Terror, mas julga a Revolução Francesa mais positiva que a americana e a soviética. La Fayette e Bonaparte ganham de longe, sempre, "no *hit parade* dos heróis simpáticos".

A República francesa tem suas origens na Revolução? (pp. 258-263)

1. Claude Nicolet, *L'Idée républicaine en France (1789–1924). Essai d'histoire critique*, Gallimard, 1982, pp. 7–114.
2. *Ibid.*, pp. 115–361.
3. *Ibid.*, pp. 361–507.
4. François Furet, *La Gauche et la Révolution française au milieu du XVIIIe siècle. Edgar Quinet et la question du jacobinisme (1865–1870)*, Hachette, 1986; Edgar Quinet, *La Révolution*, Belin, 1987; Pierre Nora (org.), *op. cit.*, p. 136.
5. *Ibid.*, pp. 139–93, 247–89, 353–378.
6. *Ibid.*, pp. 381–472.
7. *Ibid.*, pp. 523–60, 651–659. Cf. Philippe Nieto, *Le Centenaire de la Révolution Dauphinoise. Vizille, un mythe républicain*, Presses Universitaires de Grenoble, 1988. O desaparecimento de Edgar Faure e sua substituição por Jean-Noël Jeanneney, em maio de 1988, na direção da Missão Oficial de Comemoração do Bicentenário não parecem ter mudado sensivelmente as orientações fundamentais. Sua ambigüidade foi notavelmente destacada por Marcel Gauchet e Régis Debray por ocasião do debate realizado no Senado, sob a presidência de Laurent Fabius, em 5 de dezembro de 1987 (resumo por Solidarités Modernes, 42 Bd Raspail, Paris).
8. Mona Ozouf, *La Fête révolutionnaire, 1789–1799*, Gallimard, 1976, p. 340; Serge Bianchi, *La Révolution culturelle de l'an II. Élites et peuples (1789–1799)*, Aubier, 1982, pp. 291–95; Lynn Hunt, *Politics, Culture and Class in the French Revolution*, University of California Press, 1984, pp. 123–236.
9. Jean-Claude Bonnet (org.), *La Mort de Marat*, Flammarion, 1986, pp. 413–43; Françoise Brunel e Geneviève Coulmy, "Chronique théâtrale", *A.H.R.F.*, 1971, pp. 466–70; Michel Pertué, art. cit., *A.H.R.F.*, 1981, p. 663.

As revoluções contemporâneas derivam da de 1789? (pp. 263-267)

1. John G.A. Pocock, *Virtue, Commerce and History*, Cambridge University Press, 1985, pp. 81–4; Boyd C. Shafer, *Forces of Nationalism, New Realities and Old Myths*, Harcourt, 1972; Jacques Godechot, "Nation, patrie, nationalisme et patriotisme en France au XVIIIe siècle", *A.H.R.F.*, 1971, pp. 481–501; Pierre Nora (org.), *Les Lieux de mémoire*, T. II, *La Nation*, 3 vol., Gallimard, 1986; *Littérature et Révolution française, Annales de l'Université de Besançon*, n. 354, Belles-Lettres, 1987.
2. Marc Richir, "Révolution et transparence sociale", *in* J.C. Fichte, *Considérations sur la Révolution française*, Payot, 1974; W. Markow, "I giacobine dei paesi absburgici", *S.S.*, 1962, pp. 493–525; Sander Lukacsy, "L'Historiographie de la Révolution française et les intelectuels hongrois (1810–1849)", *A.H.R.F.*, 1973, pp. 264–84; G. Nicolae Liu, "La Révolution française et la formation de l'idéologie révolutionnaire et républicaine chez les Roumains", *A.H.R.F.*, 1986, pp. 285–306; Thomas P. Saine, *Black Bread-White Bread: German Intelectuals and the French Revolution*, Columbia University Press, 1988.
3. Rolando Minuti e Mauro Moretti, "Aspect de la réflexion sur l'histoire nationale dans la culture postrévolutionnaire", *in* François Lebrun e Roger Dupuy (org.), *op. cit.*, pp. 362–75; Franco della Peruta, "La Révolution française dans la pensée des démocrates italiens du Risorgimento", *A.H.R.F.*, 1977, pp. 664–76; Claudio Giovannini, "Mito della Révolution française e scientismo nella 'Plebe' dei Primi Anni", *S.S.*, 1981, pp. 345–69.
4. René Sédillot, *Le Coût de la Révolution française*, Perrin, 1986, pp. 279–82.
5. W. Markov, "Jacques Roux e Karl Marx: come gli 'enragés' entrarono nella 'sacra famiglia' ", *S.S.*, 1965, pp. 41–54; Hans-Peter Jaeck, *Die französische Bügerliche Revolution von 1789 im Frühwerk von Karl Marx, 1843–1846*, Akademie Verlag, 1979; Ferenc Fehér, "La Révolution française come modelli della concezione marxiana della politica", *S.S.*, 1983, pp. 377–96; Tony Judt, *Le Marxisme et la Gauche française, 1830–1981*, Hachette, 1987.
6. Victor Daline, "Lenine et le jacobinisme", *A.H.R.F.*, 1970, pp. 89–112.
7. Theda Skocpol, *States and Social Revolutions. A Comparative Analysis of France, Russia and China*, Cambridge, 1979; Lynn Hunt, *op. cit.*, pp. 205–11; Ferenc Fehér, "The French Revolution: between Class Identity and Universalist Illusions", *Review*, VIII, 3, 1985, pp. 335–51.
8. *Ibid.*, pp. 342–47. Ver também Jarosla Krajci, *Great Revolutions compared: The Search for a Theory*, Wheatscheaf, 1988, Brilhantes reflexões sobre a totalidade do problema em Jean-Marie Domenach, "Revolutions et Modernité", *Esprit*, junho de 1988, pp. 25–36.

Conclusão

1. Donald M. G. Sutherland, *op. cit.*, pp. 438–42. Trotsky, para justificar a situação soviética, observava em 1922, em relação ao caos francês de 1789–99, que as maiores revoluções tinham, em geral, "como conseqüência primeira a ruína e a privação" (*Cahiers Léon Trotsky*, n. 30, junho de 1987, p. 87).

2. François Lebrun e Roger Dupuy (org.), *Les Résistances à la Revolution,* Imago, 1987, pp. 11–5, 469–74; Norman Hampson, "La contre-revolution a-t-elle existe?", *ibid.*, pp. 462–8.
3. Yves-Marie Bercé, *Histoire des croquants,* Le Seuil, 1986, p. 349. Robert Griffiths (*Le Centre Perdu. Maloust et les "monarchiens" dans la Révolution française,* Presses Universitaires de Grenoble, 1988) mostrou recentemente a que ponto essa ala moderada da contra-revolução se ligou sem dificuldade, na pessoa de Bonaparte, ao tipo de poder ao mesmo tempo forte e reformador a que ela aspirava desde a época pré-revolucionária. Importantes observações, aliás, são as de Roger Chartier no *Le Monde* de 1.º de julho de 1988, onde ele opõe à "ilusão do político", cara ao voluntarismo e ao messianismo da Revolução Francesa, criadora incontestável de uma profunda devastação, as "continuidades fundamentais que se prendem às divisões culturais de longa duração" e "às desigualdades de desenvolvimento".
4. Valérie Quinney, "The Problem of Civil Rights for Free Men of Color in the Early French Revolution", *F.H.S.*, 1972, pp. 544–57; Claude Wanquet, "Histoire d'une Révolution. La Réunion (1789–1803)", *A.H.R.F.*, 1979, pp. 495–506; Thadd E. Hall, "Thought and Practice of Enlightened Government in French Corsica", *A.H.R.*, 1969, pp. 880–905; François Pomponi, "Sentiment révolutionnaire et esprit de parti en Corse au temps de la Révolution", *A.H.R.F.*, 1971, pp. 56–87; Anne Perotin-Dumon, *Être jacobin sous les Tropiques, Société d'histoire de la Guadeloupe,* 1985; " 'Sous ce soleil brûlant': recherches sur les jacobins des Antilhes", *Bulletin de la Comission d'Histoire de la Révolution Française,* 1984–1985, pp. 23–44 (ela insiste na importância da abolição momentânea da escravatura, na medida em que permite a criação de um jacobinismo de cor). Cf. Yves Benot, *La Révolution française et la fin des colonies,* Editions La Decouverte, 1988. Anne Pérptin-Dumon, "Les Jacobins des Antilles, ou l'esprit de Liberté dans les Iles du Vent", *R.H.M.C.*, 1988, pp. 275–304, acaba de confirmar que esses militantes eram muitas vezes "estrangeiros", provenientes, notadamente, da França meridional. Essas pessoas continuavam, sob a Revolução como sob o Ancien Régime, "coloniais".
5. Jean-Clément Martin, *La Vendée et la France,* Le Seuil, 1987. Jean Boutier, por outro lado, acaba de confirmar ("Un autre Midi. Note sur les sociétés populaires en Corse (1790–1794)", *A.H.R.F.*, 1987, pp. 158–75) as brilhantes análises de François Pomponi sobre uma ilha onde "o espírito de partido" leva-o sem dificuldade a uma interpretação realmente democrática da Revolução. Cf. também o notável número especial de *Provence Historique* (T. XXXVI, fascículo 148, abril-setembro de 1987) intitulado "Midi rouge et Midi blanc. Les antagonismes politiques sous la Révolution française et leur heritage dans le Midi mediterranéen", assim como o trabalho de Michel Brunet, *Le Roussillon, Une société contre l'État, 1780–1820,* Association des Publications de Université de Toulouse-Le-Mirail/Éditions Éché, 1986. Ver ainda o interessante volume das *Actes du Colloque Internacional de Besançon: Région, Nation, Europe, unité et diversité des processus sociaux et culturels de la Révolution française,* Université de Besançon, 1988. É significativo que a melhor parte de *L'État de la France pendant la Révolution,* Editions La Découverte, 1988, dirigida por Michel Vovelle, seja sem dúvida aquela consagrada (pp. 323–414) ao estudo *regional.* Louis Bergeron e Jean-Luc Moyand supervisionam, aliás, na ocasião do Bicentenário, uma *Histoire Provinciale de la Révolution française,* nas Edições Privat, que deverá compre-

ender 25 volumes. *La Légende de la Révolution* foi objeto, em Clermont-Ferrand, no mês de junho de 1986, de um interessante colóquio cujas atas foram organizadas por Christian Croisille e Jean Ehrard, Publications de la Faculté des Letres de Clermont-Ferrand, 1988.

6. John Lynch, *The Spanish American Revolutions, 1808-1826,* Norton, 1986, p. 416. Interessante o recente esforço no n. 119-120 dos *Cahiers Bernard Lazare,* destacado por Pierre Lepape no *Le Monde* de 1.º de abril de 1988, para analisar as relações entre ideologia política e saber histórico sobre a Revolução Francesa.

Índice Analítico e Onomástico

Historiadores

Personagens

Lugares

Temas

bens nacionais, 98–99, 104, 199, 217, 250